Die Billigkeitshaftung

Europäische Hochschulschriften
Publications Universitaires Européennes
European University Studies

Reihe II
Rechtswissenschaft

Série II Series II
Droit
Law

Bd./Vol. 4518

PETER LANG
Frankfurt am Main · Berlin · Bern · Bruxelles · New York · Oxford · Wien

Till Flachsbarth

Die Billigkeitshaftung

PETER LANG
Internationaler Verlag der Wissenschaften

Bibliografische Information der Deutschen Nationalbibliothek
Die Deutsche Nationalbibliothek verzeichnet diese Publikation in der Deutschen Nationalbibliografie; detaillierte bibliografische Daten sind im Internet über <http://www.d-nb.de> abrufbar.

Zugl.: Regensburg, Univ., Diss., 2006

D 355
ISSN 0531-7312
ISBN 978-3-631-56300-7

www.peterlang.de

Meiner Familie

Vorwort

Die vorliegende Arbeit ist im Wintersemester 2006/2007 von der Juristischen Fakultät der Universität Regensburg als Dissertation angenommen worden. Neuere Literatur und Rechtsprechung wurden bis Oktober 2006 berücksichtigt.

An erster Stelle möchte ich meinem Doktorvater Prof. Dr. Andreas Spickhoff Dank sagen. Er gab mir die Anregung zu diesem Thema und zeigte sich während des Entstehens der Arbeit stets gesprächsbereit. An dieser Stelle möchte ich mich zugleich für die lehrreiche und heitere Zeit an seinem Lehrstuhl bedanken. Ebenfalls gilt mein Dank Herrn Prof. Dr. Dr. h.c. mult. Dieter Henrich für die zügige Erstellung des Zweitgutachtens.

Ganz herzlicher Dank gebührt auch meinen Eltern, meiner Freundin und meinem Bruder, die mich auf vielfältige Art und Weise in den vergangenen Jahren unterstützt haben.

Ebenso danken möchte ich meinen Freunden vom Stammtisch für ihre stetige Diskussionsbereitschaft, wertvollen Anregungen und ihre darüber hinausgehende Hilfe.

Regensburg im Oktober 2006 Till Flachsbarth

Inhaltsübersicht

INHALTSVERZEICHNIS XI

ABKÜRZUNGSVERZEICHNIS XXI

EINLEITUNG 1

1. KAPITEL – GRUNDLAGEN DES § 829 BGB 5

A. Entstehungsgeschichte 5
I. Römisches Recht 5
II. Deutsches Recht 9
III. Frühe Kodifikationen und Entwürfe 10
IV. Entstehung des § 829 BGB 19
V. Reform und Reformvorschläge 27
VI. Bewertung der Entstehungsgeschichte und der Reformversuche 35

B. Haftungsgrund und dogmatische Einordnung 39
I. Skizze der Voraussetzungen des § 829 BGB 40
II. Haftungsgrund bei § 829 BGB 40
III. Dogmatische Einordnung 62

2. KAPITEL – § 829 BGB IN PRAKTISCHER ANWENDUNG 67

A. Voraussetzungen und Rechtsfolgen des § 829 BGB in unmittelbarer Anwendung 67
I. Anwendungsbereich 68
II. Verwirklichung eines deliktischen Tatbestands 93
III. Fehlende Verantwortlichkeit 112
IV. Subsidiarität 117
V. Billigkeitserwägungen 119
VI. Das Schonvermögen des Schädigers 227
VII. Rechtsfolge 229
VIII. Verjährung 238

B. Spiegelbildliche Anwendung des § 829 BGB ____ 246
I. Entwicklung in der Rechtsprechung ____ 247
II. Entwicklung in der Literatur ____ 250
III. Anwendungsbereich ____ 263
IV. Voraussetzungen der Anwendbarkeit im Einzelnen ____ 267
V. Rechtsfolge der spiegelbildlichen Anwendung von § 829 BGB ____ 287
VI. Zusammenfassung ____ 289

3. KAPITEL – PROZESSUALE PROBLEME BEI DER ANWENDUNG VON § 829 BGB ____ 291

A. Klagebezogene Probleme ____ 292
I. Feststellungsantrag ____ 292
II. Abänderungsklage ____ 308

B. Streitgegenstandsbezogene Probleme ____ 308
I. Allgemeines ____ 309
II. Streitgegenstand bei § 829 BGB ____ 309
III. Prozessuale Folgen ____ 312
IV. Hinweispflicht nach § 139 ZPO ____ 312

C. Beweislast ____ 315
I. Beweislast bei der unmittelbaren Anwendung von § 829 BGB ____ 316
II. Beweislast bei der spiegelbildlichen Anwendung von § 829 BGB ____ 317

ZUSAMMENFASSUNG UND WERTUNG ____ 319
I. Zusammenfassung der Billigkeitshaftung ____ 319
II. Wertende Betrachtung der Billigkeitshaftung ____ 326

LITERATURVERZEICHNIS ____ 331

Inhaltsverzeichnis

ABKÜRZUNGSVERZEICHNIS ____ XXI

EINLEITUNG ____ 1

1. KAPITEL – GRUNDLAGEN DES § 829 BGB ____ 5

ENTSTEHUNGSGESCHICHTE, HAFTUNGSGRUND UND DOGMATISCHE EINORDNUNG

A. Entstehungsgeschichte ____ 5
I. Römisches Recht ____ 5
1. Die XII Tafeln ____ 5
2. Die lex Aquilia ____ 7
II. Deutsches Recht ____ 9
1. Mittelalter ____ 9
2. Das Gemeine Recht ____ 10
III. Frühe Kodifikationen und Entwürfe ____ 10
1. Der Codex Maximilianeus Bavaricus civilis ____ 10
2. Das Allgemeine Preußische Landrecht ____ 11
3. Das Allgemeine Bürgerliche Gesetzbuch Österreichs ____ 13
4. Das Schweizerische Obligationenrecht ____ 15
5. Entwurf eines Gesetzbuchs für das Königreich Bayern ____ 16
6. Das Bürgerliches Gesetzbuch für das Königreich Sachsen ____ 17
7. Dresdener Entwurf eines allgemeinen deutschen Gesetzes über Schuldverhältnisse ____ 18
IV. Entstehung des § 829 BGB ____ 19
V. Reform und Reformvorschläge ____ 27
VI. Bewertung der Entstehungsgeschichte und der Reformversuche ____ 35

B. Haftungsgrund und dogmatische Einordnung ____ 39
I. Skizze der Voraussetzungen des § 829 BGB ____ 40
II. Haftungsgrund bei § 829 BGB ____ 40
1. Verschulden als Haftungsgrund ____ 41
2. Individualität der Person als Haftungsgrund ____ 41

3. Gefährdung der Mitmenschen auf Grund des Zustandes der Person als Haftungsgrund 43
4. Verursachung als Haftungsgrund 45
5. Objektive Schadensverteilung aus Gründen der ökonomischen Tragfähigkeit als Haftungsgrund 46
6. Konkrete Billigkeit als Haftungsgrund 50
7. Eigene Ansicht 51
a. Allgemeiner Grund der Haftung Unzurechnungsfähiger 52
b. Konkreter Haftungsgrund des § 829 BGB 59
aa. Untersuchung des Ausgleichsgedankens im Hinblick auf die Voraussetzungen des § 829 BGB 59
bb. Zusammenfassung 62
III. Dogmatische Einordnung 62
1. Dogmatische Einordnung als Verschuldenshaftung 62
2. Dogmatische Einordnung als Verursacherhaftung 63
3. Dogmatische Einordnung als Gefährdungshaftung 64
4. Dogmatische Einordnung als eigenständiges Institut 64
5. Eigene Ansicht 64

2. KAPITEL – § 829 BGB IN PRAKTISCHER ANWENDUNG 67

UNMITTELBARE UND SPIEGELBILDLICHE ANWENDUNG VON § 829 BGB

A. Voraussetzungen und Rechtsfolgen des § 829 BGB in unmittelbarer Anwendung 67
I. Anwendungsbereich 68
1. Sachliche Anwendung über die §§ 823 bis 826 BGB hinaus 68
a. Anwendung auf andere Deliktstatbestände des BGB 68
b. Anwendung auf andere Deliktstatbestände außerhalb des BGB 71
c. Anwendung auf vertragliche Ansprüche 71
d. Exkurs: Konkurrenz zu vertraglichen Schadensersatzansprüchen 73
e. Exkurs: Konkurrenz zu Ansprüchen aus Gefährdungshaftung 74

2. Ausdehnung des persönlichen Anwendungsbereichs: analoge Anwendbarkeit des § 829 BGB bei Einsichtsfähigkeit aber fehlendem Verschulden eines Jugendlichen ____ 75
a. Voraussetzung von § 828 Abs. 3 BGB ____ 76
b. Verschulden ____ 78
c. Unerträgliche Haftungslücke ____ 79
d. Schließung der Haftungslücke ____ 82
aa. Erweiterte Auslegung des § 828 Abs. 3 BGB ____ 82
bb. Analoge Anwendung von § 829 BGB ____ 84
e. Ergebnis ____ 86
3. Analoge Anwendbarkeit des § 829 BGB bei zurechnungsfähigen, aber schuldlos handelnden Senioren ____ 86
4. Analoge Anwendung von § 829 BGB bei anderen Gruppen mit abgesenktem objektiv-typisierten Sorgfaltsmaßstab ____ 88
5. Analoge Anwendung von § 829 BGB in Fällen des entschuldigenden Irrtums ____ 89
6. Analoge Anwendung von § 829 BGB bei Ansprüchen eines Nothelfers ____ 89
7. Analoge Anwendbarkeit von § 829 BGB in Fällen individueller Unzumutbarkeit ____ 91
II. Verwirklichung eines deliktischen Tatbestands ____ 93
1. Objektive Verwirklichung eines deliktischen Tatbestands ____ 94
2. Subjektive Verwirklichung eines deliktischen Tatbestands ____ 94
a. Ansicht v. Gierkes ____ 94
b. Lehre von der natürlichen Schuld ____ 95
c. Auffassung der Rechtsprechung ____ 96
d. Stellungnahme ____ 96
aa. Fahrlässigkeitsdelikte ____ 100
bb. Vorsatzdelikte ____ 101
3. Problem der fehlenden Handlungsfähigkeit ____ 103
a. Keine Haftung ____ 104
b. Haftung mit Einschränkungen ____ 105
c. Volle Haftung ____ 105
d. Stellungnahme ____ 105
4. Tod des Schädigers ____ 109
5. Zusammenfassung der Voraussetzungen ____ 111

a. Bei handlungsfähigen Unzurechnungsfähigen 111
aa. Bei Fahrlässigkeitsdelikten 111
bb. Bei Vorsatzdelikten 111
b. Bei handlungsunfähigen Unzurechnungsfähigen 112
III. Fehlende Verantwortlichkeit 112
1. Zurechnung 112
a. Handlungsunfähige 113
b. Personen mit krankhafter Störung der Geistestätigkeit 114
c. Kinder und Jugendliche 115
2. Haftungsrechtliche Folgen der Unzurechnungsfähigkeit 116
IV. Subsidiarität 117
1. Allgemeines 117
2. Aufsichtspflichtiger Dritter 117
3. Scheitern des Anspruchs gegen den Aufsichtspflichtigen 118
V. Billigkeitserwägungen 119
1. Allgemeines 120
2. Wirtschaftliche Verhältnisse 122
a. Grundsätzliches 122
aa. Vergleich der finanziellen Lage 124
bb. Maßgeblicher Zeitpunkt 124
cc. Relevante Vermögensmassen 125
b. Versicherungsschutz auf Seiten des Schädigers 126
aa. Haftpflichtversicherungen 129
a) Arten der Haftpflichtversicherungen 129
aa) Freiwillige Haftpflichtversicherung 129
bb) Pflichthaftpflichtversicherung 130
cc) Kfz-Haftpflichtversicherung 131
b) Funktionen der Haftpflichtversicherungen 132
aa) Freiwillige Haftpflichtversicherung 132
bb) Pflichthaftpflichtversicherung 134
cc) Kfz-Pflichthaftpflichtversicherung 136
bb. Entwicklung in der Rechtsprechung 137
a) Berücksichtigung von Haftpflichtversicherungen im Rahmen der Entscheidung über Schmerzensgeld 137

b) Berücksichtigung von Haftpflichtversicherungen durch die Rechtsprechung im Rahmen von § 829 BGB 139
c) Zusammenfassung der Auffassung der Rechtsprechung 142
cc. Stellungnahmen in der Literatur 143
a) Befürworter der Berücksichtigung von Haftpflichtversicherungsschutz 143
aa) Haftpflichtversicherung als Vermögen 144
bb) Berücksichtigung von Haftpflichtversicherungen aus Gründen des Opferschutzes 145
cc) Berücksichtigung von Haftpflichtversicherungen als allgemeiner Umstand im Rahmen des § 829 BGB 146
b) Gegner der Berücksichtigung von Haftpflichtversicherungsschutz 147
aa) Das Trennungsprinzip als Grund einer Nichtberücksichtigung 148
bb) Versicherungsvertragsinhalt als Grund der Nichtberücksichtigung 149
dd. Rechtslage in der Schweiz und in Österreich 149
a) Österreich 150
aa) Auffassung der österreichischen Rechtsprechung 152
bb) Ansichten in der österreichischen Literatur 152
b) Schweiz 154
aa) Auffassung der schweizerischen Rechtsprechung 156
bb) Auffassungen in der schweizerischen Literatur 157
ee. Stellungnahme 158
a) Analyse der Norm im Hinblick auf die Frage der Berücksichtigung von Haftpflichtversicherungsschutz 159
aa) Wortlaut 159
bb) Dogmatische Einordnung 160
cc) Normzweck 161

b) Wesen und der Funktion der Haftpflichtversicherung 165
aa) Unterscheidung zwischen freiwilliger und obligatorischer Haftpflichtversicherung 165
bb) Trennungsprinzip 165
cc) Pflichthaftpflichtversicherungen 167
aaa. Pflichthaftpflichtversicherungen als Vermögen 168
bbb. Berücksichtigung aus Opferschutzgesichtspunkten 171
ccc. Genügt eine Pflichthaftpflichtversicherung allein zur Anspruchsbegründung? 175
ddd. In welcher Höhe kann eine Pflichthaftpflichtversicherung berücksichtigt werden? 176
dd) Freiwillige Haftpflichtversicherungen 178
aaa. Grundsätzliches 178
bbb. Berücksichtigung auf Grund des VVG 179
ccc. Berücksichtigung auf Grund des Versicherungsvertrages 180
ddd. Berücksichtigung auf Grund moralisch motivierter Gesichtspunkte 181
eee. Prozessuale Einwände 184
fff. Lex lata – lex ferenda? 185
ee) Unterlassener Versicherungsschutz 186
ff. Zusammenfassung der eigenen Ansicht 187
c. Versicherungsschutz auf Seiten des Geschädigten 188
aa. Ansicht der Rechtsprechung 189
bb. Stellungnahmen in der Literatur 190
cc. Rechtslage in der Schweiz und in Österreich 191
a) Schweiz 191
b) Österreich 192
dd. Unterlassener Versicherungsschutz 193
ff. Eigene Ansicht 194
d. Berücksichtigung der Vermögensverhältnisse unterhaltspflichtiger Personen 196

aa. Berücksichtigung von Vermögensverhältnissen unterhaltspflichtiger Personen auf Seiten des Schädigers 196
bb. Berücksichtigung von Vermögensverhältnissen unterhaltspflichtiger Personen auf Seiten des Geschädigten 199
e. Berücksichtigung von Leistungen des Arbeitgebers 201
aa. Beachtlichkeit von Ansprüchen auf Lohnfortzahlung 201
bb. Beachtlichkeit von arbeitsrechtlichen Freistellungsansprüchen 202
3. Berücksichtigung von tat- und beteiligtenbezogenen Umständen 205
a. Tatbezogene Umstände 205
aa. Schadensstiftende Umstände 206
a) Risikozuweisung 206
aa) Straßenverkehr 206
bb) Andere Fälle der Risikozuweisung durch Gesetz 208
cc) Kinderspiel 209
dd) Sonstiges 210
b) Verursachungsbeitrag 210
bb. Schadensfolge 211
a) Bagatellgrenze 212
b) Schwere der Schädigung 212
c) Dauerschäden 213
b. Beteiligtenbezogene Umstände 214
aa. Grad der individuellen Unzurechnungsfähigkeit 214
bb. „Natürliches Verschulden" 216
c. Entscheidungserheblicher Zeitpunkt 218
4. Mitverschulden des Geschädigten 219
5. Zusammenfassung und Verhältnis der in die Billigkeitsabwägung einzustellenden Elemente untereinander 222
a. Zusammenfassung der relevanten Umstände 222
b. Wann wird ein Umstand zum Billigkeitsmoment? 223
c. Hierarchie der Billigkeitsmomente? 224
d. „Verrechung" von Billigkeitsmomenten 226
VI. Das Schonvermögen des Schädigers 227
1. Allgemeines 227

2. Einzelheiten 228
VII. Rechtsfolge 229
1. Allgemeines – Reduktionsklausel 229
2. Materieller Schadensersatz 231
a. Art und Höhe 231
b. Entscheidungserheblicher Zeitpunkt 232
c. Berücksichtigung zukünftiger Entwicklungen 233
3. Schmerzensgeld 233
a. Allgemeines zur Funktion des Schmerzensgeldes 233
b. Funktion des Schmerzensgeldes bei § 829 BGB 234
c. Einzelheiten 235
4. Verhältnis zwischen Schadensersatzansprüchen aus Gefährdungshaftung und Schmerzensgeldansprüchen aus § 829 BGB 237
VIII. Verjährung 238
1. Beginn der regelmäßigen Verjährung, § 199 Abs. 1 BGB 238
a. Entstehung des Anspruchs, § 199 Abs. 1 Nr. 1 BGB 238
aa. Verwirklichung eines Deliktstatbestands durch einen Unzurechnungsfähigen 239
bb. Subsidiarität 239
cc. Billigkeit 240
dd. Zwischenergebnis – Entstehung des Anspruchs 241
b. Kenntnis, bzw. grob fahrlässige Unkenntnis, § 199 Abs. 1 Nr. 2 BGB 242
aa. Kenntnis 242
bb. Grob fahrlässige Unkenntnis 242
c. Ergebnis Verjährungsbeginn 244
2. Verjährungshöchstfristen 244

B. Spiegelbildliche Anwendung des § 829 BGB 246
I. Entwicklung in der Rechtsprechung 247
II. Entwicklung in der Literatur 250
1. Gegner der Anwendbarkeit von § 829 BGB bei § 254 BGB 250
a. Verzicht auf Zurechnungsfähigkeit bei § 254 BGB 250
b. Gegner der Anwendbarkeit des § 829 BGB bei § 254 BGB 252

2. Befürworter der Anwendbarkeit von § 829 BGB bei § 254 BGB 254
3. Ansichten in Österreich und der Schweiz 256
4. Stellungnahme 258
a. Planwidrige Regelungslücke 259
b. Vergleichbarkeit der Interessenslage 261
III. Anwendungsbereich 263
1. Deliktsrecht 263
2. Straßenverkehrsrecht 264
3. Bei Einsichtsfähigkeit aber fehlendem Verschulden eines Jugendlichen 264
4. Vertragsrecht 265
IV. Voraussetzungen der Anwendbarkeit im Einzelnen 267
1. Verwirklichung eines Deliktstatbestands durch einen Unzurechnungsfähigen 267
2. Subsidiarität 269
a. Verzicht auf die Subsidiaritätsklausel 269
b. Ausgestaltung der Subsidiaritätsklausel 270
aa. Anwendung der Subsidiaritätsklausel mit Bezug auf das Außenverhältnis (Schädiger gegen Aufsichtspflichtigen) 271
bb. Anwendung der Subsidiaritätsklausel mit Bezug auf das Innenverhältnis (Unzurechnungsfähiger gegen Aufsichtspflichtigen) 273
c. Zwischenergebnis 274
3. Billigkeitsabwägung 275
a. Allgemeines 275
b. Versicherungen 277
aa. Versicherungsschutz auf Seiten des Schädigers 277
bb. Versicherungsschutz auf Seiten des Geschädigten 279
cc. Beiderseitiger Versicherungsschutz 282
4. Schonvermögen 282
5. Besonders praxisrelevante Felder der spiegelbildlichen Anwendung von § 829 BGB 285
a. Straßenverkehrsunfälle mit Kindern 285
b. Unfälle mit Tieren 286
V. Rechtsfolge der spiegelbildlichen Anwendung von § 829 BGB 287
VI. Zusammenfassung 289

3. KAPITEL – PROZESSUALE PROBLEME BEI DER ANWENDUNG VON § 829 BGB 291

KLAGE- UND STREITGEGENSTANDSBEZOGENE PROBLEME UND BEWEISLAST

A. Klagebezogene Probleme 292
I. Feststellungsantrag 292
1. Allgemeines 293
2. Feststellungsfähiges Rechtsverhältnis 293
a. Unzurechnungsfähiger als Beklagter 293
b. Unzurechnungsfähiger als Kläger – spiegelbildliche Anwendung von § 829 BGB 297
3. Feststellungsinteresse 299
a. Verhinderung der Verjährung 299
b. Frühest mögliche Beweissicherung 301
c. Verhinderung von Prozesskosten 302
d. Einschränkung des Feststellungsinteresses 304
4. Umfang und Folge des Feststellungsantrags 306
5. Zusammenfassung 307
II. Abänderungsklage 308

B. Streitgegenstandsbezogene Probleme 308
I. Allgemeines 309
II. Streitgegenstand bei § 829 BGB 309
III. Prozessuale Folgen 312
IV. Hinweispflicht nach § 139 ZPO 312

C. Beweislast 315
I. Beweislast bei der unmittelbaren Anwendung von § 829 BGB 316
II. Beweislast bei der spiegelbildlichen Anwendung von § 829 BGB 317

ZUSAMMENFASSUNG UND WERTUNG 319
I. Zusammenfassung der Billigkeitshaftung 319
II. Wertende Betrachtung der Billigkeitshaftung 326

LITERATURVERZEICHNIS 331

Abkürzungsverzeichnis

a.A.	anderer Ansicht
a.a.O.	am angegebenen Ort
ABGB	Allgemeines Bürgerliches Gesetzbuch für Österreich
abl.	ablehnend(e-r)
Abs.	Absatz
ACC	Accident Compensation Corporation New Zealand
AcP	Archiv für die civilistische Praxis
a.F.	alte Fassung
AJP	Aktuelle Juristische Praxis (Schweiz)
AHB	Allgemeine Haftpflichtversicherungsbedingungen
AKB	Allgemeine Bedingungen für die Kraftfahrtversicherung
allg.	allgemein(e-r)
AllgHaftR	Allgemeines Haftungsrecht
ALR	Allgemeines Landrecht für die Preußischen Staaten
Alt.	Alternative
Anh.	Anhang
Anm.	Anmerkung
aOR	Schweizerisches Obligationenrecht in der Fassung von 1881
AP	Nachschlagewerk des Bundesarbeitsgerichts
ArbR	Arbeitsrecht
ArbR-Hdb	Arbeitsrechts-Handbuch
Art.	Artikel
Ass. plén.	Assemblée plénière de la Cour de cassation (Frankreich)
AT	Allgemeiner Teil
AtomG	Atomgesetz
Aufl.	Auflage
AVB	Allgemeine Versicherungsbedingungen
BAG	Bundesarbeitsgericht
BAK	Blutalkoholkonzentration

BayHKaG	Bayerisches Heilberufe-Kammergesetz
BB	Der Betriebsberater
BBl.	Schweizerisches Bundesblatt
BGBl.	Bundesgesetzblatt
Bd.	Band
Bekl.	Beklagter
Bem.	Bemerkung
Begr.	Begründung
betr.	betreffend
BG	Schweizer Bundesgericht
BGB	Bürgerliches Gesetzbuch
BGE	Sammlung der Entscheidungen des BG
BGH	Bundesgerichtshof
BGHZ	Sammlung der Entscheidungen des BGH in Zivilsachen
BJagdG	Bundesjagdgesetz
Bl.	Blatt
BlZR	Blätter für Züricher Rechtsprechung (Schweiz)
BNotO	Bundesnotarordnung
BRD	Bundesrepublik Deutschland
BSK	Baseler Kommentar
BSG	Bundessozialgericht
BT	Besonderer Teil
BT-Drucks.	Bundestagsdrucksache
BVerfG	Bundesverfassungsgericht
BVerfGE	Sammlung der Entscheidungen des BVerfG
BW	Burgerlijk Wetboek (Niederlande)
bzw.	beziehungsweise
CHF	Schweizer Franken
DAR	Deutsches Autorecht
DB	Der Betreib
ders.	derselbe
d.h.	das heißt
Diss.	Dissertation
DJT	Deutscher Juristentag
DM	Deutsche Mark
DR	Deutsches Recht

E	Entwurf
E I	Erster Entwurf eines Bürgerlichen Gesetzbuchs
E II	Zweiter Entwurf eines Bürgerlichen Gesetzbuchs
E III	Dritter Entwurf eines Bürgerlichen Gesetzbuchs
EF	Ehe- und familienrechtliche Entscheidungssammlung (Österreich)
EFZG	Entgeltfortzahlungsgesetz
EG	Europäische Gemeinschaft
EGBGB	Einführungsgesetz zum Bürgerlichen Gesetzbuch
Einf.	Einführung
Einl.	Einleitung
ErfKoArbR	Erfurter Kommentar zum Arbeitsrecht
etc.	et cetera
EU	Europäische Union
EvBl	Evidenzblatt der Rechtsmittelentscheidungen (Österreich)
e.V.	eingetragener Verein
evtl.	eventuell
f.	folgende
ff.	fortfolgende
FamRZ	Zeitschrift für das gesamte Familienrecht
FAZ	Frankfurter Allgemeine Zeitung
Fn	Fußnote
FS	Festschrift
G	Gesetz
GDV	Gesamtverband der Deutschen Versicherungswirtschaft e.V.
gem.	gemäß
GG	Grundgesetz
GmbH	Gesellschaft mit beschränkter Haftung
GoA	Geschäftsführung ohne Auftrag
GSZ	Großer Senat in Zivilsachen
HGB	Handelgesetzbuch
h.L.	herrschende Lehre
h.M.	herrschende Meinung
Hrsg.	Herausgeber

HUK-Verband	Verband der Haftpflichtversicherer, Unfallversicherer, Autoversicherer und Rechtsschutzversicherer
idF.	in der Fassung
iS.	im Sinne
iSd.	im Sinne des
iVm.	In Verbindung mit
JA	Juristische Arbeitsblätter
JBl.	Juristische Blätter (Österreich)
J.C.P. éd. G.	Juris-classeur périodique édition générale (Frankreich)
JGG	Jugendgerichtsgesetz
JJ	Jherings Jahrbücher für die Dogmatik des Bürgerlichen Rechts
JR	Juristische Rundschau
JuS	Juristische Schulung
JW	Juristische Wochenschrift
JZ	Juristenzeitung
Kap.	Kapitel
KBB	Kurzkommentar zum ABGB
Kfz	Kraftfahrzeug
KfzPflVV	Kraftfahrzeug-Pflichtversicherungsverordnung
KG	Kammergericht
Kl.	Kläger
KritJustiz	Kritische Justiz
LG	Landgericht
LM	Lindenmeier/Möhring u.a.; Nachschlagewerk des BGH
LPartG	Lebenspartnerschaftsgesetz
LuftVG	Luftverkehrsgesetz
LZ	Leipziger Zeitschrift für Handels-, Konkurs- und Versicherungsrecht
m.Amm.	mit Anmerkung
maW.	mir anderen Worten
MBO	Musterberufsordnung für Ärzte

MDR	Monatsschrift für Deutsche Recht
m.E.	meines Erachtens
Mio.	Millionen
Mot.	Motive zum Bürgerlichen Gesetzbuch
Mrd.	Milliarden
MünchArbR	Münchener Handbuch zum Arbeitsrecht
MüKoBGB	Münchener Kommentar zum Bürgerlichen Gesetzbuch
MüKoZPO	Münchener Kommentar zur Zivilprozessordnung
mwN.	mit weiteren Nachweisen
Nachw.	Nachweis
n.F.	neue Fassung
NJW	Neue Juristische Wochenschrift
NJW-RR	Neue Juristische Wochenschrift-Rechtsprechungsreport
Nr.	Nummer
NVersZ	Neue Zeitschrift für Versicherung und Recht
NZD	New Zealand Dollar
ÖJZ	Österreichische Juristenzeitung
OGH	Österreichischer Oberster Gerichtshof
OGHZ	Sammlung der Entscheidungen des OGH
OLG	Oberlandesgericht
OR	Schweizerisches Obligationenrecht
OWiG	Ordnungswidrigkeitengesetz
PflVG	Pflichtversicherungsgesetz
PflR	Pflegerecht (Zeitschrift)
Pkw	Personenkraftwagen
PrBHaftG	Gesetz über die Haftung des Staates und anderer Verbände für Amtspflichtverletzungen von Beamten bei Ausübung der öffentlichen Gewalt
PrStGB	Preußisches Strafgesetzbuch
ProdHaftG	Produkthaftungsgesetz
Prot. II	Protokolle der 2. Kommission für die zweite Lesung des Entwurfs eines Bürgerlichen Gesetzbuchs für das Deutsche Reich
Prot-RJA	Protokolle der Vorkommission des Reichsjustizamtes (1891-1893)

RBHaftG	Gesetz über die Haftung des Reichs für seine Beamten
RdA	Recht der Arbeit
Recht	Das Recht
RG	Reichsgericht
RGBl.	Reichsgesetzblatt
RGRK	Reichsgerichtsrätekommentar
RGZ	Sammlung der Entscheidungen des RG
Rspr.	Rechtsprechung
RT-Kommission	Reichstagskommission zur Beratung des BGB
S.	Satz/Seite/siehe
sächs. BGB	Bürgerliches Gesetzbuch für das Königreich Sachsen (1863)
SchuldR	Schuldrecht
SGB	Sozialgesetzbuch
SJZ	Schweizerische Juristen-Zeitung
SKL	Skadeståndslag (Schadensersatzgesetz Schwedens)
sog.	sogenannt(e-r)
Staud	J. von Staudingers Kommentar zum Bürgerlichen Gesetzbuch
StGB	Strafgesetzbuch
st. Rspr.	ständige Rechtsprechung
StVO	Straßenverkehrsordnung
SVZ	Schweizerische Versicherungszeitschrift
SZ	Entscheidungen des Österreichischen Obersten Gerichtshof in Zivil
TE-OR	Teilentwurf zum Obligationenrecht von *v. Kübel* (1882)
u.	und
u.a.	und andere
u.U.	unter Umständen
usw.	und so weiter
v.	von
Verh. des DJT	Verhandlungen des Deutschen Juristentages
Verh. österr. JT	Verhandlungen des Österreichischen Juristentages
VersR	Versicherungsrecht

VGH	Verwaltungsgerichtshof
vgl.	vergleiche
VO	Verordnung
Vorbem.	Vorbemerkung
VVG	Versicherungsvertragsgesetz
WI	Wussow-Informationen zum Versicherungs- und Haftpflichtrecht
ZAkDR	Zeitschrift der Akademie für Deutsches Recht
ZAP	Zeitschrift für die Anwaltspraxis
z.B.	zum Beispiel
ZEuP	Zeitschrift für Europäisches Privatrecht
ZfS	Zeitschrift für Schadensrecht
ZGB	Zivilgesetzbuch (Schweiz)
ZGS	Zeitschrift für das gesamte Schuldrecht
Ziff.	Ziffer
ZPO	Zivilprozessordnung
ZRP	Zeitschrift für Rechtspolitik
ZSR	Zeitschrift für Schweizerisches Recht
z.T.	zum Teil
zust.	zustimmend(e-r)
ZVR	Zeitschrift für Verkehrsrecht

Einleitung

„Wer nicht weiß,
was er thut,
haftet für Nichts."

Rudolf v. Jhering
(1818-1892)[1]

„Was der Mensch Schlimmes
verursacht, mit oder ohne Schuld,
muss er bessern."

Karl Binding (1841-1920)[2]

Zu Beginn des 20. Jahrhunderts setzten sich verschiedene wissenschaftliche Arbeiten mit § 829 BGB auseinander.[3] Dabei lag meist das Augenmerk auf der rechtsgeschichtlichen Betrachtung, dem Haftungsgrund und der dogmatischen Einordnung. Später rückten dann spezielle Fragestellungen in den Mittelpunkt der Auseinandersetzung.[4]
Vor diesem Hintergrund hat sich die vorliegende Arbeit das Ziel gesetzt, sowohl grundlegende, aber auch spezielle Probleme der Norm umfänglich zu untersuchen und neue Lösungswege aufzuzeigen. Der praktischen Handhabung von § 829 BGB gilt dabei das besondere Interesse.
Nach § 829 BGB kann – verkürzt gesprochen – ausnahmsweise auch eine Person zur Haftung herangezogen werden, die grundsätzlich frei von deliktsrechtlicher Verantwortung ist, wenn und soweit es die Billigkeit erfor-

---

1 v. Jhering, Das Schuldmoment im römischen Privatrecht, S. 42.

2 Binding, Die Normen und ihre Übertretung I², S. 471 f.

3 Hertel, Die Billigkeitshaftung Unzurechnungsfähiger nach § 829 BGB, 1912; Graske, Die Haftung Unzurechnungsfähiger gemäß § 829 BGB, 1913; Schirmer, Der Anspruch aus § 829 BGB, 1915; Schwartz, Das Billigkeitsurtheil des § 829 BGB, 1904; Traeger, Der Kausalbegriff in Straf- und Zivilrecht, 1904; Unger, Handeln auf eigene Gefahr³, 1904; Bienenfeld, Die Haftung ohne Verschulden, 1933; Sjögren, JJ 35 (1896) 343 ff; Heinsheimer, AcP 95 (1904) 234 ff.; Höchster, AcP 104 (1909) 427 ff.; Langenbach, LZ 1923, 165 ff.

4 Lehnertz, Zur Problematik des § 829 BGB, 1968; v. Bar., FS E. Lorenz, S. 73 ff., 1994; E. Lorenz, FS Medicus, S. 353 ff., 1999; v. Bar, AcP 181 (1981), 289 ff.; Böhmer, MDR 1962, 778 ff.; ders., 1963, 21 ff.; ders., MDR 1964, 278 ff.; ders., JR 1967, 256 ff.; ders., NJW 1967, 865 f.; ders., JR 1970, 339 ff.; Deutsch, JBl. 1980, 298 ff.; ders., JZ 1964, 86 ff.; Geilen, FamRZ 1965, 401 ff.; Koebel, NJW 1956, 969 ff.; Lepenies, VersR 1951, 143 ff.; E. Lorenz, VersR 1980, 697 ff.; teilweise auch: Drewitz, Die Versicherung folgt der Haftung, 1977; Rodopoulos, Kritische Studie der Reflexwirkung der Haftpflichtversicherung auf die Haftung, 1981; Borgelt, Das Kind im Deliktsrecht, 1995; Goecke, Die unbegrenzte Haftung Minderjähriger im Deliktsrecht, 1997.

dert. Deshalb wird die Haftung nach § 829 BGB auch allgemein als Billigkeitshaftung bezeichnet. Daneben kennen die österreichische und die schweizerische Rechtsordnung ebenfalls eine Billigkeitshaftung Unzurechnungsfähiger, weshalb diese Arbeit beständig den Blick auf die rechtswissenschaftlichen Erkenntnisse in unseren südlichen Nachbarstaaten wirft.

Aber was macht den Reiz von § 829 BGB als Forschungsobjekt aus? Die Bedeutung in der täglichen gerichtlichen Praxis wohl kaum. Der Reiz besteht im Umstand, dass jemand nach dieser Norm haften soll, der prinzipiell von jeder Haftung ausgenommen ist, weil ihm die intellektuellen Fähigkeiten, die die Vorwerfbarkeit grundsätzlich rechtfertigen, fehlen. Damit stellt sich die Norm klar gegen die oben angeführte Aussage von *v. Jhering*, dass nur in der Schuld der Grund der Haftung zu suchen sei. Aber auch die Ansicht von *Binding*, wonach es für die Haftung nicht auf die Schuld des Täters ankomme, sondern die Verursachung alleine die Verantwortung begründe, wird § 829 BGB nicht gerecht. Denn die Norm verlangt, dass die Billigkeit eine Schadloshaltung erfordern muss.

§ 829 BGB steht damit zwischen zwei Stühlen – dem Verschuldens- und dem Verursacherprinzip. Die tönernen Füße, auf denen die Norm dort steht, sind das kaum weiter fassbare Kriterium der Billigkeit. Diese Ambivalenz zu untersuchen und in ein stimmiges Gesamtkonzept zu bringen, ist die Herausforderung und der Reiz von § 829 BGB als Forschungsobjekt.[5]

Gerade die Billigkeit, als die charakteristische Voraussetzung der Haftung nach § 829 BGB, unterliegt dabei den jeweiligen Strömungen der Zeit. Hier schlagen sich seit jeher Tendenzen der Rechtsprechung wie auch der Literatur zum Haftungsrecht nieder. Heute, in unserer Gesellschaft, die geprägt ist von einem großen Sicherheitsbedürfnis und auch Sicherheitsverlangen, fällt es vielen schwer zu akzeptieren, dass es Schäden gibt, die der Geschädigte selbst zu tragen hat.[6] Aus diesem Grund erklärt sich die Forderung, die Lasten von durch Kinder, geistig Behinderte oder Bewusstlose verursachten Schäden mittels Versicherungen zu sozialisieren. In den Augen vieler scheint die Billigkeit dazu das passende Einfallstor zu sein. Im Zentrum der vorliegenden Untersuchung steht, ob § 829 BGB hierfür tatsächlich das adäquate Mittel ist.

Daneben wird § 829 BGB auch in seiner sogenannten spiegelbildlichen Anwendung einer kritischen Analyse unterzogen.[7]

---

5 So auch v. Bar, Gemeineuropäisches Deliktsrecht I, Rn 76.
6 Vgl. Lieb, MDR 1995, 992.
7 Hierzu Kap. 2 B. (S. 246 ff.).

Im Anschluss hieran beschäftigt sich das dritte Kapitel mit speziellen Problemen im Zusammenhang mit der Billigkeitshaftung, die während eines Prozesses auftreten können.
Die vorliegende Arbeit hält sich hierbei insgesamt bewusst an den Aufbau von Handbüchern und Kommentaren, da sie durchgängig Bezug zur praktischen Anwendung und zum Tatbestand der Norm halten will.

1. Kapitel – Grundlagen des § 829 BGB

Entstehungsgeschichte, Haftungsgrund und dogmatische Einordnung

A. Entstehungsgeschichte

Die Entstehungsgeschichte des § 829 BGB lässt sich gut aus den Gesetzesmaterialien und Stellungnahmen der Wissenschaft ablesen. Um aber eine umfängliche Analyse der Norm zu ermöglichen, bedarf es eines weitergehenden Blicks zurück. Dabei spielt das römische Recht als Ausgangspunkt eine ebenso wichtige Rolle, wie dessen spätere Rezeption. Überaus relevant für ein tief greifendes Verständnis der Billigkeitshaftung sind auch die dem BGB vorangegangenen Kodifikationen und Entwürfe. Dabei sind nicht nur territorial vorangegangene Gesetzestexte äußerst aufschlussreich, sondern im Speziellen auch die österreichische und schweizerische Gesetzgebung. Nach der Würdigung der Entstehungsgeschichte der Norm sollen zudem verschiedene Reformbemühungen ins Blickfeld rücken. Beides ist unerlässlich, um die bis heute mit § 829 BGB verbundenen Problematiken erfassen zu können.
In der Vergangenheit sind sicher nicht alle Lösungen für die drängenden Fragen der Gegenwart zu finden. Der Blick auf den Ursprung der Billigkeitshaftung schärft aber die Sicht für die mit § 829 BGB bis in unsere Zeit zusammenhängenden Probleme.

I. Römisches Recht

Dem Lauf der Zeit folgend beginnt die Betrachtung mit dem römischen Recht. Ausgangspunkt der rechtsgeschichtlichen Darstellung sind die XII Tafeln.

1. Die XII Tafeln

Obwohl es im römischen Recht nie ein vollumfänglich kodifiziertes Haftungsrecht gab,[8] ist der Ursprung eines selben in den XII Tafeln zu su-

---

[8] Vgl. Kaser/Knütel, Römisches Privatrecht[18], § 2 Rn 1, 2.

chen.[9] Sie entstanden etwa in der Mitte des 5. Jahrhunderts v. Chr.[10] Die XII Tafeln sind heute nicht mehr erhalten. Über ihren Inhalt geben jedoch circa 40 wörtliche und annähernd 120 inhaltliche Hinweise in späteren juristischen und literarischen Quellen Aufschluss.[11]

So ist überliefert, dass bereits zwischen mündigen und unmündigen Schädigern unterschieden wurde. Die Mündigkeit erlangte der freie Mensch – nicht der Sklave – mit der Pubertät (*pubertas*). Da der Zeitpunkt der menschlichen Reife individuell ist, entschied man sich im Interesse der Rechtssicherheit für feste Grenzen. Knaben wurden anfänglich mit der Einkleidung (*toga virilis*) formal in die Welt der Mündigen aufgenommen. Später setzten die Prokulianer und ihnen wiederum später folgend *Justitian* (527-565 n. Chr.) die Altersgrenze für Knaben auf das vollendete 14. Lebensjahr fest, während Mädchen bereits seit je schon mit 12 Jahren als mündig galten.[12] Innerhalb der *impuberes* wurde noch zwischen den Kindern (*infantes*) und den Kindern (*impuberes infantia majores*), welche zwar das siebte Lebensjahr vollendet haben, jedoch noch unmündig sind, unterschieden.[13]

Nach den XII Tafeln hafteten auch *infantes*, konnten aber mit milderer Strafe rechen.[14] So wurde beispielsweise ein Mündiger für die Vernichtung der angebauten Frucht (*frux aratro quaestia*), dem heimlichen Abweiden (*pascere*) oder Abmähen (*secare ceres*) der Göttin der Fruchtbarkeit der Felder geopfert, indem er gehängt wurde. Ein Unmündiger wurde dagegen nur ausgepeitscht und musste den Schaden durch Leistung des doppelten Sachwerts ausgleichen (XII Taf. 8, 9).[15]

Man war sich also bewusst, dass ein junger Mensch noch nicht dieselben intellektuellen Fähigkeiten wie ein Erwachsener hatte, ging aber dennoch davon aus, dass auch er grundsätzlich für den Schaden verantwortlich sei. Eine generelle Einschränkung der Deliktsfähigkeit, wie wir sie heute in den §§ 827 S. 1, 828 Abs. 1, 2 BGB finden, kannten die XII Tafeln nicht.

Geisteskranke[16] wurden in klassischer Zeit als handlungs- und deliktsunfähig betrachtet. Die von ihnen vorgenommen Handlungen galten als Spiel

---

[9] Kaser/Knütel, Römisches Privatrecht[18], § 1 Rn 5; Wieacker, Römische Rechtsgeschichte, S. 255, 305.

[10] Wieacker, Römische Rechtsgeschichte, S. 288 f.

[11] Hausmaninger, Römisches Privatrecht, S. 16.

[12] Dernburg, Pandekten I[7], S. 119; Pernice, Labeo I, S. 206 ff.

[13] Hausmaninger, Römisches Privatrecht, S. 86 f.

[14] Pernice, Labeo I, S. 216 f.; Dernburg, Pandekten I[7], S. 120.

[15] Liebs, Römisches Recht, S. 198.

[16] Wohl nur schwere und offensichtliche Fälle.

der Naturgewalten.[17] Inwieweit dies auch schon für die Zeit um 450 v. Chr. galt, ist zweifelhaft, da schließlich nach damaliger Vorstellung auch unmündige Kinder für von ihnen angerichtete Schäden hafteten. Es kam nach den XII Tafeln gerade nicht auf individuelle Fähigkeiten des Handelnden an. Entscheidend war die objektive Zurechenbarkeit des Erfolgs. Man kann daraus schließen, dass wohl auch Geisteskranke haftbar waren.

Die XII Tafeln gingen im Grundsatz davon aus, dass für eine Haftung die objektive Zurechenbarkeit ausreicht, qualifizierend wurde aber an mancher Stelle auch dem individuellen Verhalten Rechnung getragen. So wurde der vorsätzliche Brandstifter gefesselt, ausgepeitscht und lebendig verbrannt; der unvorsätzlich Handelnde musste dagegen nur Schadensersatz leisten. Eine feinere Differenzierung des Verschuldens und dessen mögliche Untergliederung lassen die XII Tafeln nicht erkennen. Vielmehr ist es bis heute umstritten, ob dem unvorsätzlich handelnden Schädiger überhaupt ein subjektiver Sorgfaltsverstoß in beschriebenen Fällen vorgeworfen werden musste.[18]

Primär kam es jedenfalls auf die Kausalität und die objektive Zurechenbarkeit des Erfolgs an.[19] Die XII Tafeln orientierten sich nach heutiger Terminologie in Haftungsfragen an dem Veranlasserprinzip und stellten nicht, wie das BGB, das Verschulden in den Vordergrund der Haftung. Eine Billigkeitshaftung, wie wir sie heute kennen, findet sich damit zwangsläufig in den XII Tafeln nicht. Zum einen hat eine Billigkeitshaftung etwas „generalklauselhaftes“, was in der Kasuistik der XII Tafeln notwendig fehlt. Zum anderen besteht mangels Deliktsunfähigkeit von Personen auch kein unmittelbares Bedürfnis zur Haftung aus Billigkeit.

Entscheidend ist hierfür auch das allgemeine Verständnis des Haftungsanspruchs eines Geschädigten. Es sollte in erster Linie eine Vergeltung für erlittenes Unrecht, ohne unkontrollierte Selbstjustiz, gewährt werden. Eine Haftung aus Billigkeit für erlittenes Unrecht konnte es folglich nicht geben, da entweder immer eine Person dafür gerade zu stehen hatte oder höhere Gewalt im Spiel niemand greifbar machte, an dem man hätte Vergeltung üben können.

2. Die lex Aquilia

Später wurde das römische Haftungsrecht in der *lex Aquilia* verfeinert. Nach der Überlieferung wurde sie im Jahr 286 v. Chr. per Plebiszit erlassen.

---

[17] Dernburg, Pandekten I^7, S. 126.
[18] Vgl. Jansen, Die Struktur des Haftungsrechts, S. 193 Fn. 69.
[19] Dernburg, Lehrbuch der Pandekten, S. 120; Pernice, Labeo I, S. 217.

Eine Datierung in die zweite Hälfte des 3. Jahrhunderts v. Chr. wird heute aber auf Grund wirtschaftswissenschaftlicher Untersuchungen als wahrscheinlicher erachtet.[20] Unabhängig von der genauen zeitlichen Einordnung steht fest, dass sie die im Gegensatz zu ihr stehenden „deliktsrechtlichen Vorschriften“ der XII Tafeln außer Kraft setzte.[21]

Die *lex Aquilia* gliedert sich in drei Kapitel.[22] Das erste befasst sich mit dem Erschlagen (*occidere*) von fremden Sklaven und vierfüßigen Haustieren. Hierfür musste der Schädiger dem Eigentümer eine Bußzahlung in Höhe des Höchstwertes der Sache leisten, welche diese während des letzten Jahres hatte.[23] Das dritte Kapitel schützte alle Vermögensgüter gegen einen fremden Eingriff in Form von *ugere* (brennen), *frangere* (brechen) oder *rumpere* (verstümmeln, verwunden).[24] Die Buße wurde hier nach dem maximalen Höchstwert berechnet, welche die Sache in den nächsten 30 Tagen gehabt hätte.[25] Der genaue Inhalt des zweiten Kapitels ist heute nicht bekannt. Es beschäftigte sich wohl mit unbefugtem Forderungserlass durch einen treuhänderischen Mitinhaber.[26]

Allen Kapiteln gemeinsam ist, dass der Schädiger rechtswidrig und schuldhaft gehandelt haben musste. Grundsätzlich musste der Schädiger nur für *dolus* (Vorsatz) haften. Im Bereich des dritten Kapitels genügte auch *culpa* (Fahrlässigkeit).[27]

Wer aber aus mangelnder Altersreife[28] oder auf Grund geistiger Einschränkungen keinen vernünftigen Willen bilden konnte, galt als deliktsunfähig und handelte somit schuldlos.[29] Bei Geisteskranken wurden jedoch bereits „lichte Augenblicke“ (*lucidum intervallum*) berücksichtigt, welche die De-

---

20 Hausmaninger, Das Schadensersatzrecht der lex Aquilia, S. 8; ders., Römisches Privatrecht, S. 280.

21 Ulp. D. 9, 2, 1.

22 Hausmaninger, Das Schadensersatzrecht der lex Aquilia, S. 7.

23 Vgl. Gai. D. 9, 2, 2, pr.

24 Vgl. Ulp. D. 9, 2 ,27, 5; Hausmaninger, Römisches Privatrecht, S. 280; Liebs, Römisches Recht, S. 199.

25 Vgl. Ulp. D. 9, 2, 27, 5.

26 Liebs, Römisches Privatrecht, S. 204; Zimmermann, The Law of Obligations, S. 954.

27 Hausmaninger, Römisches Privatrecht, S. 277.

28 Vgl. Fn 12.

29 Auf die Frage von Ulpian verneint Pegasus die Haftung des *furiosus* und des *infans* aus der *lex Aquilia* wie folgt: *„... querimus, si furiousus damnum dederit, an legis Aquiliae actio sit? Et Pegasus negavit: quae enim in ea culpa sit, cum suae mentis non sit? et hoc est verissimum. Cessabit igitur Aquiliae actio, quemadmodum, si quadrupes damnum dederit, Aquilia cessat aut si tegula ceciderit.* » Ulp. D. 9, 2, 5, 2; Hausmaninger, Das Schadensersatzrecht der lex Aquilia, S. 26.

liktsunfähigkeit für den Zeitraum des klaren Bewusstseins unterbrachen.[30] Eine Haftung für den Deliktsunfähigen sah die *lex Aquilia* nicht vor. Auch etwas Vergleichbares, was auf eine Billigkeitshaftung für einen schuldlos Handelnden hindeuten könnte, findet sich nicht.

Zwar stand die Vergeltung nicht mehr im Vordergrund des Deliktsrechts,[31] dennoch gab es nach römischer Vorstellung kein Bedürfnis zur Schadensregulierung im Fall der Verursachung durch einen Deliktsunfähigen, da man solch ein Handeln nicht von menschlichem Willen getragen ansah und folglich einem solchen auch nicht zugeordnet werden konnte. Das Verlangen nach einem vermögensrechtlichen Ausgleich für einen erlittenen Schaden trat damals hinter der „Einsicht" zurück, dass Vorkommnisse der beschriebenen Art durch eine höhere, nicht durch menschliches Handeln zu kontrollierende Macht veranlasst wurden. Dies lässt sich auch mit den religiösen Vorstellungen jener Zeit belegen, die beinahe jedes – nach damaligem Stand der Wissenschaft – unerklärliche Naturereignis als eine göttliche Einwirkung verstand.[32]

Es bleibt damit festzuhalten, dass weder das vorklassische, noch das klassische römische Recht eine Billigkeitshaftung im Sinn einer Haftung Unzurechnungsfähiger kannten, obwohl sich bereits ein Wandel von der Veranlasser- zur Verschuldenshaftung vollzogen hatte.

II. Deutsches Recht

1. Mittelalter

Während der Zeit der Geltung der *lex salica* (circa ab 507 n. Chr.), des Sachsenspiegels (circa ab 1220 n. Chr.) und ähnlicher Gesetzbücher hafteten in der Regel Kinder bis zu zwölf Jahren und „Sinnlose", wenngleich sie von Strafe frei blieben, doch mit ihrem Vermögen für den Ersatz des widerrechtlich zugefügten Schadens.[33] So hieß es beispielsweise im Sachsenspiegel: *„wer unwillig* [willenlos] *gethan, muß willig zahlen"*.[34] Es zeigt sich deutlich, dass man dem Verschuldensprinzip den Rücken kehrte und sich

---

30 Vgl. z. B: D. 1, 18; Hertl, Die Billigkeitshaftung, S. 21; Graske, Die Haftung Unzurechnungsfähiger nach § 829 BGB, S. 13.

31 Vgl. Jansen, Die Struktur des Haftungsrechts, S. 192 f.

32 v. Jhering, Das Schuldmoment im Römischen Privatrecht, S. 42 f.

33 L. Sal. 24 § 5.L. Fris. Add. 3. 70; Sachsensp. II Art. 65 § 1 II 3; vgl. mwN. v. Gierke, Deutsches Privatrecht III, § 212 III. 1. (S. 909, 910).

34 Sachsensp. II Art. 65 § 1 II 3.

klar dem Verursacherprinzip als Haftungsprinzip anschloss. Die individuellen Defizite, seien sie alters- oder krankheitsbedingt, wirkten sich nur strafrechtlich, nicht dagegen haftungsrechtlich aus. Für eine Billigkeitshaftung bestand in diesen Rechtsordnungen folglich kein Bedürfnis.

2. Das Gemeine Recht

Im Gemeinen Recht, das vom Mittelalter bis in die Neuzeit in Europa weit verbreitet war, besann man sich auf das klassische römische Recht und stellte damit auch das Verschuldensprinzip im Gegensatz zu vielen germanischen Rechtsordnungen wieder in den Mittelpunkt.[35] Eine Haftungserweiterung aus Gründen der Billigkeit, im Sinn einer ausnahmsweisen Abweichung vom Verschuldensprinzip, findet sich aber auch im Gemeinen Recht nicht. Zwar traten bereits seit *Thomasius* Naturrechtslehrer für eine Haftung auch nach dem Verursacherprinzip ein,[36] doch fand dies in der Entwicklung der Rechtsanwendung keinen Niederschlag, was auch die ersten Kodifikationen moderner Prägung zeigen.

III. Frühe Kodifikationen und Entwürfe

1. Der Codex Maximilianeus Bavaricus civilis

Der *Codex Maximilianeus Bavaricus civilis* von 1756, redigiert von *Freiherr von Kreittmayr*, ist ein in deutscher Sprache abgefasstes Werk mit vielen lateinischen Einstreuungen, der im Wesentlichen das gemeine Recht, den *usus modernus pandectarum*, gewohnheitsrechtlich fortbildete.[37] Nebenbei blieb das Gemeine Recht subsidiär in Kraft.
Es überrascht daher nicht, dass sich im *Codex Maximilianeus Bavaricus civilis* die Haftung Unzurechnungsfähiger an die des römischen Rechts anlehnte. Wörtlich hieß es im *Vierten Theil, sechzehntes Kapitel, § 6 de actione legis Aquiliae:*[38]

> „... *und da nun 8*^{vo} *Kinder und Unsinnige aus Mangel des Verstandes und freyen Willens weder Doli noch Culpae fähig sind, so folgt von selbst, dass die von ihnen herrührende Damnifikation entweder gar*

[35] Vgl. hierzu Kap. 1 A II. 2 (S. 11).
[36] v. Gierke, Deutsches Privatrecht III, § 212 III. 1. (S. 910).
[37] Gmür/Roth, Grundriß der deutschen Rechtsgeschichte[10], Rn. 313.
[38] Zitiert nach Danzer, Das Bayerische Landrecht (1894).

nicht oder wenigst nicht aus ihrem eigenen, sondern allenfalls aus dem Vermögen derjenigen erstattet werde, welchen die Obsorg über dergleichen Personen zwar obgelegen, aber nicht mit gebührenden Fleiß geführt worden ist.“

Eine Haftung Unzurechnungsfähiger war also nicht vorgesehen. Da der *Codex Maximilianeus Bavaricus civilis* bis zum Inkrafttreten des BGB gegolten hatte, findet sich in Bayern eine Billigkeitshaftung erstmals mit Einführung des § 829 BGB.

2. Das Allgemeine Preußische Landrecht

Im Jahr 1794 trat in den preußischen Staaten das Allgemeine Preußische Landrecht (=ALR) in Kraft. Dieses Werk stellt eine geschlossene Gesamtkonzeption für das Privatrecht dar. Im Rahmen des Haftungsrechts ging es im Grundsatz von der Verschuldenshaftung aus.[39] Da jedoch Unzurechnungsfähige („Wahn- und Blödsinnige“ und Kinder unter sieben Jahre) weiter als nicht verschuldensfähig galten, musste ein neues Instrument erfunden werden, wollte man ihre Haftung begründen. Man kam aus Überlegungen der sozialen Rücksicht und der Billigkeit zum Entschluss, erstmals in einem vom Verschuldensprinzip geprägtem Deliktsrecht eine Haftung für Unzurechnungsfähige zu statuieren und entschied sich zu folgenden Normen:[40]

§ 41 Wenn Wahn- und Blödsinnige oder Kinder unter sieben Jahren jemanden beschädigen, so kann nur der Ersatz des unmittelbaren Schadens aus ihrem Vermögen gefordert werden.

§ 42 Doch haftet das Vermögen solcher Personen nur alsdann, wenn der Beschädigte den Ersatz aus dem Vermögen der Aufseher oder der Ältern nicht erlangen kann.

§ 43 Auch haftet dasselbe nur soweit, als dadurch dem Beschädiger der nöthige Unterhalt, und wenn er ein Kind ist, die Mittel zu seiner standesmäßigen Erziehung nicht entzogen werden.

---

[39] Bornemann, Systematische Darstellung des Preußischen Civilrechts I, S. 304, 305.

[40] ALR I 6 §§ 41-44.

> *§ 44 Hat der Beschädigte dergleichen Personen durch sein eigenes auch nur geringes Versehen zu der schädlichen Handlung veranlaßt, so kann er sich an das Vermögen derselben nicht halten.*

Unzurechnungsfähige mussten nur subsidiär für unmittelbare Schäden[41] haften und auch nur dann, wenn ihnen der erforderliche Unterhalt nicht hierdurch entzogen wurde. Ferner durfte der Geschädigte in keiner Weise den Schaden veranlasst haben.

Begründet wurde diese bewusste Abkehr vom römischen Recht ausweislich der Materialien zum ALR damit, dass die Unzurechnungsfähigen „... *die Urheber ihrer Handlungen* [sind], *und mithin es billig sei, dass der Ersatz des durch ihre Handlungen geschehen Schadens aus ihrem Vermögen geleistet werde (Materialien I, S. 34)*".[42]

Man stellte somit einerseits auf das Verursacherprinzip ab und argumentierte, dass der Zustand der Willensunfähigkeit nicht die Verantwortlichkeit aufhebe, sondern nur auf die Natur und den Umfang (den Inhalt) der Verbindlichkeit von Einfluss sei.[43]

Andererseits begründete man die Haftung damit, „... *darin dass ein unschuldig Beschädigter jede Vergütung entbehren solle, obgleich letztere aus dem Vermögen des beschädigenden Kindes leicht gewährt werden könne, liege offenbar eine, dem sittlichen Gefühl widersprechende Härte, und diese werde* [...] *auf eine für alle Theile angemessene Weise beseitigt.*"[44] Man befand, dass eine solche Haftung auf einer „*natürlichen Billigkeit*"[45] beruhe.[46] Interessanter Weise findet sich das Wort Billigkeit in den §§ 41-44 I 6 ALR selbst nicht wieder. *C. F. Koch*[47] meint, dass nicht die natürliche Billigkeit eine Schadloshaltung erfordere, wie es im Entwurf zum ALR stehe,[48] sondern es sich um den alten deutsch-rechtlichen Grundsatz handele, wonach es bei einer Beschädigung nicht auf den Willen ankomme. Als Beleg hierfür

---

41 Zum Begriff des unmittelbaren Schadens vgl. die Definition in ALR I 6 § 2; bzgl. mittelbarer Schaden vgl. ALR I 6 § 3.

42 Bielitz, Praktischer Kommentar zum allgemeinen Landrecht für die preußischen Staaten II, S. 23-24.

43 Koch, Lehrbuch des Preußischen gemeinen Privatrechts I^3, S. 272.

44 Bornemann, Systematische Darstellung des Preußischen Civilrechts II, S. 253.

45 Anm. zu § 34, II, 3 des Entwurfs des ALR zitiert nach Kochs ALR-Kommentar/Koch I^3, S. 331 Fn 22.

46 Bornemann, Systematische Darstellung des Preußischen Civilrechts II, S. 252.

47 *Christian Friedrich Koch* und nicht *E. Koch*, wie v. Bar, Gemeineuropäisches Deliktsrecht I, Rn 77 und ders., FS E. Lorenz, S. 73, 74, schreibt.

48 Entwurf zum ALR II, 3 § 34.

verweist er auf den Sachsenspiegel (II. Art. 65 und III. Art.3).[49] Dennoch, oder gerade deshalb bezeichneten er und später *Förster* die Vorschrift als *„eine regelwidrige Bestimmung“*[50].
Das Gericht hatte jedenfalls kein Ermessen über das Ob und den Umfang einer Schadensersatzpflicht, sondern war bei Vorliegen der Tatbestandsvoraussetzungen gebunden.[51] Es fand keine Korrektur zu Gunsten des Unzurechnungsfähigen auf Grund von Erwägungen der Billigkeit statt, noch mussten besondere Umstände vorliegen, welche den Ersatzanspruch des Geschädigten aus konkreten Gründen der Billigkeit begründeten. Die Billigkeit war folglich nur norm-, nicht jedoch tatbestandsbegründend. Dennoch gelten die oben angeführten Paragraphen als Wurzel unserer heutigen Haftung nach § 829 BGB aus Gründen der Billigkeit.[52] Die Haftung Unzurechnungsfähiger nach dem ALR lässt sich daher als Form der deutschrechtlich geprägten Verursacherhaftung charakterisieren, die eine klare Ausnahme zum im Übrigen geltenden Verschuldensprinzip des ALR darstellt.

3. Das Allgemeine Bürgerliche Gesetzbuch Österreichs

Im österreichischen Allgemeinen Bürgerlichen Gesetzbuch (ABGB) von 1811, das ebenfalls wie das ALR vom Grundsatz der Verschuldenshaftung ausgeht, fand sich eine dem ALR sehr ähnlich ausgestaltete Haftung Unzurechnungsfähiger.[53] Dort hieß es in den §§ 1308-1310 ABGB:[54]

> *§ 1308 Wenn Wahn- oder Blödsinnige oder Kinder jemand beschädigen, der durch irgendein Verschulden hierzu selbst Veranlassung gegeben hat, so kann er keinen Ersatz beanspruchen.*

---

49 Koch, Lehrbuch des Preußischen gemeinen Privatrechts I^3, S. 272 Fn 3.

50 Kochs ALR-Kommentar/Koch I^3, S. 331 Fn 22; Kochs ALR-Kommentar/Förster I^6, S. 270 Fn 37; Kochs ALR-Kommentar/Förster I^7, S. 279 Fn 37.

51 Schwartz, Das Billigkeitsurtheil des § 829 BGB, S. 16; Heinsheimer, AcP 95 (1904), 234, 236.

52 Vgl. Heinsheimer, AcP 95 (1904), 234, 235; Hertel, Die Billigkeitshaftung Unzurechnungsfähiger, S. 25; Lehnertz, Zur Problematik des § 829 BGB, S. 4; Schwartz, Das Billigkeitsurtheil des § 829 BGB, S. 10; v. Bar, Gemeineuropäisches Deliktsrecht I, Rn 77.

53 So auch v. Bar, Gemeineuropäisches Deliktsrecht I, Rn 78.

54 ABGB idF. v. 1811.

§ 1309 Außer diesem Falle gebührt ihm der Ersatz von denjenigen Personen, denen der Schade wegen Vernachlässigung der ihnen über solche Personen anvertrauten Obsorge beygemessen werden kann.

§ 1310 Kann der Beschädigte auf solche Art den Ersatz nicht erhalten, so soll der Richter mit Erwägungen des Umstandes, ob dem Beschädiger, ungeachtet er gewöhnlich seines Verstandes nicht mächtig ist, in dem bestimmten Falle nicht dennoch ein Verschulden zur Last liege, oder ob der Beschädigte aus Schonung des Beschädigers die Vertheidigung unterlassen habe oder endlich mit Rücksicht auf das Vermögen des Beschädigers und des Beschädigten, auf den ganzen Ersatz oder doch einen billigen Theil desselben erkennen.

Nicht nur das ALR, sondern auch die naturrechtlichen Entwürfe von *Horten* und *Martini*[55] hatten großen Einfluss auf die Vorschriften des ABGB über die Haftung Unzurechnungsfähiger.[56] Sie sind heute beinahe unverändert in Kraft[57] und wirkten – besonders § 1310 ABGB – bereits vor mehr als hundert Jahren, „... *als nicht gerade geschickt gefasst*“.[58] Die aus dem ALR bekannte Subsidiarität der Haftung findet sich ebenso wie die bewusste ausnahmsweise Abkehr vom römisch-rechtlichen Prinzip der Verschuldenshaftung.[59]

---

[55] Vgl. hierzu Barta, Zur Kodifikationsgeschichte des österreichischen bürgerlichen Rechts in ihrem Verhältnis zum preußischen Gesetzbuch, in: Naturrecht und Privatrechtskodifikation, S. 321, 388; vgl. allgemein hierzu: Hebeis, Karl Anton von Martini, S. 109 f.

[56] Barta, Zivilrecht I, S. 665.

[57] Vgl. Stand BGBl. Nr. 118/2002.
§ 1308. Wenn Personen, die den Gebrauch der Vernunft nicht haben, oder Unmündige jemanden beschädigen, der durch irgendein Verschulden hierzu selbst Veranlassung gegeben hat, so kann er keinen Ersatz ansprechen.
§ 1309. Außer diesem Falle gebührt ihm der Ersatz von denjenigen Personen, denen der Schade wegen Vernachlässigung der ihnen über solche Personen anvertrauten Obsorge beigemessen werden kann.
§ 1310. Kann der Beschädigte auf solche Art den Ersatz nicht erhalten; so soll der Richter mit Erwägung des Umstandes, ob dem Beschädiger, ungeachtet er gewöhnlich seines Verstandes nicht mächtig ist, in dem bestimmten Falle nicht dennoch ein Verschulden zur Last liege; oder, ob der Beschädigte aus Schonung des Beschädigers die Verteidigung unterlassen habe; oder endlich, mit Rücksicht auf das Vermögen des Beschädigers und des Beschädigten; auf den ganzen Ersatz, oder doch einen billigen Teil desselben erkennen.

[58] Schwartz, Das Billigkeitsurtheil des § 829 BGB, S. 16.

[59] Vgl. hierzu Jhering, Das Schuldmoment im römischen Privatrecht, S. 40 f.

Der entscheidende Unterschied zum ALR liegt aber im Umstand, dass die Billigkeit hier nicht nur normbegründendes Element ist, sondern vielmehr sich auch im Tatbestand der Vorschrift wiederfindet.[60] Dem Richter werden drei Varianten zur Bestimmung der Billigkeit an die Hand gegeben: erstens ein „Quasiverschulden" des Unzurechnungsfähigen, zweitens die unterlassene Verteidigung des Geschädigten zur Schonung des Schädigers und drittens die Vermögensverhältnisse des Schädigers und des Geschädigten. Als erste Kodifikation überließ das ABGB, als Synthese von wissenschaftlich-systematischem Naturrecht, römischem und germanischem Recht,[61] dem Richter, Unzurechnungsfähige nach Ermessen haften zu lassen. Gerade diesen Schritt war man nicht bereit zu gehen, als man das ALR normierte.

4. Das Schweizerische Obligationenrecht

Noch einen Schritt weiter ging 1881 das Schweizerische Obligationenrecht mit den Art 50, 58 aOR. Dort hieß es:[62]

> *Art. 50 Wer einem Andern widerrechtlich Schaden zufügt, sei es mit Absicht sei es aus Fahrlässigkeit, wird demselben zum Ersaze verpflichtet.*
>
> *Art. 58 Aus Rücksichten der Billigkeit kann der Richter ausnahmsweise auch eine nicht zurechnungsfähige Person, welche Schaden verursacht hat, zu theilweisem oder vollständigen Ersaze verurtheilen.*

---

60 Heinsheimer, Die Haftung Unzurechnungsfähiger nach § 829 des Bürgerlichen Gesetzbuchs, AcP 95 (1904) 234, 236.

61 Gmür/Roth, Grundriß der deutschen Rechtsgeschichte[10], Rn. 322.

62 BBl. 1881 III 118, 119. Heute entsprechen den Art. 50, 58 aOR die Art. 41, 54 OR von 30. März 1911 (BBl. 1905 II 88, 91), vgl.:
Art. 41. Wer einem andern widerrechtlich Schaden zufügt, sei es mit Absicht, sei es aus Fahrlässigkeit, wird ihm zum Ersatze verpflichtet.
Ebenso ist zum Ersatze verpflichtet, wer einem andern in einer gegen die guten Sitten verstossenden Weise absichtlich Schaden zufügt
Art. 54. Aus Billigkeit kann der Richter auch eine nicht urteilsfähige Person, die Schaden verursacht hat, zu teilweisem oder vollständigem Ersatze verurteilen.
Hat jemand vorübergehend die Urteilsfähigkeit verloren und in diesem Zustand Schaden angerichtet, so ist er hierfür ersatzpflichtig, wenn er nicht nachweist, dass dieser Zustand ohne sein Verschulden eingetreten ist.

Wie Art. 50 aOR (heute Art. 41 Abs. 1 OR) zeigt, geht das schweizerische außervertragliche Haftpflichtrecht ebenfalls grundsätzlich vom Verschuldensprinzip aus. Nach dem Wortlaut des Art. 58 aOR (heute Art. 54 Abs. 1 OR) überließ man es dem Richter, über das „Ob“ und den Umfang eines Schadensersatzanspruchs zu entscheiden. Der Gesetzestext gab den Richter nicht einmal mehr beispielhaft vor, wann ein entsprechender Anspruch billig sein sollte. Es kam damit primär auf die Kausalität zwischen Handlung und eingetretenem Schaden und einer Billigkeitsabwägung an. Daher wird die Haftung Urteilsunfähiger (Unzurechnungsfähiger) in der Schweiz heute noch allgemein als „Kausalhaftung aus Billigkeit“ bezeichnet.[63]

5. Entwurf eines Gesetzbuchs für das Königreich Bayern

In Bayern wurde 1860 ein Entwurf eines bürgerlichen Gesetzbuches vorgelegt. Über den Entwurfsstatus kam man zwar nie hinaus, jedoch ist aus heutiger Sicht der Artikel betreffend die Haftung Unzurechnungsfähiger interessant, da er dem § 829 BGB sehr ähnelt. So hieß es im *Theil II. Buch I. Hauptstück 1.*:[64]

> *Art. 65 Wenn bei Beschädigungen durch unzurechnungsfähige Personen (Art. 56) die Haftbarkeit der Aufsichtsperson nicht begründet, oder wenn aus dem Vermögen der letzteren der Schadensersatz nicht vollständig zu erlangen ist, so kann dem Beschädigten aus dem Vermögen des Beschädigers nach Erwägung aller Umstände, insbesondere der beiderseitigen Vermögensverhältnisse, ein billiger Ersatz zuerkannt werden, insoweit dem Beschädiger hierdurch der seinen Verhältnissen entsprechende Unterhalt und die Mittel einer standesgemäßen Erziehung nicht entzogen werden.*
>
> *Art. 56 Unzurechnungsfähig sind:*
>
> > *Kinder bis zum vollendeten achten Lebensjahr;*
> > *Personen vom vollendeten achten bis zum vollendeten zwölften Lebensjahre, sofern sie nicht im Stande sind, die Widerrechtlichkeit oder die nachtheiligen Folgen der That einzusehen;*
> > *Geistesabwesende.*

---

63 BGE 102 II 230; 122 III 266; Oftinger/Stark, Schweizerisches Haftpflichtrecht II/1^4, § 18 Rn 4 (S. 132); a.A. Roberto, AJP 2005, 1323, 1326, der Art. 54 OR der Verschuldenshaftung zuordnen will.

64 Zitiert nach: Neudrucke Privatrechtlicher Kodifikationen und Entwürfe des 19. Jahrhunderts, Bd III, Entwurf eines Bürgerlichen Gesetzbuches für das Königreich Bayern 1861 – 1864 mit Motiven.

Hat sich Jemand durch eigene Schuld in einen vorübergehenden Zustand der Geistesabwesenheit versetzt, so ist er nicht entschuldigt.

Auf Grund des sehr ähnlichen Wortlauts, der meines Erachtens sogar klarer ist als der des BGB, wären die Motive des Entwurfes im Hinblick auf die Entstehungsgeschichte des § 829 BGB von Interesse, da § 829 BGB sich an keine andere Kodifikation, beziehungsweise vorangegangen Entwurf ähnlich stark anlehnt.
Eine ausführliche Begründung der Norm findet sich aber in den Motiven nicht. Die Abkehr vom Verschuldensprinzip wurde lediglich damit begründet, dass eine Haftung Unzurechnungsfähiger „... *auf Rücksichten der Billigkeit* ...“ gründe.[65] Da es sich beim Schadensfall um „... *eine Art von Zufall* ...“ handele, weil der Schaden zwar rechtswidrig aber unter entschuldbaren Umständen gestiftet wurde, der Geschädigte aber völlig unschuldig sei, könne ausnahmsweise auch ein Unzurechnungsfähiger zur Haftung herangezogen werden.[66]
Wie auch später, tat man sich schon damals schwer, eine klare dogmatische Begründung für die Haftung Unzurechnungsfähiger zu finden. Es wurde vielmehr an das Rechtsgefühl appelliert und dem Unzurechnungsfähigen der Vorwurf gemacht, dass er, im Gegensatz zum Geschädigten, zumindest den Schaden verursacht habe.

6. Das Bürgerliches Gesetzbuch für das Königreich Sachsen

Dagegen suchte das Bürgerliche Gesetzbuch für das Königreich Sachsen (sächs. BGB) vom 2. Januar 1863, das am 1. März 1865 in Kraft trat, den Boden des vom römischen Recht geprägten ausnahmslosen Verschuldensprinzips wieder auf. Dort hieß es:[67]

§ 773 Handlungen, welche an und für sich rechtswidrig sind, begründen eine Forderung des dadurch Verletzten gegen denjenigen, welcher sich der Handlung schuldig gemacht hat.

---

[65] Motive zum Entwurf eines Bürgerlichen Gesetzbuchs für das Königreich Bayern, S. 77, zitiert nach: Neudrucke Privatrechtlicher Kodifikationen und Endwürfe des 19. Jahrhunderts, Bd III, Entwurf eines Bürgerlichen Gesetzbuches für das Königreich Bayern 1861 – 1864 mit Motiven, S. 381.

[66] Motive zum Entwurf eines Bürgerlichen Gesetzbuchs für das Königreich Bayern, S. 77, zitiert nach: Neudrucke Privatrechtlicher Kodifikationen und Endwürfe des 19. Jahrhunderts, Bd III, Entwurf eines Bürgerlichen Gesetzbuches für das Königreich Bayern 1861 – 1864 mit Motiven, S. 381.

[67] Zitiert nach: Neudrucke Privatrechtlicher Kodifikationen und Entwürfe des 19. Jahrhunderts, Bd IV, Bürgerliches Gesetzbuch für das Königreich Sachsen.

§ 776 Der Urheber der verletzenden Handlung haftet nur, wenn ihn eine Verschuldung trifft. In der Regel ist es gleich, ob die Verschuldung auf Absicht oder Fahrlässigkeit beruht, und in letzterem Falle, ob die Fahrlässigkeit eine grobe oder geringe ist.

§ 119 Handlungsunfähigen Personen kann eine Verschuldung nicht zur Last gelegt werden.

§ 81 Handlungsfähig sind nur Willensfähige, handlungsunfähig sind dagegen diejenigen, welche im Kindesalter stehen, und diejenigen, welche wegen Geistesgebrechen oder wegen eines vorübergehenden Zustandes des Vernunftgebrauchs beraubt sind.

§ 47 Das Kindesalter dauert bis zu erfüllten siebten Lebensjahre, die Minderjährigkeit bis zu erfüllten einundzwanzigsten Lebensjahre.

Das sächs. BGB war trotz Kenntnis anderer Kodifikationen, beziehungsweise Entwürfe, nicht bereit, eine Ausnahme vom strengen Verschuldensprinzip zuzulassen. Wie schon der *Codex Maximilianeus Bavaricus civilis* von 1756 hielt es an gemeinrechtlichen Traditionen fest.

7. Dresdener Entwurf eines allgemeinen deutschen Gesetzes über Schuldverhältnisse

Der sogenannte Dresdener Entwurf eines allgemeinen deutschen Gesetzes über Schuldverhältnisse von 1866, der im Auftrag verschiedener Regierungen, darunter Österreich, Bayern und Sachsen entstand, kannte wie auch das sächs. BGB keine Haftung Unzurechnungsfähiger. In Art. 213 hieß es:[68]

Hat Jemand im Zustande der Handlungsunfähigkeit etwas gethan oder unterlassen, wodurch einem Anderen Schaden zugefügt worden, so ist er zum Ersatze des Schadens nicht verpflichtet. Handlungsunfähig sind Kinder bis zum vollendeten siebten Lebensjahre, sowie Personen, welche wegen Geistesgebrechen oder wegen eines vorübergehenden Zustandes des Vernunftgebrauches beraubt sind.

Dies ist insofern erstaunlich, da man sich beispielsweise in Bayern und Österreich – wie oben dargestellt – bereits für eine Haftung Unzurech-

[68] Zitiert nach: Neudrucke Privatrechtlicher Kodifikationen und Entwürfe des 19. Jahrhunderts, Bd II, Dresdener Entwurf eines allgemeinen deutschen Gesetzes über Schuldverhältnisse, S. 43.

nungsfähiger entschieden hatte, auch wenn dies in Bayern nicht Gesetz wurde.

Vor diesem Hintergrund wurde es spannend, wie sich der Gesetzgeber im Deutschen Reich nach 1871 verhalten würde. Der Grundsatz der Verschuldenshaftung war sicherlich bereits in den meisten Köpfen derjenigen fest verankert, die an einem neuen Zivilgesetzbuch arbeiteten. Sie waren vom *usus modernus pandectarum*, beziehungsweise von den bis dahin erlassenen Kodifikationen geprägt, die ausnahmslos alle vom Prinzip der Verschuldenshaftung ausgingen.

Interessant wurde folglich, ob man eine Ausnahme von diesem Prinzip zulassen wollte, oder nicht. Ferner musste man, falls man eine solche Ausnahme zulassen wollte, entscheiden, wie weitreichend man ohne Verschulden haften solle. Schließlich musste dann noch zwangsläufig, falls man eine entsprechende Ausnahme zulassen sollte, die Frage auftauchen, wie man eine solche rechtfertigen könne.

Während der Entstehungsgeschichte des § 829 BGB wurde von den Vätern des BGB genau vor diesem Hintergrund eine äußerst kontroverse Diskussion geführt. Manche Fragen – so viel kann bereits vorweggenommen werden –, besonders die der systematischen Einordnung und des Normzwecks, sind bis heute offen.

IV. Entstehung des § 829 BGB

Nach der Gründung des Deutschen Reichs 1871 wurde auf Drängen nationalliberaler Abgeordneter 1873 dem Reich im Bereich des bürgerlichen Rechts die Gesetzgebungskompetenz übertragen. Bereits 1874 wurde dann vom Bundesrat eine Vorkommission einberufen, die die Grundlinien des neuen bürgerlichen Rechts festlegte. Die einzelnen Rechtsgebiete wurden anschließend von sogenannten Redaktoren entsprechend den Vorgaben „mit Leben" erfüllt.

Vom Redaktor *v. Kübel* wurde zunächst in einem Teilentwurf zur Haftung Unzurechnungsfähiger Folgendes eingebracht. Der Wortlaut und der schematische Aufbau orientieren sich an verschiedenen Vorbildern (ABGB, OR, ALR). Am engsten lehnt sich der Teilentwurf aber an den bayerischen Entwurf von 1860 an. Er lautet: [69]

---

[69] Zitiert nach Jakobs/Schubert, Die Beratungen des Bürgerlichen Gesetzbuchs III, S. 916.

> *TE-OR Nr. 15 § 8 Ausnahmsweise kann auch ein Kind oder eine andere Person, welche im Zustand mangelnder Freiheit der Willensbestimmung einem Anderen Schaden zugefügt hat, von diesem auf vollständigen oder theilweisen Ersatz des Schadens in Anspruch genommen werden, wenn und soweit nach richterlichem Ermessen dringende Rücksichten der Billigkeit dafür sprechen und dem Beschädiger durch die Ersatzleistung die nach dem Stand und den Verhältnissen erforderlichen Mittel zur Erziehung oder zum Unterhalte nicht entzogen werden.*

So findet sich hier eindeutig, dass die Haftung als Ausnahme vom Verschuldensprinzip konzipiert war. Auf den Willen des Schädigers – im Sinne von Vorsatz oder Fahrlässigkeit – wurde mit keinem Wort Bezug genommen. Die Subsidiarität der Haftung Unzurechnungsfähiger wurde aus dem ALR und dem ABGB übernommen. Ebenfalls wurde aus dem ALR die Beschränkung übernommen, dass der Unzurechnungsfähige nur insoweit haften soll, damit er trotz der Ersatzpflicht seinen Unterhaltsverpflichtungen nachkommen kann, beziehungsweise seine eigene Erziehung gesichert ist. Eine beispielhafte Erwähnung der Billigkeitskriterien – wie sie sich im ABGB und im bayerischen Entwurf von 1860 findet – wurde nicht aufgenommen. Hier schloss sich *v. Kübel* dem OR an.

Die erste Kommission, die von 1874 bis 1887 tagte, lehnte *v. Kübels* Teilentwurf jedoch mehrheitlich ab.[70] Man war unter keinen Umständen bereit, vom Verschuldensprinzip abzuweichen. In den Motiven hieß es: *„Auch Erwägungen der angeblich höheren Gerechtigkeit oder Billigkeit oder Rücksicht auf ein erhebliches praktisches Bedürfniß rechtfertigen nicht eine derartige Abweichung von den allgemeinen Rechtsgrundsätzen, ganz abgesehen davon, daß gegen jene exzeptionellen Bestimmungen, soweit sie die Entscheidung dem Richter anheimstellen (öst. GB., schweiz. ObligR., bayer. Entw.), noch das besondere Bedenken spricht, daß sie den zur Entscheidung eines Rechtsstreits berufenen Richter im Wesentlichen auf dringende Billigkeitsrücksichten verweisen, ohne ihm irgend eine feste Entscheidungsnorm an die Hand zu geben."*[71] Woher die tiefe Furcht herrührte, einen Richter nach freiem Ermessen entscheiden zu lassen, ist nicht weiter überliefert. Es war wohl mit dem preußischen Selbstverständnis nicht vereinbar, dass ein staatlicher Richter ohne genauere legislatorische Vorgaben entscheiden dür-

---

70 Jakobs/Schubert, Die Beratungen des Bürgerlichen Gesetzbuchs III, S. 916 f.

71 Mot. II, S. 734.

fe. Es fehlte anscheinend schlicht das Vertrauen, denn Zweifel an der generellen Kompetenz der Richter sind nicht bekannt.
Dass man sich dem Verschuldensprinzip verpflichtet sah, ist damit zu erklären, dass man vom römischen Recht ausgehend – besser dem *usus modernus pandectarum* – das Verursacherprinzip als Rückschritt in das *„plumpere"* germanische Recht ansah.[72] Man stellte daher in der ersten Beratung der Kommission in § 698 des Entwurfs[73] und im Anschluss hieran in § 704 E I den Grundsatz auf, dass es ohne Verschulden keinen Schadensersatzanspruch geben solle. Folglich entschied man sich bezüglich der Haftung Unzurechnungsfähiger zu folgendem Wortlaut:[74]

> *§ 708 E I Hat eine Person, während sie des Vernunftgebrauches beraubt war, einem Anderen einen Schaden zugefügt, so ist sie hierfür nicht verantwortlich. Sie ist jedoch für den Schaden verantwortlich, wenn der Vernunftgebrauch durch selbstverschuldete Betrunkenheit ausgeschlossen war.*
>
> *§ 709 E I Hat eine Person, während sie im Kindesalter stand, einem Anderen einen Schaden zugefügt, so ist sie hierfür nicht verantwortlich. Hat eine Person nach zurückgelegtem Kindesalter, aber vor zurückgelegtem 18. Lebensjahre eine unerlaubte Handlung begangen, so ist sie für den daraus entstandenen Schaden nicht verantwortlich, wenn sie bei Begehung der Handlung die zur Erkenntniß der Verantwortlichkeit erforderliche Einsicht nicht besaß.*

Rügen an diesem Entwurf blieben nicht aus, obwohl er überwiegend auf Zustimmung stieß.[75]
Otto v. Gierkes (1841-1921) Schrift[76] zum Entwurf der ersten Kommission von 1889 sparte dann auch nicht mit harscher Kritik. So bezeichnete er die Vorschriften über die unerlaubte Handlung als „... *zu den am wenigsten*

---

[72] Vgl. v. Gierke, Der Entwurf eines bürgerlichen Gesetzbuchs und das deutsche Recht, S. 259.
[73] Abgedruckt in Schubert, Entwürfe eines Bürgerlichen Gesetzbuchs, S. 188.
[74] Zitiert nach Schubert, Entwürfe eines Bürgerlichen Gesetzbuchs, S. 850. Der Entwurf zur ersten Beratung der Kommission war im Übrigen wortlautgleich, vgl. Entwürfe eines Bürgerlichen Gesetzbuchs, S 189.
[75] Gmür/Roth, Grundriß der deutschen Rechtsgeschichte[10], Rn. 415.
[76] v. Gierke, Der Entwurf eines bürgerlichen Gesetzbuchs und das deutsche Recht, Leipzig 1889.

gelungenen Schöpfungen des Entwurfes ...“[77]. Vor Allem würden sie daran kranken, dass man zwingend (abgesehen vom selbstverschuldetem Rausch) am Verschuldensprinzip fest halten wolle.[78] So klagt er weiter: „*Mag es unser Rechtsgefühl noch so sehr empören, wenn der Millionär, der in einem Wahnsinnsanfall oder in einen nicht gerade selbstverschuldeten Rausche die Habe einer armen Familie zerstört, der reiche Knabe, der ohne die „erforderliche Einsicht“ in die Gefährlichkeit der Schießwaffen auf der Jagd einen Holzhauer verwundet, keinen Pfennig zu ersetzen hat: das „Prinzip“ darf um bloßer „Billigkeit“ willen kein Loch bekommen.*“[79] Schließlich führt *v. Gierke* fort, dass der Entwurf „... *romanischer als das römische Recht selbst ...*“ sei und man doch eigentlich angetreten sei, ein Gesetzbuch zu entwickeln, welches den wirtschaftlichen und sozialen Herausforderungen der Zukunft gerecht werde.[80] Ihm schlossen sich weitere Autoren an,[81] die eine solch streng individualistische Haltung des ersten Entwurfs ablehnten.

Die Vorkommission des Reichsjustizamtes beschloss auf ihrer Sitzung vom 13.9.1892, dass „... *ein praktisches Bedürfnis bestehe* [...] *eine Haftpflicht des Handelnden auf Schadensersatz auch ohne Vorraussetzung eines Verschuldens gesetzlich anzuerkennen.*“[82] Man berief sich dabei auf andere moderne Kodifikationen (das ALR, das ABGB und das OR), die eine Haftung auch ohne Verschulden kannten. Um die Abweichung vom Verschuldensprinzip zu rechtfertigen, führte man als Argument ins Feld, dass es den Deliktsunfähigen sogar zum Vorteil gereichen könne, da die von ihnen Geschädigten sich auf einen Schadensersatzanspruch verweisen lassen werden, statt gewaltsam Notwehr zu üben.[83]

---

77 v. Gierke, Der Entwurf eines bürgerlichen Gesetzbuchs und das deutsche Recht, S. 259.

78 v. Gierke, Der Entwurf eines bürgerlichen Gesetzbuchs und das deutsche Recht, S. 259.

79 v. Gierke, Der Entwurf eines bürgerlichen Gesetzbuchs und das deutsche Recht, S. 260.

80 v. Gierke, Der Entwurf eines bürgerlichen Gesetzbuchs und das deutsche Recht, S. 261.

81 Vgl. Nachweise bei Hertel, Die Billigkeitshaftung Unzurechnungsfähiger nach § 829 BGB, S. 34.

82 Prot-RJA S. 539-540; Jakobs/Schubert, Die Beratungen des Bürgerlichen Gesetzbuchs III, S. 919.

83 Prot-RJA S. 540; Jakobs/Schubert, Die Beratungen des Bürgerlichen Gesetzbuchs III, S. 919. Dieses lebensfremde Argument überzeugt jedoch keinesfalls, denn niemand trifft während eines gegenwärtigen, rechtswidrigen Angriffs (Notwehrlage)

Der Vorkommission des Reichsjustizamtes war es darüber hinaus wichtig, dass der Anspruch nur subsidiär gewährt werden solle, dass heißt, wenn nicht Ersatz von einem Aufsichtspflichtigen verlangt werden könne.[84]
Man erkannte ferner, dass eine Regelung, welche dem Richter die Entscheidung über das Ob und den Umfang eines Schadensersatzanspruchs auferlegt, nicht unproblematisch im Hinblick auf die Rechtssicherheit und Rechtseinheitlichkeit sei, jedoch ein geeigneter objektiver Maßstab auf Grund der Vielzahl der in Betracht kommenden Lebensverhältnisse nicht fixierbar sei.[85]
Der Unzurechnungsfähige sollte jedoch nur soweit den Schaden tragen, wie ihm selbst die Unterhaltsverpflichtung, beziehungsweise die zum eigenen Unterhalt erforderlichen Mittel nicht entzogen werden würden.[86] Man fügte daher einen § 709a E I-RJA mit folgendem Inhalt ein:

> *§ 709a E I-RJA Kann für den von einer nach den §§ 708, 709 nicht verantwortlichen Person zugefügten Schaden Ersatz von einem aufsichtspflichtigen Dritten nicht erlangt werde, so ist derjenige, welcher den Schaden zugefügt hat, zum Schadensersatz verpflichtet, soweit die Billigkeit nach den Umständen des Falles, insbesondere den Verhältnissen der Betheiligten, eine Ersatzleistung erfordert.*

Während der Jahre 1891 bis 1895 wurde der erste Entwurf von einer vom Bundesrat bestellten zweiten Kommission überarbeitet. Die Mehrheit der Mitglieder entschied sich für folgende Regelung:

> *§ 752 E II (1) Wer in einem der in den §§ 746 bis 748 bezeichneten Fälle für einen von ihm verursachten Schaden deshalb nicht verantwortlich ist, weil ihm Vorsatz oder Fahrlässigkeit nicht zur Last fällt, hat gleichwohl den Schaden insoweit zu ersetzen, als die Billigkeit nach den Umständen des Falls, insbesondere nach den Verhältnissen der Betheiligten eine Schadloshaltung erfordert und ihm nicht die*

---

bewusst die Entscheidung, lieber den Schmerz zu erleiden, um anschließend einen Schadensersatzanspruch gegen einen Unzurechnungsfähigen einfordern zu können.

84 Prot-RJA S. 540; Jakobs/Schubert, Die Beratungen des Bürgerlichen Gesetzbuchs III, S. 919.

85 Prot-RJA S. 540; Jakobs/Schubert, Die Beratungen des Bürgerlichen Gesetzbuchs III, S. 919.

86 Prot-RJA, S. 540 f.; Jakobs/Schubert, Die Beratungen des Bürgerlichen Gesetzbuchs III, S. 919.

> *Mittel entzogen werden, deren er zum standesmäßigen Unterhalte, sowie zur Erfüllung seiner gesetzlichen Unterhaltspflichten bedarf.*
> *(2) Das Gleiche gilt, wenn jemand in einem der in den §§ 746 bis 748 bezeichneten Fällen für einen von ihm verursachten Schaden auf Grund der §§ 750, 751 nicht verantwortlich ist und der Ersatz des Schadens nicht von einem aufsichtspflichtigen Dritten erlangt werden kann.*

Dabei entsprechen die §§ 746 bis 748 E II den heutigen §§ 823 bis 826 BGB und die §§ 750, 751 E II den heutigen §§ 827, 828 BGB.
Wie unschwer zu erkennen ist, ging man nun mit § 752 Abs. 1 E II noch einen Schritt weiter als in den vorangegangenen Entwürfen. Nicht mehr nur Unzurechnungsfähige sollten aus Erwägungen der Billigkeit haften, sondern jeder, auch wenn ihm kein individueller Verschuldensvorwurf gemacht werden kann, solange die Billigkeit nur eine Schadloshaltung für den Geschädigten erfordere. Dass diese sehr weitgehende Regelung nicht unumstritten war, liegt auf der Hand.[87] Die in der Abstimmung unterlegene Minderheit sah das Verschuldensprinzip als generell gefährdet an. Man argumentierte entgegen der Mehrheit, dass, wenn man eine solche Regelung aufnehme, man folgerichtig die Haftung grundsätzlich unabhängig vom Verschulden gestalten müsse.[88] Dies sei, auch wenn sich die Mehrheit auf Parallelen in modernern Gesetzestexten berufe,[89] keineswegs „... *ein Ergebnis des geläuterten Rechtsbewußtseins* ...“,[90] sondern ein klarer Verstoß gegen das von „... *Jhering in seinem Werk „das Schuldmoment im römischen Privatrecht“ überzeugend nachgewiesen Gedankens, daß nicht die schädigende Handlung, sondern nur die in ihr verkörperte Schuld des Thäters die Ersatzpflicht begründe* ...“[91]. Man würde durch die Aufgabe des Verschuldensprinzips auf den Boden einer naiven Rechtsordnung zurückkehren, welche die individuelle Freiheit mit einer unberechenbaren Verantwortlichkeit belaste und ihr kein Gebiet übrig lasse, auf dem sie sich ungehemmt entfalten könnte.[92]
Darüber hinaus würde die Vorschrift durch die Verweisung auf Gründe der Billigkeit den Boden des Rechts verlassen und sich auf einem Gebiet bewegen, auf dem nicht mehr feste Begriffe des Rechts, sondern die mehr oder

---

[87] Vgl. Prot. II, S. 583-586.
[88] Prot. II, S. 585.
[89] Prot. II, S. 589.
[90] Prot. II, S. 585.
[91] Prot. II, S. 585.
[92] Prot. II, S. 585.

minder wechselnden Grundsätze von Moral und Anstand ausschlaggebend seien.[93]
Schließlich wurde es als bedenklich erachtet, wenn Richtern gewissermaßen die Aufgabe des Gesetzgebers übertragen werde, da sie nach freiem Ermessen entscheiden sollten, wann eine Schadloshaltung des Geschädigten billig sein sollte.[94]

Weil die Bedenken der Minderheit sich nicht durchsetzten, wurde im Bundesrat im Oktober 1895 § 752 E II als § 814 eingebracht. Dort wurde auf Antrag Preußens die Streichung des ersten Absatzes mit den Stimmen von Preußen, Württemberg, Baden und Hessen beschlossen. Den Bundesratsmitgliedern ging der erste Absatz des § 752 E II zu weit. Man schloss sich in vielerlei Beziehung den Bedenken der Minderheit der zweiten Kommission an, ohne jedoch gänzlich von der Bestimmung Abstand zu nehmen. So wurde primär die Ausdehnung einer Billigkeitshaftung auf zurechnungsfähige schuldlos handelnde Schädiger abgelehnt. Nur Unzurechnungsfähige sollten aus Gründen der Billigkeit ausnahmsweise haften.[95]

Der XII. Kommission des Reichstages wurde daher nur noch Absatz 2 des § 752 E II als § 813 E III vorgelegt, welcher dem heutigen § 829 BGB weitestgehend entspricht.
In den Beratungen wurden zu § 813 E III zwei Anträge gestellt, welche jeweils auf eine Erweiterung der Haftung im Sinne des § 752 E II abzielten.
So wurde einerseits vom Zentrumsabgeordneten *Gröber* der Antrag eingebracht, die Haftung auch auf Zurechnungsfähige auszudehnen, welchen weder Vorsatz noch Fahrlässigkeit zur Last fiele. Hingewiesen wurde nochmals darauf, dass die moderne Rechtsentwicklung dazu dränge, billigkeitshalber, besonders, wenn nach den Verhältnissen der Beteiligten eine Schadloshaltung erforderlich sei, die Haftung nicht nur auf Unzurechnungsfähige zu beschränken.[96] Es hieß : *„Sitte und Anstandsgefühl fordern, dass ein wohlhabender Mann, der, wenn auch ohne eigenes Verschulden einen Bedürftigen verletzt, z.B. überfahren habe, demselben Ersatz leiste; und was Sitte und Anstand erfordere, müsse im Gesetz selbst Ausdruck finden.“*[97] Die Abweichung vom Verschuldensprinzip wurde damit begründet,

---

93 Prot. II, S. 585.
94 Prot. II, S. 586.
95 Jakobs/Schubert, Die Beratungen des Bürgerlichen Gesetzbuchs III, S. 926 f.
96 Bericht RT-Kommission, S. 99, 100; Jakobs/Schubert, Die Beratungen des Bürgerlichen Gesetzbuchs III, S. 927 f.
97 Bericht RT-Kommission, S. 100.

dass die *„glückliche Mitte"* zwischen dem Verschuldens- und dem Verursacherprinzip der eingebracht Antrag sei, *„... denn er lasse die Frage, ob der Schaden lediglich den Geschädigten treffen solle, oder ob der Verursacher des Schadens ihm ersatzpflichtig sei, die besondere Lage des Falles, die Billigkeit, in Sonderheit der Vermögensverhältnisse der beiden entscheiden."*[98]
Der zweite Antrag des nationalliberalen Abgeordneten *v. Cuny* ging nicht so weit. Er wollte die Haftung nur auf diejenigen erstrecken, die nicht verantwortlich sind, da sie einem entschuldbaren Irrtum unterlegen seien. Begründet wurde der Antrag damit, dass selbst Unzurechnungsfähige nach dem Entwurf haften und deshalb es nicht gerechtfertigt sei, einen in einem entschuldbarem Irrtum Handelnden zu privilegieren.[99]
Kommissar *Struckmann* entgegnete auf den Antrag *Gröbers* abermals, dass eine solch weite Haftung zu einer kaum erträglichen Unsicherheit für die Bewegungsfreiheit des Einzelnen führe. Es handle sich in solchen Fällen um eine Anstandspflicht; sie zu einer Rechtspflicht zu machen, sei nicht möglich ohne gleichzeitig entsprechende Ausgestaltung der sozialpolitischen Versicherungsgesetzgebung.[100] Denn „... *der Gedanke* (von *Gröbers* Antrag) *beruhe zu einem guten Theile auf dem Prinzip der Vertheilung der Lasten nach der ökonomischen Tragfähigkeit; ein solches aber sei nur für öffentliche Lasten, nicht für Privatansprüche, bei denen es sich um Mein und Dein handelt, verwendbar.*"[101]
Schließlich wurde aus der Mitte der Kommission (von *Buchka*) bemerkt, dass die Kritik von den Befürwortern des § 813 E III an dem Antrag von *Gröber* inkonsequent sei. Denn auch § 813 E III weiche vom Grundsatz *casum sentit dominus* ab und verteile die Lasten unabhängig vom Verschulden nach der ökonomischen Tragfähigkeit der Beteiligten.[102] Ein anderes Mitglied erklärte, dass die Heranziehung der Vermögenslage in die Frage, ob ein verursachter (nicht verschuldeter) Schaden zu ersetzen sei, auf einem sozialistischen Gedanken beruhe, und dass deshalb nicht nur die beiden gestellten Anträge, sondern der ganze § 813 des Entwurfs abgelehnt werden müsse.[103]

---

[98] Bericht RT-Kommission, S. 100.
[99] Bericht RT-Kommission, S. 100-101; Jakobs/Schubert, Die Beratungen des Bürgerlichen Gesetzbuchs III, S. 927.
[100] Nach Jakobs/Schubert, Die Beratungen des Bürgerlichen Gesetzbuchs III, S. 928.
[101] Bericht RT-Kommission, S. 101.
[102] Bericht RT-Kommission, S. 101.
[103] Bericht RT-Kommission, S. 101.

Bei der darauf folgenden Abstimmung wurden beide gestellten Anträge mit geringer Mehrheit abgelehnt und § 813 E III mit überwiegender Mehrheit angenommen.[104] Somit konnte die Bestimmung als § 829 BGB am 1.1.1900 in Kraft treten und lautet bis heute beinahe unverändert:

> *§ 829 BGB. Wer in einem der in den §§ 823 bis 826 bezeichneten Fälle für einen von ihm verursachten Schaden auf Grund der §§ 827, 828 nicht verantwortlich ist, hat gleichwohl, sofern der Ersatz des Schadens nicht von einem aufsichtspflichtigen Dritten erlangt werden kann, den Schaden insoweit zu ersetzen, als die Billigkeit nach den Umständen, insbesondere den Verhältnissen der Beteiligten, eine Schadloshaltung erfordert und ihm nicht die Mittel entzogen werden, deren er zum standesmäßigen Unterhalte sowie zur Erfüllung seiner gesetzlichen Unterhaltspflichten bedarf.*

V. Reform und Reformvorschläge

In der Folgezeit wurde mehrmals versucht, den Inhalt des § 829 BGB zu reformieren. Vor allem ging es um eine Erweiterung des sachlichen Anwendungsbereichs der Billigkeitshaftung im deutschen Recht. In jüngerer Zeit ebbte dieses Streben immer weiter ab.
Für das Verständnis der heutigen Probleme mit § 829 BGB ist jedoch gerade dieser Wandel interessant. Zwar setzte sich kein einschneidendes Reformvorhaben durch, dennoch zeigt dies die stete Unzufriedenheit mit der Norm. Die Änderungsvorschläge legen dar, wo man in der Vergangenheit jeweils eine Schwachstelle sah und diese entsprechend verschiedener Ideen beheben wollte. Dieses Wissen um die Reformvorhaben der Vergangenheit kann heute zum besseren Verständnis der Norm beitragen und soll deshalb hier kurz dargestellt werden.

Auf dem 34. Deutschen Juristentag 1926 in Köln beschloss man, dass § 829 BGB auch auf alle Fälle unverschuldeter Schadensverursachung ausgedehnt werden solle. Dem Antrag des Berichterstatters *Goldschmidt*[105] schloss sich eine große Mehrheit an.[106] Auch hier traten wieder die gleichen Argumentationsmuster für eine Erweiterung und gegen § 829 BGB im Allgemeinen auf. So berief sich *Goldschmidt* wieder auf den § 752 Abs. 1 E II

---

[104] Bericht RT-Kommission, S. 101.
[105] Verh. 34. DJT II, S. 424.
[106] Verh. 34. DJT II, S. 515.

und prangerte die seines Erachtens nicht gerechtfertigte Ungleichbehandlung der Unzurechnungsfähigen und der weder vorsätzlich noch fahrlässig Handelnden an.[107] *Radecka* pochte dagegen auf den römisch-rechtlichen Verschuldensgrundsatz und lehnte § 829 BGB gänzlich ab. Darüber hinaus war er aber interessanterweise der Ansicht, dass Unzurechnungsfähige grundsätzlich für den von ihnen verursachten Schaden einzustehen hätten.[108]

Von dem 34. Deutschen Juristentag gingen jedoch, soweit ersichtlich, keine legislatorischen Reformbemühungen aus. Auch förderte er nichts Neues zur Diskussion um § 829 BGB in systematischer oder dogmatischer Hinsicht zu Tage.

Der während den Jahren 1938 bis 1942 eingesetzte *Ausschuß für Personen-, Vereins- und Schuldrecht der Akademie für deutsches Recht* veröffentlichte 1940 einen *Entwurf einer deutschen Schadensordnung.*[109] Dort wurde in §§ 7, 8 ausdrücklich eine weitreichende Billigkeitshaftung normiert:[110]

> *§ 7. Haftung aus Billigkeit*
> *(I) Ist das Verhalten zwar rechtswidrig, fehlt es aber an dem nach den §§ 1 und 6* [§ 1 stellt den Grundsatz der Verschuldenshaftung auf; § 6 ist die Haftung für den Gehilfen] *für die Ersatzpflicht erforderlichen Verschulden, so ist trotzdem eine angemessene Entschädigung an den Geschädigten zu leisten, wenn nach den Umständen des Falles eine Ablehnung jeglicher Leistung gröblich gegen das gesunde Volksempfinden verstieße. Zu berücksichtigen ist es insbesondere, wenn infolge der Vermögensverhältnisse der Beteiligten die Belastung des Haftenden mit einer Ersatzpflicht besonders geringfügig, die Belastung des Geschädigten durch die Einbuße aber außergewöhnlich schwer erscheint.*
> *(II) Für Schadensfolgen, die außerhalb des regelmäßig allein anzuerkennenden rechtserheblichen Zusammenhangs mit der Tat liegen, kann nach den gleichen Grundsätzen ausnahmsweise Entschädigung zu leisten sein. Die Entschädigung und ihre Höhe werden hier, abgesehen von den Vermögensverhältnissen der Beteiligten, vornehmlich durch die Art und Weise des Verhaltens des Täters bestimmt. Mutwillige oder leichtfertige Eingriffe rechtfertigen eine strengere Haftung.*

---

[107] Verh. 34. DJT II, S. 431.
[108] Verh. 34. DJT II, S. 510.
[109] Abgedruckt in Nipperdey, Grundfragen der Reform des Schadensrechts, S. 90 ff.
[110] Zitiert nach Nipperdey, Grundfragen der Reform des Schadensrechts, S. 91, 92.

> *§ 8. Einschränkung der Haftung*
> *Ist sein Verhalten dem Täter nach seinen persönlichen Kenntnissen und Fähigkeiten nicht oder nur in ganz geringem Maße vorzuwerfen, so tritt eine angemessene Minderung der Haftung ein, wenn nach den Vermögensverhältnissen der Beteiligten und den sonstigen Umständen des Falles die Belastung mit dem vollen Ersatz dem gesunden Volksempfinden gröblich widerspräche.*

Zum Vorschlag einer solch weiten Haftung kam es, nachdem auf der Sitzung des Ausschusses vom 27.9.1938 von *Nipperdey* drei grundsätzliche Fragen zur Reform des Deliktsrechts gestellt wurden. Die erste lautete: Generalklausel oder Einzeltatbestände?; die zweite: soll Verschulden weiterhin Grundsatz der Haftung sein?; die dritte: allgemeine Billigkeitsklausel oder nicht?[111]
Nipperdey sprach sich für eine deliktsrechtliche Generalklausel aus.[112] Er wollte jedoch auf jeden Fall am Verschuldensprinzip festhalten, da er der Ansicht war, dass das Verursacherprinzip zu einer Lähmung des Rechtsverkehrs führen würde, weil sich jedes Individuum einer unübersehbaren Menge von möglichen Haftungsansprüchen ausgesetzt sehen würde, ohne dass ihm ein persönlicher Vorwurf gemacht werden könne.[113] Er plädierte dagegen dafür, die Gefährdungshaftung in einer Anzahl von Fällen zu erhalten.[114] Aus diesen beiden Grundüberlegungen folgerte er, dass die Billigkeitshaftung insoweit reformiert werden müsse, als nicht einzusehen sei, warum Unzurechnungsfähige haften sollen, dagegen Zurechnungsfähige nicht, denen lediglich ein individueller Schuldvorwurf nicht gemacht werden könne, obwohl sie den Schaden verursacht haben.[115] Er rief, wie andere zuvor, wieder Absatz eins des § 752 E II in Erinnerung, welcher eine Haftung aus Billigkeit auch für weder vorsätzliches noch fahrlässiges Handeln vorsah.

---

[111] Nipperdey in: Schubert, Protokolle der Ausschüsse für Personen-, Vereins- und Schuldrecht 1937- 1939, S. 298.

[112] Nipperdey in: Schubert, Protokolle der Ausschüsse für Personen-, Vereins- und Schuldrecht 1937- 1939, S. 299-303.

[113] Nipperdey in: Schubert, Protokolle der Ausschüsse für Personen-, Vereins- und Schuldrecht 1937- 1939, S. 303.

[114] Nipperdey in: Schubert, Protokolle der Ausschüsse für Personen-, Vereins- und Schuldrecht 1937- 1939, S. 303.

[115] Nipperdey in: Schubert, Protokolle der Ausschüsse für Personen-, Vereins- und Schuldrecht 1937- 1939, S. 304.

Diesem Vorschlag schloss sich auch *Dölle* an.[116] Auf der anderen Seite wollte dieser jedoch die Haftung des Täters bei nur geringem Verschulden abschwächen, „... *insbesondere bei einer nicht fahrlässigen Unkenntnis des Wertes des verletzten Rechtsgutes.*“[117]
Diesen Vorgaben folgend begründete *Reinhardt* die §§ 7 und 8 des Entwurfs einer Deutschen Schadensordnung.[118] Er stellte abermals darauf ab, dass eine Unterscheidung zwischen Unzurechnungsfähigen und Zurechnungsfähigen, welchen weder Vorsatz noch Fahrlässigkeit zur Last fällt, nicht zu rechtfertigen sei. Daher sollte die künftige Billigkeitshaftung der neuen Schadensordnung für alle Fälle fehlenden Verschuldens gelten.[119] Darüber hinaus sollte weiterhin auch noch aus Gründen der Billigkeit gehaftet werden, wenn es an der adäquaten Kausalität fehle (vgl. § 7 Abs. 2 Entwurf einer deutschen Schadensordnung).[120] Ferner floss der vom Nationalsozialismus geprägte Begriff des *„gesunden Volksempfindens“* als ausfüllendes Element der Billigkeit in die Norm ein. *Reinhardt* wollte mit diesem Begriff „... *zum Ausdruck* [bringen], *daß es sich normalerweise um recht bedeutende Vermögensunterschiede handeln muß.*“[121]
Auch findet sich in dem Entwurf keine Subsidiarität der Haftung mehr. Es würde kein Bedürfnis mehr für eine entsprechende Haftung der aufsichtspflichtigen Personen bestehen, da es sich nicht mehr um eine Billigkeitshaftung ausschließlich zu Lasten von Unzurechnungsfähigen handele.[122]
Schließlich wurde *Nipperdey* folgend auch eine Entlastung des Täters aus Billigkeitsgründen in § 8 des Entwurfs aufgenommen. Was für den Anspruch des Geschädigten galt, sollte auch für den Schädiger selbst gelten.[123]
Dass dieses Reformvorhaben nicht in die Tat umgesetzt wurde, liegt auf Grund der geschichtlichen Ereignisse auf der Hand. Der Entwurf wurde jedoch – abgesehen von der Bezugnahme auf das *„gesunde Volksempfinden“*

---

[116] Dölle, Gemeinsame Grundsätze im geltenden Schuldrecht Deutschlands und Italiens, Korreferat anlässlich einer Tagung vom 6-11.3.1939 in Wien der Arbeitgemeinschaft für Deutsch-Italienische Rechtsbeziehungen in: Schubert, Protokolle der Ausschüsse für Personen-, Vereins- und Schuldrecht 1937- 1939, S. 751, 752.

[117] Nipperdey in: Schubert, Protokolle der Ausschüsse für Personen-, Vereins- und Schuldrecht 1937- 1939, S. 304.

[118] Reinhardt, Die Billigkeitshaftung im künftigen Schadensersatzrecht, in: Nipperdey, Grundfragen der Reform des Schadensrechts, S. 64 ff.

[119] Reinhardt in: Nipperdey, Grundfragen der Reform des Schadensrechts, S. 84.

[120] Reinhardt in: Nipperdey, Grundfragen der Reform des Schadensrechts, S. 85.

[121] Reinhardt in: Nipperdey, Grundfragen der Reform des Schadensrechts, S. 80, 85.

[122] Reinhardt in: Nipperdey, Grundfragen der Reform des Schadensrechts, S. 85.

[123] Reinhardt in: Nipperdey, Grundfragen der Reform des Schadensrechts, S. 85 ff.

– von *Lehmann* 1958 noch für ein legislatorisches Vorbild erachtet.[124] Vieles, was sich im Entwurf findet, ist nicht neu. So ist das Verlangen nach einer Haftung für vorsatz- und fahrlässigkeitsloses Handeln seit den Entwürfen zum BGB umstritten und stets Thema von Reformbemühungen gewesen.

Dagegen ist die Bestrebung neu, auch in Fällen mangelnder Adäquanz eine Haftung des Schädigers zuzulassen. Ein vergleichbares Vorhaben wurde weder zuvor noch danach aufgegriffen. Eine solch weitreichende Haftung hätte wohl nichts anderes zur Folge gehabt, als eine Lähmung des Rechtsverkehrs. Jeder hätte ständig mit Folgen eines Fehlverhaltens rechnen müssen, die außerhalb jeder üblichen Wahrscheinlichkeit liegen. Dies wurde so von *Nipperdey* selbst im Zusammenhang mit der Frage, ob generell am Verschuldensprinzip festgehalten werden sollte, ausgeführt, [125] nicht jedoch zur Billigkeitshaftung. Da erkennbar eine Behinderung des Individuums durch das Deliktsrecht nicht vorgesehen war, muss dieser Gedanke vor beschriebenem Hintergrund als Zirkelschluss verstanden werden. Man kann nicht einerseits behaupten, am Verschuldensprinzip festhalten zu wollen, um dem Betätigungsinteresse des Einzelnen gerecht zu werden, andererseits selbiges durch eine ausufernde Kausalitätskette wieder einschränken.

Auch der Verzicht auf jegliche Subsidiaritätsklausel ist in der Form des Entwurfs neu. Dass es einer solchen nicht mehr bedürfe, überzeugt nicht. So meint *Reinhardt*, dass der Schädiger im Innenverhältnis seinen Schaden bei dem Aufsichtspflichtigen liquidieren könne, bleibt den Weg dafür aber schuldig. Die Tatsache, dass im Innenverhältnis ein nach allgemeinen Regeln nicht Haftender dennoch haftet und unter Umständen mangels Liquidität auf der Forderung des Geschädigten sitzen bleibt, stellt einen eklatanten Wertungswiderspruch zum Schutz des Minderjährigen im Gesetz dar. Da dieses Ergebnis auch *Reinhardt* wohl nicht befriedigte, sollte nach seiner Ansicht in solch einem Fall der Schutz des Unzurechnungsfähigen über Erwägungen im Rahmen der Billigkeit wieder ausgeglichen werden.[126] Dies hätte wohl in aller Regel zu selben Ergebnissen wie bei §§ 829, 840 Abs. 2 BGB geführt, wäre aber ein nicht erforderlicher Systembruch gewesen.

Die Beschränkung der Haftung nach § 8 des Entwurfs ist schwer greifbar. Es ist nicht neu, dem Richter unabhängig von der Schadenshöhe nach freiem Ermessen die Entscheidung über die Höhe des Anspruchs zu übertragen. Wenn aber die Billigkeit und das *„gesunde Volksempfinden"* nun

---

[124] Enneccerus/Lehmann, Recht der Schuldverhältnisse[15], § 229 VII. (S. 925).

[125] Nipperdey in: Schubert, Protokolle der Ausschüsse für Personen-, Vereins- und Schuldrecht 1937- 1939, S. 303.

[126] Reinhardt in: Nipperdey, Grundfragen der Reform des Schadensrechts, S. 85.

nicht mehr nur haftungsbegründend, sondern auch bei der Höhe des Anspruchs sich auswirken, so besteht weder für den Schädiger noch für den Geschädigten irgendeine Rechtsklarheit und -sicherheit über das Ob und den Umfang eines Schadensersatzanspruchs. Auch für den Rechtsfrieden ist die Konsequenz einer solchen Norm gefährlich. Denn ein Vermögensloser könnte andere – seien sie vermögend oder arm – schädigen, ohne sich der Gefahr hoher Schadensersatzforderungen auszusetzen. Diese Gefahr wird zwar von *Reinhardt* gesehen,[127] eine Lösung, wie man ihr begegnen könnte, bleibt er jedoch schuldig.
Alles in Allem enthält der Entwurf von 1940 viel Bekanntes, aber auch einiges Neues. Da er teilweise in sich widersprüchlich ist, kann er nur äußerst bedingt als Vorbild für eine künftige Reform dienen. Darüber hinaus hätte der Entwurf, nicht nur durch die nationalsozialistisch geprägten Formulierungen, der Rechtsklarheit, der Rechtssicherheit und dem Rechtsfrieden keinen Dienst erwiesen.

Die einzige Änderung, die § 829 BGB bis heute je erleben sollte, vollzog sich 1961. Damals wurde im Rahmen des *FamRÄndG* durch Art. 1 Nr. 41 das Adjektiv *„standesgemäß“* durch *„angemessen“* ersetzt.[128] Eine inhaltliche Änderung ging damit nicht einher.

Der Reformentwurf von 1967 sah dagegen keine sachliche Änderung von § 829 BGB vor. Man wollte die Vorschrift nur an die Rechtsprechung des BGH zur sogenannten spiegelbildlichen Anwendung von § 829 BGB[129] anpassen und einen Absatz vier in § 254 BGB mit folgendem Inhalt aufnehmen:

> *Hat bei der Entstehung des Schadens eine Ursache mitgewirkt, die ohne Rücksicht auf ein Verschulden des Geschädigten dessen Ersatzpflicht gegenüber dem Schädiger begründen würde, wenn diesem ein Schaden entstanden wäre, so gelten die Vorschriften der Abs. 1 und 3 entsprechend.* [130]

Der Umstand, dass man lediglich eine Klarstellung der Rechtsprechung im Gesetz für erforderlich hielt und nicht mehr eine Ausdehnung der Billig-

---

[127] Reinhardt in: Nipperdey, Grundfragen der Reform des Schadensrechts, S. 87.
[128] Soergel/Spickhoff[13] § 829 Rn. 3.
[129] Vgl. hierzu ausführlich Kap. 3 (S. 291 ff.).
[130] Zitiert nach MüKoBGB/Mertens[3], § 829 Rn. 30; vgl. Staud/Oechsler (2002) § 829 Rn. 10.

keitshaftung forderte, ist das eigentlich Bemerkenswerte dieses Reformentwurfs. Man war wohl auf Seiten der Referenten mit den gerichtlichen Entscheidungen zu § 829 BGB zufrieden und sah deshalb keinen Handlungsbedarf. Aber selbst diese bloße Klarstellung bei § 254 BGB fand keinen Niederschlag im Gesetz.

Christian v. Bars Reformvorschlag zu § 829 BGB im Rahmen der Vorschläge zur Überarbeitung des Schuldrechts von 1981 bot dagegen einiges Neues.[131] Er lautete:

> *§ 829 (Minderung und Ausschluß der Haftung) – (1) [1]Wer das achtzehnte Lebensjahr noch nicht vollendet hat, ist zum Schadensersatz insoweit nicht verpflichtet, als dies im Hinblick auf sein Alter, seine Entwicklung, die Art der Tat, die wirtschaftlichen Verhältnisse der Beteiligten und die übrigen Umstände des Einzelfalls der Billigkeit entspricht. [2]Bei der Feststellung der wirtschaftlichen Verhältnisse kann ein vorhandener oder im Verkehr erwarteter Versicherungsschutz berücksichtigt werden.*
> *(2) [1]Das gleiche gilt für den, dessen Geistestätigkeit zur Zeit der Tat gestört ist. [2]Vorrübergehende Störungen, die auf berauschende Mittel zurückzuführen sind, bleiben für die Verpflichtung zum Schadensersatz außer Betracht, sofern nicht der Gestörte ohne Verschulden in den Zustand geraten ist.*
> *(3) [1]Hat der gesetzliche Vertreter den im Verkehr erwarteten Versicherungsschutz nicht besorgt, so haftet er neben dem Vertretenen. [2]In ihrem Verhältnis zueinander haftet der Vertreter allein. [3]§ 1664 Abs. 1 findet keine Anwendung.*

Christian v. Bar änderte § 829 BGB dahingehend, dass die Vorschrift nicht mehr als Anspruchsgrundlage ausgestaltet war, sondern ein Unzurechnungsfähiger grundsätzlich haftet, außer es widerspräche im Einzelfall der Billigkeit.[132] Dies hätte zwar einen Systemwechsel in Beziehung auf das Regel-Ausnahme-Prinzip der Haftung Unzurechnungsfähiger gebracht, aber im Ergebnis wohl kaum die Zahl der Verurteilungen von Unzurechnungsfähigen zum Schadensersatz erhöht.[133] Diese Aussage ist sicherlich spekulativ, beruht jedoch auf der Überlegung, dass sowohl in den Köpfen der

---

[131] v. Bar, Deliktsrecht, in: Gutachten und Vorschläge zur Überarbeitung des Schuldrechts II, S. 1681, 1762.
[132] Hierzu Hübner, NJW 1982, 2041, 2044.
[133] In diesem Sinne wohl auch Hübner, NJW 1982, 2041, 2045.

Richter, wie auch im BGB selbst, der Schutz des Minderjährigen tief verankert ist.
Durch die Zusammenfassung der Kriterien der Schuldunfähigkeit und der Billigkeitshaftung würde eine dogmatische Einordnung allerdings auch nicht einfacher werden. Darüber hinaus wäre der Rechtsklarheit kein Dienst erwiesen worden.[134]
Überaus interessant ist die Berücksichtigung einer Versicherung im Rahmen der Haftung. Hier hat *v. Bar* für Deutschland[135] legislatorisches Neuland betreten, jedoch tatsächlich nur die bis damals bekannte Rechtsprechung, beziehungsweise deren Kritik, in den Entwurf aufgenommen.[136] Von *Hübner* wurde der Reformvorschlag sowohl wegen der allgemeinen Berücksichtigung von Versicherungsschutz, als auch im Speziellen wegen der Berücksichtigung vom im Verkehr erwarteten, aber unterlassenen Versicherungsschutz kritisiert. Seines Erachtens würde eine entsprechende Regelung zu einer Art *„Sippenhaft"* führen (*„Kinder müssen für die Fehler ihrer Eltern zahlen"*).[137]
Inwieweit eine Versicherung des Schädigers oder des Geschädigten sich haftungsbegründend auswirken kann, beziehungsweise darf, wird eigens erörtert werden.[138]
Wie der Reformentwurf von 1967 wendet sich auch *v. Bars* Entwurf von einer sachlichen Ausdehnung der Haftung aus Billigkeit ab. Auch der Umstand, dass ein Unzurechnungsfähiger grundsätzlich hätte haften müssen, hätte wohl kaum weitreichende Folgen gehabt.
Auch an diesem Entwurf ist die allgemeine Tendenz erkennbar, bei Reformvorhaben sich an der Rechtsprechung des BGH zu orientieren und nicht grundlegendes Neuland zu betreten. Ob dieser Weg erstrebenswert gewesen wäre, bleibt offen.

---

[134] Vgl. Deutsch, AllgHaftR^2, Rn. 479.
[135] Vgl. z.B. Schweden: 2 kap 2 § Skadeståndslag (SKL) v. 2.6.1972: „Verursacht jemand unter 18 Jahren einen Personen- oder Sachschaden, soll er den Schaden ersetzen, soweit das unter Berücksichtigung seines Alters und seiner Entwicklung, der Art und Weise der Handlung, einer bestehenden Haftpflichtversicherung und anderer wirtschaftlicher Verhältnisse sowie aller übrigen Umstände billig ist." Übersetzung nach: Witte, Landesbericht Schweden, Deliktsrecht in Europa, S. 31; allgemein hierzu: Fasterling, ZEuP 2000, 229, 244 ff.
[136] v. Bar, Deliktsrecht, in: Gutachten und Vorschläge zur Überarbeitung des Schuldrechts II, S. 1681, 1774 f.
[137] Hübner, NJW 1982, 2041, 2045.
[138] Vgl. Kap. 2 A V. 2. b. (S. 126 ff.).

Die Schuldrechtsreform des Jahres 2002 brachte ebenfalls keine inhaltliche Änderung des § 829 BGB mit sich. Die Norm erhielt nur, wie die anderen Vorschriften des BGB auch, eine amtliche Überschrift: *„Ersatzpflicht aus Billigkeitsgründen"*. Dem schloss sich auch die Schadensrechtsreform desselben Jahres an. Zwar wurde die Zahl der in Betracht kommenden Fälle für die Anwendbarkeit der Billigkeitshaftung durch die Privilegierung von bis zu zehnjährigen im motorisierten Straßenverkehr (§ 828 Abs. 2 BGB) wesentlich erhöht. Diese Privilegierung durch § 829 BGB jedoch wieder auszuhebeln, war nicht Intention des Gesetzgebers.[139] In diesem Sinne sprach sich auch der 42. Verkehrsgerichtstag in Goslar (28.-30.1.2004) aus.[140]

VI. Bewertung der Entstehungsgeschichte und der Reformversuche

Einige dem BGB vorangegangene Gesetzestexte und Entwürfe stellten sich auf den Standpunkt der Verschuldenshaftung und erweiterten die Haftung aus Billigkeit (ALR, ABGB, OR, bayerischer Entwurf eines BGB von 1860), andere dagegen bewusst nicht (*lex Aquilia*, *Codex Maximilianeus Bavaricus civilis*, sächs. BGB, Dresdener Entwurf). Die Haftung Unzurechnungsfähiger nach § 829 BGB steht in der Tradition der ersten Gruppe. Dabei war § 829 BGB als jüngste Norm bezüglich der Haftung Unzurechnungsfähiger den Einflüssen der älteren Kodifikationen ausgesetzt, was Konzeption und Wortlaut bestätigen.

Wie bereits dargelegt, haben sich die Väter des BGB grundsätzlich für das Verschuldensprinzip ausgesprochen. Zwar kennt das BGB auch an anderer Stelle eine Haftung ohne Verschulden (z.B. § 906 Abs. 2 BGB), doch stellt diese ein Ausnahme von der Regel dar. Damit rückt der römisch-rechtliche Grundsatz *casum sentit dominus* gepaart mit dem Verschuldensprinzip in den Mittelpunkt der Überlegungen. Danach soll nur der Schaden dem Geschädigten ersetzt werden, der einem anderen zurechenbar ist, anderenfalls bleibt es dabei, wonach der Geschädigte den Schaden selbst zu tragen hat. Damit wird die Haftung für Zufall, d.h. nicht einem Menschen zurechenbarem Handeln oder Unterlassen ausgeschlossen. Entscheidet man sich nun dafür, Personen, welchen auf Grund ihres Alters, eines Defekts oder Ähnlichem nicht die Einsicht besitzen, die Folgen ihrer Handlungen abzuschätzen, im Rechtsverkehr zu schützen, so erweitert man faktisch den Bereich der Zufallsschäden.[141]

---

139 BT-Drucks 14/7752 S. 16.

140 NZV 2004, 122, 124.

141 Anders Jansen, Struktur des Haftungsrechts, S. 140.

Von diesem grundsätzlichen Standpunkt aus ist jede Abweichung eine Ausnahme. Lässt man nun naturrechtliche Elemente in ein Gesetzbuch einfließen, so stellt sich das Problem, ob man diese systematisch und dogmatisch integrieren kann, oder ob man sie bewusst und ausdrücklich als Fremdkörper in einer Kodifikation verortet. Und genau hier liegt in meinen Augen die *crux* des § 829 BGB. Man entwarf zunächst ein Gesetzbuch, das keine Ausnahme kannte. Dann versuchte man aus Gründen einer „höheren Gerechtigkeit" von diesem in sich stimmigen System eine Ausnahme zuzulassen. Schließlich stritt man, wie weit die Ausnahme reichen sollte und entschied sich zeitweise sogar dafür, die Haftung für weder vorsätzliches noch fahrlässiges Verhalten Zurechnungsfähiger einzuführen.[142] Diese weite Fassung hätte keine Ausnahme mehr vom Verschuldensgrundsatz bedeutet, sondern vielmehr wäre ein weiteres Haftungsprinzip parallel zu den bekannten in ein und dieselbe Kodifikation eingeflossen. Nicht die bloße Parallelität verschiedener Haftungsprinzipien wäre jedoch das Ergebnis gewesen, sondern das Verschuldenserfordernis wäre durch die bloße Verursachung kastriert worden. Damit wäre das Verschuldensprinzip seiner Grundsätzlichkeit beraubt worden. Daran hätte auch die Subsidiarität des Anspruchs nichts mehr entscheidend geändert. Auf der anderen Seite hätte man jedoch dadurch auch nicht das Verursacherprinzip zum allgemeinen Grundsatz bestimmt.
Da man sich nicht zu einer entsprechend weiten Haftung durchringen konnte, entschied man sich, § 752 Abs. 2 E II als Kompromiss beizubehalten. So ist § 829 BGB in das System des BGB integriert worden, wobei die Norm – ursprünglich als echte Ausnahme konzipiert – zur Haftungserweiterung dienen sollte, jedoch durch die Streichung des ersten Absatzes nicht dazu wurde. Übrig blieb eine Norm, die eine Ausnahme für einen speziellen Bereich darstellt, jedoch nur bedingt auf die sie umgebenden Normen abgestimmt wurde.
Dabei zeigt die skizzierte Entstehungsgeschichte der Billigkeitshaftung ein ausgeprägtes Bedürfnis vieler zur allgemeinen Korrektur der Verschuldenshaftung. § 829 BGB ist jedoch gerade nicht als allgemeines Instrument zur Korrektur der Verschuldenshaftung von den Vätern des BGB konzipiert worden.

Welche Schlüsse man aus der Historie ziehen kann, zeigen folgende Überlegungen:
Erwägungen der Billigkeit spielen grundsätzlich, je nach Ansatzpunkt eines Haftungssystems, eine Rolle. Begründet die bloße Verursacherstellung die Haftung, so kann diese aus Erwägungen der Billigkeit wieder eingeschränkt

---

[142] Vgl. § 752 Abs. 1 E II.

werden. Ist dagegen das individuelle Verschulden das tragende Element eines Haftungssystems, so kann die Billigkeit der Erweiterung der Haftung dienen. Es kann also theoretisch vier Gruppen von Haftungssystemen im Hinblick auf Billigkeitserwägungen im Sinn einer Haftung Unzurechnungsfähiger geben:[143] die erste Gruppe stellt die Verursacherhaftung ohne Billigkeitseinschränkung dar, die zweite mit Billigkeitseinschränkung der weiten Verursacherhaftung, die dritte dagegen die Verschuldenshaftung ohne Haftungserweiterung aus Billigkeit und schließlich die vierte mit Haftungserweiterung aus Billigkeit.

Ist eine Verortung in einer dieser Gruppen nicht möglich, so könnte mit § 829 BGB eine neue eigenständige – fünfte – Gruppe begründet worden sein.

Der ersten Gruppe können die XII. Tafeln, die *lex salica* und der Sachsenspiegel zugeordnet werden. Für die zweite Gruppe fehlt ein Beispiel. Denn man entschied sich in einigen Haftungsordnungen der ersten Gruppe, die individuelle Vorwerfbarkeit haftungsverschärfend oder erleichternd als Korrektiv einzuführen. Damit bestand folglich kein Bedürfnis für Billigkeitserwägungen.

Der dritten Gruppe kann nach der beschriebenen Einteilung die *lex Aquilia*, der *Codex Maximilianeus Bavaricus civilis* und das sächs. BGB zugeordnet werden.

Und schlussendlich die vierte Gruppe: das ALR, das ABGB, das BGB und das OR stehen auf dem Standpunkt der Verschuldenshaftung, wollen die Haftung jedoch aus Billigkeitserwägungen ausnahmsweise erweitern. Jedoch genau in dieser vierten Gruppe, in der auch § 829 BGB steht, stellt sich die Frage, ob man nicht eigentlich eine Verursacherhaftung aus Billigkeit (normbegründend im ALR) oder billigerweise (darüber hinaus auch haftungsbegründend) in das Gesetzbuch hat einfließen lassen und dadurch nicht (ausnahmsweise) eine Haftung ohne Verschulden, sondern eine eigenständige Haftung aus Urheberschaft begründet hat, welche nicht mehr stimmig in das herrschende Haftungssystem der Kodifikation integrierbar ist. Handelt es sich also aus historischer Sicht um eine Ausnahme vom Verschuldensprinzip, im Sinn einer Kompensation für dessen Schwächen, oder um ein eigenständiges Haftungsinstitut?

In dem man die Frage stellt, hat man sie bereits beantwortet: Die Billigkeit fungiert als Korrektiv in einem Haftungssystem, stehe es nun auf dem Boden des Verschuldens oder der Verursachung. Im Rahmen der Verschuldenshaftung tritt die Billigkeit an die Stelle der individuellen Vorwerfbar-

---

143 Auf die Gefährdungshaftung, die objektive Haftung und die Aufopferungshaftung wird hier aus Gründen der Übersichtlichkeit nicht eingegangen.

keit und substituiert diese. Beim Prinzip der Verursacherhaftung schränkt sie die objektive Zurechnung ein.
Ausgehend hiervon ist die Billigkeit nur ein ausnahmsweise zulässiges Element der Zurechnung, falls der Schädiger unzurechnungsfähig ist. Solange man nicht wie in § 752 Abs. 1 E II generell auf schuldhaftes Handeln ausnahmsweise verzichten will, stellt § 829 BGB nur eine Ausnahme vom Verschuldensprinzip dar und folglich kein eigenständiges Haftungsinstitut. Die Tatsache, dass man sich von einer allgemeinen Haftung aus Billigkeit abwendete, falls den Verursacher kein Verschulden trifft, zeigt, dass das Verschulden der Grundsatz im BGB sein sollte und die Billigkeit nur ausnahmsweise statt der Schuld neben die kausale Verursachung treten sollte.
Auch die systematische Verortung innerhalb der Normen des Abschnitts über die unerlaubten Handlungen offenbart, dass man § 829 BGB als Ausnahme des das Deliktsrecht prägenden Verschuldensprinzips ansah. In diesem Sinne ist die Norm logischer Schlusspunkt ausgehend von der Überlegung, wonach grundsätzlich die Schuld die Haftung begründet, diese aber nicht als taugliches Zurechnungskriterium erachtet wird, wenn der Verursacher an intellektuellen Defiziten leidet. Die Billigkeit soll in diesen Fällen die subjektive Komponente der Zurechnung ersetzen.
Anders als die Gefährdungshaftung wuchs die Billigkeitshaftung auch später in gesetzgeberischer Hinsicht nicht zu einem eigenständigen Haftungsinstitut heran, was sowohl die zurückhaltende Anwendung durch die Rechtsprechung, wie auch die unterbliebenen Reformen zeigen.
Es gibt also keine fünfte Gruppe, die § 829 BGB begründet hat und der die Norm zugeordnet werden könnte. Die Billigkeitshaftung, so wie sie in § 829 BGB normiert ist, ist aus historischer Sicht kein eigenständiges Institut, sondern muss als bewusste Ausnahme zur Verschuldenshaftung verstanden werden. Hieraus darf man aber nicht folgern, dass außer dem Verschulden alle übrigen Elemente der Verschuldenshaftung ausnahmslos – quasi als verstümmelter Rest – auf § 829 BGB übertragen werden dürfen. § 829 BGB wuchs auf dem Boden der Verschuldenshaftung und verzichtet aus systematischen Gründen auf ein Verschulden. Gerade diese Entwicklung bereitet sowohl Wissenschaft wie auch Praxis bis heute Probleme.

Es verwundert daher nicht, dass in der Vergangenheit nirgends lobende Worte für die Vorschrift zu finden sind. Beispielsweise sei an dieser Stelle auf *Kadečka* (1874-1964) verwiesen, der § 829 BGB als *„Gegenteil eines Rechtssatzes"* bezeichnet.[144] *Rümelin* (1861-1931) spricht von der *„Bankrotterklärung des Gesetzgebers"*, merkt aber in einer Fußnote an, dass dies

---

[144] Kadečka in: Verh. 34. DJT II, S. 510.

nicht für § 829 BGB gelte, solange man nicht dem Richter die allgemeine Befugnis zur Erkennung auf Schadensersatz aus Billigkeit einräume.[145] Ein echtes Lob sähe anders aus!

Dies liegt einerseits an der grundlegenden Weigerung einiger Stimmen, eine Durchbrechung des Verschuldensprinzips zuzulassen, andererseits am unglücklichen Wortlaut der Vorschrift, insbesondere im Hinblick auf die Bezugnahme des § 827 S. 1 BGB und im Speziellen der §§ 823 bis 826 BGB.

B. Haftungsgrund und dogmatische Einordnung

Wie die geschichtliche Auswertung zeigt, ist sowohl der Grund der Haftung Unzurechnungsfähiger allgemein, wie auch speziell nach § 829 BGB seit jeher umstritten, ebenso die dogmatische Einordnung der Norm. Im Laufe der Zeit wurde immer wieder versucht, den Grund der Haftung Unzurechnungsfähiger im Allgemeinen zu ergründen und entsprechend dem jeweils gefundenen Ergebnis die Billigkeitshaftung dogmatisch zu verorten.

Die Entstehungsgeschichte des § 829 BGB und namentlich die Gesetzesmaterialien legen nahe, dass die Väter der Norm diese nur als Annex zum grundsätzlich im Haftungsrecht maßgeblichen Verschuldensprinzip ansahen und es folglich unterließen, eine dogmatische Einordnung vorzunehmen.[146] Als Haftungsgrund genügt den Gesetzesmaterialien ein Verweis auf „moderne Strömungen“ und eine „höhere Gerechtigkeit“.[147]

Die Wissenschaft dagegen kennt eine Vielzahl von Möglichkeiten, worin der Grund der Haftung nach § 829 BGB erblickt werden könnte, tut sich aber in der Auseinandersetzung häufig schwer, Überlegungen bestimmter Personen diesen auch treffend zu zuordnen. So wurden vielfach verschiedene Ansichten über einen Kamm geschoren, beziehungsweise Autoren Ansichten zugeschrieben, die nicht in ihrem Werk gründen.[148]

Bevor sich aber dem Grund der Haftung gewidmet wird, erfolgt zum besseren Verständnis der Vorschrift eine kurze Skizze der Voraussetzungen der Norm.

---

[145] Rümelin, Die Billigkeit im Recht, S. 64, 65.

[146] Vgl. Kap. 1 A. IV. (S. 19 ff.).

[147] Mot. II, S. 734.

[148] Vgl. z.B. Bienenfeld, Haftung ohne Verschulden, S. 270 ff.; Geiser, Über ausserkontraktliche Haftung Geisteskranker, S. 51 ff.; weitere Kritik hierzu findet sich bereits bei Rümelin, Schadenersatz ohne Verschulden, S. 51 Fn 1.

I. Skizze der Voraussetzungen des § 829 BGB

§ 829 BGB setzt zunächst voraus, dass eine Person in einem der in den §§ 823 bis 826 BGB[149] bezeichneten Fällen im Zustand der Unzurechnungsfähigkeit im Sinn der §§ 827 S. 1, 828 BGB einen Schaden verursacht. Der Deliktstatbestand muss dabei nur objektiv erfüllt werden. Ein Verschulden ist weder im technischen, noch im Sinn eines „natürlichen Verschuldens" erforderlich.[150] Grundsätzlich ist die Rechtswidrigkeit der Schädigung notwendig. Im Rahmen der Handlungsunfähigkeit, die von § 827 S. 1 BGB mit umfasst ist, muss hierauf aber verzichtet werden.[151]
Ferner darf es dem Geschädigten entweder aus rechtlichen oder auch aus tatsächlichen Gründen nicht möglich sein, Ersatz von einer aufsichtspflichtigen Person des Schädigers zu erlangen (Subsidiaritätsklausel).[152]
Ob und inwieweit der Unzurechnungsfähige den Schaden zu ersetzen hat, hängt von der Billigkeit,[153] dabei insbesondere von den wirtschaftlichen Verhältnissen der Beteiligten, ab (Billigkeitsabwägung über Ob und Umfang der Schadensersatzverpflichtung).[154] Dabei darf die Haftpflicht nicht dazu führen, dass dem Unzurechnungsfähigen die Mittel zum eigenen angemessenen Unterhalt, sowie zur Erfüllung seiner Unterhaltsverpflichtungen entzogen werden (sogenanntes Schonvermögen).[155]

II. Haftungsgrund bei § 829 BGB

Ausgehend von der soeben dargestellten kurzen Skizze der Voraussetzungen des § 829 BGB, beziehungsweise gegenteiliger Auffassungen hinsichtlich des Erfordernisses der Rechtswidrigkeit oder des subjektiven Tatbestandes wurden im Laufe der Zeit im Wesentlichen folgende Gründe für die Haftung eines Unzurechnungsfähigen ins Feld geführt.

---

149 Darüber hinaus kommen auch noch andere Deliktstatbestände in Betracht, vgl. Kap 2 A. I. 1. a. (S.68).

150 Hierzu ausführlich Kap. 2 A. II. 2. (S. 94 ff.).

151 Vgl. hierzu ausführlich Kap. 2 A II. 3. (S. 103 ff.).

152 Vgl. hierzu Kap. 2 A. IV.(S. 117).

153 Ausführlich hierzu Kap. 2 A. V. (S. 119 ff.).

154 Ausführlich hierzu Kap. 2 A. V. 2. (S. 122 ff.).

155 Ausführlich hierzu Kap. 2 A. VI. (S. 227 ff.).

1. Verschulden als Haftungsgrund

Entgegen der zuvor erfolgten kurzen Skizze der Voraussetzungen des § 829 BGB findet sich in der Literatur die Auffassung, dass auch dem Unzurechnungsfähigen ein Verschulden vorgeworfen werden kann.[156] Hierbei ist man sich aber überwiegend im Klaren, dass ein Verschulden im technischen Sinne (§ 276 Abs. 1 BGB) nicht vorliegen kann, meint aber, aus der gegebenen Handlungsfähigkeit auf eine natürliche Willensfähigkeit und folglich auf „natürliche" Fahrlässigkeit und Vorsatz schließen zu können. Danach wird ein subjektiver Tatbestand aus einem „natürlichen" Betrachtungswinkel verlangt, um die Haftung nach § 829 BGB zu begründen. Deshalb sei im „natürlichen Verschulden" des Unzurechnungsfähigen der Grund der Haftung zu suchen.[157]

Eine solche Sichtweise der Dinge ist aber, wie unten ausführlich dargestellt wird, abzulehnen.[158] Von einem Unzurechnungsfähigen ein Verschulden, sei es auch nur in einem „natürlichen" Sinne gemeint, zu verlangen, stellt faktisch eine Umgehung der §§ 827, 828 BGB dar. Man würde durch die Hintertür eine Verschuldenshaftung einführen, wo das Gesetz ausweislich seiner Entstehungsgeschichte gerade kein Verschulden verlangt.
Daher kann auch ein Verschulden – der Inbegriff eines Haftungsgrundes[159] – nicht bei § 829 BGB fruchtbar gemacht werden.

2. Individualität der Person als Haftungsgrund

Nach *Strohals* (1844-1914) Ansicht,[160] der *Rümelin* ausdrücklich folgt,[161] liegt der Grund der Haftung Unzurechnungsfähiger darin, dass der Einzelne

---

[156] So etwa Bruns, JZ 1964, 473, 477; Deutsch/Ahrens DeliktsR[4], Rn 139; Deutsch, AllgHaftR[2], Rn 481; ders., JZ 1964, 86, 91; Erman/Schiemann[11] § 829 Rn 1; Esser/Weyers SchuldR II/2[8], § 55 III. 2. (S. 178); Heinsheimer, AcP 95 (1904), 234, 254; Medicus, SchuldR BT II[13], Rn 772; RGRK/Steffen[12] § 829 Rn 8; Soergel/Spickhoff[13] § 829 Rn 9; Traeger, Der Kausalbegriff im Straf- und Zivilrecht, S. 215 ff.; Wussow, WI 1958, 57; 1960, 205.

[157] Heinsheimer, AcP 95 (1904) 234, 254.

[158] Kap. 2 A. II. 2. d. (S. 96 ff.).

[159] v. Jhering, Das Schuldmoment im römischen Privatrecht, S. 42.

[160] Strohal in den 3 Gutachten zum österreichischen Advokatentag v. 1880, S. 149, zitiert bei Rümelin, Die Gründe der Schadenszurechnung und die Stellung des deutschen bürgerlichen Gesetzbuchs zur objektiven Schadensersatzpflicht, S. 67.

[161] Rümelin, Die Gründe der Schadenszurechnung und die Stellung des deutschen bürgerlichen Gesetzbuchs zur objektiven Schadensersatzpflicht, S. 67 f.; ders., Schadensersatz ohne Verschulden, S. 52 f.

für die Anlagen seiner Individualität einzustehen habe.[162] *Strohal* führt aus, dass es „... *ein Grundsatz des menschlichen Daseins* [sei], *dass jeder das Individuum ist, das er ist, und eine Grundbedingung des menschlichen Zusammenlebens, dass jeder für das einstehen muss, was Ausfluss seiner Individualität ist. Aus diesem Grund lassen wir jeden haften für seine Bosheit und für seinen Leichtsinn, für seine Unerfahrenheit und für seinen Mangel an Voraussicht. Warum soll es aber dann schlechthin unstatthaft sein, jemanden auch für den Schaden haftbar zu machen, den er einem Anderen vermöge der sonstigen Anlagen seiner Individualität zugefügt hat.*" Auf die Kritik *Ungers* (1828-1913), der diese Auffassung als zu fatalistisch bezeichnete,[163] konkretisierte *Rümelin* die Ansicht *Strohals* dahingehend, dass es sich bei der eigenen Individualität um eine Art Zurechnung handele. Danach könne „... *auch zugerechnet werden zu der von einem bestimmten Normaltypus abweichenden Individualität.*"[164] Grund der Haftung sei damit die Abweichung von einem durch das Recht aufgestellten Normaltypus. Dieser Gedanke sei auch dem Verschuldensprinzip nicht unbekannt, wenn man den Fahrlässigkeitsmaßstab objektiv bestimme.[165]

Auch dieser Ansicht ist entschieden entgegenzutreten. Erklärt man das Abweichen vom Normaltypus eines Menschen zum Haftungsgrund, so setzt man seine „Abnormität" einem Verschulden faktisch gleich. Ein Verschulden setzt seinem Wesen als Zurechnungsgrund nach aber zumindest die theoretische Möglichkeit voraus, sich anders zu verhalten. Wird der Grund für eine Ersatzpflicht bei einer erlittenen Schädigung in einem Verschulden erblickt, wobei der Schädiger vom objektiven Maßstab abgewichen ist, so ist das Verhalten des Schädigers – unter Umständen entgegen seinen eigenen Möglichkeiten – abnorm, nicht jedoch die Person.
Überträgt man nun aber dieses auf den Zustand einer Person, so setzt man die Abnormität des Verhaltens der Abnormität der Person gleich. Mag abnormes Verhalten auch seinen Ursprung in dem abnormen Zustand der Person haben, so wertet das Gesetz beides jedoch völlig unterschiedlich. Abnormes Verhalten ist ein Vorwurf, unverschuldeter abnormer Zustand der

---

[162] So auch Burckhardt, ZSchwR 44 (1903), 469, 529 f.; Höchster, AcP 104 (1909) 427, 429. In diesem Sinne wohl auch Esser/Weyers SchuldR II/2[8], § 55 III. 2. (S. 177), der von „einer absoluten Haftung für die eigene Persönlichkeit" spricht.
[163] Unger, Handeln auf eigene Gefahr[3], S. 137 Fn 9.
[164] Rümelin, Die Gründe der Schadenszurechnung und die Stellung des deutschen bürgerlichen Gesetzbuchs zur objektiven Schadensersatzpflicht, S. 68.
[165] Rümelin, Die Gründe der Schadenszurechnung und die Stellung des deutschen bürgerlichen Gesetzbuchs zur objektiven Schadensersatzpflicht, S. 68; ders., Der Zufall im Recht, S. 24.

Person dagegen genuin ein Entschuldigungsgrund. Die Wertung hinter dieser Folge des Verschuldensprinzips ist, dass eine Gemeinschaft demjenigen einen Vorwurf macht, der sich theoretisch objektiv anders verhalten könnte, nicht jedoch dem, der dazu nicht in der Lage ist. Begreift man die Abnormität als Haftungsgrund, so macht man den unverschuldeten Zustand der eigenen Person dieser zum Vorwurf. Wozu sollen die Vorschriften über die Unzurechnungsfähigkeit dienen, die doch den Schutz des Unzurechnungsfähigen vor Augen haben, wenn dies gerade einer Person wieder zum Vorwurf gemacht wird?
Abnormität im Sinn von intellektuellen Defiziten kann damit nicht der Grund der Haftung sein, sondern lediglich Voraussetzung derselben.

3. Gefährdung der Mitmenschen auf Grund des Zustandes der Person als Haftungsgrund

Einen anderen Ansatzpunkt greift *Sjögren* auf.[166] Er sieht nicht primär in der Person des Unzurechnungsfähigen den Grund der Haftung, sondern in dem Freiraum, den die Gesellschaft diesem zugesteht, und der Gefahr, die er für diese darstellt. Hierzu führt er aus: „*Die Tatsache, dass der Zurechnungsunfähige eine Kausalität zunächst physischer Natur in Bewegung gesetzt hat, ist der zureichende Grund seiner Ersatzpflicht, wenn und insofern dies in seinem Interesse geschehen ist. Innerhalb gewisser Schranken ist nun die physische Bewegungsfreiheit für den Wahnsinnigen von einem ungleich höheren Werthe, als eben diese Freiheit für einen normalen Menschen, sie hat einen höheren Werth für jenen, weil man ihn in Fesseln schlagen würde, wenn das Interesse Anderer dies verlangt. Schreitet man nun wegen Rücksichten der Humanität nicht gegen ihn zum äußersten Machtmittel, so ist die Freiheit für ihn ein besonderer Vortheil, der ihm in besonderem Sinne in seinem Interesse gelassen ist. Die schädlichen Folgen dieser Freiheit sind darum von ihm zu tragen.*“[167] Die Überlegung, die dieser Argumentation zu Grunde liegt, orientiert sich an der Gefährdungshaftung, wie sie für Tiere und anderes bekannt ist.[168]
Später haben sich auch *Larenz* und *Canaris* auf den Standpunkt gestellt, dass es sich bei der Haftung nach § 829 BGB um eine Form der Gefährdungshaftung handele. *Larenz* betont, dass der Grund für diese „*... reine Gefährdungshaftung ...*“ in dem „*... Zustand der eigenen Person und* [der]

[166] Sjögren, JJ 35 (1896) 343 ff.
[167] Sjögren, JJ 35 (1896) 343, 418.
[168] Vgl. ferner hierzu mit Verweisen auf die ältere Psychologie Geiser, Über ausserkontraktliche Haftung Geisteskranker, S. 65 ff.

sich daraus für andere ergebenden Gefahren ... " liege.[169] Auch *Canaris* ist der Auffassung, dass wer geisteskrank oder minderjährig ist, eine besondere Gefahr für seine Mitmenschen darstelle. Wer handlungsunfähig (plötzliche Bewusstlosigkeit) ist, sei zumindest eine aktuelle Gefahrenquelle. Deshalb sei die Einordnung des § 829 BGB als Gefährdungshaftung gerechtfertigt.[170]
Diese Ansicht ist zwar in sich stimmig, stützt sich aber, wie bereits *Rümelin* einwandte, auf eine sehr fragwürdige Ausgangsüberlegung.[171] Der Umstand, Kinder und Geisteskranke nicht zu internieren, ist kein Akt der Humanität der Gesellschaft gegenüber den Betroffenen, sondern der Logik. Wie sollen aus Kindern mündige Erwachsene werden, wenn sie bis zum Alter der Deliktsfähigkeit interniert würden?[172]
Darüber hinaus trägt der Gefährdungsgedanke aus folgendem weiteren Grund nicht. In Fällen unvorhersehbar eintretender Unzurechnungsfähigkeit (z.B. Schlaganfall), ist eine Gefährdung nicht absehbar. Eine vorherige Internierung, von der – aus welchen Gründen auch immer – allgemein abgesehen wird, wäre in solchen Fällen schon logisch nicht möglich. *Sjögren* selbst erkennt diese Unstimmigkeit, meint aber dass aus Gründen der Rechtspraktikabilität auch in diesen Fällen der Unzurechnungsfähige haften solle, auch wenn sich dies nicht mit der *ratio legis* decke.[173] Ein Haftungsgrund, der in wesentlichen Anwendungsbereichen der Norm nicht zum Zuge kommen kann, ist aber kein allgemeiner Haftungsgrund einer Norm.[174]

---

[169] Larenz, SchuldR II[12], § 71 II (S. 598 f.).
[170] Larenz/Canaris, SchuldR II/2[13], § 84 VII. 2. b. (S. 653); interessant ist auch der Vergleich mit der französischen Rechtslage seit der Entscheidung Gabillet (Ass. Plén. 9.5.1984, J.C.P. éd. G. 1984. II. 20255): Dort wird der allgemeine Gefährdungshaftungstatbestand des Art. 1384 I Cc auch bei Kindern egal welchen Alters zur Anwendung gebracht. Grund sei dafür, dass auch ein Kind Halter eines Stocks sein kann mit dem es einen Spielkameraden verletzt. Auf die Einsichtsfähigkeit soll es dabei nicht ankommen. Vgl. hierzu ausführlich Tacke, Die Haftung für von Minderjährigen verursachten Schäden im französischen Zivilrecht – im Vergleich zum deutschen Recht, S. 174; Niboyet, Die Haftung Minderjähriger und ihrer Eltern nach deutschem und französischem Deliktsrecht zwischen Dogmatik und Rechtspolitik, S. 71, 78 f.
[171] Rümelin, Die Gründe der Schadenszurechnung und die Stellung des deutschen bürgerlichen Gesetzbuchs zur objektiven Schadensersatzpflicht, S. 67; so auch MüKoBGB/Wagner[4] § 829 Rn 3.
[172] So auch Lehnertz, Zur Problematik des § 829 BGB, S. 32.
[173] Sjögren, JJ 35 (1896) 343, 420.
[174] Rümelin, Die Gründe der Schadenszurechnung und die Stellung des deutschen bürgerlichen Gesetzbuchs zur objektiven Schadensersatzpflicht, S. 67; ders., Schadenersatz ohne Verschulden, S. 52.

4. Verursachung als Haftungsgrund

Teilweise, vornehmlich in der älteren deutschen Literatur, wurde ausgehend von einem deutschrechtlichen Ansatz die Ansicht vertreten, dass allein die Verursachung die Haftung eines Unzurechnungsfähigen rechtfertige.[175] So führt *Binding* in dem bereits aus der Einleitung bekannten Zitat aus: „*Was der Mensch Schlimmes verursacht, mit oder ohne Schuld, muss er bessern. Hat er das Unglück gehabt etwa in der Geistesverwirrung fremde Sachen zu zerstören, so ist er doch Urheber des Schadens, hat fremde Rechte verletzt, und der Geschädigte ist noch viel unschuldiger als er.*“[176]
Um aber die Haftung nicht völlig ausufern zu lassen, fordert *v. Gierke* explizit, dass die Handlung rechtswidrig sein müsse[177] und geht daher auch konsequenterweise davon aus, dass ein Handlungsunfähiger nicht nach § 829 BGB haften könne, da keine gewillkürte Handlung vorliege.[178] *Bienenfeld* argumentiert, dass nur diese Sichtweise die Richtige sein könne, da es unabhängig, ob der objektiv rechtswidrige Erfolg von einem Zurechnungs- oder Unzurechnungsfähigen verursacht wurde, zu missbilligen sei.[179]

Diese Ansicht stieß zu Recht auf wenig Gegenliebe. Denn Folge einer entsprechenden Sichtweise wäre, wie *v. Gierke* selbst bemerkt,[180] dass ein Unzurechnungsfähiger für Schäden aufkommen müsse, hingegen ein Zurechnungsfähiger in vergleichbarer Situation unter Umständen nicht zu haften habe, da ihm kein Verschuldensvorwurf gemacht werden könne. Die Inkongruenz, wonach ein Unzurechnungsfähiger strenger zu haften hat als ein Zurechnungsfähiger, ist nicht hinzunehmen. Denn die Subsidiaritätsklausel des § 829 BGB zeigt, dass primär eine schuldhafte Handlung eines Zurechnungsfähigen für die Haftung des eingetretenen Erfolgs verantwortlich zeichnen soll und nur subsidiär die schuldlose Handlung eines Unzurechnungsfähigen. Dieses bewusst vom Gesetzgeber ins BGB aufgenommene

---

[175] Binding, Die Normen und ihre Übertretung I², S. 400; v. Gierke, Deutsches Privatrecht III, § 212 III. 1. (S. 910); Crome, System des Deutschen Bürgerlichen Rechts II, S. 1045. Ebenso Bienenfeld, Haftung ohne Verschulden, S. 271 f., wobei sich dieser auf v. Gierke beruft, selbst aber die objektive Rechtswidrigkeit der Tat in den Mittelpunkt seiner Begründung stellt.

[176] Binding, Die Normen und ihre Übertretung I², S. 471 f.

[177] v. Gierke, Deutsches Privatrecht III, § 212 III. 1. (S. 910); unklar insoweit Lehnertz, Zur Problematik des § 829 BGB, S. 33.

[178] v. Gierke, Deutsches Privatrecht III, § 212 III. 1. Fn 19 (S. 910).

[179] Bienenfeld, Haftung ohne Verschulden, S. 272.

[180] v. Gierke, Deutsches Privatrecht III, § 212 III. 1. Fn 24 (S. 912).

Gefälle würde *ad absurdum* geführt, wenn man die Verursachung als solche § 829 BGB als Haftungsgrund zuordnen würde.
Gegen diese Ansicht kann aber nicht, wie allgemein gegen die Erfolgshaftung, ins Feld geführt werden, dass sich die persönliche Bewegungsfreiheit des Einzelnen einschränken würde, wenn er für jede Verursachung haften würde, selbst wenn er die größtmögliche Sorgfalt an den Tag legte.[181] Ein Unzurechnungsfähiger macht sich unter Umständen keine Gedanken über die erforderliche Sorgfalt und muss dies auch nicht. Eine Einschränkung seiner Bewegungsfreiheit, im Sinne einer möglichen Haftung, mag zwar § 829 BGB mit sich bringen, auf die Sorgfalt, die er gegenüber seiner Umwelt walten lässt, hat dies aber keinen Einfluss.
Die Verursachung ist Teil der Frage, ob ein Subjekt haften soll, rechtfertigt aber nicht, warum an einen Unzurechnungsfähigen strengere Maßstäbe angelegt werden sollen als an einen Zurechnungsfähigen. Kausalität ist immer Teil der Haftung, rechtfertigt vom Standpunkt eines aufgeklärten Menschenbildes aber allein nie die Haftung eines Unzurechnungsfähigen.[182]

5. Objektive Schadensverteilung aus Gründen der ökonomischen Tragfähigkeit als Haftungsgrund

Überwiegend aus Wien stammt die Idee, die Lasten einer Schadensersatzverpflichtung generell unter ökonomischen Gesichtspunkten zu analysieren.[183] Ausgehend vom Verschuldensprinzip, das sich seit Mitte des 19. Jahrhunderts weitgehend durchgesetzt hatte, tauchte die Frage auf, ob aus Überlegungen der Gerechtigkeit und volkswirtschaftlicher Interessen die Lasten eines zufälligen Schadens nicht weiter nach dem Grundsatz *casum sentit dominus* verteilt werden, sondern der Person aufgelastet werden soll-

---

[181] Geiser, Über ausserkontraktliche Haftung Geisteskranker, S. 64.

[182] Dies wird z. B. auch deutlich, wenn man sich die Frage der Haltereigenschaft von Minderjährigen in Bezug auf die Tierhalterhaftung vor Augen führt. Auch hier wird einhellig (auf verschiedene Weise vgl. MüKoBGB/Wagner[4] § 833 Rn 30) versucht den Unzurechnungsfähigen nicht unabhängig von seinen subjektiven Fähigkeiten haften zu lassen. A.A. ist man dagegen allgemein im Fall der Haftung nach § 7 StVG. Hier spielen die §§ 827, 828 BGB keine Rolle.

[183] Grundlegend (1888) Mataja, Das Recht des Schadensersatzes vom Standpunkte der Nationalökonomie und Steinbach, Die Grundsätze des heutigen Rechts über den Ersatz von Vermögensschäden; später (1895) auch Merkel, Die Kollision rechtmäßiger Interessen und die Schadensersatzpflicht bei rechtmäßigen Handlungen; (1904) Mauczka, Der Rechtsgrund des Schadensersatzes außerhalb bestehender Schuldverhältnisse.

ten, die dazu am geeignetesten sei.[184] *Mataja* (1857-1904) begründete seine Ansicht folgendermaßen: „...[D]*ie Regel, den Zufall trägt, wen er eben trifft, ist nichts anderes als der Ausdruck eines kurzfristigen Egoismus und seine Beseitigung ist ein Zeichen zum Teil zunehmender Einsicht, zum Teil des wachsenden menschlichen Solidaritätsgefühles.*" Es sei daher Aufgabe moderner Sozialpolitik „... *der Gewalt der Verhältnisse folgend danach* [zu streben], *individuelle Not zu gemeinschaftlicher zu machen, die mit gemeinsamen Mittel zu bekämpfen* [sei]."[185]

Diesem eingedenk haben *Steinbach* (1846-1907)[186] wie auch *Unger*[187] die Haftung Unzurechnungsfähiger sowohl für das österreichische, wie für das deutsche Recht damit begründet, dass – da bei der Haftung derselben die beiderseitigen Vermögensverhältnisse zu berücksichtigen seien – der wahre Rechtsgrund in einem objektiv sozialen Moment liege. Geprägt wird diese Überlegung davon, dass das von einem unzurechnungsfähigen Täter angerichtete Unglück eine Gemeinschaft zwischen Schädiger und Geschädigten begründe, welche es nun aufzulösen gelte.[188] *Unger* führt weiter dazu aus: „... [D]*emjenigen wird der beiderseits unverschuldete Schaden aufgebürdet, welcher ihn nach seiner Vermögenslage leichter tragen kann. Es kömmt auf die ökonomische Tragfähigkeit an: wie Bluntschli es treffend bezeichnet hat, handelt es sich hier um objektive Ausgleichung.*"[189]

Auch später wurde der Gedanke der ökonomischen Tragfähigkeit zur Rechtfertigung der Haftung Unzurechnungsfähiger verschiedentlich fruchtbar gemacht. Dabei wurde jedoch nicht immer allein die Vermögensträgerfähigkeit, sondern oftmals in Kombination auch die Bewegungsfreiheit der Unzurechnungsfähigen als Rechtfertigung herangezogen.[190]

Wie *Unger* bereits selbst sah, werden durch diese Auffassung Armut und Reichtum zu Rechtskategorien erhoben. Trotz seines offensichtlichen Un-

---

[184] Mataja, Das Recht des Schadensersatzes vom Standpunkte der Nationalökonomie, S. 19 ff.

[185] Mataja, Das Recht des Schadensersatzes vom Standpunkte der Nationalökonomie, S. 131.

[186] Steinbach, Die Grundsätze des heutigen Rechts über den Ersatz von Vermögensschäden, S. 91; diesem folgend Stammler, Die Lehre vom richtigen Rechte, S. 471.

[187] Unger, Handel auf eigene Gefahr[3], S. 140.

[188] Steinbach, Die Grundsätze des heutigen Rechts über den Ersatz von Vermögensschäden, S. 91

[189] Unger, Handel auf eigene Gefahr[3], S. 140.

[190] Vgl. OGH SZ 47/43; Deutsch, AllgHaftR[2], Rn 477; Medicus, SchuldR BT II[13], Rn 770; Oftinger/Stark, Schweizerisches Haftpflichtrecht II/1[4], § 18 Rn 65 (S. 149); so in Ansätzen auch MüKoBGB/Wagner[4] § 829 Rn 20; Knütel, JR 1980, 20 (Anm. zu BGH Urt. v. 24.4.1979, FamRZ 1979, 567).

behagens mit dieser Feststellung, führte er aus, dass es „... *dem humanen Zug der modernen Zeit* [entspreche], *welche es als eine Aufgabe des Staates erkennt, dem wirtschaftlich Schwächeren nach Kräften zu helfen und auch auf dem Gebiete des Privatrechts, soweit es eben angeht und passend erscheint, den Grundsatz zu verwirklichen: richesse oblige.*“[191]

Dem Wortlaut des § 829 BGB (wie auch dem des § 1310 3. Fall ABGB) entsprechend, der das Vermögen der Beteiligten berücksichtigt sehen will, liegt es nahe, die objektive Schadensverteilung nach der ökonomischen Tragfähigkeit als Haftungsgrund zu erachten. Warum sollen nicht relative Armut und relativer Reichtum (relativ deshalb, weil es immer nur auf die wirtschaftlichen Verhältnisse der Beteiligten zueinander ankommen kann) zu Rechtskategorien erhoben werden? Wird im Unterhaltsrecht mit Leistungsfähigkeit und Bedürftigkeit nicht letztendlich etwas Vergleichbares zum Ausdruck gebracht?
Kritisch ist bei einer entsprechenden Sichtweise, dass § 829 BGB nicht alleine die finanziellen Verhältnisse der Beteiligten als maßgeblich erachtet, sondern grundsätzlich alle relevanten Umstände des Einzelfalles eine Schadloshaltung des Geschädigten erfordern müssen.[192] § 829 BGB spricht nur „insbesondere“ von den Verhältnissen der Beteiligten. Hätten nur diese maßgeblich für die Entscheidung des Richters sein sollen, so wäre die Norm anders gefasst worden.
Problematisch ist an der objektiven Schadensverteilung aus Gründen der ökonomischen Tragfähigkeit als Haftungsgrund auch Folgendes: Die Verteilung der Lasten eines Schadensfalles will § 829 BGB zweifach von der Billigkeit abhängig machen. Einerseits soll sie entscheiden, ob eine Schadloshaltung des Geschädigten überhaupt erforderlich ist, oder ob es bei dem Grundsatz *casum sentit dominus* bleiben soll. Andererseits muss die Billigkeit, falls eine Schadloshaltung erforderlich ist, die Lasten derselben zwischen den Beteiligten verteilen. Wie *Rümelin* bereits feststellte, wird der Grund der Haftung mit der Verteilung der Lasten gerechtfertigt, ohne dass das Vermögen der Beteiligten bereits in einer Beziehung zum Schaden steht.[193] Ergebnis einer solchen Sichtweise wäre, dass der bloße Unterschied der wirtschaftlichen Verhältnisse im Sinne eines Gefälles zu Lasten des Geschädigten immer eine Schadloshaltung erfordern müsste, nur beim Umfang derselben wäre die ökonomische Tragfähigkeit entscheidend. Die ökonomi-

191 Unger, Handel auf eigene Gefahr^3, S. 140.
192 Vgl. Deutsch, AllgHaftR^2, Rn 486.
193 Rümelin, Die Gründe der Schadenszurechnung und die Stellung des deutschen bürgerlichen Gesetzbuchs zur objektiven Schadensersatzpflicht, S. 65 f.

sche Tragfähigkeit ist mit Sicherheit für den Umfang der Schadensersatzverpflichtung maßgeblich, rechtfertigt aber nicht die Haftung selbst. Mag sein, dass das Schadens- und das Haftungsrecht bei § 829 BGB nicht so klar voneinander trennbar ist, wie sonst im außervertraglichen Recht. Dennoch taugt aus dogmatischer Sicht die Verteilung der Lasten nach ökonomischen Gesichtspunkten zwar als Grund für das konkrete Schadensrecht, nicht jedoch zwangsläufig für das Haftungsrecht.
Die Brücke zwischen dem Ergebnis des Schadensrechts in praktischer Handhabung und dem Grund der Haftung mit Verweisen auf „Gefahrgemeinschaften zwischen Schädiger und Geschädigten“,[194] „Billigkeits- und Zweckmäßigkeitsrücksichten“,[195] „humane Züge einer modernen Zeit“[196], oder schlicht mit „objektiv sozialen Momenten“ zu schließen, gelingt nur vordergründig. Eine Antwort, warum ein Unzurechnungsfähiger wegen seiner besseren wirtschaftlichen Stellung haften soll, ein Zurechnungsfähiger dagegen nicht, bleibt diese Sichtweise schuldig. Nur wenn man wie *Mataja*[197] grundsätzlich andere Wege gehen will, trägt diese Überlegung, nicht aber zur Rechtfertigung einer Ausnahme.
Letztendlich wird nur versucht, das Verursacherprinzip mit all seinen bekannten Schwächen mangels anderer Ideen zu rechtfertigen. Dabei wird an das soziale Gewissen appelliert, ohne aber klarzustellen, ob man das Verursacherprinzip grundsätzlich als sozial gerechter empfindet. Zum Teil wird zwar verlangt, den verworfenen § 752 Abs. 1 E II einzuführen,[198] ausdrücklich fällt aber der Satz nicht, dass die Schadensverteilung gewichtiger sei als das individuelle Verhalten.
Es bleibt festzuhalten, dass diese Überlegungen nicht grundsätzlich abwegig sind. Vielmehr taugen sie zur Erklärung, weshalb ein Schaden zwischen den Beteiligten an Hand ökonomischer Gesichtspunkte zu verteilen ist. So bilden sie die Rechtfertigung, weshalb vom Grundsatz des Alles-oder-Nichts-Prinzips in Fällen einer Haftpflicht nach § 829 BGB abzuweichen ist, stellen aber nicht den Haftungsgrund des § 829 BGB dar.

---

[194] Steinbach, Die Grundsätze des heutigen Rechts über den Ersatz von Vermögensschäden, S. 78; Stammler, Die Lehre vom richtigen Rechte, S. 471; ähnlich auch RGRK/Steffen[12] § 829 Rn 3, der von einer „schicksalhaften Verbindung“ spricht.
[195] Merkel, Die Kollision rechtmäßiger Interessen und die Schadensersatzpflicht bei rechtmäßigen Handlungen, S. 155.
[196] Unger, Handel auf eigene Gefahr[3], S. 140.
[197] Mataja, Das Recht des Schadensersatzes vom Standpunkte der Nationalökonomie, S. 131.
[198] Unger, Handel auf eigene Gefahr[3], S. 141.

6. Konkrete Billigkeit[199] *als Haftungsgrund*

Vor dem Hintergrund der schwierigen Findung eines Haftungsgrundes verwundert es nicht, dass recht bald nach Einführung des § 829 BGB von manchen schlicht die Billigkeit selbst zum Haftungsgrund erhoben wurde.[200] *Hedemann*, der wohl als Vater dieser Auffassung gelten kann, geht dabei noch einen Schritt weiter und erklärt das *„Prinzip der konkreten Billigkeit"*[201] als ebenbürtig dem Verursacher- und dem Verschuldensprinzip.[202] Er sieht dabei die Haftung aus Billigkeit im Naturrecht und damit im Verursacherprinzip verwurzelt, die sich jedoch im Laufe der Zeit (ALR, ABGB, OR, BGB) zu einem eigenständigen Haftungsprinzip emanzipiert habe. Zwar seien alle weiterreichenden legislatorischen Versuche der Billigkeit eine generelle Plattform zu geben gescheitert,[203] dennoch habe aber die Wissenschaft das Recht die konkrete Billigkeit als Haftungsprinzip zu etablieren.[204]
Dass die Billigkeit selbst der Haftungsgrund sei, begründet *Hedemann* damit, dass das Prinzip der objektiven Schadensverteilung aus Gründen der ökonomischen Tragfähigkeit zwar einen Teil, wenn auch den wichtigsten der *ratio* erfasse, aber nicht alle Fälle damit berücksichtigt seien, in denen die Billigkeit eine Schadloshaltung erfordere.[205] Letztlich liege im Billigkeitsprinzip die gesetzliche Fixierung einer Anstandspflicht. Denn wer den Schaden, den er verursacht hat, liquidieren könne, während der Geschädigte auf die Liquidation angewiesen sei, würde dies auch machen. Wer nicht von solch edlem Geiste sei, müsse eben vom Gesetz dazu gebracht werden. Auch *Schirmer* schloss sich dieser Ansicht an, ohne sie inhaltlich weiter zu konkretisieren.[206] Er lenkte dabei das Augenmerk auf das Gesetzgebungsverfahren und versuchte aus diesem die konkrete Billigkeit als Haftungsgrund des § 829 BGB nachzuweisen.[207]

---

199 Der Ausdruck geht auf Hedemann, Der Fortschritt des Zivilrechts, S. 116, zurück.

200 Hedemann, Der Fortschritt des Zivilrechts, S. 115; Schirmer, Der Anspruch aus § 829 BGB, S. 39 ff. und später folgend Lehnertz, Zur Problematik des § 829 BGB S. 34 ff.

201 Hedemann, Der Fortschritt des Zivilrechts, S. 107.

202 Hedemann, Der Fortschritt des Zivilrechts, S. 107 ff.

203 Vgl. § 752 Abs. 1 E II; ebenso im OR vgl. hierzu Hedemann, Der Fortschritt des Zivilrechts, S. 114 Fn 27.

204 Hedemann, Der Fortschritt des Zivilrechts, S. 114.

205 Hedemann, Der Fortschritt des Zivilrechts, S. 116, wobei er beispielsweise Bösartigkeit und Fleiß berücksichtigt sehen will.

206 Schirmer, Der Anspruch aus § 829 BGB, S. 39 ff.

207 Schirmer, Der Anspruch aus § 829 BGB, S. 42 ff.

Von *Lehnertz* wurde später versucht, diesem *„geschmeidigen Charakteristikum“*[208] als Haftungsgrund mehr Tiefgang zu verleihen. Nach ihrer Ansicht konnte der Gesetzgeber eine Verschuldenshaftung für Unzurechnungsfähige nicht einführen, eine strenge Verursacherhaftung wollte er dagegen nicht statuieren. Um aber *„... den nicht voraussehbaren Taten der Unzurechnungsfähigen im Einzelfall gerecht zu werden, ...* [sei] *... das Billigkeitsprinzip beweglich genug.“*[209] Denn ein Unzurechnungsfähiger könne zwar nicht schuldhaft schädigen, hätte aber dennoch nicht das Recht, einen anderen zu schädigen. Die anderen hätten aber sehr wohl das Recht auf Schutz ihrer Rechtsgüter vor Schädigungen anderer. Eine andere Sichtweise würde dem *„Billigkeitsempfinden“* widersprechen.[210]

Zur Auffassung *Hedemanns* ist anzumerken, dass, wie er selbst schreibt, weder der österreichische, noch der schweizerische, noch der deutsche Gesetzgeber die Billigkeitshaftung als generelles Haftungsprinzip eingeführt haben. Auch eine Emanzipation dahingehend hat im Verlaufe der Zeit nicht stattgefunden.[211] Der Umstand, dass Unzurechnungsfähige zur Haftung herangezogen werden können, blieb bis heute eine Ausnahme.
So richtig im Ergebnis die Feststellungen von *Lehnertz* sind, so fraglich ist, welche Erkenntnis hieraus zu ziehen ist. Auf ein Billigkeitsempfinden als Rechtsgrund abzustellen, heißt nichts anderes, als seinen Bauch zu fragen, ob er mit der Entscheidung einverstanden ist. Hat der Richter ein flaues Magengefühl, ist der Haftungsgrund nicht gegeben, fühlt er sich dagegen wohl, so soll der Unzurechnungsfähige haften. Mag sich unser Bauch auch selten täuschen, so taugt er meines Erachtens nicht als Haftungsgrund.

7. Eigene Ansicht

Die bis hierhin erfolgte Darstellung macht eines deutlich. Eine einfache und auf einen einzigen Umstand zugeschnittene Aussage, was der Grund der Haftung nach § 829 BGB ist, dürfte schwerlich möglich sein. Es verwundert daher auch nicht, dass viele aktuelle Kommentierungen zu § 829 BGB meist mit Formulierungen wie „... bis heute umstritten ...“[212], „... ebenso

---

[208] So Hedemann, Der Fortschritt des Zivilrechts, S. 115 selbst.
[209] Lehnertz, Zur Problematik des § 829 BGB, S. 36.
[210] Lehnertz, Zur Problematik des § 829 BGB, S. 37; ähnlich RGRK/Steffen[12] § 829 Rn 3, der an das Gerechtigkeitsgefühl appelliert.
[211] Vgl. hierzu die Ausführungen zu den Reformversuchen, Kap. 1 A. V. (S. 27 ff.).
[212] Staud/Oechsler (2002) § 829 Rn 14.

unklar ..."[213] zu diesem Thema einleiten. Zumeist wird heute in der Wissenschaft in einer Kombination verschiedener Elemente die Begründung für die Haftung nach § 829 BGB gesucht.[214] Dabei wird in aller Regel die Gewichtung der verschiedenen Elemente unterschiedlich stark betont. Will man etwa private Haftpflichtversicherungen bei § 829 BGB berücksichtigt sehen, so wird das Augenmerk stark auf eine objektive Schadensverteilung gerichtet und dabei betont, dass der Schaden nicht nur zwischen den Beteiligten geteilt, sondern innerhalb einer Gesellschaft gestreut werden sollte.[215] Eine gewisse Tendenz den Haftungsgrund am gewünschten Ergebnis hinsichtlich streitiger Punkte bei den Voraussetzungen des § 829 BGB, beziehungsweise dessen Folgen, auszurichten, ist teilweise unverkennbar.
Analytisch betrachtet sollte meines Erachtens der Frage nach dem Haftungsgrund des § 829 BGB in zwei Schritten begegnet werden. Zunächst drängt sich die Frage auf, worin allgemein der Grund der Haftbarmachung von Unzurechnungsfähigen liegen soll. Und erst in einem zweiten Schritt sollte über den konkreten Grund der Haftung aus § 829 BGB nachgedacht werden.

a. Allgemeiner Grund der Haftung Unzurechnungsfähiger

Wie der Blick in die Entstehungsgeschichte zeigt, gab es in der Vergangenheit verschiedene Auffassungen, ob ein Unzurechnungsfähiger überhaupt haften können soll.[216] Prägend für diese Frage ist das jeweilige Menschenbild einer Gesellschaft, das sich in der Rechtsauffassung gegenüber Unzurechnungsfähigen widerspiegelt. Unzurechnungsfähige, also primär Kinder, geistig Behinderte und geistig Kranke, sind auf Grund ihrer intellektuellen Fähigkeiten die schwächsten Glieder einer Gesellschaft. Wie eine Gesellschaft mit ihnen umgeht, wird nicht zuletzt durch die Frage nach der Haftung markiert.
Die Gleichung, je humaner (im Sinn von Rücksichtnahme gegenüber Schwächeren) eine Gesellschaft ist, desto mehr sieht sie von der Haftung Unzurechnungsfähiger ab, ist aber ein Trugschluss. Der tatsächliche Umgang mit Unzurechnungsfähigen zur Zeit der Geltung des klassischen römi-

---

213 Soergel/Spickhoff[13] § 829 Rn 1.
214 Vgl. z.B. Deutsch, AllgHaftR[2], Rn 477; Medicus, SchuldR BT II[13], Rn 770; MüKoBGB/Wagner[4] § 829 Rn 1; RGRK/Steffen[12] § 829 Rn 2, 3; Soergel/Spickhoff[13] § 829 Rn 1.
215 So z.B. MüKoBGB/Wagner[4] § 829 Rn 1.
216 Vgl. hierzu ausführlich Kap. 1 A. (S. 5 ff.).

schen Rechts,[217] oder des *Codex Maximilianeus Bavaricus civilis*,[218] darf wohl pauschal als rücksichtsloser gelten als zur Zeit des BGB, obwohl die beiden älteren Rechtsauffassungen von einer Haftung Unzurechnungsfähiger absahen. Man kann dagegen eher sagen, dass, je feiner das Recht im deutschsprachigen Raum ausdifferenziert wurde, desto mehr sich die Auffassung durchsetzte, ausnahmsweise auch Unzurechnungsfähige haften zu lassen. Dreh- und Angelpunkt dieser Ausdifferenzierung ist die Anerkennung des Verschuldens als maßgebliches Kriterium der Zurechnung. Einerseits fungiert es als einschränkendes Korrektiv gegenüber der uferlosen Haftung, die nur objektive Zurechnung verlangt. Andererseits bildet das Verschulden den Grund der Vorwerfbarkeit, wenn man davon ausgeht, dass der Mensch in seinen Handlungen nicht determiniert ist, sondern Herr über seine Taten.

Hält man an dieser grundsätzlichen Überlegung fest, wie wohl die meisten modernen Rechtsordnungen, stellt sich zwangsläufig das Problem, wie man mit Handlungen von Personen umgehen soll, die nicht Herr ihrer Taten sind. Die Antwort liegt klar auf der Hand: Wenn das Verschulden die Vorwerfbarkeit rechtfertigt, dann muss der Geist in der Lage sein, die Handlungen zu tragen. Wer nicht Herr über seine Handlungen ist, dem kann auch nichts vorgeworfen werden. Eine Zurechnung des Schadens muss entfallen. Dadurch wird einerseits der Schwächere geschützt und andererseits das Verschuldensprinzip generell gestärkt. Stellt das Verschulden den Grund der Haftung dar, so darf ein Unzurechnungsfähiger grundsätzlich nicht haftbar gemacht werden.[219]

Wie es häufig in der Natur der Sache liegt, ist der Schutz des Einen eine Schwächung des Anderen. Ein von einem Unzurechnungsfähigen Geschädigter wird einwenden, dass er ja überhaupt nichts für den Schaden kann, der Unzurechnungsfähige jedoch zumindest Urheber desselben ist.[220] Das Verschuldensprinzip muss auf solche Ausführungen zunächst erwidern, dass der Geschädigte sich einen zurechnungsfähigen Schuldigen suchen soll, also eine aufsichtspflichtige Person. Ist von dieser aus rechtlichen oder tatsächlichen Gründen nichts zu holen, wird der Geschädigte wieder einwenden, dass er doch für den Schaden noch weniger könne als der Unzurechnungsfähige, nämlich nichts. Hier ist der Scheidepunkt erreicht, an welchem sich ein Haftungssystem fragen muss, ob es einem Prinzip auf Biegen

---

[217] Vgl. hierzu Kap. 1 A. I. 2. (S. 7 f.).
[218] Vgl. hierzu Kap. 1 A. III. 1. (S. 10).
[219] So schon v. Jhering, Das Schuldmoment im römischen Privatrecht, S. 42.
[220] So Binding, Die Normen und ihre Übertretung I^2, S. 471 f.

und Brechen treu bleiben will, oder ob es sich eingesteht, Schwächen zu haben und eine Ausnahme vom Prinzip zulässt.
Denn die Schwäche des Verschuldensprinzips liegt in seiner Stärke. So ermöglicht es dem Individuum die größtmögliche Bewegungsfreiheit[221] und wirkt präventiv zu Gunsten der Integrität der Anderen und deren Rechtsgütern. Damit deckt sich, wie *Rümelin* formuliert, das Verschuldensprinzip mit *„unserem Rechtsgefühl"*, besonders, wenn sich das Verhalten der ersatzpflichtigen Person zugleich als ethisch verwerflich darstellt.[222] Was aber, wenn sich unser Rechtsgefühl nicht mehr mit dem Ergebnis deckt, welches Ausfluss des Verschuldensprinzips ist? Was also, wenn sich das Interesse am Fortbestand der Integrität von Personen und Rechtsgütern durch Ersatzleistung und die Bewegungsfreiheit des Einzelnen, der des Verschuldens nicht fähig ist, gegenüberstehen? Auch wenn dem unzurechnungsfähigen Schädiger kein ethischer Vorwurf zu machen ist, so tut sich unser Rechtsgefühl schwer, trotz kausaler Verursachung den Unzurechnungsfähigen von jeglicher Verantwortung freizusprechen. Was aber belastet unser Rechtsgefühl?
In Betracht kommt zunächst die Überlegung, ob man dem unzurechnungsfähigen Schädiger nicht einen erweiterten Freiraum zugesteht, indem man ihn grundsätzlich von der Haftung ausnimmt. Liegt also eine Ungleichbehandlung von Unzurechnungsfähigen und Zurechnungsfähigen im Hinblick auf den ihnen zugestandenen Bewegungsfreiraum vor, welche es auszugleichen gilt? Dem ist zu widersprechen. Der Bewegungsfreiraum, der jedem Menschen zusteht, ist im Grundsatz immer gleich groß und wird durch das Verschuldensprinzip für Unzurechnungsfähige weder beschnitten, noch erweitert. Die Überlegung – polemisch formuliert – als Unzurechnungsfähiger wild schädigend durchs Leben laufen zu können, ohne dafür haftbar gemacht zu werden und nun diese Situation zu Lasten der Anderen auszunützen, verkennt, dass der Unzurechnungsfähige, gerade wegen seiner Unzurechnungsfähigkeit, selbst diese Überlegung mangels ausgeprägter Intelligenz nicht anstellen kann. Kommt er dennoch, zum Beispiel durch Erfahrung, zum Schluss, dass er nichts zu fürchten hat, so leidet gerade dieser Schluss unter seiner Unzurechnungsfähigkeit, die auf seinen geistigen Zustand zurückzuführen ist. Ihm fehlt die Einsicht in das Unrecht seiner Handlung.[223] Sein sich theoretisch objektiv erweiternder Handlungsfreiraum schränkt sich durch seine vom Geiste beschränkte Bewegungsfähigkeit

---

221 Vgl. Bericht RT-Komission, S. 98.
222 Rümelin, Die Gründe der Schadenszurechnung und die Stellung des deutschen bürgerlichen Gesetzbuchs zur objektiven Schadensersatzpflicht, S. 5.
223 Vgl. Deutsch, AllgHaftR^2, Rn 458; Staud/Oechsler (2002) § 828 Rn 9.

wieder ein. Wie kann man aber von größerer Bewegungsfreiheit sprechen, wenn der Geist fehlt, die Bewegungen frei vorzunehmen? Mag sein, dass dies für Kinder nicht so pauschal haltbar ist. Dies ist aber eine Folge der starren Altersgrenze des § 828 Abs. 1, 2 BGB. Würde man eine Person generell erst als zurechnungsfähig erachten, wenn diese erstens auf der Grundlage ihres persönlichen Entwicklungsstandes überhaupt von einer rechtlichen Verantwortlichkeit weiß und zweitens dieses Bewusstsein auf den konkreten Fall projizieren kann, würde auch etwa Sechsjährigen kein weiterer Bewegungsraum zugestanden.

Es bleibt also zunächst festzuhalten, dass einem Unzurechnungsfähigen durch seine Unzurechnungsfähigkeit, welche Ausfluss des Verschuldensprinzips ist, kein weiterer Bewegungsraum zugestanden wird, der einer Rechtfertigung bedürfte.

Der Ansatzpunkt, der unserem Rechtsgefühl Unbehangen bereitet, ist also nicht auf der Seite der Bewegungsfreiheit des Einzelnen und damit beim Unzurechnungsfähigen, sondern auf der Seite des Geschädigten zu suchen. Warum soll ein Geschädigter überhaupt Ersatz verlangen dürfen? Es sind ja schließlich seine Integrität, beziehungsweise seine Rechtsgüter, die beeinträchtigt wurden. Damit taucht die grundsätzliche Frage nach dem Sinn und Zweck eines Haftungsrechts auf. Warum bedarf die Verletzung der Integrität einer Person oder deren Rechtsgütern, oder einer Pflicht eines Ersatzes? Hierzu wurden seit jeher verschiedene Überlegungen angestellt, die hier nur kurz dargestellt werden können, da anderenfalls der Rahmen der Arbeit an dieser Stelle gesprengt werden würde. Deshalb soll hier nur insoweit auf verschiedene Überlegungen eingegangen werden, wie sie im speziellen Bereich der Haftung Unzurechnungsfähiger überhaupt zielführend erscheinen.

Der Gedanke der *Vergeltung*, wie *Binding* ihn gegen das Verschuldensprinzip anführte,[224] taugt nach moderner Vorstellung weder für das zivile Haftungsrecht allgemein, noch im Speziellen für die Haftung Unzurechnungsfähiger.

Auch der Gedanke der *Prävention*, der zwar nach allgemeiner Meinung als Zweck eines Haftungsrechts mitunter anerkannt ist,[225] passt offensichtlich nicht im Hinblick auf die Haftung Unzurechnungsfähiger.[226]

Es bleibt damit nur noch der Zweck des Ausgleichs.[227] Der Ausgleich ist der beherrschende Zweck des Schadensrechts.[228] Dabei dient der Aus-

224 Binding, Die Normen und ihre Übertretung I², S. 437 ff.

225 Vgl. Deutsch, AllgHaftR², Rn 18 mwN.

226 So auch Soergel/Spickhoff¹³ § 829 Rn 1.

227 Kritisch hierzu MüKoBGB/Wagner⁴ Vor 823 Rn 32 ff. mwN.

228 Lange/Schiemann, Schadensersatz³, Einl. III. 2. a. (S. 9 ff.).

gleichsgedanke allgemein dem Haftungsgrund einer Haftungsnorm, wie dem Schadenausgleich selbst.[229] Anders formuliert ist der spezielle Haftungsgrund einer Norm immer beeinflusst von dem dem Schadensrecht innewohnenden Gedanken des Ausgleichs. Dass ein Schaden auszugleichen ist, liegt auf der Hand und stellt für sich alleine keine besondere Erkenntnis dar.[230] Dem Ausgleichsgedanken liegen vielmehr Überlegungen einer ausgleichenden Gerechtigkeit (*iustitia commutativa*) zu Grunde.[231] Es gilt also einen Ausgleich zwischen dem Geschädigten und dem Schädiger zu suchen, damit der Gerechtigkeit genüge getan wird.
Was ist aber der Gegenstand des Ausgleichs? Ausgeglichen werden können grundsätzlich die Verletzung subjektiver Rechte, oder Pflichtverletzungen.[232] Pflichtverletzungen, ob man sie nun nur als Verletzung von Verhaltensvorgaben, oder konkret als Verletzungen vertraglicher Pflichten begreift, können auch bei Unzurechnungsfähigen relevant werden. Wird eine Person etwa erst nach Vertragsschluss unzurechnungsfähig, so kann sie dennoch eine vertragliche Pflicht objektiv verletzen. Ob ihr dagegen dieses Verhalten vorgeworfen werden kann, ist eine Frage der subjektiven Zurechnung. Nicht anders verhält es sich, wenn man auf den Verletzungserfolg, also auf die Verletzung subjektiver Rechte abstellt. Ausgeglichen werden soll damit erlittenes Unrecht, egal worin es begründet ist. Deshalb ist der Ausgleich auch kein inhaltsleerer Selbstzweck, wie von einigen Kritikern behauptet wird,[233] sondern Grundlage unseres Haftungsrechts.[234] Wem die Lasten eines Schadens endgültig zuzuweisen sind, übernimmt vom Grundsatz *casum sentit dominus* aus die Zurechnung.
Gegenstand des Ausgleichs sind damit immer Verletzungen, die bei objektiver Betrachtung beim Opfer eingetreten sind und kausal zu einem Schaden führten. Auf die subjektive Zurechnung kommt es dabei zunächst nicht an. So wird man wohl Gefährdungshaftungs-, oder reinen Kausalhaftungstatbeständen nicht absprechen wollen, dass auch ihnen der Gedanke des Ausgleichs innewohnt.[235]

---

229 Lange/Schiemann, Schadensersatz[3], Einl. III. 1. (S. 9).
230 Um den Rahmen nicht zu sprengen, wird hier auch eine tiefergehende Analyse des Schadensbegriffs bewusst verzichtet.
231 Larenz/Canaris, SchuldR II/2[13], § 75 I. 2. i. (S. 354).
232 Jansen, Die Struktur des Haftungsrechts, S. 92.
233 MüKoBGB/Wagner[4] Vor 823 Rn 32; Schiemann, Argumente und Prinzipien bei der Fortbildung des Schadensrechts, S. 185 f.
234 Deutsch, AllgHaftR[2], Rn 17; Larenz/Canaris, SchuldR II/2[13], § 75 I. 2. i. (S. 354); MüKoBGB/Mertens[3] Vor §§ 823-853 Rn 41 mwN.
235 Larenz/Canaris, SchuldR II/2[13], § 75 I. 2. i. (S. 354).

Das Wesen des Ausgleichs, als Transfer für erlittene Verletzungen, zieht zwangsläufig auch die Frage nach sich, in welchem Umfang ausgeglichen werden soll – ganz oder teilweise. Selbst wenn ganz oder gar nicht ausgeglichen wird, stellt dies immer eine konkrete Form der Verteilung dar. In der Literatur wird zwar teilweise vertreten,[236] dass ausgehend von der Überlegung, unerlaubten Handlungen (Unrecht) wohne immer nur der Zweck der ausgleichenden Gerechtigkeit, Haftungen aus Gefährdung (Unglück) dagegen immer nur verteilende Gerechtigkeit inne, so dass beide Elemente des Ausgleichs nicht Vorder- und Rückseite ein und derselben Medaille seien, sondern verschiedene Haftungsgründe. Dennoch gesteht auch diese Ansicht, dass die Korrektur von Unrechtsschäden von der verteilenden Gerechtigkeit beeinflusst sei.[237] Mit *Jansen* ist daher auf Grund der angeführten Inkonsequenz eine „Zweispurigkeit" des Ausgleichsgedankens zu Recht abzulehnen.[238]
Dem Ausgleich wohnt daher allgemein sowohl der Gedanke der ausgleichenden (*iustitia commutativa*), wie auch der verteilenden Gerechtigkeit (*iustitia distributiva*) inne.[239] Ausgeglichen werden soll die materielle Einbuße wie auch die immaterielle Unbill.[240] Inwieweit diese Verletzung und damit die Einbuße, wie auch die Unbill, verteilt werden soll, hängt von der konkreten Situation ab. Denn erst wenn die Verletzung ausgleichsbedürftig ist, stellt sich die Frage, ob eine Verteilung stattfinden soll. Welche Faktoren eine Verteilung allgemein rechtfertigen, kann meines Erachtens nicht abschließend oder gar abstrakt beantwortet werden. Betrachtet man hier nun etwa die Billigkeit als haftungsausfüllendes Kriterium, so stellt dies eine konkrete Ausformung der Verteilungsgerechtigkeit dar.[241]

Bemühen wir nun in Anschluss an *Rümelin* wieder unser Rechtsgefühl,[242] so wird deutlich, dass in der Versagung eines Ausgleichs für den durch den Unzurechnungsfähigen angerichteten Schaden das Unbehagen zu suchen ist, wenn uns der Geschädigte entgegnet, er könne doch für den Schaden noch weniger als der Unzurechnungsfähige. Denn der Ausgleich, also der Transfer von Schädiger zum Geschädigten hin, ist bei objektiver Betrach-

[236] Larenz/Canaris, SchuldR II/2[13], § 75 I. 2. i. (S. 354).
[237] Larenz/Canaris, SchuldR II/2[13], § 75 I. 2. i. (S. 354).
[238] Jansen, Die Struktur des Haftungsrechts, S. 119.
[239] Vgl. Jansen, Die Struktur des Haftungsrechts, S. 118 mwN.
[240] Vgl. Deutsch, AllgHaftR[2], Rn 17 mwN.
[241] Lange/Schiemann, Schadensersatz[3], Einl. III. 5. (S. 16).
[242] Rümelin, Die Gründe der Schadenszurechnung und die Stellung des deutschen bürgerlichen Gesetzbuchs zur objektiven Schadensersatzpflicht, S. 5.

tung unabhängig von der individuellen Vorwerfbarkeit und damit auch vom Verschuldensprinzip. Dem Geschädigten ist es gleich, ob der Schaden durch einen Zurechnungs- oder Unzurechnungsfähigen verursacht wurde. Oder mit anderen Worten: Ausgeglichen werden soll der Schaden, unabhängig ob es Unrecht oder Unglück war, solange ein Urheber feststeht. Der Schaden, der dagegen nicht ausgeglichen werden soll, bereitet unserem Rechtsgefühl das Unwohlsein. Nichts anderes verlangt auch der von einem Unzurechnungsfähigen Geschädigte. Der Ausgleichsgedanke ist, da er nicht des Verschuldens bedarf oder gar davon abhängt, wie man mitunter auch daran erkennen kann, dass sich auch das Verursacherprinzip hierauf beruft,[243] der wahre und einzige Grund, der für die Haftung eines Unzurechnungsfähigen allgemein ins Feld geführt werden kann.

Die anderen allgemein anerkannten Zwecke eines Haftungsrechts dürfen dagegen gerade nicht als Grund der Haftung Unzurechnungsfähiger berücksichtigt werden. Der Ausgleichsgedanke trägt, weil er frei von der Frage ist, ob der Schädiger als Verursacher des Schadens zurechnungsfähig ist oder nicht.

Ob der konkrete Schaden ausgleichsbedürftig ist, hängt von den Voraussetzungen eines vom Verschuldensprinzip geprägten Haftungssystems ab, wobei alle oben ausgeschlossenen Überlegungen explizit nicht zu berücksichtigen sind. Positiv formuliert besteht der Grund der Haftung Unzurechnungsfähiger in der vom Verschuldensprinzip grundsätzlich zu gewährenden Haftungsfreiheit, welche ausgleichsbedürftig ist, weil der Schädiger dem Geschädigten einen Schaden bereitet hat, den es auszugleichen gilt. Es ist also dem Unzurechnungsfähigen kein Vorwurf im Sinn eines Verschuldens,[244] der Verursachung,[245] seiner eigenen Individualität,[246] oder als Ge-

---

[243] Vgl. Binding, Die Normen und ihre Übertretung I², S. 472.

[244] Bruns, JZ 1964, 473, 477; Deutsch/Ahrens DeliktsR⁴, Rn 139; Deutsch, AllgHaftR², Rn 481; ders., JZ 1964, 86, 91; Erman/Schiemann¹¹ § 829 Rn 1; Esser/Weyers SchuldR II/2⁸, § 55 III. 2. (S. 176); Heinsheimer, AcP 95 (1904), 234, 254; Medicus, SchuldR BT II¹³, Rn 772; RGRK/Steffen¹² § 829 Rn 8; Soergel/Spickhoff¹³ § 829 Rn 9; Traeger, Der Kausalbegriff im Straf- und Zivilrecht, S. 215 ff.; Wussow, WI 1958, 57; 1960, 205.

[245] Binding, Die Normen und ihre Übertretung I², S. 400; v. Gierke, Deutsches Privatrecht III, § 212 III. 1. (S. 910); Crome, System des Deutschen Bürgerlichen Rechts II, S. 1045; Bienenfeld, Haftung ohne Verschulden, S. 271 f.

[246] Strohal in den 3 Gutachten zum österreichischen Advokatentag v. 1880, S. 149, zitiert bei Rümelin, Die Gründe der Schadenszurechnung und die Stellung des deutschen bürgerlichen Gesetzbuchs zur objektiven Schadensersatzpflicht, S. 67; Rümelin, Die Gründe der Schadenszurechnung und die Stellung des deutschen bürgerlichen Gesetzbuchs zur objektiven Schadensersatzpflicht, S. 67 f.; ders., Schadensersatz ohne Verschulden, S. 52 f.

fahrenquelle für seine Umwelt zu machen,[247] vielmehr ist der Ausgleich dem Haftungsrecht systemimmanent und dabei unabhängig von der subjektiven Zurechnung.

Um also die Haftung Unzurechnungsfähiger konkret begründen zu können, muss man der jeweiligen Norm, die einen Unzurechnungsfähigen zum Schadensersatz heranziehen will, ausgehend vom Ausgleichsgedanken eine konkrete *ratio* einhauchen. Dabei gibt die Ausprägung des sie umgebenden Verschuldensprinzips den konkreten Rahmen vor.

b. Konkreter Haftungsgrund des § 829 BGB

Falls der Ausgleichsgedanke auch konkret bei § 829 BGB trägt, müsste sich dies aus den Voraussetzungen der Norm ergeben. Dabei dürfte der Ausgleichsgedanke verschiedene Korrekturen erfahren, die das Verschuldensprinzip vorgibt, ohne jedoch selbst zur Anwendung zu gelangen. Zu denken ist etwa zunächst an die grundsätzliche Haftungsfreiheit Unzurechnungsfähiger. Auch der Schutz Unzurechnungsfähiger, der aus ihrer Unfähigkeit resultiert, subjektiv ethisch vorwerfbar zu handeln, darf nicht vernachlässigt werden.
Dabei geht es nicht um eine Korrektur des Ausgleichsgedankens zur Aufrechterhaltung der hier vertretenen Ansicht, sondern nur um den analytischen Nachweis, dass der Ausgleichsgedanke § 829 BGB immanent ist und lediglich das ihn umgebende Haftungssystem, in dem die Norm verwurzelt ist, ein Konkretisierung des Gedankens verlangt.

aa. Untersuchung des Ausgleichsgedankens im Hinblick auf die Voraussetzungen des § 829 BGB

Wenn der Zweck der Haftung Unzurechnungsfähiger allgemein im Ausgleich der erlittenen materiellen und immateriellen Schäden – sowohl im Sinn einer verteilenden, wie einer ausgleichenden Gerechtigkeit – zu suchen ist, so wird § 829 BGB diesem zunächst dadurch gerecht, dass es dem Geschädigten allgemein die Möglichkeit eröffnet, vom Schädiger sowohl materiellen, wie auch immateriellen Ersatz zu verlangen.
Da § 829 BGB in ein vom Verschuldensprinzip dominiertes Haftungssystem eingebettet ist, ist es auch nur konsequent, den Geschädigten primär an eine des Verschuldens fähige aufsichtspflichtige Person zu verweisen.

---

[247] Sjögren, JJ 35 (1896) 343, 418; Larenz, SchuldR II[12], § 71 II (S. 598 f.); Larenz/Canaris, SchuldR II/2[13], § 84 VII. 2. b. (S. 653).

Denn die subjektive Zurechenbarkeit, die gleichzeitig Gegenstand der Vorwerfbarkeit ist, geht der objektiven Zurechenbarkeit ohne subjektiv vorwerfbaren Umstand vor. Der Ausgleichsgedanke schränkt die Verweisung des Geschädigten an eine aufsichtspflichtige Person, und damit auf eine Verschuldenshaftung insoweit wieder ein, als auch ein Ausgleich für den erlittenen Schaden stattfinden kann, wenn sich der Geschädigte aus tatsächlichen Gründen bei der aufsichtspflichtigen Person nicht schadlos halten kann.[248]

Soweit die Billigkeit haftungsbegründende Voraussetzung des § 829 BGB ist, zeigt sich auch hier, dass der Ausgleichsgedanke der wahre Grund der Haftung ist. Dabei darf nicht die Billigkeit als Tatbestandsmerkmal isoliert betrachtet werden. Vielmehr fungiert die Billigkeit als haftungsbeschränkendes Zurechnungskriterium neben der objektiven Zurechnung, wobei der von der objektiven Zurechnung gewährte Ausgleich wieder eingeschränkt wird, um sich wieder den Vorgaben des Verschuldensprinzips anzunähern.[249] Der von der subjektiven Zurechnung unabhängige Ausgleichsgedanke geht damit nicht verloren, sondern erfährt eine vom Verschuldensprinzip (grundsätzliche Haftungsfreiheit des Unzurechnungsfähigen) gebotene Konkretisierung. Damit wird nicht die haftungsbegründende Billigkeit selbst zum Haftungsgrund,[250] sondern nur zum Korrektiv des Ausgleichsgedankens im Hinblick auf eine im Verschuldensprinzip eingebettete Norm. Da der Ausgleichsgedanke frei von der subjektiven Vorwerfbarkeit ist, tragen beispielsweise Umstände, die an ein dem Schädiger in subjektiver Weise vorwerfbares Verhalten anknüpfen, wie etwa Bösartigkeit oder Zorn, nicht als abwägungsrelevantes Billigkeitsmoment.[251]

Bei der haftungsausfüllenden Billigkeit ist, wie oben bereits zugestanden wurde, die objektive Schadensverteilung nach der ökonomischen Tragfähigkeit der Beteiligten sicherlich ein beachtenswertes Element, jedoch nicht das einzige. Die Lasten des eingetretenen Schadens sind nicht nur nach den finanziellen Verhältnissen der Beteiligten vorzunehmen, sondern nach allen

---

248 Allg. Meinung vgl. Bamberger/Roth/Spindler § 829 Rn 5; Enneccerus/Lehmann, SchuldR[15], § 266 I 3 (S. 1045); Erman/Schiemann[11] § 829 Rn 2; Esser/Weyers, SchuldR II/2[8], § 55 III. 2. (S. 177); Fuchs, DeliktsR[4], S. 153; Medicus, SchuldR BT II[13], Rn 773; MüKoBGB/Wagner[4] § 829 Rn 12; Palandt/Sprau[65] § 829 Rn 3; Planck/Flad[4] § 829 Anm. 2. c); RGRK/Steffen[12] § 829 Rn 10; Soergel/Spickhoff[13] § 829 Rn 13; Staud/Oechsler (2002) § 829 Rn 39.

249 So auch Lehnertz, Zur Problematik des § 829 BGB, S. 34, die aber dann die Billigkeit selbst zum Haftungsgrund erhebt.

250 Hedemann, Der Fortschritt des Zivilrechts, S. 107 ff.; Schirmer, Der Anspruch aus § 829 BGB, S. 39 ff.; Lehnertz, Zur Problematik des § 829 BGB S. 34 ff.

251 Vgl. Kap. 2 A. V. 3. b. bb. (S. 216 ff.).

abwägungsrelevanten Umständen des Einzelfalls. Damit richtet sich der Ausgleich, als Transferleistung des Schädigers an den Geschädigten, nicht nur an der Frage aus, wer den Schaden in welchem Unfang ökonomisch leichter tragen kann, sondern knüpft generell daran an, in welchem Maße die Billigkeit einen Ausgleich zwischen den Parteien herzustellen hat. Die Billigkeit fungiert daher auf haftungsausfüllender Seite ebenfalls als Korrektiv, welches den Umfang des Ausgleichs im Einzelfall konkretisiert (*iustitia distributiva*). Hier begründet die Billigkeit nicht den Umfang der Haftung, sondern schränkt ausgehend vom „Alles-oder-Nichts-Prinzip" den Haftungsumfang wieder ein. Da unserem Schadensrecht bis heute eine allgemeine Reduktionsklausel, welche den Umfang der Schadensersatzleistung nach dem Grad des Verschuldens einschränkt,[252] unbekannt ist, verteilt die Billigkeit dem Ausgleichsgedanken entsprechend die Lasten des Schadens. Der Grund für diese Verteilung liegt darin, dass dem Unzurechnungsfähigen kein Vorwurf gemacht werden kann, der das „Alles-oder-Nichts-Prinzip" rechtfertigen würde. Auch die Verteilung der Lasten nach Billigkeit ist also eine Folge des Ausgleichsgedankens, der frei von der Zuweisung der Lasten aus Gesichtspunkten der subjektiven Vorwerfbarkeit ist.[253]

Auch das sogenannte Schonvermögen untermauert, dass der Ausgleich zwischen den Beteiligten der Rechtsgrund der Haftung Unzurechnungsfähiger ist. Der Ausgleichsgedanke verlangt eine Transferleistung vom Schädiger an den Geschädigten. Ist aber der Schädiger unzurechnungsfähig, was wiederum Ausfluss des Verschuldensprinzips ist, so darf der Ausgleich nicht dazu führen, dass der Schädiger die Mittel zum angemessenen Unterhalt, sowie zur Erfüllung seiner Unterhaltsverpflichtungen verliert. Der Ausgleichsgedanke findet also seine Grenzen in der dem Unzurechnungsfähigen auf Grund seines intellektuellen Defizits zugestandenen Unfähigkeit, beziehungsweise eingeschränkten Fähigkeit, für sich und die Seinen zu sorgen. Der Unzurechnungsfähige soll also nicht zu Lasten Dritter, das heißt regelmäßig der sozialen Sicherungssysteme oder seiner Angehörigen, einen Ausgleich für den von ihm verursachten Schaden vornehmen müssen. Hierdurch wird auch deutlich, dass es grundsätzlich um einen Ausgleich des Schadens zwischen den Beteiligten und nicht um eine Schadensstreuung zu Lasten unbeteiligter Dritter geht.

---

[252] Vgl. Kap. 2 A. VII. 1. (S. 229).

[253] In diesem Sinne auch Bamberger/Roth/Spindler § 829 Rn 1; Soergel/Spickhoff[12] § 829 Rn 1; Staud/Oechsler (2002) § 829 Rn 17 f.

bb. Zusammenfassung

Der Ausgleichsgedanke trägt auch konkret bei § 829 BGB. Der Grund liegt darin, dass er unabhängig von der subjektiven Zurechenbarkeit die Verletzung auszugleichen sucht *(iustitia commutativa)* und gleichzeitig die Lasten derselben zwischen Schädiger und Geschädigten gerecht verteilen will *(iustitia distributiva)*. Diese Ansicht, die der bloßen Verursachung als Haftungsgrund nahe steht, unterscheidet sich von dieser fundamental aber darin, dass dem Unzurechnungsfähigen kein Vorwurf gemacht wird, sondern die Haftung Folge der grundsätzlichen systemimmanenten Befreiung Unzurechnungsfähiger von der Haftung ist. Das Verschuldensprinzip, welches erst diese grundsätzliche Befreiung verlangt, darf folglich nicht unberücksichtigt bleiben, auch wenn es selbst nicht zur Anwendung gelangt.
Der Ausgleich für den erlittenen materiellen, wie immateriellen Schaden ist, so trivial es auch klingen mag, der einzige Haftungsgrund des § 829 BGB. Dabei ist der Unzurechnungsfähigkeit des Schädigers, als Folge des Verschuldensprinzips, insoweit Rechnung zu tragen, als sie den Maßstab zur Korrektur des Ausgleichs an Hand der Billigkeit vorgibt.

III. Dogmatische Einordnung

Wie eingangs dieses Abschnitts erwähnt, knüpfen die meisten Stimmen in der Literatur an den jeweils gefundenen Haftungsgrund die dogmatische Einordnung des § 829 BGB an. Dies führt aber nicht zwingend dazu, dass aus dem jeweiligen Haftungsgrund auch immer nur eine dogmatische Einordnung gefolgert wird. Im Einzelnen werden im Wesentlichen folgende Einordnungen vorgenommen:

1. Dogmatische Einordnung als Verschuldenshaftung

Ausgehend von der Auffassung, dass ein Verschulden des Unzurechnungsfähigen auch für die Haftung aus § 829 BGB erforderlich ist, wurde in der Vergangenheit die Ansicht vertreten, es handele sich um eine „*... in außerordentlicher Weise abgeschwächte Kulpahaftung ...*".[254] Wie aber bei der Darstellung des Verschuldens als Haftungsgrund dargestellt, erfordert § 829 BGB gerade kein Verschulden, da der Unzurechnungsfähige eines Verschuldens im technischen Sinne nicht fähig ist. Dass diese Auffassung nach

---

[254] Heinsheimer AcP 95 (1904), 234, 255.

der hier vertretenen Ansicht haltlos ist, bedarf daher keiner weiteren Erklärung.

Interessanter Weise ordnet kaum einer der Autoren, die von einem Unzurechnungsfähigen lediglich ein „natürliches Verschulden“ verlangen, § 829 BGB der Verschuldenshaftung zu.[255] Entweder wird auf eine dogmatische Einordnung verzichtet,[256] oder darauf verwiesen, es handele sich um ein eigenständiges Institut.[257] Lediglich *Deutsch* ist insoweit konsequent und bezeichnet § 829 BGB als subsidiäre Verschuldenshaftung.[258]

2. Dogmatische Einordnung als Verursacherhaftung

Auch die dogmatische Einordnung als reine Verursacher-, oder Kausalhaftung[259] überzeugt nicht. Denn Folge einer solchen Ansicht wäre bekanntermaßen eine strengere Haftung Unzurechnungsfähiger als Zurechnungsfähiger.[260] Zwar bedarf es keines subjektiven Tatbestandes, weshalb eine Einordnung als Verursacherhaftung nahe liegen würde.[261] Um jedoch das Gefälle zwischen den Anforderungen der Haftung an einen zurechnungsfähigen gegenüber einem unzurechnungsfähigen Täter zu wahren, findet nach richtiger Ansicht ein hypothetischer Vergleich mit einem zurechnungsfähigen Täter in derselben Situation statt.[262] Dieses einschränkende Korrektiv verbietet es aber, von einer reinen Verursacher-, oder Kausalhaftung zu sprechen.

---

[255] Vgl. z.B. Bruns, JZ 1964, 473, 477; Medicus, SchuldR BT II[13], Rn 772; Deutsch/Ahrens DeliktsR[4], Rn 139; Erman/Schiemann[11] § 829 Rn 1; RGRK/Steffen[12] § 829 Rn 8; Soergel/Spickhoff[13] § 829 Rn 9; Traeger, Der Kausalbegriff im Straf- und Zivilrecht, S. 215 ff.; Wussow, WI 1958, 57.

[256] So z.B. Medicus, SchuldR BT II[13], Rn 770 ff.; Deutsch/Ahrens DeliktsR[4], Rn 139 ff.; Erman/Schiemann[11] § 829 Rn 1 ff.

[257] So z.B. RGRK/Steffen[12] § 829 Rn 3.

[258] Deutsch, AllgHaftR[2], Rn 481.

[259] Bienenfeld, Haftung ohne Verschulden, S. 272; v. Gierke, Deutsches Privatrecht III, § 212 III. 1. (S. 910); Böhmer, VersR 1962, 215.

[260] Vgl. RGZ 54, 407, 411; 94, 220, 222; 146, 213, 215; BGHZ 23, 90, 97; BGH NJW 1958, 1630; LG Konstanz VersR 1979, 428; Höchster AcP 104 (1909) 427, 430; Larenz/Canaris SchuldR II/2[13] § 84 VII. 1. a) S. 651; Fuchs, DeliktsR[4] S. 152; Enneccerus/Lehmann, SchuldR[15] § 260 I. 1. S. 1045.

[261] Ausführlich hierzu Kap. 2 A. II. 2. (S. 94 ff.).

[262] Staud/Oechsler (2002) § 829 Rn 24; MüKoBGB/Wagner[4] § 829 Rn 7; Bamberger/Roth/Spindler § 829 Rn 2; vgl. im Einzelnen Kap. 2 A. II. 2. d. (S. 96 ff.).

3. Dogmatische Einordnung als Gefährdungshaftung

Mitunter findet sich in der Literatur auch die Auffassung, bei § 829 BGB handele es sich um einen Gefährdungshaftungstatbestand.[263] Diese zwar in sich stimmige Auffassung leidet aber an ihrem Ausgangspunkt.[264] Ein Unzurechnungsfähiger ist nicht grundsätzlich zu internieren, jedoch aus welchen Gründen auch immer „auf freien Fuß" zu setzen, weshalb er wegen des Zustandes seiner eigenen Person und der damit für die Umwelt verbundenen Gefahr mit der Gefährdungshaftung belegt gehört. § 829 BGB kann daher klar nicht als Gefährdungshaftungstatbestand eingeordnet werden.

4. Dogmatische Einordnung als eigenständiges Institut

Teilweise wird in der Literatur,[265] aber auch in Ansätzen in der Rechtsprechung[266] die Auffassung vertreten, bei § 829 BGB handele es sich um ein eigenständiges Rechtsinstitut, welches neben der Verschuldens-, der Verursachungs-, und der Gefährdungshaftung stünde. Diese Auffassung überschätzt meines Erachtens die Bedeutung von § 829 BGB. Es handelt sich um eine Ausnahme vom Verschuldensprinzip, die ihre Rechtfertigung im Ausgleichsgedanken findet und dabei in der Verschuldenshaftung verwurzelt bleibt. Weder die Väter des BGB, noch dessen Reformatoren haben und wollten mit § 829 BGB ein neues eigenständiges Haftungsinstitut einführen.

5. Eigene Ansicht

Bevor ein Versuch der dogmatischen Einordnung vorgenommen wird, sollte man sich fragen, ob hierin überhaupt ein Nutzen zu sehen ist. Die Frage muss mit „Ja" beantwortet werden. Mag es dem Richter bei seiner Entscheidung gleichgültig sein, ob er den Unzurechnungsfähigen aus einem Verschuldens-, einem Verursacher-, oder einem Gefährdungshaftungstatbestand zum Schadensersatz verurteilt. Mit der Zuordnung von § 829 BGB zu einem der genannten Haftungsprinzipien geht immer ein Normverständnis

---

[263] Larenz, SchuldR II[12], § 71 II (S. 598 f.); Larenz/Canaris, SchuldR II/2[13], § 84 VII. 2. b. (S. 653).

[264] Vgl. Kap. 1 B. II. 3. (S. 43 f.).

[265] Hedemann, Der Fortschritt des Zivilrechts, S. 107; Schirmer, Der Anspruch aus § 829 BGB, S. 39 ff.; Lehnertz, Zur Problematik des § 829 BGB S. 34 ff; Bamberger/Roth/Spindler § 829 Rn 1; RGRK/Steffen[12] § 829 Rn 3.

[266] BGHZ 37, 102, 106.

einher, das Auswirkungen auf die praktische Anwendung von § 829 BGB hat. So knüpft an die Einordnung etwa die Frage an, ob ein subjektiver Tatbestand erforderlich ist oder nicht. Der Versuch einer Einordnung, oder zumindest einer Zuordnung im Sinn einer beschreibenden Formulierung, dient daher immer auch dem besseren praktischen Verständnis.

Wie oben dargestellt, kann § 829 BGB keinem der bekannten Haftungsprinzipien eindeutig zugeordnet werden. Klar ist dabei nur, dass die Einordnung als Gefährdungshaftungstatbestand nicht haltbar ist. § 829 BGB bewegt sich daher in einer Grauzone zwischen Verschuldens- und Verursacherhaftung. Die meisten Einordnungsversuche beschreiben deshalb § 829 BGB als abgeschwächte,[267] oder subsidiäre Verschuldenshaftung,[268] oder als Annex zu derselben,[269] als Ausfallhaftung,[270] oder schlicht als Ausnahme vom Verschuldensprinzip.[271]

Auch meines Erachtens lässt sich kein griffiges Schlagwort finden, um § 829 BGB gerecht zu werden. Es bedarf demzufolge gewisser umschreibender Begriffe, die aber eines nicht verdecken sollten. Die Norm ist entweder Verschuldens- oder Verursacherhaftungstatbestand.

Da es auf ein Verschulden des Unzurechnungsfähigen, sei es in einem technischen oder in einem natürlichen Sinne verstanden, nach der hier vertretenen Ansicht nicht ankommt, handelt es sich um eine Verursacherhaftung. Dabei muss aber mit Nachdruck betont werden, dass eine reine Verursacherhaftung im Sinn, dass lediglich objektive Zurechnung genügt, keinesfalls § 829 BGB gerecht werden würde. Denn eine gewisse Subjektivierung findet durch den Vergleich mit einem hypothetisch Zurechnungsfähigen in derselben Situation statt. Das heißt, dass der weite Rahmen, den die objektive Zurechnung und damit die Verursacherhaftung vorgibt, durch einen hypothetischen Vergleich subjektiviert wird, um den § 829 BGB zugrunde liegenden Wertungen, welche sich aus dem Verschuldensprinzip herleiten, zu genügen. Die Umschreibung als Ausfallhaftung ist dagegen richtig, da damit klar die Subsidiarität der Haftung Unzurechnungsfähiger im Verhältnis zur Haftung ihrer aufsichtspflichtigen Personen zum Ausdruck kommt.

Zusammenfassend meine ich daher, dass die Umschreibung subsidiäre eingeschränkt-subjektivierte Verursacherhaftung § 829 BGB am ehesten gerecht wird. Mit der Formulierung „eingeschränkt-subjektiviert“ soll dabei

---

267 Heinsheimer AcP 95 (1904), 234, 255.

268 Deutsch, AllgHaftR^2, Rn 481.

269 RGRK/Steffen^{12} § 829 Rn 2, der deshalb von einem eigenständigen Institut ausgeht.

270 Bamberger/Roth/Spindler § 829 Rn 1.

271 Palandt/Sprau^{65} § 829 Rn 1; Erman/Schiemann^{11} § 829 Rn 1; MüKoBGB/Wagner^4 § 829 Rn 3.

zum Ausdruck gebracht werden, dass es nicht auf ein, wie auch immer zu bestimmendes Verschulden des Unzurechnungsfähigen ankommt, sondern dass die weite objektive Zurechnung durch den Vergleich mit dem Handeln eines hypothetisch anwesenden Zurechnungsfähigen in derselben Situation eingeschränkt wird.

2. Kapitel – § 829 BGB in praktischer Anwendung

Unmittelbare und spiegelbildliche Anwendung von § 829 BGB

Der folgende Abschnitt beleuchtet die direkte oder auch unmittelbare Anwendung von § 829 BGB. Wie eingangs angedeutet, wendet die Rechtsprechung § 829 BGB auch spiegelbildlich, also im Rahmen von § 254 Abs. 1 BGB an, weshalb im Abschnitt A dieses Kapitels zur Klarstellung von der unmittelbaren Anwendung der Norm gesprochen wird. Der spiegelbildlichen Anwendung widmet sich dieses Kapitel im Abschnitt B.

A. Voraussetzungen und Rechtsfolgen des § 829 BGB in unmittelbarer Anwendung

Nun also zu § 829 BGB in unmittelbarer Anwendung. Welche Voraussetzungen müssen erfüllt sein, damit ein Unzurechnungsfähiger in Anspruch genommen werden kann?

> ***§ 829. Ersatzpflicht aus Billigkeitsgründen.*** *Wer in einem der in den §§ 823 bis 826 bezeichneten Fällen für einen von ihm verursachten Schaden auf Grund der §§ 827, 828 nicht verantwortlich ist, hat gleichwohl, sofern der Ersatz des Schadens nicht von einem aufsichtspflichtigen Dritten erlangt werden kann, den Schaden insoweit zu ersetzen, als die Billigkeit nach den Umständen, insbesondere nach den Verhältnissen der Beteiligten, eine Schadloshaltung erfordert und ihm nicht die Mittel entzogen werden, deren er zum angemessenen Unterhalt sowie zur Erfüllung seiner gesetzlichen Unterhaltspflichten bedarf.*

Die Haftung nach § 829 BGB setzt vereinfacht gesprochen voraus, dass der Schädiger zum Zeitpunkt der Verwirklichung eines Deliktstatbestands nicht zurechnungsfähig war und sich der Geschädigte beim Unzurechnungsfähigen nur schadlos halten kann, wenn und soweit es die Billigkeit erfordert. Die Haftung ist jedoch nur subsidiär gegenüber der Haftung eines Aufsichtspflichtigen. Ferner dürfen ihm nicht die Mittel zum angemessenen Unterhalt sowie die zur Erfüllung seiner gesetzlichen Unterhaltspflichten entzogen werden.

Bevor nun auf die genannten einzelnen Voraussetzungen im Speziellen eingegangen wird, soll zunächst erörtert werden, wie weit sich der Anwendungsbereich des § 829 BGB erstreckt.

I. Anwendungsbereich

Offenbar nimmt § 829 BGB nur auf die Deliktstatbestände der §§ 823 bis 826 BGB Bezug. Da das BGB aber nicht nur die genannten Deliktstatbestände kennt, stellte man sich recht bald nach Inkrafttreten der Norm die Frage, ob diese Aufzählung abschließend sei.
Daneben kam auch die Frage auf, ob § 829 BGB nur auf die außervertragliche Haftung anwendbar sei. Wieso sollte § 829 BGB nicht auch im Rahmen der vertraglichen Haftung Anwendung finden können? Schließlich wurde auch erwogen, neben der sachlichen Ausdehnung der Anwendbarkeit von § 829 BGB auch in personeller Hinsicht den Anwendungsbereich zu erweitern.

1. Sachliche Anwendung über die §§ 823 bis 826 BGB hinaus

Die Frage, ob § 829 in sachlicher Hinsicht über die §§ 823 bis 826 BGB hinaus ausgedehnt werden kann, tauchte in der Rechtsprechung früh auf. Die wesentliche Fragestellung dabei lautete, ob die Inbezugnahme der in § 829 BGB genannten Deliktstatbestände abschließend sei, oder nicht.[272]

a. Anwendung auf andere Deliktstatbestände des BGB

Das Reichsgericht lehnte zunächst jede Erweiterung des Anwendungsbereichs über die in § 829 BGB genannten Fälle ab.[273] Es argumentierte damit, dass § 829 eine Ausnahmevorschrift sei und daher nicht analogiefähig.[274] Diese strenge Auffassung gab das Reichsgericht zu Recht in den folgenden Jahren auf. Nach und nach ergingen Entscheidungen, die explizit auch andere Deliktstatbestände des BGB von § 829 BGB erfasst sahen.
So entschied das Reichsgericht am 30.6.1910, dass § 830 Abs. 1 S. 2 BGB von § 829 BGB erfasst sei, nicht jedoch die §§ 831, 836, 839 BGB.[275] Es

---

[272] Vgl. RG (12.10.1903) JW 1903 Beilage S. 122, Nr. 270; RGZ (1.11.1904) 59, 221; RG (7.12.1905) JW 1906, 55.
[273] RG JW 1903 Beilage S. 122, Nr. 270; RGZ 59, 221.
[274] RGZ 59, 221, 222.
[275] RG JW 1910, 810, 811 = RGZ 74, 143, 145.

folgten jedoch bejahende Urteile zu §§ 831[276], 833 S. 2[277], 836[278], 844 und 845 BGB[279]. Dabei stellte sich das Reichsgericht auf den Standpunkt, dass es sich bei den genannten Tatbeständen nicht um Handlungen besonderer Art handele, sondern nur um spezielle Anwendungsfälle des aus § 823 Abs. 1 BGB sich ergebenden Tatbestandes.[280] Solange etwa nur das Verschulden des Schädigers entgegen den Fällen der §§ 823 bis 826 BGB vermutet wird, ändere sich nämlich nichts daran, dass eine schuldhafte, rechtswidrige Handlung vorliegen müsse. Für die Fälle der §§ 844, 845 BGB müsse dies erst recht gelten.[281]

Diese Auffassung ist heute im Ergebnis unumstritten.[282] Teilweise wird die Argumentation des Reichsgerichts damit untermauert, dass ein enger sachlicher Zusammenhang zwischen den §§ 823 bis 826 BGB und den Sondertatbeständen des Deliktsrechts besteht[283] und dass die §§ 830 ff. BGB von § 829 BGB erfasst werden, soweit sie auf den §§ 823 bis 826 BGB aufbauen.[284] Andere gehen entgegen der Auffassung des Reichsgerichts[285] davon aus, dass der Gedanke des § 829 BGB verallgemeinerungsfähig sei, und daher folgerichtig die Sondertatbestände des Deliktsrechts von § 829 BGB erfasst seien.[286]

Soweit ersichtlich sind bis heute keine Entscheidungen zur Anwendbarkeit von §§ 839, 839a BGB im Rahmen von § 829 BGB ergangen.[287]

---

[276] RG JW 1915, 580, 581.

[277] RG JW 1917, 38, 39.

[278] RGZ 94, 220, 221; RG JW 1915, 580 und später OLG Hamm VersR 1977, 531, 532 = FamRZ 1977, 318, 319.

[279] RGZ 94, 220, 222.

[280] RGZ 94, 220, 222.

[281] RGZ 94, 220, 222.

[282] Vgl. Bamberger/Roth/Spindler § 829 Rn 10; Fuchs, DeliktsR[4] S. 152; Jauernig/Teichmann[12] § 829 Rn 1; Medicus, SchuldR BT II[13], Rn. 771; MüKoBGB/Wagner[4] § 829 Rn 4; RGRK/Steffen[12] § 829 Rn 4; Soergel/Spickhoff[13] § 829 Rn 5; Staud/Oechsler (2002) § 829 Rn 19.

[283] Soergel/Spickhoff[13] § 829 Rn 5.

[284] Medicus, SchuldR BT II[13], Rn. 771.

[285] RGZ 74, 143, 145; 94, 220, 221.

[286] BGHZ 37, 102, 106; MüKoBGB/Wagner[4] § 829 Rn 4; Staud/Oechsler (2002) § 829 Rn 19.

[287] In RGRK/Steffen[12] § 829 BGB Rn 4 wird zwar auf ein entsprechendes Urteil des RG in JW 1903, 122 verwiesen, doch ist dies ein Fehlzitat. Gemeint ist wohl die Entscheidung des RG vom 12.10.1903 in JW Beilage S. 122, Nr. 270. Dort wird jedoch die Anwendbarkeit der Vorschrift im Rahmen von § 254 BGB erörtert, vgl. RGRK/Oegg[10] § 829 Anm. 1.

Für § 839 BGB ist dies auch nicht verwunderlich. Zwar finden die §§ 827, 828 BGB auch im Rahmen von § 839 BGB Anwendung, jedoch sind bei der Amtshaftung des Staates die Sondervorschriften des § 1 Abs. 2 RBHaftG[288] und der inhaltlich übereinstimmenden Landeshaftungsgesetze (vgl. § 1 Abs. 2 PrBHaftG,[289] § 18 a Rh.-Pf.-AGBGB[290]) zu beachten:[291] *„Ist die Verantwortlichkeit des Beamten deshalb ausgeschlossen, weil er den Schaden im Zustand der Bewusstlosigkeit oder in einem die freie Willensbestimmung ausschließenden Zustand krankhafter Störung der Geistestätigkeit verursacht hat, so hat gleichwohl das Reich* [der Staat] *den Schaden zu ersetzen, wie wenn dem Beamten Fahrlässigkeit zur Last fiele, jedoch nur insoweit, als die Billigkeit die Schadloshaltung erfordert.*"[292] Diese Vorschriften sind auf nicht verbeamtete Amtsträger im Sinn des Haftungsrechts entsprechend anzuwenden.[293] Daher sind die genannten Vorschriften *leges speciales* gegenüber § 829 BGB. Somit ist § 839 BGB im Rahmen von § 829 BGB nicht anwendbar. Überdies wird wohl in den meisten Fällen der Schadensverursachung durch einen unzurechnungsfähigen Beamten ein Organisations-, Auswahl- oder Aufsichtsverschulden anderer Amtsträger vorliegen.[294]

Anders dürfte es sich mit der Haftung gerichtlich bestellter Sachverständiger nach § 839a BGB verhalten.[295] Hierbei handelt es sich um einen deliktsrechtlichen Sondertatbestand. Sowohl der Umstand, dass auch für Vermögensschäden gehaftet wird, wie auch dass ein qualifiziertes Verschulden erforderlich ist, spricht nicht gegen die Anwendbarkeit des § 839a BGB im Rahmen von § 829 BGB, wie ein Vergleich mit § 826 BGB zeigt, auf welchen auch § 829 BGB Bezug nimmt. Daher darf man § 839a BGB nicht anders behandeln als die übrigen Sondertatbestände des Deliktsrechts. Ob es jedoch jemals zu einer gerichtlichen Entscheidung hierüber kommt, ist äußerst fraglich, denn es ist schwer vorstellbar, dass ein Gericht einmal einen unzurechnungsfähigen Sachverständigen berufen wird.

---

288 Vom 22.5.1910 (RGBl. S. 798), zuletzt geändert durch Gesetz vom 28.7.1993 (BGBl. I S. 1394).

289 Vom 1.8.1909 (PrGS S. 691).

290 Eingefügt mit Wirkung vom 1.1.1996 durch Art. 5 Nr. 1 des achten Rechtsbereinigungsgesetzes vom 24.10.1995 (Rh.-Pf. GVBl. S. 421, 425).

291 Ossenbühl, Staatshaftungsrecht[5], S.73; MüKoBGB/Papier[4] § 839 Rn 294; Staud/Wurm (2002) § 839 Rn 7, 230.

292 Vgl. Wortlaut § 1 Abs. 2 RBHaftG vom 22.5.1919 RGBl. S. 798 (Satorius I Nr. 210).

293 MüKoBGB/Papier[4] § 839 Rn 294.

294 MüKoBGB/Papier[4] § 839 Rn 294; Staud/Wurm (2002) § 839 Rn 230.

295 Befürwortend ohne Begründung Staud/Oechsler (2002) § 829 Rn 20.

b. Anwendung auf andere Deliktstatbestände außerhalb des BGB

Darüber hinaus kommt die Anwendung des § 829 BGB bei Deliktstatbeständen außerhalb des BGB überall dort in Frage, wo es sich um verschuldensabhängige Haftungstatbestände handelt, welche lediglich eine Sonderausprägung der §§ 823 bis 826 BGB darstellen. Soweit ersichtlich, ist derzeit nur § 33 Abs. 2 BJagdG[296] in Betracht zu ziehen, sofern man diese Vorschrift als Verschuldenshaftung auffasst.[297] Auch ein unzurechnungsfähiger Jagdausübungsberechtigter könnte demnach haften. Vertritt man dagegen die Auffassung, dass es sich bei § 33 Abs. 2 BJagdG um einen Fall der Gefährdungshaftung handele, so wäre die Vorschrift entsprechend der Auffassung des Reichsgerichts nicht von § 829 BGB erfasst. Im Ergebnis ändert dies an der möglichen Haftung eines unzurechnungsfähigen Jagdausübungsberechtigten faktisch nichts.[298]

c. Anwendung auf vertragliche Ansprüche

In der Literatur wurde sehr vereinzelt erörtert, ob man nicht § 829 BGB, beziehungsweise zumindest seine Wertung, bei vertraglichen Ansprüchen auf Schadensersatz berücksichtigen müsste.[299] Nach Ansicht von *Weimar* ist § 829 BGB kein selbständiger Deliktstatbestand, sondern nur eine Korrektur des Verschuldensprinzips. Wenn in § 276 Abs. 1 S. 2 BGB (§ 276 Abs. 1 S. 3 BGB a. F.) die §§ 827, 828 BGB für anwendbar erklärt sind, so sei damit auch der § 829 BGB mit einbezogen, weil er an die §§ 827, 828 BGB *„angeseilt"* sei und diese Vorschriften aus Billigkeitserwägungen heraus korrigiere.[300] Ferner ist *Weimar* der Auffassung, wonach aus der von der

---

296 Bundesjagdgesetz in der Fassung der Bekanntmachung vom 29. September 1976, zuletzt geändert durch Art. 12g Abs. 16 Erstes JustizmodernisierungsG vom 24. 8. 2004 (BGBl. I S. 2198).

297 Deutsch/Ahrens, DeliktsR[4] Rn 375; MüKoBGB/Wagner[4] § 825 Rn 9; a.A. Larenz/Canaris SchuldR II/2[13] § 84 III 2 b, S. 618; Esser/Weyers SchuldR II/2[8], § 64, 1. (S. 282): Verschuldenshaftung hinsichtlich des eigenen Verhaltens des Jagdausübungsberechtigten; Gefährdungshaftung hinsichtlich des Verhaltens anderer.

298 Zwar haftet der Jagdausübungsberechtigte grundsätzlich strenger, wenn man § 33 Abs. 2 BJagdG als Fall der Gefährdungshaftung auffasst. Jedoch weist das Gesetz dem Jagdausübenden die mit der Jagd verbundenen Gefahren klar zu, weshalb der Jagdausübungsberechtigte regelmäßig auch im Fall des § 829 BGB haften müsste, vgl. Kap. 2 A. V. 3. a. aa. a) (S. 206 ff.).

299 Weimar, MDR 1965, 263; Donath, BB 1991, 1881, Anm. zu BGH BB 1991, 1656; MüKoBGB/Hanau[3] § 276 Rn 66; Soergel/Wolf[12] § 276 Rn 194; Staud/Löwisch[12] § 276 Rn 61.

300 Weimar, MDR 1965, 263.

Rechtsprechung anerkannten Berücksichtigung von § 829 BGB im Rahmen von § 254 Abs. 1 BGB bei einem „Mitverschulden" eines unzurechnungsfähigen Geschädigten folge,[301] dass der Fall des wegen Unzurechnungsfähigkeit nicht vertraglich haftenden Schädigers nicht eine andere Behandlung rechtfertige.[302] Auch *Donath* schließt sich dieser Ansicht an und will speziell den Banken einen vertraglichen Schadensersatzanspruch gegen Unzurechnungsfähige aus Billigkeit gewähren.[303] Der Hintergrund für solche Argumentationen liegt wohl darin, dass der nach § 829 BGB haftende Unzurechnungsfähige seltenst für reine Vermögensschäden aufzukommen hat, da die von § 829 BGB inbezuggenommenen Deliktstatbestände eine qualifizierte Vorwerfbarkeit (regelmäßig also Sittenwidrigkeit, nicht aber „natürlicher Vorsatz") verlangen und selbige bei Unzurechnungsfähigen meist fehlen wird.

Gegen eine entsprechende Anwendung im Bereich vertraglicher Schadensersatzansprüche lassen sich darüber hinaus weitere Gründe vorbringen.

So handelt es sich gerade nicht um ein Versehen des Gesetzgebers, dass § 829 BGB in § 276 BGB keine Erwähnung findet[304] und folglich somit § 829 BGB keine Anwendung auf vertragliche Schuldverhältnisse findet.[305] Auch kann nicht behauptet werden, § 829 BGB sei an die §§ 827, 828 BGB „angeseilt" und damit im Rahmen von § 276 BGB zu berücksichtigen, denn das BGB geht vom Vorrang des Schutzes Minderjähriger und Unzurechnungsfähiger gegenüber vertraglichen Schadensersatzansprüchen aus.[306] Das Vertragsrecht schützt durch die §§ 104 ff. BGB gerade die Geschäftsunfähigen. Dieser gewollte Schutz würde jedoch durch eine Einführung der Billigkeitshaftung ins Vertragsrecht *ad absurdum* geführt.

Nicht lässt sich aber die Unanwendbarkeit von § 829 BGB bei vertraglichen Schadensersatzansprüchen damit begründen, dass sich der Geschädigte ja freiwillig auf die Vertragsbeziehung mit einem Unzurechnungsfähigen eingelassen habe und ihm deshalb ein Anspruch aus Billigkeitserwägungen

---

301 So auch Soergel/Wolf[12] § 276 Rn 194; Staud/Löwisch[12] § 276 Rn 61; s. dazu ausführliche Kap. 2 B. (S. 246 ff.).

302 Weimar, MDR 1965, 263, 264.

303 Donath, BB 1991, 1881, 1883, Anm. zu BGH BB 1991, 1656.

304 S.o. Kap. 1 A. IV. (S. 19 ff.).

305 Bamberger/Roth/Spindler § 829 Rn 10; Böhmer, NJW 1967, 865; ders., JR 1967, 256; Deutsch, JZ 1964, 86, 89; Erman/Schiemann[11] § 829 Rn 1; MüKoBGB/Wagner[4] § 825 Rn 6; RGRK/Steffen[12] § 829 Rn 4; Soergel/Spickhoff[13] § 829 Rn 6; Staud/Oechsler (2002) § 829 Rn 23.

306 MüKoBGB/Wagner[4] § 825 Rn 6; Soergel/Spickhoff[13] § 829 Rn 6.

verwehrt werden müsse.[307] Eine solche Sichtweise geht an der Realität vorbei, denn kein vernünftiger Mensch würde versuchen, mit einem Unzurechnungsfähigen zu kontrahieren, wenn er von dessen Unzurechnungsfähigkeit wüsste, außer er wollte das vorhandene Defizit auf Seiten des gewollten Vertragspartners zu seinen Gunsten ausnutzen. Dass ein solches Verhalten nicht den Schutz des Gesetzes verdient, ist offensichtlich.

In der Schweiz hat dagegen die Rechtsprechung die Anwendbarkeit von Art. 54 Abs. 1 OR im vertraglichen Bereich anerkannt,[308] was größtenteils auf Zustimmung in der Literatur stieß.[309] Begründet wird dies damit, dass es anders als in Deutschland keinen sachlichen Grund gebe, der eine Privilegierung eines Urteilsunfähigen im Vertragsrecht rechtfertige,[310] zumal Art. 99 Abs. 3 OR das Maß der Haftung bei unerlaubten Handlungen für entsprechend anwendbar auf vertragswidriges Verhalten erklärt.[311]

d. Exkurs: Konkurrenz zu vertraglichen Schadensersatzansprüchen

Im Zusammenhang mit dem Gedanken der Ausdehnung von § 829 BGB auf vertragliche Ansprüche soll hier noch auf Folgendes eingegangen werden: Einige Autoren vertreten die Auffassung, man dürfe § 829 BGB dann nicht zur Anwendung bringen, wenn ein vertraglicher Schadensersatzanspruch wegen Unzurechnungsfähigkeit ausscheide, um Wertungswidersprüche zu vermeiden.[312] Es soll Geschädigten über das Deliktsrecht nicht etwas ermöglicht werden, was ihnen im Rahmen einer vertraglichen Beziehung versagt bliebe.

Diese Sichtweise verkennt jedoch, dass vertragliche und deliktische Schadensersatzansprüche grundsätzlich eigene Wege gehen können.[313] Weshalb

---

[307] So etwa Donath, BB 1991, 1881, 1883; Staud/Oechsler (2002) § 829 Rn 18; a.A. MüKoBGB/Wagner[4] § 825 Rn 6; Soergel/Spickhoff[13] § 829 Rn 6.

[308] Vgl. BGE 102 II 226, 230.

[309] Oftinger/Stark, Schweizerisches Haftpflichtrecht II/1[4], § 18 Rn 51 ff.; Brehm OR 54 Rn 49 ff.; Gauch, ZSR 116 (1997) 315, 328; a.A. Honsell, Schweizerisches Haftpflichtrecht[4], § 16 Rn 7 (S. 151).

[310] Ausführlich hierzu insgesamt Brunner, Die Anwendung deliktischer Regeln auf die Vertragshaftung, Rn 370 ff. (S. 153 ff.).

[311] Art. 99 Abs. 3 OR. Im übrigen finden die Bestimmungen über das Mass der Haftung bei unerlaubten Handlungen auf das vertragswidrige Verhalten entsprechende Anwendung.

[312] Bamberger/Roth/Spindler § 829 Rn 10; Erman/Schiemann[11] § 829 Rn 1; Staud/Oechsler (2002) § 829 Rn 23.

[313] Böhmer, NJW 1967, 865; ders, JR 1967, 265; MüKoBGB/Wagner[4] § 825 Rn 6; Soergel/Spickhoff[13] § 829 Rn 6.

dies hier anders sein soll, ist nicht nachvollziehbar. Dagegen widerspricht es gerade der *ratio* des Gesetzes, dem Geschädigten einen Anspruch zu verwehren, nur weil zufälligerweise ein Vertrag mit dem unzurechnungsfähigen Schädiger besteht. Die Argumentation, es würde hier keine Anspruchskonkurrenz bestehen, steht und fällt mit der Ansicht, dass die Unanwendbarkeit des § 829 BGB im Rahmen von § 276 BGB ausschließlich darauf beruhe, dass sich der Geschädigte freiwillig mit dem Unzurechnungsfähigen eingelassen habe und daher nicht über das Deliktsrecht etwas liquidieren dürfe, was ihm das Vertragsrecht versagt. Dies ist aber gerade nicht der Fall, wie oben bereits gezeigt. Es besteht daher Anspruchskonkurrenz zwischen vertraglichen und aus § 829 BGB begründeten Schadensersatzansprüchen.

e. Exkurs: Konkurrenz zu Ansprüchen aus Gefährdungshaftung

An der Anspruchskonkurrenz zwischen § 829 BGB und Ansprüchen aus Gefährdungshaftung[314] könnte man nach der Schadensrechtsreform von 2002 Zweifel bekommen. Denn zuvor gewährten die Ansprüche aus Gefährdungshaftung außerhalb des BGB kein Schmerzensgeld, heute dagegen besteht jeweils auch ein Anspruch auf Ersatz des immateriellen Schadens. Insofern, dass heißt, wenn dem Geschädigten ein Schmerzensgeldanspruch aus Gefährdungshaftung zusteht, könnte es am „erfordern“ im Rahmen des Anspruchs nach § 829 BGB fehlen. Der BGH[315] erkannte in seiner Entscheidung vom 11.10.1994 bereits ein ähnliches Problem. Wenn der Geschädigte nämlich nach Gefährdungshaftung bereits vollen materiellen Ersatz erlangt, erfordert ein Anspruch auf Schmerzensgeld nach § 829 BGB darüber hinausgehende Gründe der Billigkeit. Der BGH schloss damit aber nicht aus, dass es generell möglich sei, auch in diesen Fällen noch Schmerzensgeld zu erlagen. Da sich dieses Problem nun nicht mehr stellt, weil der Geschädigte auch aus Gefährdungshaftung Schmerzensgeld erlangen kann, könnte man argumentieren, dass im Wege der tatbestandlichen Konkurrenz ein Anspruch aus § 829 BGB ausgeschlossen sei.
Jedoch ist allen Gefährdungshaftungstatbeständen außerhalb des BGB gleich, dass sie Haftungshöchstgrenzen unterliegen. Es sind damit (zumindest theoretisch) Fälle denkbar, in denen die Billigkeit einen Anspruch über die Höchstgrenzen hinaus erfordert.[316] Dies gilt sowohl für Ansprüche auf

---

[314] Vgl. BGHZ 23, 90, 98 (zu § 7 StVG); Enneccerus/Lehmann, SchuldR[14], § 260 I 1. (S. 1045); MüKoBGB/Wagner[4] § 825 Rn 4; Soergel/Spickhoff[13] § 829 Rn 7.
[315] Vgl. zur alten Rechtslage BGH NJW 1995, 452, 454.
[316] Soergel/Spickhoff[13] § 829 Rn 7.

materiellen, wie auch auf immateriellen Schadensersatz. Es bleibt folglich bei der Anspruchskonkurrenz zwischen § 829 BGB und Ansprüchen aus Gefährdungshaftungstatbeständen.

2. Ausdehnung des persönlichen Anwendungsbereichs: analoge Anwendbarkeit des § 829 BGB bei Einsichtsfähigkeit aber fehlendem Verschulden eines Jugendlichen

Die Frage, ob man § 829 BGB analog in personeller Hinsicht auf Fälle ausdehnen könne, in denen der Täter zwar zurechnungsfähig war, nicht aber schuldhaft auf Grund des objektiv-typisierten Sorgfaltsmaßstabs gehandelt hatte, tauchte vermehrt in den 50er und 60er Jahren des vergangenen Jahrhunderts auf.[317] Beispielhaft für einen der zu entscheidenden Fälle soll hier kurz der Sachverhalt geschildert werden, den der BGH[318] am 21.5.1963 entschied:

> Der 8¾ Jahre alte Kläger und ein 12-jähriger (Beklagter) spielten zusammen mit mehreren anderen Jungen ein sogenanntes „Ritterspiel". Dabei bildeten die Jungen zwei Parteien. Während die eine Gruppe, zu welcher der Beklagte gehörte, die „Burg" zu verteidigen hatten, sollte die andere Gruppe, bei der sich der Kläger befand, die „Burg" erstürmen. Als Waffen trugen alle Beteiligten entweder „Schwerter" aus Resten von Tischlerlatten, oder „Messer", welche aus abgebrochenen Zweigen bestanden. Ein Mitspieler, der durch eine „Waffe" getroffen wurde galt als tot und musste ausscheiden.
> Im Laufe des Spiels warf der Beklagte sein „Messer" auf den mit abgewandtem Gesicht davon laufenden Kläger. Dieser drehte sich aber plötzlich um, und wurde dadurch so unglücklich am linken Auge getroffen, sodass er die Sehkraft dort völlig verlor. Dabei hatten alle Beteiligten geglaubt, die Gefahren des Spiels durch eine Reihe sichernder Regeln ausgeschlossen zu haben, aber die Möglichkeit solcher plötzlichen, gefährlichen Reaktionen der Spielteilnehmer nicht bedacht.

---

317 Vgl. OLG Braunschweig VersR 1954, 460; OLG Neustadt VersR 1955, 178; BGHZ 39, 281 = VersR 63, 953 = NJW 1963, 1609 = FamRZ 1965, 435; BGH VersR 1965, 385.

318 BGHZ 39, 281 = VersR 63, 953 = NJW 1963, 1609 = FamRZ 1965, 435 („Ritterspiel").

Der BGH gelangte hier zu folgendem Ergebnis: Der Beklagte war nach § 828 Abs. 2 BGB a. F. (§ 828 Abs. 3 BGB n. F.) zurechnungsfähig. Er handelte aber nicht schuldhaft, da er nach dem objektiv-typisierten Sorgfaltsmaßstab nicht die erforderliche Sorgfalt außer Acht gelassen hatte. Sodann gelangte der BGH zur Frage, ob in solch einem Fall § 829 BGB analog zur Haftungsbegründung herangezogen werden könne und bejahte schließlich diese Frage.
Um nun dieses Ergebnis verstehen zu können, gilt es kurz die rechtliche Würdigung des BGH zu erörtern und im Anschluss hieran diese auf ihre Richtigkeit zu überprüfen. Die Bejahung dieser Frage gilt zwar heute als allgemeine Meinung,[319] dennoch fordern die damit in dogmatischer Hinsicht verbundenen Probleme einen genaueren Blick auf die Rechtsprechung des BGH.

a. Voraussetzung von § 828 Abs. 3 BGB

Zunächst ist zu klären, wie es sein kann, dass ein Mensch zurechnungsfähig ist, weil er bei der Begehung der Tat die zur Erkenntnis der Verantwortlichkeit erforderliche Einsicht hatte unrecht zu handeln, dagegen nicht schuldhaft handelte, weil er die erforderliche Sorgfalt nicht verletzte.
Nach § 828 Abs. 3 BGB gelten Kinder ab dem siebten, beziehungsweise bei Verkehrsunfällen im Sinn des § 828 Abs. 2 BGB erst ab dem zehnten Lebensjahr als zurechnungsfähig, wenn sie bei der Begehung der Tat die zur Erkenntnis der Verantwortlichkeit erforderliche Einsicht haben. Das Gesetz knüpft also für die Zurechnungsfähigkeit – dem Wortlaut entsprechend – ausschließlich an die intellektuelle Reife eines Menschen an. Es wird also nicht berücksichtigt, ob er in der Lage war, entsprechend seiner Einsichtsfähigkeit zu handeln.[320] Dieses Normverständnis folgt aus der Entstehungsgeschichte des § 828 Abs. 2 BGB a.F. Die Norm ist der früheren strafrechtlichen Verantwortung nach § 56 StGB a.F. (§ 51 StGB 1871) nachgebildet. Die Vorbilder sind die §§ 42, 43 PrStGB vom 14.4.1851 und die Art. 66, 67 des Code Pénal vom 12.2.1810, die wiederum ihr Vorbild im Art. 1, Titel

---

[319] BGHZ 39, 281 = NJW 1963, 1609; BGH VersR 1965, 385; OLG Braunschweig VersR 1954, 460; OLG Oldenburg ZfS 1986, 129; Bamberger/Roth/Spindler § 829 Rn 4; Deutsch, JZ 1964, 86; ders., AllgHaftR[2], Rn 482; Erman/Schiemann[11] § 829 Rn 1; Esser/Weyers, SchuldR II/2[8], § 55 III. 2. (S. 176); Geilen, FamRZ 1965, 401; Larenz/Canaris, SchuldR II/2[13], § 84VII 1. a. (S. 651); MüKoBGB/Wagner[4] § 829 Rn 8; RGRK/Steffen[12] § 829 Rn 9; Scheffen/Pardey, Schadensersatz bei Unfällen mit Minderjährigen[2], Rn 58; Soergel/Spickhoff[13] § 829 Rn 5.

[320] Palandt/Sprau[65] § 828 Rn 6; a.A. aber ohne Begründung Enneccerus/Nipperdey, AT II[15], § 214 (S. 1327).

V, Kapitel I des Code Pénal vom 6.10.1791 haben.[321] Der in diesen Bestimmungen verwendete Begriff des *discernement* hat entsprechend dem damaligen Zeitgeist stets nur eine rationale Erkenntnis im Auge gehabt.[322] Diese einseitige Berücksichtigung des intellektuellen Moments bei der Frage der strafrechtlichen Verantwortlichkeit wurde allgemein als zu eng aufgefasst. Bereits seit 1923 setzt daher die strafrechtliche Verantwortlichkeit das Vorliegen von Einsichts- und Steuerungsfähigkeit voraus (§§ 20 f. StGB und vor allem § 3 JGG). Dem Täter muss es damit auch möglich sein, entsprechend seinen intellektuellen Fähigkeiten handeln zu wollen.
Entgegen wiederholter Forderungen[323] wurde ein zivilrechtliches Äquivalent nicht eingeführt. Ein voluntatives Element darf daher nach § 828 Abs. 3 BGB nicht zur Klärung der Zurechnungsfähigkeit herangezogen werden.
Nach ständiger Rechtsprechung setzt die Einsichtsfähigkeit einen Stand der geistigen Entwicklung voraus, der es dem Jugendlichen ermöglicht, das Unrecht seiner Handlung und damit die Verpflichtung zu erkennen, für die Folgen seines Tuns einstehen zu müssen.[324] Auf die Einsicht in die Folgen seines Handelns bezüglich der konkreten Tat kommt es dagegen nicht an.[325] Der Jugendliche muss lediglich ein allgemeines Verständnis dafür haben, dass sein Verhalten Gefahren herbeiführen kann; einer besonderen Vorstellung von der Art seiner Verantwortlichkeit bedarf es nicht.[326]

Im Ausgangsfall hatten die Jugendlichen nach den Feststellungen des Gerichts bei ihrem „Ritterspiel" die Einsicht, dass ihr Spiel generell gefährlich ist, weshalb sie sich schließlich auch Spielregeln gaben. Der Beklagte wurde daher als zurechnungsfähig erachtet.[327]
Dagegen kam der sechste Zivilrechtssenat hinsichtlich des Verschuldens zum Ergebnis, dass dem Beklagten kein individueller Vorwurf gemacht

---

[321] Mot. II, S. 733; v. Liszt, Deliktsobligationen, S. 51, 52; Deutsch, AllgHaftR[2], Rn 449; MüKoBGB/Wagner[4] § 828 Rn 7; RGZ 53, 157, 158.

[322] Wilts, VersR 1963, 1098, 1099.

[323] Auf dem 34. DTJ vgl. Verh. 34. DTJ, Bd. II, 1926, S. 420, 454; vgl. ferner § 4 Abs. 2 Entwurf einer deutschen Schadensordnung 1940 in: Nipperdey, Grundfragen der Reform des Schadensersatzrechts, S. 90; Referentenentwurf eines Gesetzes zur Änderung und Ergänzung schadensersatzrechtlicher Vorschriften, 1967, Bd I, S. 4.

[324] BGH LM § 276 (Be) Nr. 2 = VersR 1954, 118, 119; BGH LM Nr. 3 = VersR 1957, 415; Palandt/Sprau[65] § 828 Rn. 3.

[325] BGH NJW 1984, 1958; BGHZ 39, 281, 285 f. = NJW 1963, 1609; BGH NJW 1979, 864, 865; MüKoBGB/Wagner Rn. 8; a.A. Geilen, FamRZ 1965, 401, 406; Staud/Oechsler (2002) § 828 Rn 11 ff.

[326] OLG Köln NJW-RR 1993, 1498, 1499.

[327] BGHZ 39, 281, 285.

werden könne. Dies verwundert, da das Werfen eines „Messers" nach einem Menschen – sei auch nur beim Spielen – zweifellos objektiv sorgfaltswidrig ist.

b. Verschulden

Im deutschen Haftungsrecht, welches vom römisch-rechtlichen Verschuldensgrundsatz geprägt ist, gilt nach heute beinahe allgemeiner Meinung[328] der objektiv-typisierende Sorgfaltsmaßstab bei der Bestimmung der Fahrlässigkeit im Sinn des § 276 BGB. Das heißt, es kommt nicht darauf an, was der einzelne Schuldner zu leisten vermag, sondern auf die durchschnittlich von Personen seines Verkehrskreises und seiner Altersgruppe zu fordernde Sorgfalt.[329] Es wird also von Personen eines bestimmten Verkehrskreises nur die Sorgfalt verlangt, welche der Verkehr üblicherweise annimmt, von den Angehörigen dieser Gruppe entsprechend ihren Fähigkeiten verlangen zu können. Von der Rechtsprechung wurden mit der Zeit folgende Gruppen gebildet, bei denen der objektive Sorgfaltsmaßstab gruppenspezifisch abgemildert wurde: Gefahr, Beruf und Alter.
Es findet damit bei diesen Gruppen eine Subjektivierung des Sorgfaltsmaßstabs statt, wobei aber nicht die individuelle Sorgfalt den Maßstab bestimmt, sondern der objektiv zu bestimmende Maßstab dieser Gruppe. Er kann je nach Sachlage höher oder niedriger sein als der reine objektive Sorgfaltsmaßstab. So liegt der Sorgfaltsmaßstab Jugendlicher allgemein unter dem objektiven Sorgfaltsmaßstab, der eines Facharztes gegenüber einem Allgemeinarzt dagegen über demselben.

Kehren wir nun zum Fall unserer ritterspielenden Kinder zurück. Dort liegt im Verhalten des Beklagten objektiv ein Sorgfaltsverstoß. Entsprechend dem objektiv-typisiertem Sorgfaltsmaßstab wird man vom Beklagten nur die Einsicht, Erfahrung und Gewissenhaftigkeit verlangen können, die von anderen Jugendlichen seiner Altersklasse verlangt wird.
Der BGH geht davon aus, dass von einer Gruppe Jugendlicher im Alter von 12 Jahren nicht ein Sorgfaltsmaß verlangt werden kann, der von einem Jugendlichen die Voraussicht verlangt, ein plötzliches Drehen eines Spielkameraden in die Wurfrichtung vorherzusehen.[330]
Folge dieser Feststellungen ist, dass ein zurechnungsfähiger Jugendlicher nicht nach §§ 823 ff. BGB haftet, da ihm kein Verschuldensvorwurf ge-

---

[328] Vgl. Deutsch, AllgHaftR², Rn 403 mwN.
[329] Deutsch, JZ 1964, 86, 88.
[330] BGHZ 39, 281, 283.

macht werden kann. Auch eine Haftung nach § 829 BGB kommt nicht in Betracht, da es nicht an der Zurechnungsfähigkeit des Schädigers mangelt. Es stellte sich daher nun die Frage, ob es sich bei diesem Ergebnis um eine nicht tragbare Haftungslücke handelte und, falls dem so sei, ob diese geschlossen werden könne.

c. Unerträgliche Haftungslücke

Die Frage, ob in solch einem Fall eine unerträgliche Haftungslücke vorliegt, erscheint auf den ersten Blick absurd. Denn der Gesetzgeber wollte doch gerade mit dem Verschuldensprinzip als grundlegendes Element der Haftung nur einen Schädiger haften lassen, wenn dieser schuldhaft handelt. In unserem Fall hat der Schädiger jedoch gerade nicht fahrlässig gehandelt. Weshalb sollte man nun von dieser grundlegenden Haftungsvoraussetzung absehen?
Vergleicht man den Fall mit folgender Situation, drängen sich Parallelen auf: Wäre in unserem Fall ritterspielender Kinder der Beklagte nach § 828 Abs. 1 oder nach § 828 Abs. 3 BGB nicht zurechnungsfähig gewesen, so hätte er dennoch nach § 829 BGB haften können. Es gilt daher zu fragen, ob es gerechtfertigt ist, dass ein zurechnungsfähiger Schädiger, welchem kein Fahrlässigkeitsvorwurf gemacht werden kann, weniger „streng" haften soll, wie ein Unzurechnungsfähiger, der zumindest der Billigkeitshaftung unterliegen kann.
Das Argument, in solch einem Fall hätte auch ein Unzurechnungsfähiger nicht gehaftet,[331] da einem hypothetisch anwesenden Zurechnungsfähigen schließlich auch kein Verschuldensvorwurf gemacht hätte werden können, geht fehl. Zwar steht in der Rechtsprechung seit RGZ 146, 213, 216 fest, dass ein Unzurechnungsfähiger dann nicht haften darf, wenn auch ein Zurechnungsfähiger nicht haften würde, weil ihm kein Fahrlässigkeitsvorwurf gemacht werden könnte. Jedoch bezieht sich dies nicht auf den Fall, dass der Schädiger sich zwar objektiv sorgfaltswidrig verhält, aber wegen gruppenspezifischer Absenkung des Sorgfaltsmaßstabs nicht haftet. Denn es mangelt nicht an einem rein objektiven Sorgfaltsverstoß. Lediglich auf Grund der Subjektivierung des Sorgfaltsmaßstabs haftet der Schädiger nicht. Im Rahmen von § 829 BGB kann man aber nicht verlangen, dass dem Schädiger, wäre er zurechnungsfähig, auch unter zu Grundlegung des objektiv-typisierten Sorgfaltsmaßstabs kein Verschulden treffen darf. Würde man hier nicht auf den reinen objektiven Sorgfaltsmaßstab abstellen, würden Kinder praktisch nicht mehr nach § 829 BGB haften, da ihre altersbe-

[331] Mezger, MDR 1954, 587.

dingte Sorgfaltslosigkeit gerade regelmäßig den fahrlässigkeitsbegründenden Umstand darstellt.[332] Nur noch in Fällen, in denen das schädigende Kind ein hohes Maß an natürlichem Unrechtsbewusstsein bei gleichzeitig gesetzlich ausgeschlossener Zurechnungsfähigkeit (§ 828 Abs. 1 BGB) hat und darüber hinaus mit „natürlichem" Vorsatz handelt, wäre eine Haftung eines unzurechnungsfähigen Kindes noch möglich. Dass einem unzurechnungsfähigen Kind ein über das zulässige Maß des gruppenspezifischen Sorgfaltsmaßstabes hinausgehender Sorgfaltsverstoß gemacht werden kann, ist schwer vorstellbar.

Unzurechnungsfähige könnten daher für Schäden haftbar gemacht werden, für die Zurechnungsfähige nicht einstehen müssen. Auf der anderen Seite ist es heute jedoch allgemeine Meinung, dass ein Unzurechnungsfähiger nicht schlechter stehen darf als ein Zurechnungsfähiger, da ansonsten die gesetzgeberisch gewollte Privilegierung Unzurechnungsfähiger in ihr Gegenteil verkehrt werden würde.

Ob es sich daher hier um eine unerträgliche Haftungslücke bei der Haftung Zurechnungsfähiger oder um eine unerträglich weite Haftung Unzurechnungsfähiger handelt, stellt damit die entscheidende Frage dar.

Wie bereits *Wilts*[333] feststellte, tauchte das Problem erst mit der Anerkennung der gruppenspezifischen Absenkung, beziehungsweise Erhöhung des Sorgfaltsmaßstabes auf. Denn käme es nur auf den objektiven Sorgfaltsmaßstab an, so würde in den hier zu behandelnden Fällen der Zurechnungsfähige nach §§ 823 ff. BGB haften, der Unzurechnungsfähige nur nach § 829 BGB. Eine Haftungslücke würde nicht auftreten. Heute deshalb den objektiv-typisierten Sorgfaltsmaßstab wieder in Frage zu stellen, nur um den hier zu behandelnden Fall wieder in den Griff zu bekommen, wird wohl niemand ernstlich vertreten.[334]

Auch der andere Weg, in beiden Fällen den (natürlichen) objektiv-typisierten Sorgfaltsmaßstab zur Anwendung zu bringen, führt zu keinem befriedigenden Ergebnis, wie bereits dargestellt wurde.

Damit bildet die ausnahmsweise Haftung Unzurechnungsfähiger die kleinste Konstante im Vergleich zur Haftung zurechnungsfähiger Jugendlicher, die wegen der typischen Eigenarten ihrer Altersgruppe kein Verschulden trifft. Denn die ausnahmsweise Haftung unzurechnungsfähiger Kinder ist

---

[332] Wilts, VersR 1963, 1098, 1100.

[333] Wilts, VersR 1963, 1098.

[334] Wilts, VersR 1963, 1098; a.A. wohl Böhmer, MDR 1964, 278, 279 der verkennt, dass es einen Unterschied zwischen objektivem und objektiv-typisiertem Sorgfaltsmaßstab gib.

vom Gesetzgeber ausdrücklich gewollt.[335] Nicht sie muss daher im Anwendungsbereich eingeschränkt werden, sondern die Haftung Zurechnungsfähiger muss erweitert werden, will man ein Haftungsgefälle zwischen generell Unzurechnungsfähigen (§§ 827 S. 1, 828 Abs. 1, 2 BGB), bedingt Zurechnungsfähigen (§ 828 Abs. 3 BGB) und generell Zurechnungsfähigen aufrechterhalten.
Dass dieses Haftungsgefälle vom Gesetzgeber gewollt ist, lässt die Struktur des Deliktsrechts erkennen. So soll grundsätzlich jedes Individuum für eine unerlaubte Handlung im Sinn der §§ 823 ff. BGB haften. Von dieser Haftung sind Unzurechnungsfähige nach §§ 827 S. 1, 828 Abs. 1, 2 BGB grundsätzlich auszunehmen. Zwischen beiden steht die Gruppe der Jugendlichen im Sinn des § 828 Abs. 3 BGB, deren Haftung nach den §§ 823 ff. BGB von der intellektuellen Fähigkeit abhängt, ihr Unrecht einzusehen. Da aber auch Unzurechnungsfähige ausnahmsweise haften sollen, ist ein Haftungsgefälle entsprechend den intellektuellen Fähigkeiten der Täter erkennbar. Der Zurechnungsfähige haftet am strengsten, da ihm rechtlich die größten intellektuellen Fähigkeiten zugesprochen werden. Der bedingt Zurechnungsfähige soll nur dann einstehen müssen, wenn er fähig war, das Unrecht seiner Handlung einzusehen. Dem Unzurechnungsfähigen wird vom Gesetz die intellektuelle Fähigkeit abgesprochen, das Unrecht seiner Handlung zu erkennen und folglich soll er am schwächsten haften.
Diese gesetzgeberische Grundstruktur wurde aber durch die Anerkennung des objektiv-typisierten Sorgfaltsmaßstabs verschoben. Zwar ist das Verschulden streng von der Zurechnungsfähigkeit zu trennen, doch sind beide Elemente der Vorwerfbarkeit einer unerlaubten Handlung. Da ein voluntatives Element keinen Niederschlag in der Frage der Zurechnungsfähigkeit gefunden hat, wird der Ausgleich bei fehlender Fähigkeit, entsprechend dem erkannten Unrecht zu handeln, über das Verschulden korrigiert.
Da eine Gruppe, die zwar zurechnungsfähig ist, jedoch auf Grund ihrer gruppenspezifischen Defizite nicht fahrlässig handelt, dem Gesetzgeber nicht bekannt war, konnte er diese auch nicht in sein strukturiertes Haftungsgefälle einfügen. Eine Ausnahme von dem beschriebenen Haftungsgefälle ist auch an anderer Stelle im Gesetz nicht erkennbar. Es kann daher festgestellt werden, dass eine Haftungslücke im Hinblick auf zurechnungsfähige, aber nicht fahrlässig – entsprechend dem objektiv-typisierten Sorgfaltsmaßstab – handelnde Jugendliche vorliegt.

Es bleibt nun noch zu klären, ob diese Haftungslücke unerträglich ist. Inwieweit etwas rechtsdogmatisch unerträglich ist, kann nie allgemeingültig

---

[335] S.o. Kap. 1 A. IV. (S. 19 ff.).

beantwortet werden. Es handelt sich vielmehr immer um eine umfängliche Abwägung im Einzelfall.
Auf den Punkt gebracht, stellt sich hier also die Frage, ob es unerträglich ist, dass ein Jugendlicher von der Haftung frei wird, wenngleich ein unzurechnungsfähiges Kind in der gleichen Situation dennoch haften kann. Oder anders formuliert: Soll es einem jugendlichen Schädiger zum Vorteil gereichen, dass er vom Gesetz als zurechnungsfähig angesehen wird?

Ich sehe keine Argumente, die eine Privilegierung dieser Gruppe gegenüber Unzurechnungsfähigen rechtfertigen. Vielmehr muss es von der Gruppe der Unzurechnungsfähigen als ein Schlag ins Gesicht aufgefasst werden, dass sie für etwas haften sollen, für das ihre unwesentlich älteren Spielkameraden nicht haften müssen, obwohl ihnen doch gerade das Gesetz eine haftungsrechtliche Privilegierung gegenüber allen anderen Gruppen zugesprochen hat. Jugendliche der hier behandelten Gruppe würden also nicht gerechtfertigt übervorteilt. Die Haftungslücke muss daher als nicht erträglich erachtet werden.

d. Schließung der Haftungslücke

Nachdem nun feststeht, dass eine unerträgliche Haftungslücke vorliegt, stellt sich die Frage, wie diese mittels einer Analogie zu schließen ist. Zu erwägen sind zwei Ansatzpunkte:
Man könnte erstens überlegen, durch Erweiterung der Voraussetzungen des § 828 Abs. 3 BGB um ein voluntatives Element das Problem in den Griff zu bekommen. Denn in den hier zu behandelnden Fällen würde bei fehlendem objektiv-typisierten Sorgfaltsverstoß auch ausnahmslos Unzurechenbarkeit vorliegen, würde man § 828 Abs. 3 BGB um ein voluntatives Element erweitern. Stünde die Unzurechnungsfähigkeit fest, wäre der Weg zu § 829 BGB offen und somit die Lücke beseitigt.
Als zweite Möglichkeit ist zu erwägen, ob man nicht § 829 BGB entsprechend auch auf Fälle zurechnungsfähiger Jugendlicher anwenden kann, wenn ihnen wegen der typischen Eigenarten ihrer Altersgruppe kein Fahrlässigkeitsvorwurf gemacht werden kann.

aa. Erweiterte Auslegung des § 828 Abs. 3 BGB

Wie bereits beschrieben, wäre es möglich, die als unerträglich empfundene Lücke durch eine Erweiterung des § 828 Abs. 3 BGB zu schließen.[336] Eine

[336] Vgl. Wilts, VersR 1963, 1098, 1099.

Analogie würde voraussetzen, dass es sich bei der Beschränkung auf ein intellektuelles Moment im Rahmen des § 828 Abs. 3 BGB um eine planwidrige Gesetzeslücke bei ähnlichem Sachverhalt handelt.[337] In Betracht käme hier eine Gesetzesanalogie. Hierbei wird eine bestimmte gesetzliche Regel, genauer ihre Rechtsfolge, im Einklang mit ihrer *ratio*, aber über ihren Wortlaut hinaus, auf den „ähnlichen Fall" erstreckt. Die Ähnlichkeit besteht gerade in der „Gleichheit" des Rechtsgrundes und des Schutzbedürfnisses.[338] Inwieweit die Regelungslücke planwidrig ist, muss durch historische und teleologische Auslegung der Norm ermittelt werden.[339]
Hier liegt jedoch bereits ein schwer überwindliches Hindernis für eine Gesetzesanalogie. Denn, wie schon dargestellt, lehnte der historische Gesetzgeber die Norm des § 828 Abs. 3 BGB (§ 828 Abs. 2 BGB a.F.) an die ursprünglichen strafrechtlichen Bestimmungen über die Verantwortlichkeit an. Er wollte gerade nicht, dass es auf die Einsicht, entsprechend dem erkannten Unrecht zu handeln, ankommt. Dass dies auf einem mangelnden psychologischen Wissen um das Verständnis für die Fähigkeiten von Jungendlichen beruht, ist unerheblich. Es liegt also in der Beschränkung auf ein intellektuelles Moment keine planwidrige Regelungslücke vor. Eine erweiterte Auslegung ist somit nicht möglich. Nur der Gesetzgeber selbst wäre in der Lage, dies zu korrigieren.[340]
Darüber hinaus ist eine Erweiterung nicht mit dem Sinn und Zweck des § 828 BGB vereinbar. Die Norm regelt die Frage der Zurechnungsfähigkeit, nicht das Verschulden. Beides ist zwar im Bereich der Verschuldenshaftung erforderlich um die Haftung zu begründen, aber dennoch zwei verschiedene Elemente. Eine doppelte Berücksichtigung der individuellen Fähigkeiten bei der Begründung der Haftung ist weder erforderlich noch nützlich. Die fehlende Einsicht in die Gefährlichkeit eines konkreten Verhaltens ist keine Frage der Zurechnungsfähigkeit, sondern geradezu Inbegriff fehlender Fahrlässigkeit.[341] Denn wenn man entsprechend § 3 JGG Einsichts- und Steuerungsfähigkeit verlangt, liegt hierin doch schon die Frage, ob der Schädiger die Gefährlichkeit seiner konkreten Handlung vorhersehen konnte. Die Vorhersehbarkeit ist Teil der Fahrlässigkeit und damit des Verschuldens und nicht der Zurechnungsfähigkeit.

---

337 Larenz, Methodenlehre der Rechtswissenschaft[6], S. 381.
338 Bydlinski, Juristische Methodenlehre und Rechtsbegriff[2], S. 477.
339 Larenz, Methodenlehre der Rechtswissenschaft[6], S. 370.
340 Vgl. BGH JZ 1970, 616 m.Anm. Teichmann, JZ 1970, 617.
341 Wilts, VersR 1963, 1098, 1100; MüKoBGB/Wagner[4] § 828 Rn 7.

bb. Analoge Anwendung von § 829 BGB

Es bleibt damit nur noch die Möglichkeit, dem Problem mit einer Analogie zu § 829 BGB beizukommen. Eine erforderliche planwidrige Regelungslücke liegt vor, da es notwendig ist, ein Haftungsgefälle aufrecht zu erhalten, und es gleichzeitig nicht gerechtfertigt ist, zurechnungsfähige Jugendliche, welche auf Grund des gruppenspezifischen Sorgfaltsmaßstabs nicht haften, zu privilegieren.

Man könnte nun aber zweifeln, ob diese Lücke planwidrig ist, denn genau genommen würde es sich im Fall einer analogen Anwendung des § 829 BGB um eine verschuldensunabhängige Haftung für zurechnungsfähige Jugendliche aus Billigkeit handeln. Führt man sich aber die geschilderte Entstehungsgeschichte des § 829 BGB vor Augen, so fällt unweigerlich der Blick auf den § 752 Abs. 1 E II. Dort wurde generell eine Haftung für zurechnungsfähige schuldlos handelnde Schädiger vorgesehen. Wie bereits dargestellt, wurde dies als zu weitgehend aufgefasst und deshalb nicht Gesetz. Es wurde argumentiert, dass durch eine generelle Haftungsmöglichkeit für schuldloses Handeln der Bewegungsspielraum jedes einzelnen Individuums zu weit eingeschränkt würde, da es immer damit rechnen müsste, selbst bei Einhaltung der größtmöglichen Sorgfalt haften zu müssen. Gerade Industrie und Handel müssten häufig für Schäden nach § 829 BGB aufkommen, da sie gegenüber einer Privatperson meist finanziell besser gestellt seien und damit regelmäßig die Haftungsvoraussetzungen des § 829 BGB erfüllen würden. Es war also eindeutig im Plan des Gesetzgebers, dass zurechnungsfähige Personen nur bei Verschulden haften sollen.[342] Die Billigkeitshaftung ist als ausnahmsweise Haftung für einen bestimmten Personenkreis – nämlich Unzurechnungsfähige und nicht Zurechnungsfähige – konzipiert.

Doch gerade in dieser Aussage liegt auch die Lösung des Problems. Erstens kannte der Gesetzgeber nicht die Fälle der zurechnungsfähigen Jugendlichen, die nur mangels objektiv-typisierten Sorgfaltsmaßverstoßes nicht haften und zweitens sind diese Jugendlichen gerade ein bestimmter Personenkreis, der den unzurechnungsfähigen Kindern vergleichbar ist.

Der Gesetzgeber ging ersichtlich bei der Bestimmung des Sorgfaltsmaßstabs nur von einem objektiven Standpunkt aus. Der objektiv-typisierte Sorgfaltsmaßstab entsprechend dem Alter ist eine spätere Erfindung der

---

[342] Vgl. Kap. 1. A. IV. (S. 19 ff.); Jakobs/Schubert, Die Beratungen des Bürgerlichen Gesetzbuchs III, S. 926-927; Kommissions-Bericht, S. 101.

Rechtsprechung und der Literatur.[343] Diesbezüglich steht also einer Analogie nichts im Wege.
Klärungsbedürftig ist dagegen, ob zwischen Kindern und Jugendlichen ein für einen Analogieschluss erforderlicher „ähnlicher Sachverhalt" vorliegt. Kindern fehlt die geistige Reife zu erkennen, dass sie Unrecht begehen. Jugendlichen der zu behandelnden Gruppe, fehlt dagegen diese Reife nicht. Ihnen fehlt lediglich die Reife, entsprechend dem von ihnen erkannten Unrecht zu handeln. Ihr Reifedefizit ist graduell also geringer, als das von Kindern. Es wirkt sich daher nicht schon in der Zurechnungsfähigkeit, sondern erst beim Schuldvorwurf aus. Wenn aber schon ein größerer Reifemangel dem Gesetzgeber ausreichte, um eine Billigkeitshaftung zuzulassen, so muss dies erst recht bei einem geringeren Reifemangel genügen. Die zwei Gruppen sind also insoweit vergleichbar, als beide an einem Reifedefizit leiden, welches die Zurechnung einerseits mangels Zurechnungsfähigkeit und andererseits mangels Verschuldens entfallen lässt.[344] Für die Gruppe mit dem größeren Defizit wurde eine Haftung gesetzlich vorgeschrieben, für die mit dem geringeren Defizit dagegen nicht.
Die vornehmlich in der älteren Literatur geäußerten Zweifel an diesem Ergebnis überzeugen nicht. So macht es keinen Sinn, sich auf den Standpunkt zu stellen, dass § 829 BGB eben nur auf die §§ 827, 828 BGB Bezug nimmt und nicht auf Jugendliche im Sinne der zu behandelnden Gruppe.[345] Es ist doch gerade das Wesen einer Analogie, dass eine Rechtsfolge einer Norm auf vergleichbare Gruppen von Personen angewendet wird, welche eben nicht vom Wortlaut der Norm erfasst sind. Auch die Kritik, dass durch diese Analogie der Unterschied zwischen Verschulden und Zurechnungsfähigkeit verwischt wird,[346] verkennt, dass es sich hier um eine Gesetzesanalogie (Einzelanalogie) zu § 829 BGB handelt und nicht um eine Rechtsanalogie (Gesamtanalogie) zu einem (fiktiven) Institut der Billigkeitshaftung. Durch diese Analogie wird gerade nicht gesagt, dass Zurechnungsfähige allgemein auch nach § 829 BGB haften können, sondern nur die Gruppe der Jugendlichen, welche auf Grund des objektiv-typisierten Sorgfaltsmaßstabs vom Fahrlässigkeitsvorwurf befreit sind. Erst im Fall der allgemeinen Ausdehnung auf Zurechnungsfähige würde das Billigkeitsprinzip als gleichwertiges Haftungsprinzip neben das Verschuldensprinzip treten, was gesetzgeberisch nicht gewollt war. Käme es zu dieser Lösung, würden die Worte vom *Rü-*

---

343 Vgl. auch Deutsch, JZ 1964, 86, 90.
344 Vgl. ähnlich Wilts, VersR 1963, 1098, 1101.
345 Vgl. Mezger, MDR 1954, 597; Böhmer, MDR 1964, 278, 280.
346 Böhmer, MDR 1964, 278, 280.

melin zu treffen, die eine entsprechende Lösung als *„Bankerotterklärung des Gesetzgebers"* titulierte.[347]

e. Ergebnis

Es bleibt daher als Ergebnis festzuhalten, dass § 829 BGB analog auch anwendbar ist bei zurechnungsfähigen, aber auf Grund des altersspezifischen Sorgfaltsmaßstabs nicht fahrlässig handelnden Jugendlichen, im Sinn des § 828 Abs. 3 BGB. So weit ersichtlich, kann dies heute auch als herrschende Auffassung bezeichnet werden.[348]
Es sei nochmals darauf hingewiesen, dass § 829 BGB analog nicht zur Haftung führt, wenn dem Jugendlichen auch kein objektiver Sorgfaltsverstoß nachgewiesen werden kann.
Am Rande sei erwähnt, dass auch die österreichische Literatur, die zwar mehrheitlich von einem subjektiven Verschuldensmaßstab ausgeht, § 1310 ABGB analog zur Anwendung bringt, wenn der deliktsfähige Jugendliche zwar objektiv rechtswidrig gehandelt hat, ihm aber auf Grund unterdurchschnittlicher Fähigkeiten kein Verschulden angelastet werden kann. Die Begründung hierfür liegt – wie auch in Deutschland – darin, Wertungswidersprüche gegenüber der Haftung deliktsunfähiger Schädiger zu vermeiden.[349]

3. Analoge Anwendbarkeit des § 829 BGB bei zurechnungsfähigen, aber schuldlos handelnden Senioren

Im Anschluss an die Haftung von jugendlichen Schädigern muss zwangsläufig die Frage auftauchen, ob auch bei Senioren eine Billigkeitshaftung nach § 829 BGB in Betracht kommt, wenn diesen auf Grund der altersspezifischen Defizite kein Verschuldensvorwurf gemacht werden kann.

---

347 Rümelin, Die Billigkeit im Recht, S. 64.

348 Contra: Mezger, MDR 1954, 597; Böhmer, MDR 1964, 278; pro: Bamberger/Roth/Spindler § 829 Rn 4; Deutsch, JZ 1964, 86; ders., AllgHaftR[2], Rn 482; Erman/Schiemann[11] § 829 Rn 1; Esser/Weyers, SchuldR II/2[8], § 55 III. 2. (S. 176); Geilen, FamRZ 1965, 401; Larenz/Canaris, SchuldR II/2[13], § 84VII 1. a. (S. 651); MüKoBGB/Wagner[4] § 829 Rn 8; RGRK/Steffen[12] § 829 Rn 9; Soergel/Spickhoff[13] § 829 Rn 5; BGHZ 39, 281 = NJW 1963, 1609; BGH VersR 1965, 385; OLG Braunschweig VersR 1954, 460; OLG Oldenburg ZfS 1986, 129.

349 Koziol, Österreichisches Haftpflichtrecht I[3], Rn 5/41, 7/5; Karner in KBB, § 1310 Rn 4; Rummel/Reischauer[2] § 1310 ABGB Rn 12. In der Schweiz stellt sich eine entsprechende Problematik nicht in dieser Form, da die Urteilsfähigkeit keinen festen Grenzen unterliegt, Art. 16 ZGB.

Diese Frage ist, anders als bei jugendlichen Delinquenten, bis heute umstrittener. Es gibt allerdings auch so gut wie keine veröffentlichte Rechsprechung[350] zu diesem Problemkreis. Für eine gleiche Behandlung von Jugendlichen und Senioren spricht der Umstand, dass beide auf Grund altersspezifisch objektiv-typisiert abgeschwächten Sorgfaltsmaßstabs unter Umständen nicht haften, wobei ihre Zurechnungsfähigkeit außer Frage steht. Die meisten Autoren, die deshalb eine Haftung der schuldlos handelnden Senioren annehmen, stützen diese Aussage auch nur auf diesen Vergleich.[351] Für diese Ansicht ließe sich noch ins Feld führen, dass es nicht gerechtfertigt ist, Jugendliche einem strengeren Haftungsmaßstab zu unterwerfen als Senioren.

Dieser Auffassung kann aber aus verschiedenen Gründen nicht gefolgt werden. Schon der Vergleich zwischen Jugendlichen und Senioren ist verfehlt. Denn die Gruppe der Jugendlichen, die analog § 829 BGB haften kann, ist klar begrenzt. Es kommen nur Personen in Frage, die das siebente, beziehungsweise bei Verkehrsunfällen im Sinn von § 828 Abs. 2 BGB das zehnte Lebensjahr vollendet haben und noch nicht 18 Jahre alt sind. Ihnen muss darüber hinaus die intellektuelle Fähigkeit fehlen, entsprechend dem erkannten Unrecht zu handeln. Diese beiden Abgrenzungskriterien gegenüber der Allgemeinheit fehlen jedoch bei Senioren. Weder ist bestimmt noch bestimmbar, ab wann ein Senior, und nicht bloß ein älterer Erwachsener vorliegt. Ferner fehlt bei dieser Personengruppe eine dem § 828 Abs. 3 BGB vergleichbare Vorschrift. Es gibt keinen „bedingt zurechnungsfähigen Senior“ im Gesetz. Er ist entweder zurechnungsfähig und haftet damit nach §§ 823 ff. BGB, oder unzurechnungsfähig nach § 827 S. 1 BGB und haftet damit nach § 829 BGB. Diese gesetzgeberische Entscheidung ist kein Zufall. Die Abnahme bestimmter Fähigkeiten im Alter verläuft individuell unterschiedlich, so dass hier viel weniger als bei der sich weithin gesetzmäßig vollziehenden Entwicklung junger Menschen im jeweiligen Zeitpunkt von Gruppeneigenschaften die Rede sein kann,[352] die die Figur der bedingten Zurechnungsfähigkeit rechtfertigen würden.

Es fehlt also bereits der vergleichbare („ähnliche“) Sachverhalt. Anders als bei bedingt zurechnungsfähigen, aber schuldlos handelnden Jugendlichen, ist die Gruppe der in Betracht kommenden Senioren nicht ebenso klar abgrenzbar. Daher fehlt die von § 829 BGB beanspruchte Inbezugnahme einer

---

350 OLG Nürnberg VersR 1965, 93.

351 Vgl. Deutsch, AllgHaftR², Rn 482; ders., JZ 1964, 86, 90; Geilen, FamRZ 1965, 401, 408; MüKoBGB/Wagner⁴ § 829 Rn 8; RGRK/Steffen¹² § 829 Rn 9; zweifelnd Staud/Oechsler (2002) § 829 Rn 35.

352 So auch Koebel, NJW 1956, 969, 971.

klar bestimmbaren Personengruppe im Sinn von § 828 BGB, welche aus Billigkeit haften soll.
Darüber hinaus passen auch die Voraussetzungen des § 829 BGB nicht für Senioren. Denn die gesetzlich angeordnete Subsidiarität würde mangels aufsichtspflichtiger Person regelmäßig leer laufen. Diesbezüglich würden Senioren in Wahrheit sogar strenger behandelt als Jugendliche, bei denen es regelmäßig eine aufsichtspflichtige Person gibt.
Insgesamt aber stehen Jugendliche mit der Ablehnung der Analogie gegenüber Senioren schlechter. Entscheidender Grund hierfür ist die gesetzgeberische Entscheidung, Erwachsene, gleich welchen Alters, als generell zurechnungsfähig zu erachten.[353] Zwar mag der Gesetzgeber die demographische Entwicklung nicht vorhergesehen haben, und damit auch nicht das Auseinanderklaffen von gestiegener Lebenserwartung und dem möglichen Verlust an voluntativen Fähigkeiten, jedoch ist die gesetzgeberische Entscheidung in diesem Punkt klar und kann deshalb nicht durch eine Analogie durchbrochen werden.
Dieses Ergebnis mag zwar im Hinblick auf die Überalterung unsere Gesellschaft und der damit ansteigenden Zahl von unerlaubten Handlungen durch Senioren als unbefriedigend angesehen werden. Wie jedoch die sehr geringe Anzahl von gerichtlichen Entscheidungen zeigt, wird dieses Problem zumeist wohl gelöst, indem der alterspezifisch reduzierte Sorgfaltsmaßstab in relevanten Bereichen, wie dem Straßenverkehr, einfach nicht entsprechend weit abgesenkt wird wie bei Jugendlichen. Diese Problembewältigung ist sicher richtig, da Senioren im Regelfall Defizite durch ihre Lebenserfahrung und die damit verbundene Voraussicht beim Handeln kompensieren.

4. Analoge Anwendung von § 829 BGB bei anderen Gruppen mit abgesenktem objektiv-typisierten Sorgfaltsmaßstab

Im Anschluss an die Gruppe altersbedingter Sorgfaltsmaßstabsreduzierung stellt sich die Frage, ob der objektiv-typisierte Sorgfaltsmaßstab anderer Verkehrskreise eine analoge Anwendung von § 829 BGB rechtfertigt. Soll etwa im viel zitierten Beispiel der Landarzt für einen ihm nicht vorwerfbaren Sorgfaltsverstoß nach § 829 BGB haften, für den ein Chirurg in einem Großklinikum nach § 823 Abs. 1 BGB haften würde?[354]
Es lässt sich hier meines Erachtens die Argumentation zur Ablehnung der analogen Anwendbarkeit von § 829 BGB bei Senioren übertragen. Das Ge-

---

353 Koebel, NJW 1956, 969, 971; Lehnertz, Zur Problematik des § 829 BGB, S. 69; Wilts, VersR 1956, 1098, 1101.
354 Vgl. MüKoBGB/Wagner[4] § 829 BGB Rn 9; Wilts, VersR 1963, 1098, 1100.

setz sieht für zurechnungsfähige Erwachsene keine Billigkeitshaftung vor. Auch kann kein Vergleich zu den Jugendlichen gezogen werden, da diese an einem Reifemangel leiden, der ein natürlicher Zustand in ihrem Alter ist. Der Ausbildungsgrad eines Berufsgruppenangehörigen ist dagegen kein natürlicher Zustand, der in seiner Individualität begründet ist. Nur bei der Absenkung des objektiv-typisierten Sorgfaltsmaßstabsniveaus kommt eine Analogie zu § 829 BGB in Betracht.
Auch Angehörige eines anderen Gefahr eröffnenden Verkehrskreises sind nicht in ihrer Reife, sondern in ihrer Erfahrung und Ausbildung eingeschränkt. Es bleibt damit festzuhalten, dass eine Analogie definitiv nicht in Betracht kommt, wenn ein Angehöriger seines Verkehrskreises die dort verlangte objektiv-typisierte Sorgfalt einhält und nur die Sorgfalt im Höchstmaß verfehlt.[355]
Darüber hinaus widerspricht es sowohl der *ratio* des § 829 BGB sowie seiner Entstehungsgeschichte, eine Verursacherhaftung für weite Kreise unseres Wirtschaftslebens einzuführen.[356] Eine entsprechende Einschränkung der Handlungsfreiheit ist nicht gewollt.[357] Eine analoge Anwendung kommt daher nicht in Betracht.[358]

5. Analoge Anwendung von § 829 BGB in Fällen des entschuldigenden Irrtums

Eine analoge Anwendung von § 829 BGB in Fällen des entschuldigenden Irrtums kommt nicht in Betracht. Wie bereits im Rahmen der Entstehungsgeschichte des § 829 BGB erwähnt, lehnte die XII. Reichstagskommission einen Vorschlag ab, den entschuldigenden Irrtum in die Billigkeitshaftung aufzunehmen.[359] Für eine Analogie ist daher kein Raum.[360]

6. Analoge Anwendung von § 829 BGB bei Ansprüchen eines Nothelfers

Von *Stoll* wurde befürwortet, § 829 BGB analog auch in Fällen vermeintlicher Not anzuwenden, um dem Nothelfer gegen den „Gefährdeten" einen

---

355 Soergel/Spickhoff[13] § 829 Rn 11.

356 Vgl. Jakobs/Schubert, Die Beratungen des Bürgerlichen Gesetzbuchs III, S. 928.

357 Deutsch, JZ 1964, 86, 91.

358 Deutsch, JZ 1964, 86, 91; MüKoBGB/Wagner[4] § 829 BGB Rn 9; Staud/Oechsler (2002) § 829 Rn 36; Wilts, VersR 1963, 1098, 1100, 1101.

359 Bericht RT-Kommission, S. 101.

360 Vgl. Deutsch, AllgHaftR[2], Rn 484; Koebel, NJW 1956, 969; Soergel/Spickhoff[13] § 829 Rn 12; Staud/Oechsler (2002) § 829 Rn 38.

Anspruch auf Ersatz seiner Aufwendungen, beziehungsweise seiner Schäden zu geben.[361]
Dieser Vorstoß resultiert daraus, dass der Nothelfer gegen den vermeintlich Gefährdeten keinen Anspruch aus Geschäftsführung ohne Auftrag (GoA) hat.[362] Weil es auf den wirklichen Willen des Geschäftsherren ankommt, wird für eine objektiv unnötige Rettungsaktion Aufwendungsersatz nach GoA selbst dann nicht geschuldet, wenn der vermeintlich Gefährdete[363] zurechenbar den unrichtigen Eindruck einer Notlage hervorgerufen hat.[364] Zwar kann der Nothelfer Schadensersatz nach § 823 Abs. 1 BGB für einen möglichen erlittenen Gesundheitsschaden bei der Rettungsaktion verlangen, da er sich zu dieser herausgefordert fühlen durfte. Vermögensschäden, beziehungsweise Aufwendungen kann er dagegen nicht liquidieren. *Stoll* meint, dass der „*Schutzzweck des Haftungsrechts*“[365] eine billige Entschädigung, obwohl den Helfern „*... zwar nicht rechtswidrig, aber doch in zu mißbilligender Weise Schaden ...*“[366] zugefügt wurde, zustehe.
So verständlich diese Argumentation aus ökonomischer Sicht ist, so wird sie dennoch nur vom Willen getragen, den Helfern einen Vermögensersatzanspruch zusprechen zu können, wo das Gesetz eben keinen Ersatz vorsieht.[367] Ob ein Analogieschluss mit § 829 BGB zulässig ist, erscheint daher sehr zweifelhaft.
Im Gegensatz zu den bereits behandelten Gruppen müsste für eine analoge Anwendung von § 829 BGB, wie *Stoll* sie vorschlägt, nicht nur die Inbezugnahme der §§ 827, 828 BGB „überbrückt“ werden, sondern auch der Verweis auf die Deliktstatbestände. Denn, wie *Stoll* selbst anmerkt, fehlt es bei der Handlung des vermeintlich Gefährdeten an der Rechtswidrigkeit der Handlung. Eine damit einhergehende völlige Loslösung aus dem Recht der

---

[361] Stoll, FS Weitnauer, S. 411, 423 ff.
[362] Medicus, BürgerlichesR[20], Rn 424.
[363] In *Stolls* Beispiel (FS Weitnauer, S. 411) kehrt ein Skifahrer abends entgegen der Abrede mit seinen Freunden nicht von der Piste zurück. Diese lösen eine groß angelegte Suchaktion aus. Der vermeintlich verunglückte Skifahrer lernte jedoch auf der Piste ein Frau kennen und beschloss aus Diskretionsgründen die Nacht außer Haus zu verbringen, ohne seinen Freunden Bescheid zu geben.
[364] So auch Medicus, BürgerlichesR[20], Rn 424; MüKoBGB/Seiler[3] § 680 Rn 5, § 683 Rn 5; Palandt/Sprau[65] § 683 Rn 4; a.A. Soergel/Beuthien[12] § 680 Rn 8; Erman/Ehmann[11] § 680 Rn 6, § 683 Rn 2.
[365] Stoll, FS Weitnauer, S. 411, 424.
[366] Stoll, FS Weitnauer, S. 411, 423.
[367] A.A. Soergel/Beuthien[12] § 680 Rn 8; Erman/Ehmann[11] § 680 Rn 6, § 683 Rn 2.

unerlaubten Handlung trägt die *ratio* der Norm nicht.[368] § 829 BGB trägt zwar unter Umständen eine Analogie zu anderen Gruppen mit Defiziten auf der intellektuellen Ebene, nicht jedoch eine Haftung für Vermögenseinbußen ohne rechtswidrige Handlung.[369] Dies würde nämlich verlangen, in § 829 BGB allgemein den Grundsatz billiger Entschädigung für erlittene Einbußen ohne Bezug zum Deliktsrecht zu sehen. Würde man soweit gehen, müsste man die Billigkeitshaftung als allgemeines, ins BGB aufgenommenes Haftungsprinzip anerkennen. Dies war jedoch gerade nicht der Wille der Väter des Gesetzes, die an den *„allgemeinen Rechtsgrundsätzen"*[370] und damit am Verschuldensprinzip im Deliktsrecht festhalten wollten.[371]
Zu Recht wird daher in der Literatur[372] eine Analogie zu § 829 BGB verneint, um einen Anspruch eines Nothelfers gegen einen in vermeintlicher Not Befindlichen zu begründen.

7. Analoge Anwendbarkeit von § 829 BGB in Fällen individueller Unzumutbarkeit

Von einigen Autoren wurde erwogen, § 829 BGB analog auch dann zur Anwendung zu bringen, wenn dem Schädiger auf Grund individueller Unzumutbarkeit normgemäßen Verhaltens kein Schuldvorwurf gemacht werden kann.[373] Ist ein Schädiger beispielsweise strafrechtlich nach § 35 StGB entschuldigt, so entfällt zivilrechtlich der Schuldvorwurf entsprechend. Zwar wird § 35 StGB im Zivilrecht nicht unmittelbar zur Anwendung gebracht,[374] jedoch wird gemäß seiner Wertung bei erkanntem normwidrigem Verhalten der Vorsatzschuldvorwurf verneint, bei fahrlässig nicht erkanntem norm-

---

368 Deutsch, AllgHaftR², Rn 484; Medicus, BürgerlichesR²⁰, Rn 424; MüKoBGB/Mertens³ § 829 Rn 2 Fn 2; Soergel/Spickhoff¹³ § 829 Rn 12; Staud/Oechsler (2002) § 829 Rn 32.

369 Dass der Schädiger im Fall des § 827 S.1 BGB u.U. zu gar keiner Handlung fähig ist, und somit auch nicht rechtswidrig handelt, ist eine bewusst vom Gesetz in Kauf genommene Ausnahme.

370 Mot II, S. 734.

371 Vgl. MüKoBGB/Mertens³ § 829 Rn 2 Fn 2.

372 Vgl. Deutsch, AllgHaftR², Rn 484; Medicus, BürgerlichesR²⁰, Rn 424; MüKoBGB/Mertens³ § 829 Rn 2 Fn 2; Soergel/Spickhoff¹³ § 829 Rn 12; Staud/Oechsler (2002) § 829 Rn 32.

373 Deutsch, AllgHaftR², Rn 483; Enneccerus/Nipperdey AT Bd II¹⁵, § 213 IV (S. 1325); Soergel/Spickhoff¹³ § 829 Rn 12; in diesem Sinn wohl auch Koziol, AcP 196 (1996) 593, 609.

374 Insoweit unklar MüKoBGB/Grundmann⁴ § 276 Rn 168 und MüKoBGB/Säcker⁴ § 904 Rn 25; vgl. allg. mwN. Spickhoff, Gesetzesverstoß und Haftung, S. 220 f.

widrigem Verhalten, das nicht vermieden werden konnte, fehlt die voluntative Komponente der inneren Sorgfalt.[375]

Deutsch argumentiert, dass *a maiore ad minus,* wenn § 829 BGB bereits bei Jugendlichen angewendet wird, die wegen der herabgesetzten gruppentypischen Fahrlässigkeit nicht haften, die Norm erst recht angewendet werden müsste, wenn jemand auf Grund individuell-typischer Unzumutbarkeit entschuldigt sei.[376]

Es ist zuzugeben, dass der Sorgfaltsmaßstab im Fall des fahrlässig nicht erkannten normwidrigen Verhaltens, das vom Einzelnen nicht vermieden werden konnte (subjektiv-individuelle Unzumutbarkeit), subjektiviert wird.[377] Insoweit ist dieser Fall auch mit der Haftung Jugendlicher nach § 829 BGB analog vergleichbar.

Aber nicht jeder Fall der Subjektivierung des Sorgfaltsmaßstabs eröffnet den analogen Anwendungsbereich des § 829 BGB. Die Inbezugnahme der §§ 827, 828 BGB zeigt nämlich, dass der Gesetzgeber grundsätzlich die Haftung nach § 829 BGB nur dann zulassen wollte, wenn auf Seiten des Schädigers ein intellektuelles Reifedefizit oder ein Defizit auf Grund physischen und krankhaft psychischen Zustands besteht. Durch die Anerkennung der Haftung zurechnungsfähiger Jugendlicher nach § 829 BGB analog wurde die Unzulänglichkeit des § 828 Abs. 3 BGB ausgeglichen,[378] um ein einheitliches Haftungsgefälle aufrecht zu erhalten, nicht dagegen um § 829 BGB allgemein um die Fälle fehlenden objektiv-typisierten Sorgfaltsmaßverstoßes zu erweitern. Erst die Kombination aus der Anwendung des objektiv-typisierten Sorgfaltsmaßstabs und des § 828 Abs. 3 BGB, der nur auf die intellektuellen Fähigkeiten abstellt, führte zu der Lücke im Haftungsrecht, welche durch die Analogie zu § 829 BGB geschlossen wurde. Nun, völlig losgelöst von den §§ 827, 828 BGB, die Haftung auch auf Fälle individueller Unzumutbarkeit normgemäßen Verhaltens zu erstrecken, überspannt den Bogen. Denn Schädigern, denen es unzumutbar ist, sich normgemäß zu verhalten, sind nicht von einem vergleichbarem Defizit, wie es die §§ 827, 828 BGB verlangen, betroffen; wären sie es, so wären sie ja schließlich auch nach §§ 827, 828 BGB unzurechnungsfähig.

Daher wird die *ratio* der Norm verkannt, wenn *a maiore ad minus* der Vergleich zu schuldlos (nicht entschuldigt!) handelnden Jugendlichen gesucht wird. Nicht ein „Mehr" an Zurechnung begründet die Haftung nach § 829 BGB, sondern ein „Weniger". Je größer der Mangel im Bereich der Zurech-

---

375 Deutsch, AllgHaftR^2, Rn 437.

376 Deutsch, AllgHaftR^2, Rn 483.

377 Soergel/Spickhoff^{13} § 829 Rn 12.

378 So auch Staud/Oechsler (2002) § 829 Rn 37.

nungsfähigkeit ist, desto näher gelangt man zum geregelten „Normalfall" des § 829 BGB. Ein Zurechnungsfähiger soll nur für das einstehen, was ihm auch vorgeworfen werden kann. Daher kann hier nicht von der Verschuldenshaftung abgewichen werden. Aus Sicht des Opfers mag dies ungerecht erscheinen, würde man aber hier die Haftung nach § 829 BGB zulassen, so wäre man nicht mehr weit weg von der Einführung einer allgemeinen Billigkeitshaftung, die weder vom Gesetzgeber vorgesehen war noch im Interesse der Handlungsfreiheit der einzelnen Individuen liegt.[379] Darüber hinaus findet hierdurch auch keine Ungleichbehandlung gegenüber Unzurechnungsfähigen statt, da diese anerkanntermaßen dann nicht haften, wenn ein Zurechnungsfähiger auch nicht haften würde.[380]
Ein Geschädigter steht aber auch in den hier relevanten Fällen nicht völlig schutzlos. Nach heute einhelliger Auffassung kann sich ein Opfer, jedenfalls bei gerechtfertigter Verletzung höchstpersönlicher Rechtsgüter, gegenüber einem auf Grund Unzumutbarkeit normgemäßen Verhaltens entschuldigten Täter auf § 904 S. 2 BGB analog berufen.[381] Denn, wenn schon der gerechtfertigte Eingriff in Eigentumsrechte die Ersatzpflicht des § 904 S. 2 BGB auslöst, sollte dies erst recht für den noch schwerer wiegenden Eingriff in höchstpersönliche Rechtsgüter gelten. Verpflichtet aber schon ein rechtmäßiger Eingriff zum Schadensersatz, so muss dies wiederum erst recht bei rechtswidrigem, aber schuldlosem Handeln gelten.[382]

Eine analoge Anwendung von § 829 BGB im Fall der Unzumutbarkeit normgemäßen Verhaltens ist dagegen abzulehnen.

II. Verwirklichung eines deliktischen Tatbestands

§ 829 BGB setzt des Weiteren voraus, dass der Schädiger einen in der Norm genannten deliktischen Tatbestand verwirklicht hat. Inwieweit der Tatbestand einer deliktsrechtlichen Vorschrift vorliegen muss, ist seit Anbeginn umstritten. Denn § 829 BGB gelangt grundsätzlich nur bei Unzurechnungsfähigen zur Anwendung,[383] wodurch sich die Frage aufdrängt, inwieweit ein Unzurechnungsfähiger überhaupt fähig ist, den Tatbestand

---

[379] Wilts, NJW 1962, 1852; vgl. auch Kap. 2 A. I. 3. (S. 86).
[380] Vgl. RGZ 146, 213, 215.
[381] BGHZ 92, 357, 362; MüKoBGB/Säcker[4] § 904 Rn 24 ff.; RGRK/Steffen[12] Vor § 823 Rn 31 mwN.; krit. Staud/Seiler (2002) § 904 Rn 44 ff.
[382] Canaris, JZ 1963, 655, 658; MüKoBGB/Säcker[4] § 904 Rn 24.
[383] S. zum Anwendungsbereich von § 829 BGB auch Kap. 2 A. I. (S. 68 ff.).

einer deliktsrechtlichen Haftungsnorm zu erfüllen, da er eines Verschuldens gemäß §§ 276 Abs. 1 S. 2, 827, 828 BGB nicht fähig ist. Es gilt daher zu ermitteln, was statt eines Verschuldens vorliegen muss, um die Haftung eines Unzurechnungsfähigen zu begründen.

1. Objektive Verwirklichung eines deliktischen Tatbestands

Einig ist man sich seit jeher, dass § 829 BGB von einem Unzurechnungsfähigen die Verwirklichung des objektiven Tatbestands der §§ 823 bis 826 BGB, beziehungsweise ebenso in den darüber hinaus anerkannten Fällen der sachlichen Ausdehnung des Anwendungsbereichs, verlangt. Hierzu bedarf es auch keiner weiteren Ausführungen, denn der Zustand des Schädigers ist für die objektive Verwirklichung des Tatbestands ohne Belang.

2. Subjektive Verwirklichung eines deliktischen Tatbestands

Im Rahmen des subjektiven Tatbestands herrscht dagegen schon immer eine gewisse Verunsicherung, inwieweit einerseits ein Unzurechnungsfähiger überhaupt zu Vorsatz und Fahrlässigkeit fähig ist und andererseits, was von ihm konkret bei § 829 BGB verlangt werden muss, um seine Haftung zu begründen. Im Grunde geht es dabei um die Frage, ob und gegebenenfalls wie man die Folge der weiten objektiven Zurechnung einzuschränken gedenkt. Denn ließe man allein die objektive Verwirklichung eines Deliktstatbestandes genügen, würde die Haftung Unzurechnungsfähiger ihre Grenze nur noch in der Billigkeitsabwägung und im Schonvermögen finden. In Literatur und Rechtsprechung wurden im Laufe der Zeit im Wesentlichen zu der hier aufgeworfenen Fragestellung folgende Ansichten vertreten:

a. Ansicht v. Gierkes

Otto v. Gierke geht davon aus, dass „... *ein Verschulden des Zurechnungsunfähigen begrifflich ausgeschlossen* ... “ sei und es „ ... *daher unzulässig* [sei], *die Haftung davon abhängig zu machen, daß ein dem Verschulden des Zurechnungsfähigen analoger Willensfehler* ... “ [vorliege].[384] Seiner Ansicht nach kommt es also nur auf den objektiven Tatbestand an. Dies erklärt sich einerseits aus seinem Normverständnis, denn er sah in § 829 BGB eine Haftung für schuldlose Verursachung, welche nur auf Grund von Billigkeit

[384] v. Gierke, Deutsches Privatrecht III, § 212 III. 1. (S. 910).

wieder eingeschränkt werde.[385] Andererseits hat *v. Gierke* auch schon während des Gesetzgebungsverfahrens insgesamt wenig Sympathie für das mit dem BGB geschaffene Deliktsrecht erkennen lassen[386] und sich grundsätzlich für die Einführung einer Haftung ohne Verschulden entsprechend § 752 Abs. 1 E II ausgesprochen.[387] Dass damit bei entsprechender Auffassung im Ergebnis ein Unzurechnungsfähiger strenger haftet als ein Zurechnungsfähiger, war *v. Gierke* bewusst, sei aber eine Schwäche des Gesetzes, die es hinzunehmen gelte.[388]

b. Lehre von der natürlichen Schuld

Eine andere Ansicht[389] geht davon aus, auch von einem Unzurechnungsfähigen ein „Verschulden“ verlangen zu können. Im Rahmen dieser Ansicht ist man sich überwiegend im Klaren, dass ein Verschulden im technischen Sinn nicht vorliegen kann, meint aber, aus der gegebenen Handlungsfähigkeit auf eine natürliche Willensfähigkeit und folglich auf eine „natürliche“ Fahrlässigkeit und Vorsatz schließen zu können. Demnach wird ein subjektiver Tatbestand aus einem „natürlichen“ Betrachtungswinkel verlangt, um die Haftung nach § 829 BGB zu begründen. Der anzuwendende Sorgfaltsmaßstab solle sich aus dem bei Deliktsunfähigen üblichem Verkehrskreis ergeben.[390]

---

[385] v. Gierke, Deutsches Privatrecht III, § 212 III. 1. (S. 911); so auch Crome, System des Deutsche Bürgerlichen Rechts II, S. 1045.

[386] v. Gierke, Der Entwurf eines bürgerlichen Gesetzbuchs und das deutsche Recht, S. 259.

[387] v. Gierke, Deutsches Privatrecht III, § 212 III. 1. (S. 912).

[388] v. Gierke, Deutsches Privatrecht III, § 212 III. 1. (S. 912).

[389] Bruns, JZ 1964, 473, 477; Deutsch/Ahrens DeliktsR[4], Rn 139; Deutsch, AllgHaftR[2], Rn 481; ders., JZ 1964, 86, 91; Erman/Schiemann[11] § 829 Rn 1; Esser/Weyers SchuldR II/2[8], § 55 III. 2. (S. 176); Heinsheimer, AcP 95 (1904), 234, 254; Medicus, SchuldR BT II[13], Rn 772; RGRK/Steffen[12] § 829 Rn 8; Soergel/Spickhoff[13] § 829 Rn 9; Traeger, Der Kausalbegriff im Straf- und Zivilrecht, S. 215 ff.; Wussow, WI 1958, 57; 1960, 205.

[390] RGRK/Steffen[12] § 829 Rn 8.

c. Auffassung der Rechtsprechung

Schließlich wird von der Rechtsprechung[391] und Teilen der Literatur[392] die Ansicht vertreten, dass ein rechtlich relevantes Verschulden bei Unzurechnungsfähigen nicht gefordert werden könne und es daher nur auf den objektiven Tatbestand ankommen dürfe. Um aber die Haftung nach § 829 BGB nicht zu einer reinen Kausalhaftung wegen objektiver Sorgfaltswidrigkeit werden zu lassen, wird im Gegensatz zu *v. Gierkes* Auffassung eine zweifache Einschränkung vorgenommen. Ein Unzurechnungsfähiger soll dann nicht haften, wenn auch einem Zurechnungsfähigen in derselben Situation weder Vorsatz noch Fahrlässigkeit zur Last gelegt werden könnte.[393] Auch sollte er nicht haften, wenn die Tatbestandsverwirklichung nichts mit seiner Unzurechnungsfähigkeit zu tun hat.

d. Stellungnahme

Unmittelbar ist § 829 BGB selbst keine Antwort zu entnehmen. Die innere *crux*, von einem Unzurechnungsfähigen etwas zu verlangen, dessen er Kraft gesetzlicher Wertung nicht fähig ist, zeichnete sich bereits in der Entstehungsgeschichte der Norm ab. Bei § 752 Abs. 1 E II war klar, wonach auf den subjektiven Tatbestand eines Zivildelikts zu verzichten gewesen wäre, da feststehen musste, dass dem Schädiger weder Vorsatz noch Fahrlässigkeit zur Last fällt. In § 752 Abs. 2 E II hieß es, dass das gleiche gelte, wenn der Schädiger unzurechnungsfähig sei. Das heißt, es bleibt bei derselben Rechtsfolge, egal ob der Schädiger unverschuldet einen Deliktstatbestand verwirklicht hat oder unzurechnungsfähig war. Wenn es also bei § 752 Abs. 1 E II ausdrücklich auf das Nichtvorliegen des subjektiven Tatbestands trotz Zurechnungsfähigkeit ankam, so stellt sich die Frage, wie dies im Fall des § 752 Abs. 2 E II zu handhaben gewesen wäre.

---

391 Vgl. RGZ 54, 407, 411; 94, 220, 222; 146, 213, 215; BGHZ 23, 90, 97; BGH NJW 1958, 1630; LG Konstanz VersR 1979, 428.

392 Höchster, AcP 104 (1909) 427, 430; Larenz/Canaris SchuldR II/2[13] § 84 VII. 1. a) (S. 651); Fuchs, DeliktsR[4], S. 152; Enneccerus/Lehmann, SchuldR[15], § 260 I. 1. (S. 1045); Staud/Oechsler (2002) § 829 Rn 24; MüKoBGB/Wagner[4] § 829 Rn 7; Bamberger/Roth/Spindler § 829 Rn 2.

393 In der Schweiz und in Österreich wird dieser Vergleich ebenfalls zur Einschränkung vorgenommen, vgl. OGH JBl. 1999, 604; Koziol, Österreichisches Haftpflichtrecht II[2], S. 313; Karner in KBB, § 1310 Rn 6; BGE 55 II 35; 74 II 213; Oftinger/Stark, Schweizerisches Haftpflichtrecht II/1[4], § 18 Rn 47 (S. 145); Brehm, OR 54 Rn 17. In der Schweiz wird dieser Vergleich allg. als „objektives Verschulden" bezeichnet, vgl. Brehm, OR 54 Rn 17 mwN.

Die Gesetzesmaterialien schweigen sich zu diesem Problem weitgehend aus.[394] Zieht man einen Erst-Recht-Schluss aus § 752 Abs. 1 E II, so käme man zum Ergebnis, dass, wenn schon nach Abs. 1 kein Verschulden vorliegen darf, erst recht im Rahmen von Abs. 2 auf Verschulden verzichtet werden muss.[395] Andererseits kann man wohl auch argumentieren, dass im Rahmen von Abs. 1 das Verschulden negatives Tatbestandsmerkmal ist und daher im Abs. 2 wieder als positives Merkmal vorliegen muss. Ein eindeutiges Ergebnis lässt sich hieraus meines Erachtens nicht gewinnen. Darüber hinaus ist natürlich zu beachten, dass § 752 E II nicht Gesetz wurde. Vielmehr muss der *ratio* der Norm entsprechend und der sie umgebenden Komplexe eine Lösung gesucht werden.

Vom Wortlaut her nimmt § 829 BGB auf den gesamten Deliktstatbestand Bezug.[396] Folglich müsste auch von einem Zurechnungsunfähigen der subjektive Tatbestand verlangt werden können. Fraglich ist aber, ob dies überhaupt Sinn macht. Sowohl Fahrlässigkeit wie auch Vorsatz setzen einen individuellen Willensakt (bzw. dessen Unterlassen trotz Möglichkeit) voraus, der neben der Zurechnungsfähigkeit Teil des Grundes der Zurechnung der Handlung und des Erfolgs zum Schädiger ist. Der Wille führt zu einer Handlung, beziehungsweise zu einem Unterlassen. Unstreitig kann nicht von jeglichem menschlich verursachten Geschehen auf das Vorhandensein eines dazugehörigen Willens geschlossen werden.[397] Das heißt: nicht jede Handlung ist von einem Willen getragen – Handlungsfähigkeit steht der Willensfähigkeit nicht gleich. Ein Neugeborenes handelt, diese Handlung ist aber nicht von einem Willen getragen. Um dem Rechtsverkehr die Frage zu ersparen, ob das jeweilige Individuum willensfähig ist, hat das Gesetz die Geschäfts- und die Zurechnungsfähigkeit als fixe Grenzen eingeführt. Dies bedeutet, das Gesetz geht grundsätzlich davon aus, Menschen unterhalb der jeweiligen gesetzlichen Grenze können zwar unter Umständen einen Willen äußern, rechtlich relevant soll dieser jedoch nicht sein.[398] Anders mag dies etwa im Fall von Realakten liegen. Für diesen oder ähnliche Bereiche fehlen aber auch entsprechende Vorschriften vergleichbar den §§ 104 ff. und §§ 827 ff. BGB. Verlangt man nun aber das Vorliegen eines vollen subjektiven Tatbestands, das heißt eines rechtlich relevanten Willens, so gelangt man bei der Haftung nach § 829 BGB nie zu einer Ersatzpflicht, da ein Unzurechnungsfähiger nie einen rechtlich relevanten Willen zum Vor-

---

394 In unklaren Ansätzen Prot. II, S. 592.
395 So etwa RGZ 146, 213, 217.
396 So Heinsheimer, AcP 95 (1904), 234, 239.
397 Vgl. z.B. Reflexe, Hypnose usw.
398 So schon Höchster, AcP 104 (1909) 427, 430.

satz oder zur Fahrlässigkeit fassen kann, da § 276 Abs. 1 S. 2 BGB die Verantwortlichkeit entsprechend den Grenzen der Zurechnungsfähigkeit entfallen lässt. Ein Anspruch nach § 829 BGB hätte nie Aussicht auf Erfolg. Einen immer ins Leere führenden Anspruch hatte der Gesetzgeber aber nicht im Blick gehabt, als er § 829 □GB schuf.

Will man aber nun an einem subjektiven Tatbestand festhalten, bleibt nichts anderes übrig, als die verbleibende subjektive Komponente – die Willensfähigkeit – als rechtlich relevant zu erachten. Auf den ersten Blick erscheint dies unproblematisch: ein vierjähriges Kind nimmt einem Spielkameraden eine Tafel Schokolade weg und verzehrt sie. Die Wegnahme ist nicht bloß instinkt- oder reflexhalber erfolgt, sondern getragen von dem Willen, erstens Schokolade schmeckt mir, zweitens ich habe keine Schokolade und will aber welche und drittens nehme ich sie mir einfach und esse sie auf. Auch vielen geistig behinderten Menschen wird man einen vergleichbaren Willensakt kaum absprechen wollen.

Problematisch ist allerdings, ab welchem Punkt die Willensfähigkeit ausreichen soll, um die Haftung zu begründen. Man stelle sich die gleiche Situation mit einem zweijährigen Kind vor. Es drängt sich hier die Frage auf, ob nicht etwa der Instinkt zur Nahrungsaufnahme überwiegt. Bei Erwachsenen mit intellektuellen Defiziten würde sich diese Grauzone nur noch mit psychologischen Gutachten in den Griff bekommen lassen. Oder allgemein formuliert: Wieviel Willensfähigkeit muss vorhanden sein, um „natürlich schuldhaft" handeln zu können?

Gerade aber um diese Unsicherheit dem Rechtsverkehr zu ersparen, hat das Gesetz fixe Grenzen eingeführt, um Grauzonen von vornherein aus der Zurechnung herauszunehmen. Lediglich bei Jugendlichen hat der Gesetzgeber beschlossen, die Einsichtsfähigkeit, die mit der Willensfähigkeit „verwandt" ist, zu einem rechtlich relevanten Umstand zu erheben, § 828 Abs. 3 BGB. Den „natürlichen" Willen (wohl erst ab einem gewissen Grad) zur haftungsbegründenden Zurechnung hat das Gesetz nicht als Rechtskategorie aufgenommen. Es kennt nur einen rechtlich relevanten Willen.[399]

Das Vorhandensein eines rechtlich relevanten Willens wird oberhalb einer fixen Grenze vermutet, §§ 276 Abs. 1 S. 2, 827, 828 BGB. Der Anspruchsteller muss dagegen grundsätzlich beweisen, dass dieser Wille den Schuldvorwurf trägt. Unterhalb der Grenzen wird aber unwiderleglich vermutet, dass der Schädiger keinen entsprechenden Willen hat und folglich die

[399] Das Gesetz kennt schon einen natürlichen Willen, etwa zur Bestimmung des Besitzes, nützt diesen aber immer nur zur Zuordnung, nicht aber als Vorwurf. Darüber hinaus kennt das Gesetz für diese Bereiche auch keine den §§ 104 ff. und §§ 827 ff. entsprechende Einschränkung.

Handlung nicht von einem rechtlich relevanten Willen getragen wird. Berücksichtigt man nun aber eine „natürliche“ Willensfähigkeit, so dreht man die gesetzliche Vermutung ins Gegenteil. Dem Anspruchsteller wäre es also möglich, entgegen § 276 Abs. 1 S. 2 BGB ein „natürliches“ Verschulden eines Unzurechnungsfähigen haftungsbegründend anzuführen. Auch wenn man dies systemwidrig nur innerhalb von § 829 BGB zulassen will, müsste man die Norm als Verschuldenshaftung auffassen.[400] Diese Konsequenz – das Kind also beim Namen zu nennen – wird von den meisten Autoren jedoch vermieden.[401] Der innere Widerspruch, von einem Unzurechnungsfähigen ein Verschulden zu verlangen und dann § 829 BGB nicht der Verschuldenshaftung zuzuschlagen, ist augenscheinlich.

Unlösbar würde das Problem im Fall bewusstloser Schädiger, § 827 S. 1 BGB. Wer bewusstlos ist, dem fehlt jede voluntative und intellektuelle Fähigkeit. Es liegt folglich auch keine Handlung vor, welche vom Willen getragen ist. In diesen Fällen ist es nicht möglich, einen, wenn auch nur natürlichen, Willen festzustellen. Hier wäre also immer der Anspruch nach § 829 BGB nicht begründet, da es dem Schädiger an einem wie auch immer gearteten Willen fehlt.[402] Dass dies nicht im Sinne der Vorschrift ist, liegt auf der Hand. Man müsste sonst den Verweis von § 829 BGB auf § 827 S. 1 BGB als Versehen bezeichnen. Die Entstehungsgeschichte lässt jedoch solch einen Schluss nicht zu.[403] Von den meisten Autoren wird daher zu Recht dieser Schluss auch nicht gezogen.[404]

Da auch die Überlegungen zur natürlichen Willensfähigkeit nicht ein befriedigendes Ergebnis ermöglichen, kann es also zu Recht nicht auf einen subjektiven Tatbestand ankommen.

Damit stellt sich die Frage, inwieweit die bloße Berücksichtigung des objektiven Tatbestands zu befriedigenden Ergebnissen führt. Eine Analyse dessen bedarf meines Erachtens folgender Unterteilung: Delikte, bei denen Fahrlässigkeit genügt, und denen, die Vorsatz zwingend erfordern, §§ 823 Abs. 2, 826 BGB. Denn bei den einen ist nur überhaupt ein Schuldvorwurf

---

400 So konsequent auch Heinsheimer, AcP 95, 234, 255.

401 Vgl. z.B. Esser/Weyers SchuldR II/2[8], § 54 III. (S. 148), § 55 III. 2. (S. 176); RGRK/Steffen[12] § 829 Rn 2, 3; anders dagegen Deutsch, AllgHaftR[2], Rn 481: „subsidiäre Verschuldenshaftung“.

402 So konsequent Heinsheimer, AcP 95, 234, 239.

403 Jakobs/Schubert, Die Beratungen des Bürgerlichen Gesetzbuchs III, S. 912 ff.

404 Vgl. z.B. Esser/Weyers SchuldR II/2[8], § 55 III. 2. (S. 176); Soergel/Spickhoff[13] § 829 Rn 2; a.A. Jansen, Die Struktur des Haftungsrechts, S. 143.

erforderlich, bei den anderen ist der Schuldvorwurf dagegen gerade normprägend.

aa. Fahrlässigkeitsdelikte

Im Rahmen der Zivildelikte, die lediglich Fahrlässigkeit erfordern, kann grundsätzlich zu Recht auf jedwedes subjektive Element beim Schädiger verzichtet werden.
Sowohl die Rechtsprechung[405] wie auch die Literatur[406] sind sich seit langem einig, dass ein Unzurechnungsfähiger nicht schlechter stehen darf als ein Zurechnungsfähiger. Daher wird die Haftung nach § 829 BGB dem Reichsgericht folgend von vielen abgelehnt, wenn ein Zurechnungsfähiger in derselben Situation nicht gehaftet hätte, weil ihm kein Verschuldensvorwurf gemacht werden kann, da es auch für ihn unvorhersehbar gewesen wäre.[407] Ferner soll nicht der Unzurechnungsfähige für etwas haften, was seinen Grund nicht in der Unzurechnungsfähigkeit hat.[408]
Gerade die erste Einschränkung deckt sich auch mit der dogmatischen Einordnung des § 829 BGB als Verursacherhaftung, welche eingeschränkt-subjektiviert ist.[409] Der Vergleich mit einem hypothetisch anwesenden Zurechnungsfähigen in derselben Situation macht es nicht erforderlich, auf den tatsächlichen Willen des Unzurechnungsfähigen abzustellen, begrenzt aber auch die objektive Zurechnung. Dem Unzurechnungsfähigen wird damit auch kein Fahrlässigkeitsvorwurf untergeschoben, sondern zu seinen Gunsten und zur Aufrechterhaltung eines gewollten Haftungsgefälles die Zurechenbarkeit seines objektiven Fehlverhaltens eingeschränkt.[410] *V. Gierkes* Ansicht, die eine entsprechende Einschränkung nicht vornahm, ist daher abzulehnen.
Ferner wird durch den Vergleich mit einem hypothetisch anwesenden Zurechnungsfähigen auch keine Grauzone geschaffen, in der die „natürliche" Fahrlässigkeit zu einer Rechtskategorie erhoben wird.

---

[405] RGZ 146, 213, 215; BGHZ 23, 90, 97; BGH NJW 1958, 1630; LG Konstanz VersR 1979, 428.
[406] Vgl. z.B. Larenz/Canaris SchuldR II/2[13] § 84 VII. 1. a) (S. 651); RGRK/Steffen[12] § 829 Rn 8; Staud/Oechsler (2002) § 829 Rn 25; MüKoBGB/Wagner[4] § 829 Rn 7.
[407] RGZ 146, 213, 215; MüKoBGB/Wagner[4] § 829 Rn 7 mwN.
[408] Lässt ein Unzurechnungsfähiger einen Bierkrug fallen, weil er von einem Dritten angerempelt wurde, so begründet dies keinen Anspruch des Wirts gegen den Unzurechnungsfähigen nach § 829 BGB.
[409] Vgl. hierzu Kap. 1 B. III. 5. (S. 64 ff.).
[410] Vgl. zum gewollten Haftungsgefälle auch die Begründung der Haftung Jugendlicher, Kap. 2 A. I. 2. d. (S. 82 ff.).

Im Bereich der Zivildelikte, welche nur Fahrlässigkeit erfordern, ist daher der Ansicht zu folgen, welche nur die Verwirklichung des objektiven Tatbestands verlangt, soweit die beschriebene zweifache Einschränkung berücksichtigt wird.

bb. Vorsatzdelikte

Weitaus schwieriger ist es dagegen, im Bereich der Zivildelikte, die zwingend Vorsatz erfordern, völlig auf ein subjektives Element zu verzichten.
Das Reichsgericht ging in der hierfür grundlegenden Entscheidung davon aus, dass auch im Fall der Beihilfe zum Betrug durch eine Geisteskranke ein Anspruch nach § 829 BGB in Betracht komme.[411] Zu diesem Ergebnis gelangte das Reichsgericht, in dem es auf den subjektiven Tatbestand verzichtete. Um aber einen Unzurechnungsfähigen nicht strenger als einen Zurechnungsfähigen haften zu lassen, nahm das Reichsgericht abermals eine Einschränkung vor, indem es die Haftung entfallen ließ, wenn dieselbe Handlung bei einem Zurechnungsfähigen nur als fahrlässig erachtet werden kann.[412] Wie im Bereich der Fahrlässigkeitsdelikte, wird das Verhalten eines Unzurechnungsfähigen mit dem eines hypothetisch in derselben Situation anwesenden Durchschnittsmenschen verglichen. Ist es danach unmöglich, dass ein Zurechnungsfähiger mit Wissen und Wollen eine solche Handlung vorgenommen hätte, entfällt auch ein Anspruch gegen den Unzurechnungsfähigen nach § 829 BGB.[413]
Einige Stimmen in der Literatur wollen dagegen auf einen „natürlichen" Vorsatz abstellen.[414] Unter selbigem verstehen sie das „... *Wissen und Wollen der Tat im Licht des die Deliktsunfähigkeit begründenden Zustands* ... ".[415] Sie argumentieren, dass ein zurechnungsfähiger Schädiger, dem Vorsatz nicht nachgewiesen werden kann, weder nach § 826 noch nach § 829 BGB haftet, während der Unzurechnungsfähige sich der Billigkeitshaftung

---

411 RGZ 146, 213 ff. (vgl. zur fragwürdigen strafrechtlichen Bewertung Bruns, JZ 1964, 473, 479).

412 RGZ 146, 213, 216; später auch BGH NJW 1958, 1630 und BGHZ 39, 281, 284 = NJW 1963, 1609, 1610, wobei es jeweils nicht um ein Delikt handelte, welches zwingend Vorsatz erfordert.

413 MüKoBGB/Wagner[4] § 829 Rn 7.

414 Bruns, JZ 1964, 473, 479; Deutsch, AllgHaftR[2], Rn 481; ders., JZ 1964, 86, 91 (mit sehr fragwürdiger Bezugnahme auf § 1310 ABGB. Anders als § 829 BGB kennt § 1310 1. Fall ABGB nämlich ausdrücklich auch ein Verschulden Unzurechnungsfähiger); RGRK/Steffen[12] § 829 Rn 8; Soergel/Spickhoff[13] § 829 Rn 2, 9; unklar Planck/Flad[4] § 829 Anm. 2. a.

415 RGRK/Steffen[12] § 829 Rn 8.

gegebenenfalls wegen unterstellter Vorsatztat ausgesetzt sehen würde. Es sei für einen Schädiger daher vorteilhafter, seine Schuldunfähigkeit zu bestreiten[416] und statt dessen darzutun, als jemand, der immerhin an der Grenze der Schuldunfähigkeit steht, die von ihm ausgehende Gefahr nicht erkannt, also (nur) nicht vorsätzlich gehandelt zu haben.[417] Wird dagegen bei Vorsatzdelikten objektiv bestimmt, ob einem vernünftigen Durchschnittsmensch in der konkreten Handlungssituation Vorsatz anzulasten gewesen wäre,[418] soll dies zu unerträglichen Ergebnissen führen, da der subjektive Tatbestand gerade das Wesen von Vorsatzdelikten ausmache.[419]
Dieser Auffassung ist zwar zuzugeben, dass der subjektive Tatbestand das wesentliche Abgrenzungskriterium zu den Zivildelikten darstellt, die nur Fahrlässigkeit erfordern. Auch erscheint es auf den ersten Blick unmöglich, einem Schädiger ein Vorsatzdelikt vorzuwerfen, ohne seinen Willen auch nur erörtert zu haben.
Den Befürwortern der Lehre von der natürlichen Schuld ist aber aus verschiedenen Gründen entgegenzutreten. Zum einen bleibt, wie *Larenz*[420] und *Oechsler*[421] bemerken, der Gegenstand eines vorrechtlichen Schuldbegriffs im Dunklen und dient damit nicht der Rechtsklarheit. Die Prüfung der natürlichen Schuld kann nämlich dort nicht weiter führen, wo gerade die Unzurechnungsfähigkeit zum Schaden geführt hat.[422] Rechtfertigen Wissen und Wollen eines Unzurechnungsfähigen, die auf Grund intellektueller Defizite notwendig andere sind, als die eines Zurechnungsfähigen den Vorsatzschuldvorwurf? Reduziert man nicht letztlich die Anforderungen an die Vorsatzschuld, wenn man demjenigen, dem die Einsicht in das Unrecht seiner Handlung verwehrt ist, seine beschränkten geistigen Fähigkeiten zum Wissen und Wollen zum Vorwurf macht? Haftet nicht der Unzurechnungsfähige damit letztendlich in Fällen, in denen man einem Zurechnungsfähigen keinen Vorsatzvorwurf machen kann, weil ihm das intellektuelle Moment des Vorsatzes fehlt?

---

416 Im Übrigen hat der Unzurechnungsfähige seine Unzurechnungsfähigkeit darzulegen und nicht zu bestreiten, vgl. Kap. 3 C. I. (S. 316).

417 Soergel/Spickhoff[13] § 829 Rn 9.

418 So ausdrücklich MüKoBGB/Wagner[4] § 829 Rn 7.

419 Deutsch, JZ 1964, 86, 91; Staud/Oechsler (2002) § 829 Rn 26.

420 Larenz, SchuldR II[12], § 71 II (S. 598).

421 Staud/Oechsler (2002) § 829 Rn 27.

422 Staud/Oechsler (2002) § 829 Rn 27; Oechsler zitiert hier zwei Entscheidungen (LG Mosbach NJW-RR 1986, 24; AG Dortmund ZfS 1993, 150, 151), die zwar von der „natürlichen Schuld" sprechen, jedoch damit nicht eine Berücksichtigung der „Schuld" im Rahmen des subjektiven Tatbestands meinen, sondern die schwere der „Schuld" bei der Billigkeitsabwägung berücksichtigt sehen wollen.

Zum anderen wird die Begründung, wonach es auf einen natürlichen Vorsatz ankommen müsse, darin gesucht, dass anderenfalls einem Unzurechnungsfähigen Vorsatz untergeschoben werden könnte, obwohl er um den Erfolg weder wusste, noch ihn wollte. Bei dieser Sichtweise wird aber der Umstand übersehen, dass das Verhalten des Unzurechnungsfähigen mit dem eines hypothetisch anwesenden Zurechnungsfähigen verglichen wird. Durch diesen Vergleich wird gewährleistet, dass selbst einem Unzurechnungsfähigen, welchem die intellektuellen Fähigkeiten eines Zurechnungsfähigen fehlen, nicht ein Verhalten zum Vorwurf gemacht wird, dessen er sich auf Grund seiner Fähigkeiten nur eingeschränkt bewusst sein kann.
Darüber hinaus verzichtet § 829 BGB nach richtigem Verständnis auf jeglichen subjektiven Vorwurf gegenüber dem Unzurechnungsfähigen. Der Grund seiner Haftung liegt nicht in seinem vom Willen getragenen Fehlverhalten, sondern in dem von ihm in ausgleichsbedürftiger Weise verursachten Schaden.[423] Den natürlichen Willen des Schädigers zu berücksichtigen, hieße aber letztlich den Grund der Haftung wieder an die subjektiv vorwerfbare Schuld zu knüpfen. Dies entspricht aber nicht der *ratio* des § 829 BGB.
Im Ergebnis ist deshalb der Ansicht der Rechtsprechung[424] und großen Teilen der Literatur[425] zu folgen und auch in Fällen, in denen das Gesetz zwingend Vorsatz vom Schädiger verlangt, auf einen subjektiven Tatbestand zu verzichten. Dafür ist eine Parallelwertung anzustellen. Das Gericht muss sich also fragen, ob einem vernünftigen Durchschnittsmenschen in der konkreten Handlungssituation Vorsatz anzulasten gewesen wäre.

3. Problem der fehlenden Handlungsfähigkeit

Bisher wurde nur am Rande immer wieder darauf hingewiesen, dass nach § 829 BGB auch Bewusstlose im Sinn des § 827 S. 1 BGB haften können. Diese klare gesetzgeberische Aussage führt allerdings zu einigen dogmatischen „Ungereimtheiten". Wieso gibt es eine Haftung ohne Handlung und wenn schon keine Handlung vorliegt, wie gelangt man dann zu einer rechtswidrigen Tatbestandsverwirklichung?

---

[423] Vgl. ausführlich Kap. 1 B. II. 7. b. (S. 59 ff.).

[424] RGZ 146, 213, 216; BGH NJW 1958, 1630; BGHZ 39, 281, 284 = NJW 1963, 1609, 1610.

[425] Larenz, SchuldR II[12], § 71 II (S. 598); Larenz/Canaris, SchuldR II/2[13], § 84 VII 1. a) (S. 651); Hoechster, AcP 104 (1909) 427, 434; MüKoBGB/Wagner[4] § 829 Rn 7; Soergel/Zeuner[12] § 829 Rn 2; Staud/Oechsler (2002) § 829 Rn 27.

Ein Bewusstloser kann keine Handlung vornehmen. Denn wer ohne Bewusstsein ist, kann auch keinen Willen fassen. Wer keinen Willen fassen kann, kann auch nicht handeln.[426]
Daher haftet er auch nicht nach §§ 823 bis 826 BGB, da all diese Tatbestände eine Handlung voraussetzen. Nun hat sich aber der Gesetzgeber dafür ausgesprochen, dass die Haftung nach § 829 BGB auch Fälle der Bewusstlosigkeit erfassen soll. Erleidet also ein Autofahrer während der Fahrt einen Schlaganfall, wobei er völlig das Bewusstsein verliert, und verursacht er in diesem Zustand einen Schaden, so kann er nach der Rechtsprechung dennoch gemäß § 829 BGB haftbar gemacht werden.[427]
Problematisch ist hieran, dass im Wortlaut des § 829 BGB diesbezüglich ein innerer Widerspruch angelegt ist. Einerseits wird von der Norm verlangt, dass ein in den §§ 823 bis 826 BGB bezeichneter Fall vorliegt, das heißt, dass zumindest eine Handlung vorliegen muss. Andererseits steht unstrittig fest, dass ein Bewusstloser, auf welchen § 829 BGB auch Bezug nimmt, nicht handeln kann. Ein Tatbestandsmerkmal des § 829 BGB wird gleichzeitig zum Ausschlussgrund der Haftung.
Dieser Widerspruch wird in der Literatur im Wesentlichen wie folgt aufgelöst:

a. Keine Haftung

Sowohl im älteren,[428] wie auch in Teilen des jüngeren Schrifttums[429] wird vertreten, dass § 829 BGB immer eine rechtswidrige Handlung voraussetze. Daher darf ein Bewusstloser nicht nach § 829 BGB haften, da ihm keine haftungsbegründende Handlung vorgeworfen werden könne. Nur eine vorwerfbare, das heißt, eine vom Willen getragene Handlung, soll Gegenstand eines Haftungsanspruchs sein.

---

426 Mot. II S. 731.

427 Vgl. aus der Rechtsprechung ähnliche Fälle (chronologisch): BGHZ 23, 90; LG Konstanz VersR 1979, 428; BGHZ 98, 135; AG Dortmund ZfS 1993, 150; BGH NJW 1995, 452; OLG Saarbrücken VersR 2000, 1427.

428 Heinsheimer, AcP 95 (1904) 234, 248, 249; v. Gierke, Deutsches Privatrecht III, § 212 III. 1. (S. 910) Fn 557; v. Liszt, Deliktsobligationen, S. 54.

429 Jansen, Die Struktur des Haftungsrechts, S. 143; Esser/Weyers SchuldR II/2[8], § 55 III. 2. (S. 576).

b. Haftung mit Einschränkungen

Einige Autoren[430] erkennen zwar die gesetzgeberische Entscheidung, auch Handlungsunfähige zur Haftung nach § 829 BGB heranzuziehen, an, wollen aber eine Einschränkung dahingehend vornehmen, dass ein Handlungsunfähiger nur dann haften soll, wenn dem haftungsbegründenden Ereignis noch eine „*bewusste menschliche Aktivität*“[431] des Schädigers vorausging. Dagegen soll der Schädiger nicht haften, wenn der Erfolg nicht mehr unmittelbar mit der Gefahr zusammenhängt, die noch im Rahmen der willensmäßigen Steuerung des körperlichen Verhaltens begründet worden ist.[432] Ein Narkosepatient soll daher nicht für Reflexbewegungen haftbar gemacht werden können.

c. Volle Haftung

Die Rechtsprechung[433] und die wohl herrschende Auffassung in der Literatur[434] gehen jedoch davon aus, dass an der gesetzgeberischen Entscheidung uneingeschränkt festzuhalten ist und der Handlungsunfähige nach § 829 BGB haften soll, wenn das von ihm verursachte Geschehen objektiv den Tatbestand einer unerlaubten Handlung erfüllt.

d. Stellungnahme

Autoren, die eine Haftung nach § 829 BGB bei Handlungsunfähigkeit generell ablehnen, stützen ihre Ansicht auf verschiedene Ausgangspunkte. So ist es nur konsequent, wenn unter ihnen jene, die § 829 BGB als Verschuldenshaftung ansehen, einen Anspruch gegen einen Bewusstlosen strikt ver-

---

430 MüKoBGB/Mertens[3] § 829 Rn 10; Bamberger/Roth/Spindler § 829 Rn 3; RGRK/Steffen[12] § 829 Rn 7; wohl auch Larenz/Canaris SchuldR II/2[13], § 84 VII 1. a. Fn 153 (S. 651).

431 MüKoBGB/Mertens[3] § 829 Rn 10.

432 MüKoBGB/Mertens[3] § 829 Rn 10; RGRK/Steffen[12] § 829 Rn 7.

433 Chronologisch: RGZ 146, 213, 215; BGHZ 23, 90, 98; LG Konstanz VersR 1979, 428; BGHZ 98, 135; AG Dortmund ZfS 1993, 150; BGH NJW 1995, 452; OLG Saarbrücken VersR 2000, 1427, 1428.

434 Erman/Schiemann[11] Rn 1; Kötz/Wagner, Deliktsrecht[10], Rn 351; Medicus, SchuldR BT II[13], Rn 772; MüKoBGB/Wagner[4] § 829 Rn 11; Soergel/Spickhoff[13] § 829 Rn 4; Staud/Oechsler (2002) § 829 Rn 29. Fuchs, DeliktsR[4], S. 153 und Deutsch, AllgHaftR[2], Rn 482 wollen dagegen im Fall der Handlungsunfähigkeit § 829 BGB nur analog zur Anwendung bringen, bleiben jedoch eine diesbezügliche Begründung schuldig.

neinen[435] und § 829 BGB nur in Fällen „leichter“ Bewusstlosigkeit[436] zur Anwendung bringen wollen.
Aber auch Autoren, die § 829 BGB als vom Verursacherprinzip getragen ansehen, verlangen eine rechtswidrige Handlung[437] und kommen folglich zum Ergebnis, dass § 829 BGB bei Bewusstlosen keine Anwendung findet.
Diese Auffassung kann nicht überzeugen. Denn die Inbezugnahme von § 827 S. 1 BGB durch § 829 BGB ist kein Zufall.[438] Wie der BGH zu Recht ausführt, will § 829 BGB „*... nach seinem Sinn und Zweck die Fälle vorübergehender „Bewusstlosigkeit“ ohne Rücksicht darauf erfassen, ob sie nur die Zurechnungsfähigkeit des Täters oder (wie Schlaf, Ohnmacht und dergl.) auch das Handeln mit Vorsatz oder Fahrlässigkeit oder gar jede willensmäßige Steuerung des körperlichen Verhaltens ausschließen.*“[439] Bereits oben wurde dargestellt, dass im Rahmen von § 829 BGB nicht der volle Deliktstatbestand verlangt werden kann. Vielmehr genügt nach richtiger Auffassung der objektive Tatbestand unter entsprechenden Einschränkungen. Jedoch liegt denknotwendig im Fall der Handlungsunfähigkeit auch nicht der vollständige objektive Tatbestand eines Zivildelikts vor. Die Norm deshalb zwingend in diesen Fällen immer leer laufen zulassen, ist nicht Sinn und Zweck einer Anspruchsgrundlage.
Damit ist klar, dass auch ein Handlungsunfähiger grundsätzlich nach § 829 BGB haften kann. Folge dieses Ergebnisses ist, dass es auf eine Handlung im rechtstechnischen Sinn nicht ankommen kann; genauer gesagt, ist das Tatbestandsmerkmal „Handlung“ bei Handlungsunfähigen durch „schadensstiftendes Geschehen“ zu substituieren.
Nach dieser Feststellung kann das „schadensstiftende Geschehen“ aber auch nicht als rechtswidrig im Sinn der Lehre vom Verhaltensunrecht qualifiziert werden.[440] Genau genommen liegt damit auch keine Unrechtshaftung mehr vor.[441] Dies ist jedoch ausnahmsweise hinzunehmen, um nicht § 829 BGB

---

435 So Heinsheimer AcP 95 (1904) 234, 248, 249.

436 Heinsheimer AcP 95 (1904) 234, 248; wobei m.E. eine „leichte Bewusstlosigkeit“ ein Widerspruch in sich ist, denn entweder ist man bewusstlos, oder man ist bei Bewusstsein. Ein Zustand, bei dem der Schädiger bei Bewusstsein ist, aber seine Umgebung kaum mehr wahrnimmt, kann dagegen unter § 827 S. 1 2. Alt BGB subsumiert werden (freie Willensbestimmung ausschließender Zustand krankhafter Störung der Geistestätigkeit).

437 v. Gierke, Deutsches Privatrecht III, § 212 III. 1. (S. 910).

438 Vgl. RGZ 146, 213, 215.

439 BGHZ 23, 90, 98.

440 Larenz/Canaris SchuldR II/2[13], § 84 VII 2. a. (S. 653); Jansen, Struktur des Haftungsrechts, S. 142.

441 Deutsch, AllgHaftR[2], Rn 93.

zu einer Anspruchsgrundlage zu machen, die gegen einen vom Gesetz bewusst in die Haftung einbezogenen Handlungsunfähigen nie zu einem Anspruch führen kann. Im Ergebnis kann daher nur die objektive Rechtswidrigkeit des Erfolgs im Fall eines von einem Handlungsunfähigen verursachten schadensstiftenden Geschehens verlangt werden.

Fraglich ist aber, ob diese Form der Haftung zu Gunsten des Handlungsunfähigen – ähnlich wie im Fall des objektiven Tatbestandes – eingeschränkt werden sollte.
Autoren, die eine Einschränkung befürworten, argumentieren damit, dass § 829 BGB nicht zu einer Gefährdungshaftung für nicht als Handlung geltende Vorgänge werden dürfe.[442] Deshalb solle § 829 BGB teleologisch dahingehend reduziert werden, dass der Handlungsunfähige nur haften soll, wenn das Geschehen im Ansatz noch der menschlichen Kontrolle unterlag. Als Beispiel wird immer der Patient bemüht, der während der Narkose einen Schaden durch einen Reflex verursacht.[443] Hier sei eine unmittelbare Anknüpfung an den menschlichen Willen nicht mehr möglich. Dagegen sei der Schlaganfall und ein daraus resultierender Unfall noch unmittelbar mit der menschlichen Entscheidung, ein Kfz zu führen, verbunden. Die Entscheidung, sich zum Arzt zu begeben, ist also nach dieser Ansicht nicht mehr unmittelbar, die Entscheidung, mit dem Auto loszufahren, dagegen noch unmittelbar. Nach dieser Auffassung müsste also eine Person haften, wenn sie sich bewusst an einen Tisch lehnt, dann unerwartet bewusstlos wird und beim Zu-Bodenstürzen den Tisch mit samt dem Gedeck umreißt. Nicht haften müsste also eine Person dann, wenn sie sich nicht bewusst an den Tisch anlehnt und das Geschehen denselben Lauf nimmt. Würde man dagegen das sich Zum-Tisch-Begeben als unmittelbaren Anknüpfungspunkt genügen lassen, ist nicht einzusehen, warum das Aufsuchen des Arztes nicht genügt. Es zeigt sich, dass diese teleologische Reduktion mehr Fragen aufwirft, als dass sie befriedigende Ergebnisse liefert. Darüber hinaus dürfte es für einen Geschädigten kaum beweisbar sein, ob die letzte als unmittelbar geltende Aktivität noch vom menschlichen Willen getragen war.[444] Im Ergebnis ist also eine Differenzierung, wie sie vorgeschlagen wurde, weder stringent noch praktikabel.[445]

---

442 MüKoBGB/Mertens[3] § 829 Rn 9, 10; RGRK/Steffen[12] § 829 Rn 7.

443 MüKoBGB/Mertens[3] § 829 Rn 10; Larenz/Canaris, SchuldR II/2[13], § 84 VII 2. a. Fn 153 (S. 651).

444 Staud/Oechsler (2002) § 829 Rn 30.

445 So auch MüKoBGB/Wagner[4] § 829 Rn 11; Soergel/Spickhoff[13] § 829 Rn 4, 11; Staud/Oechsler (2002) § 829 Rn 30.

Da eine Einschränkung der Haftung für Handlungsunfähige entsprechend der vorgeschlagenen Differenzierung abzulehnen ist, steht nun noch die Frage im Raum, ob die Entscheidung, einen Handlungsunfähigen ohne etwaige Einschränkungen haften zu lassen,[446] mit der *ratio* des § 829 BGB vereinbar ist.
Zunächst ist zu bedenken, dass die von der wohl herrschenden Meinung zu Recht vorgenommene Einschränkung der Haftung unzurechnungsfähiger, aber handlungsfähiger Schädiger bei Delikten, welche Fahrlässigkeit genügen lassen, nicht zur Anwendung gebracht werden kann. Denn sowohl die Einschränkung, einen Unzurechnungsfähigen dort nicht nach § 829 BGB haften zu lassen, wo einem Zurechnungsfähigen kein Verschulden treffen würde, macht in Situationen, in denen der Schädiger handlungsunfähig ist, keinen Sinn. Man denke nur an die beschriebenen Beispiele: Ein narkotisierter Patient verursacht einen Schaden oder ein Autofahrer erleidet am Steuer einen Schlaganfall und verursacht anschließend einen Schaden. In beiden Fällen ist der Vergleich mit einem zum Zeitpunkt des schadensstiftenden Ereignisses zurechnungsfähigen Schädigers sinnlos, da ein Zurechnungsfähiger gerade nicht in eine vergleichbare Situation kommen kann. Denn erst die Handlungsunfähigkeit bereitet den Boden für die schadenträchtigen Folgen. Darüber hinaus ist es müßig zu fragen, ob ein Zurechnungsfähiger in Situation im Straßenverkehr genauso einen Schaden vorsätzlich oder fahrlässig verursacht hätte wie ein Handlungsunfähiger. Wenn überhaupt, müsste man zum Ergebnis gelangen, dass ein Zurechnungsfähiger gerade nicht andere vorsätzlich oder fahrlässig geschädigt hätte, da man davon ausgehen muss, dass jeder die größtmögliche Sorgfalt walten lässt. Man müsste folglich zum Ergebnis gelangen, dass ein Handlungsunfähiger nie nach § 829 BGB haftet, wenn man die für unzurechnungsfähige, aber handlungsfähige Schädiger entwickelte Haftungseinschränkung auch bei Handlungsunfähigen zur Anwendung bringen würde.

Dagegen ist die Einschränkung, dass ein Unzurechnungsfähiger dann nicht haftet, wenn der eingetretene Erfolg nicht auf seiner Unzurechnungsfähigkeit beruht, im Prinzip auch im Fall der Handlungsunfähigkeit des Schädigers fruchtbar zu machen. Der Genauigkeit halber muss man hier explizit

---

[446] Chronologisch: RGZ 146, 213, 215; BGHZ 23, 90, 98; LG Konstanz VersR 1979, 428; BGHZ 98, 135; AG Dortmund ZfS 1993, 150; BGH NJW 1995, 452; OLG Saarbrücken VersR 2000, 1427, 1428; Deutsch, AllgHaftR[2], Rn 482; Erman/Schiemann[11] Rn 1; Fuchs, DeliktsR[4], S. 153; Kötz/Wagner, DeliktsR[10], Rn 351; Medicus, SchuldR BT II[13], Rn 772; MüKoBGB/Wagner[4] § 829 Rn 11; Soergel/Spickhoff[13] § 829 Rn 4; Staud/Oechsler (2002) § 829 Rn 29.

auf die Handlungsunfähigkeit abstellen, denn die Einschränkung der herrschenden Meinung läuft in Fällen der permanenten Unzurechnungsfähigkeit bei plötzlich eintretender Handlungsunfähigkeit leer. Man stelle sich einen unzurechnungsfähigen Fahrradfahrer (z.B. fünfjähriges Kind, geistige Behinderung usw.) vor, der beim Fahren einen Schlaganfall erleidet und bewusstlos wird und in diesem Zustand einen Schaden verursacht.
Ein Handlungsunfähiger haftet deshalb nur, wenn das Geschehen den objektiven Tatbestand einer unerlaubten Handlung darstellt, wobei auf eine rechtswidrige Handlung verzichtet werden muss und der rechtswidrige Erfolg gerade auf der Handlungsunfähigkeit beruht.
Man gelangt mit dieser Einschränkung auch in den von *Mertens*[447] genannten Beispielen zu vernünftigen Ergebnissen. Der bewusstlose Autofahrer haftet, da der Unfall gerade auf seiner Handlungsunfähigkeit beruht; der narkotisierte Patient haftet dagegen nicht, da seine Reflexbewegung gerade nicht zwingend auf seine Handlungsunfähigkeit zurückzuführen ist.
Diese Ansicht muss sich auch nicht den Vorwurf gefallen lassen, § 829 BGB zu einer Gefährdungshaftung für Handlungsunfähige zu machen. Denn nicht die Handlungsunfähigkeit alleine begründet die Haftung eines Bewusstlosen, sondern der eingetretene Erfolg muss gerade auf der Handlungsunfähigkeit beruhen.

4. Tod des Schädigers

Interessant ist auch, ob § 829 BGB noch den Fall erfasst, wenn der Schädiger zum Zeitpunkt des Verletzungserfolgs bereits tot ist, jedoch noch zu Lebzeiten einen Kausalverlauf in Gang setzte, der erfolgsursächlich wurde, wobei er in diesem Stadium bereits handlungsunfähig war. Man stelle sich den Fall vor, dass ein Autofahrer am Steuer einen Schlaganfall erleidet und darauf hin die Kontrolle über sein Fahrzeug verliert. Das Auto gerät auf gerader Straße erst nach einiger Zeit in den Gegenverkehr und verursacht einen Unfall. Nach einer Obduktion stellt sich heraus, dass der Schlaganfall bereits nach sehr kurzer Zeit tödliche Folgen hatte und der Schädiger daher zum Zeitpunkt des Zusammenstoßes bereits tot war.
Soweit ersichtlich, wird von allen Autoren, die die Haftung von Handlungsunfähigen zulassen (wenn auch mit Einschränkungen), auch die Haftung in dem beschriebenen Fall befürwortet.[448]

---

[447] MüKoBGB/Mertens[3] § 829 Rn 10.
[448] Larenz/Canaris SchuldR II/2[13] § 84 VII 1.a. S. 651; MüKoBGB/Mertens[3] § 829 Rn 11; MüKoBGB/Wagner[4] § 829 Rn 11; Staud/Oechsler (2002) § 829 Rn 31.

Zunächst ist zu bedenken, dass eine unerlaubte Handlung ein Haftungssubjekt erfordert, welchem ein Erfolg zugerechnet werden kann. Folglich muss zumindest im Zeitpunkt der Handlung ein Haftungssubjekt gegeben sein. Die Haftungssubjektsqualität[449] endet jedoch mit dem Tod, denn diese setzt Rechtsfähigkeit voraus, § 1 BGB. Nun liegt aber in dem hier zu behandelnden Fall gar keine Handlung vor. Auch im Zeitpunkt des schadensstiftenden Ereignisses ist kein Haftungsrechtsubjekt mehr vorhanden. Dagegen ist Haftungssubjektsqualität zum Zeitpunkt der letzten vom Willen gesteuerten Handlung irrelevant. Dieser Anknüpfungspunkt kann folglich auch nicht genutzt werden, um einen Toten im Zeitpunkt des schädigenden Ereignisses wieder zum Leben zu erwecken.

Dennoch ist die Haftung in diesem speziellen Fall zuzulassen.[450] Es ist nicht zu rechtfertigen, dass ein Geschädigter leer ausgeht, wenn der Schädiger stirbt, dagegen Schadensersatz erlangt, wenn der Schädiger „nur" handlungsunfähig ist. Dies lässt sich zwar nicht mit einem *a maiore ad minus* Argument untermauern, indem man sagt, dass wenn schon ein vorübergehend Bewusstloser haftet, dann muss dies erst recht für einen „endgültig" Bewusstlosen gelten.[451] Würde man hier diesen Schluss ziehen, hätte man die Handlungsfähigkeit in unzulässiger Weise mit der Haftungssubjektsqualität verknüpft. Die Haftungssubjektsqualität ist kein Mehr oder Weniger zur Handlungsfähigkeit, sondern ein *aliud*. Es käme auch niemand auf die Idee, einem Handlungsunfähigen die Rechtsfähigkeit abzusprechen.

Ferner spielt hier auch die Beweisbarkeit eine Rolle. In aller Regel wird der Zeitraum zwischen Eintritt der Handlungsunfähigkeit und dem schadensstiftenden Ereignis sehr kurz sein, sodass meist nicht mit Sicherheit festgestellt werden kann, ob der Schädiger bereits unmittelbar nach Eintritt der Bewusstlosigkeit starb, oder noch die Rechtsgutsverletzung erlebte. Man würde also dem Geschädigten diesen schwer zu führenden Nachweis aufbürden, darzulegen, dass der Tod erst nach Eintritt des Verletzungserfolgs eintrat.[452]

---

449 Dieser - zugegebener Maßen etwas umständlicher Begriff - wurde gewählt, um klar zumachen, dass auch einem Toten eine gewisse Subjektsqualität zukommen kann (z.B. postmortales Persönlichkeitsrecht). Hier soll es jedoch nur um die haftungsrechtliche Stellung eines Toten gehen.

450 So wohl schon v. Liszt, Deliktsobligationen, S.49.

451 So wohl auch Staud/Oechsler (2002) § 829 Rn 31.

452 MüKoBGB/Mertens[3] § 829 Rn 11; Staud/Oechsler (2002) § 829 Rn 31.

Deshalb kann in oben beschriebenen Konstellation ausnahmsweise auch ein Toter nach § 829 BGB haften, mit der Folge, dass ein Geschädigter gegen die Erben des Toten gemäß §§ 829, 1967 BGB vorgehen kann.[453]

5. Zusammenfassung der Voraussetzungen

Es lassen sich also die Anforderungen bei der Verwirklichung eines Deliktstatbestands im Rahmen von § 829 BGB wie folgt zusammenfassen. Es müssen grundsätzlich zwei Gruppen getrennt behandelt werden – die Handlungsunfähigen und die handlungsfähigen Unzurechnungsfähigen.

a. Bei handlungsfähigen Unzurechnungsfähigen

Bei handlungsfähigen Unzurechnungsfähigen muss darüber hinaus zwischen Delikten unterschieden werden, für die Fahrlässigkeit genügt und solchen, die zwingend Vorsatz verlangen.

aa. Bei Fahrlässigkeitsdelikten

Bei Fahrlässigkeitsdelikten genügt die objektive Tatbestandsverwirklichung. Der Schädiger haftet dann nicht, wenn einem Zurechnungsfähigen in derselben Situation weder Vorsatz noch Fahrlässigkeit vorgeworfen werden könnte und der tatbestandliche Erfolg in keinem Zusammenhang mit der Unzurechnungsfähigkeit steht.

bb. Bei Vorsatzdelikten

Bei Vorsatzdelikten genügt ebenfalls die Verwirklichung des objektiven Tatbestands. Eingeschränkt wird die Haftung dadurch, dass ein Unzurechnungsfähiger dann nicht haftet, wenn auch einem vernünftigen Durchschnittsmensch in der konkreten Handlungssituation kein Vorsatz angelastet werden könnte.

---

[453] Im Ergebnis wird der Anspruch nach § 833 S 1. BGB oder § 7 I StVG beim Tod des Halters gegen die Erben ähnlich begründet. Auch dort endet die Gefahr nicht mit dem Tod, sodass nicht die Erben die Haltereigenschaft „ererben“ und damit nicht durch den Nachlass beschränkt haften, sondern der Anspruch wird noch in der Person des bereits verstorbenen Halters begründet und fällt damit in die Nachlassverbindlichkeiten (vgl. mwN. Eberl-Borges, VersR 1996, 1070, 1072 ff.).

b. Bei handlungsunfähigen Unzurechnungsfähigen

Bei handlungsunfähigen Unzurechnungsfähigen ist eine Unterscheidung zwischen Vorsatz- und Fahrlässigkeitsdelikten nicht erforderlich.
Ein Handlungsunfähiger haftet nur, wenn das Geschehen den objektiven Tatbestand einer unerlaubten Handlung darstellt, wobei auf eine Handlung und die Rechtswidrigkeit derselben verzichtet werden muss und der objektiv rechtswidrige Erfolg gerade auf der Handlungsunfähigkeit beruht.

III. Fehlende Verantwortlichkeit

In dieser Arbeit wurde bislang an vielen Stellen von Unzurechnungsfähigen gesprochen, ohne genauer darauf einzugehen, wer unzurechnungsfähig im Sinne der §§ 827, 828 BGB ist. Zwar wurde bereits im Rahmen des Anwendungsbereichs von § 829 BGB dieser Themenkomplex gestreift, nicht aber eingehender erörtert. Bevor nun dies dargestellt wird, bedarf es aber zuvor einer Klärung, was Zurechnung und Unzurechnungsfähigkeit bedeuten, denn weder in § 829 BGB, noch in den §§ 827, 828 BGB gibt es dazu Definitionen.

1. Zurechnung

Unter Zurechnung versteht man die Zurückführung der Verletzung und des Schadens auf den Willen einer Person. Voraussetzung ist also, dass die Person einen Willen hat, frei zu handeln. Fehlt dieser Wille, beziehungsweise ist er stark eingeschränkt, ist es nicht möglich, dieser Person eine Verletzung und einen Schaden zu zurechnen. Sie ist also unzurechnungsfähig.[454]
Es handelt sich somit um einen persönlichen Haftungsausschluss.
In der Literatur wird eine Vielzahl von Begriffen verwendet, um den gesetzlich normierten persönlichen Haftungsausschluss zu beschreiben. So wird von der Verschuldungsfähigkeit,[455] der Verschuldensfähigkeit,[456] der

---

[454] Deutsch, AllgHaftR², Rn 448 mwN.
[455] Oertmann, LZ 1924, 241.
[456] Larenz, SchuldR I¹⁴, § 20 VI (S. 293); Fikentscher/Heinemann, SchuldR¹⁰, § 55 II., Rn 645.

Verantwortlichkeit,[457] der Urteilsfähigkeit[458] oder der Deliktsfähigkeit[459] gesprochen. Der Begriff der Zurechnungsfähigkeit trifft meines Erachtens am besten den Grundsatz, dass ein Schädiger nur für das haften soll, was ihm auch zugerechnet werden kann. Die Zurechnung ist das entscheidende Kriterium, welches Tat und Täter verbindet.[460]
Das Gesetz folgt diesem Grundsatz in zweierlei Hinsicht. Erstens entfällt die persönliche Verantwortung für ein Zivildelikt gemäß den §§ 827, 828 BGB und zweitens verweist § 276 Abs. 1 S. 2 BGB auf die Vorschriften über die persönliche Verantwortung mit der Folge, dass einem objektiv sorgfaltswidrig handelnden Schädiger kein Verschulden vorgeworfen werden kann.
Verlangt nun § 829 BGB die fehlende Verantwortlichkeit auf Grund der §§ 827, 828 BGB, so bedeutet dies nichts anderes, als dass dem Schädiger auf Grund Gesetzes weder die Verletzung, noch der Schaden zugerechnet werden kann.
Vor diesem Hintergrund wurden im BGB drei Gruppen von Personen benannt, bei denen die Unzurechnungsfähigkeit auf Grund fehlender, beziehungsweise eingeschränkter willentlicher Steuerung des eigenen Handelns die Verantwortlichkeit entfallen lässt. Dies sind erstens Handlungsunfähige, zweitens Personen mit krankhafter Störung der Geistestätigkeit und drittens Kinder und Jugendliche.

a. Handlungsunfähige

Die Gruppe der Handlungsunfähigen wird dadurch charakterisiert, dass den Betroffenen sowohl jegliche intellektuellen wie auch voluntativen Fähigkeiten fehlen.
§ 827 S. 1 BGB bestimmt, dass Bewusstlose für einen von ihnen verursachten Schaden nicht verantwortlich sind. Als Bewusstlose sind sie handlungsunfähig und damit fehlt ihnen jegliche Fähigkeit zu willentlichem Handeln.[461] Der Bewusstlosigkeit werden Bewusstseinsstörungen gleichgestellt, sofern sie die freie Willensbildung nicht bloß einschränken, sondern

---

457 Ennerccerus/Nipperdey, AT II[15], § 214 (S. 1327); v. Liszt, Deliktsobligationen, S. 47.
458 Oftinger, SchweizHaftpflR I[4], S. 154; Oftinger/Stark, SchweizHaftpflR II[4], S. 131.
459 Staud/Oechsler (2002) § 827 Rn. 7; RGRK/Steffen[12] § 827 Rn 1.
460 Vgl. Deutsch, AllgHaftR[2], Rn 450.
461 BGHZ 23, 90, 98; BGH NJW-RR 2004, 173.

aufheben.[462] Hierzu zählen zum Beispiel starke Schockzustände,[463] äußerste Erregung[464] und schwere traumatische Belastungsstörungen.[465]
Sehr praxisrelevant sind auch hochgradige Rauschzustände auf Grund von Alkohol oder anderen berauschenden Mitteln. Anders als bei der Fahruntüchtigkeit kann aber nicht ab einem bestimmten BAK-Wert auf die Unzurechnungsfähigkeit geschlossen werden.[466] Entscheidend ist, wie bewusstseinsraubend sich der Rausch im Einzelfall darstellt.[467]
In diesem Zusammenhang ist auch auf § 827 S. 2 BGB hinzuweisen, wonach ein Schädiger trotz vorliegender Unzurechnungsfähigkeit wie ein fahrlässig Handelnder haftet, wenn er sich selbst schuldhaft in einen Rauschzustand versetzt hat. Dabei muss sich das Verschulden nur auf die Herbeiführung des Rausches beziehen, nicht auf die im Rausch begangene Tat. Verlangt der Haftungstatbestand grobe Fahrlässigkeit,[468] so wird von der Rechtsprechung eine analoge Anwendung von § 827 S. 2 BGB befürwortet.[469] Setzt der Haftungstatbestand Vorsatz voraus, so kommt § 827 S. 2 BGB nicht zur Anwendung. Hiervon unberührt bleibt aber die auch im Zivilrecht anerkannte Figur der *actio libera in causa*.[470]
Schließlich sei noch einmal bemerkt, dass Handlungsunfähige keine Handlung begehen können, folglich auch keine Verbindung zwischen Täter und Tat mittels des Willens hergestellt werden kann.[471] Dies ändert nichts an dem Umstand, dass auch sie gemäß § 829 BGB haften können sollen.[472]

b. Personen mit krankhafter Störung der Geistestätigkeit

Der Bewusstlosigkeit ist gemäß § 827 S. 1 BGB einem die freie Willensbestimmung ausschließenden Zustand krankhafter Störung der Geistestätigkeit gleichgestellt. Geisteskrankheiten werden in diesem Sinne definiert als „... *alle krankhaften Fälle dauernder oder vorübergehender geistiger oder*

---

[462] MüKoBGB/Wagner[4] § 827 Rn 6; RGRK/Steffen[12] § 827 Rn 5.
[463] BGH VersR 1966, 458, 459; 1966, 579; 1977, 430, 431.
[464] BGH NJW 1958, 266 (zu § 51 StGB a.F.); BGH VersR 1977, 430, 431.
[465] OLG München ZfS 2002, 170, 171.
[466] OLG Frankfurt a.M. NVersZ 1999, 573 (Zurechnungsfähig trotz BAK von über 3 ‰).
[467] BGH VersR 1989, 469, 470.
[468] Nicht relevant im Haftungsrecht, wohl aber nach § 61 VVG.
[469] Vgl. BGH Vers 1967, 944 f.; a.A. MüKoBGB/Wagner[4] § 827 Rn 10; Staud/Oechsler (2002) § 827 Rn 27.
[470] MüKoBGB/Wagner[4] § 827 Rn 11.
[471] Deutsch, AllgHaftR[2], Rn 469.
[472] S.o. Kap. 2 A. II. 3. d. (S. 105).

seelischer Abartigkeit [...], welche die Psyche erheblich beeinträchtigen.“[473] Es ist entscheidend, dass der Schädiger nicht mehr in der Lage ist, seine Handlungen durch vernünftige Erwägungen leiten zu lassen.[474] Ist die Willenskraft dagegen nur gemindert, oder neigt der Schädiger zur krankhaften Lethargie, so führt dies nicht zum Ausschluss seiner Zurechnungsfähigkeit.[475] Auch für eine während eines „lichten Augenblicks“ (sog. *lucidum intervallum*) begangene Verletzung haftet ein ansonsten Unzurechnungsfähiger wie ein Zurechnungsfähiger.
Dieser Gruppe ist immanent, dass den Betroffenen auf Grund ihres Zustands nur sehr eingeschränkt intellektuelle und voluntative Fähigkeiten zur Verfügung stehen.

c. Kinder und Jugendliche

Schließlich als dritte Gruppe die Kinder und Jugendlichen: Auf Grund ihres Alters haben sie Reifedefizite, weshalb das Gesetz diese Personen teilweise als unzurechnungsfähig ansieht. Innerhalb dieser Gruppe wird unterschieden zwischen generell unzurechnungsfähigen und bedingt zurechnungsfähigen Kindern und Jugendlichen.
Kinder, die das siebte Lebensjahr noch nicht vollendet haben, sind generell unzurechnungsfähig, § 828 Abs. 1 BGB. Dass auch sie, man denke nur an ein Neugeborenes, nicht handlungsfähig sein können, steht einer Haftung aus § 829 BGB nicht entgegen.[476]
Im Jahr 2002 hat der Gesetzgeber bestimmt, dass Kinder, die das siebte, nicht aber das zehnte Lebensjahr vollendet haben, nicht für Schäden haften, die bei einem Unfall mit einem Kraftfahrzeug, einer Schienenbahn oder einer Schwebebahn einem anderen entstanden sind, § 828 Abs. 2 S. 1 BGB. Dies gilt allerdings nicht, wenn das Kind die Verletzung vorsätzlich herbeigeführt hat, § 828 Abs. 2 S. 2 BGB. Kinder zwischen sieben und zehn Jahren gelten also im Wesentlichen bei Unfällen im Straßenverkehr als generell unzurechnungsfähig, außer sie führten die Verletzung vorsätzlich herbei. Entscheidend ist hier nach der Rechtsprechung die Abgrenzung zwischen ruhendem und fließendem Verkehr. Kinder sollen sich nur bei einem Unfall

---

473 Deutsch, AllgHaftR^2, Rn 469 mwN.
474 RGZ 130, 69, 71; BGH NJW 1970 ,1680, 1681.
475 MüKoBGB/Wagner^4 § 827 Rn 8; Bamberger/Roth/Spindler § 827 Rn 3 jeweils mwN.
476 S.o. bzgl. Probleme der Handlungsunfähigkeit, Kap. 2 A. II. 3. (S. 103 ff.).

mit einem im fließenden Verkehr sich befindlichen Kraftfahrzeug auf das Haftungsprivileg des § 828 Abs. 2 S. 1 BGB berufen dürfen.[477]
Seit jeher kennt das BGB innerhalb dieser Gruppe auch Personen, die nur bedingt zurechnungsfähig sind. Nach § 828 Abs. 3 BGB sind Jugendliche zwischen dem siebten Lebensjahr (im Fall des § 828 Abs. 2 BGB ab dem zehnten Lebensjahr) und der Vollendung des 18. Lebensjahres für einen Schaden, den sie einem andern zugefügt haben, nicht verantwortlich, wenn sie bei der Begehung der schädigenden Handlung nicht die zur Erkenntnis der Verantwortlichkeit erforderliche Einsicht hatten.[478] Maßgeblich für die Beantwortung der Frage der Einsichtsfähigkeit ist, ob der Jugendliche die geistige Entwicklung aufweist, die ihn generell das Unrecht seiner Handlung und seine Verantwortung für sein Tun erkennen lässt.[479] Auf die Einsicht in die Folgen seines Handelns bezüglich der konkreten Tat kommt es dagegen nicht an. Unerheblich ist also, ob der Jugendliche fähig ist, sich entsprechend seiner Einsicht zu verhalten. Wenn daher der Jugendliche erkennt, dass seine Handlung generell gefährlich ist, wird er auch wissen, dass er für ihre Konsequenzen zur Verantwortung gezogen werden kann, sodass es auf die Voraussicht der konkret eingetretenen Schadensfolgen nicht ankommt.[480]

2. Haftungsrechtliche Folgen der Unzurechnungsfähigkeit

Die gesetzlich normierte Unzurechnungsfähigkeit nach §§ 827, 828 BGB bringt das „Alles-oder-Nichts-Prinzip“ zur Geltung.[481] Der Unzurechnungsfähige haftet innerhalb des Verschuldensprinzips überhaupt nicht, der Zurechnungsfähige dagegen voll. Das Gesetz kennt keine verminderte Zurechnungsfähigkeit, welche nur eine teilweise Schadenstragung zur Folge haben könnte (im Sinne einer Reduktionsklausel).[482]

---

477 BGH NJW 2005, 354, 355; a.A. MüKoBGB/Wagner[4] § 828 Rn 6 mwN.

478 Ob durch das Schadensersatzreformgesetz und dem damit verbunden Inkorporierungswille des Gesetzgebers sich etwas an der verfassungsrechtlichen Beurteilung der unbegrenzten Haftung Jugendlicher ändert, wird die Zukunft zeigen. Vgl. hierzu: OLG Celle VersR 1989, 709; LG Dessau NJW-RR 1997, 214; BVerfG NJW 1998, 3557; Goecke, Die unbegrenzte Haftung Minderjähriger im Deliktsrecht, S. 97 ff. mwN.

479 BGH VersR 1954, 118, 119; FamRZ 1965, 132, 133; NJW 1984, 1958; MüKoBGB/Wagner[4] § 828 Rn 8; RGRK/Steffen[12] § 828 Rn 4; Soergel/Zeuner[11] § 828 Rn 5; a.A. Geilen, FamRZ 1965, 401, 406.

480 MüKoBGB/Wagner[4] § 828 Rn 8.

481 Deutsch, AllgHaftR[2], Rn 463, 473.

482 Vgl. hierzu Kap. 2 A. VII. 1. (S. 229).

Die Haftung Unzurechnungsfähiger kommt daher nur aus Gefährdungshaftungstatbeständen[483] und aus § 829 BGB in Betracht.

IV. Subsidiarität

In § 829 BGB heißt es, dass ein Unzurechnungsfähiger nur haften soll, „... *sofern der Ersatz des Schadens nicht von einem aufsichtspflichtigen Dritten erlangt werden kann ...*“. Es wurde vom Gesetzgeber hierdurch eine Subsidiaritätsklausel in die Norm aufgenommen, die im Folgenden dargestellt und untersucht wird.

1. Allgemeines

Die Subsidiaritätsklausel steht in naturrechtlicher Tradition im Bereich der Billigkeitshaftung.[484] Das ALR, welches als erste Kodifikation eine Billigkeitshaftung einführte, kannte bereits in ALR I 6 § 42 eine Norm, die einen Anspruch gegen den Unzurechnungsfähigen scheitern ließ, wenn von einem „*Aufseher*“ oder von den „*Ältern*“ (Eltern) Ersatz zu erlangen ist.
Zwar war die Billigkeit im ALR nur normbegründend und nicht auch haftungsbegründend, wie im BGB, dennoch wird durch die Existenz einer Subsidiaritätsklausel in beiden Haftungssystemen unterstrichen, dass der Anspruch gegen einen Unzurechnungsfähigen nur eine Ausfallhaftung sein soll.

2. Aufsichtspflichtiger Dritter

Da in § 829 BGB die aufsichtspflichtigen Dritten nicht aufgezählt werden, stellt sich die Frage, gegen wen ein Geschädigter zunächst vorgehen muss, um, falls der Anspruch gegen diesen scheitert, den Unzurechnungsfähigen in Anspruch nehmen zu können.
Aus dem Zusammenspiel mit den §§ 827, 828 BGB ergibt sich, dass Aufsichtspflichtige im Sinne des § 829 BGB Eltern von Jugendlichen und Kindern sind, wie auch Personen, die durch Vertrag oder Gesetz dazu verpflichtet sind, die Aufsicht über Unzurechnungsfähige im Sinn von § 827 S. 1 BGB zu führen. Unausgesprochen wird damit in § 829 BGB auf § 832

---

[483] Hierbei ist aber die Haltereigenschaft bei einem minderjährigen Unzurechnungsfähigen nicht unproblematisch, vgl. Eberl-Borges, VersR 1996, 1070 ff. mwN.; zu § 7 StVG vgl. BGHZ 23, 90, 98; 127, 186, 193.

[484] Staud/Oechsler (2002) § 829 Rn 40.

Abs. 1, 2 BGB Bezug genommen.[485] Faktisch ist damit § 829 BGB nur dieser Anspruchsgrundlage gegenüber subsidiär.[486]
Dagegen werden Personen, welche auf Grund öffentlich rechtlicher Vorschriften aufsichtspflichtig sind (z.B. Lehrer in staatlichen Schulen), nicht von dieser Subsidiaritätsklausel erfasst,[487] und haften damit grundsätzlich vorrangig.[488] Dies folgt daraus, dass die Staatshaftung nach § 839 BGB in Verbindung mit Art. 34 GG gegenüber Ansprüchen aus § 832 BGB speziell ist. Da jedoch § 839 BGB nicht von der Subsidiaritätsklausel des § 829 BGB erfasst wird, folgt hieraus, dass die Subsidiaritätsklausel des § 829 BGB der des § 839 Abs. 1 Satz 2 BGB vorgeht.[489]
Wie weit die Aufsichtspflichten gehen, ist je nach Einzelfall zu entscheiden. Die Rechtsprechung tendiert im Bereich der durch Kinder und Jugendliche verursachten Schäden zu einem sehr weitreichenden Pflichtenkatalog, welcher den Eltern auferlegt wird.[490] Getragen wird dies wohl von der Überlegung, den Geschädigten möglichst nicht auf einen Anspruch nach § 829 BGB verweisen zu müssen.[491]

3. Scheitern des Anspruchs gegen den Aufsichtspflichtigen

Ist ein Aufsichtspflichtiger vorhanden, so verlangt die Subsidiaritätsklausel des § 829 BGB, dass der Geschädigte von diesem keinen Ersatz erlangt. Dabei ist unbestritten, dass es keine Rolle spielt, ob ein aufsichtspflichtiger Dritter nicht vorhanden ist, ob er sich nach § 832 Abs. 1 S. 2 BGB exkulpieren kann, oder ob der Anspruch gegen ihn nicht realisierbar ist.[492] Dies

---

[485] Erman/Schiemann[11] § 829 Rn 2; MüKoBGB/Wagner[4] § 829 Rn 12; Palandt/Sprau[65] § 829 Rn 3; Soergel/Spickhoff[13] § 829 Rn 13; a.A. RGRK/Steffen[12] § 829 Rn 10, der auch § 823 BGB als mögliche Anspruchsgrundlage erachtet. § 832 BGB ist jedoch bei den in Betracht kommenden Personen spezieller als § 823 BGB.

[486] Palandt/Sprau[65] § 829 Rn 3; Planck/Flad[4] § 829 Anm. 2 c); Staud/Oechsler (2002) § 829 Rn 40.

[487] RGZ 125, 85, 86; BGHZ 12, 25, 28; 28, 297, 299.

[488] MüKoBGB/Wagner[4] § 829 Rn 12; Soergel/Spickhoff[13] § 829 Rn 13.

[489] MüKoBGB/Wagner[4] § 829 Rn 12.

[490] Vgl. z.B. BGH NJW 1979, 2096; OLG Düsseldorf NJW-RR 1998, 98; Wolff, VersR 1998,812 ff.

[491] Vgl. hierzu ausführlich die Problematik, inwieweit eine Privathaftpflichtversicherung zu berücksichtigen ist, Kap. 2 A. V. 2.b. (S. 126 ff.).

[492] Bamberger/Roth/Spindler § 829 Rn 5; Enneccerus/Lehmann, SchuldR[15], § 266 I. 3. (S. 1045); Erman/Schiemann[11] § 829 Rn 2; Esser/Weyers, SchuldR II/2[8], § 55 III. 2. (S. 176); Fuchs, DeliktsR[4], S. 153; Medicus, SchuldR BT II[13], Rn 773; MüKoBGB/Wagner[4] § 829 Rn 12; Palandt/Sprau[65] § 829 Rn 3; Planck/Flad[4] § 829

erklärt sich sowohl aus dem Wortlaut,[493] wie auch aus dem Charakter der Norm als Ausfallhaftung, so dass nicht allein die rechtliche Undurchsetzbarkeit des Anspruchs, sondern auch die Realisierbarkeit des Anspruchs dem Subsidiaritätsgedanken Rechnung tragen muss.
Ist der Anspruch gegen einen Aufsichtspflichtigen nur nicht realisierbar, so haften der Unzurechnungsfähige und der Aufsichtspflichtige im Außenverhältnis als Gesamtschuldner nach § 840 Abs. 1 BGB, soweit die übrigen Voraussetzungen des § 829 BGB vorliegen. Im Innenverhältnis hat aber der Aufsichtspflichtige den Schaden alleine zu tragen, § 840 Abs. 2, 2. Alt. BGB. Scheitert die Inanspruchnahme des Aufsichtspflichtigen wegen dessen Vermögenslosigkeit, kann ein Unzurechnungsfähiger Regress bei seiner aufsichtspflichtigen Person nehmen, sobald diese wieder zu Vermögen kommt.[494]
Ist dagegen der Anspruch des Geschädigten gegen den Aufsichtspflichtigen nur zum Teil realisierbar, haftet der Unzurechnungsfähige grundsätzlich für den Ausfall nach § 829 BGB.[495] Jedoch ist im Rahmen der Billigkeitserwägungen dann besonders darzulegen, warum es für den Geschädigten unbillig ist, sich nicht bloß auf den bestehenden Anspruch gegen den Aufsichtspflichtigen verweisen lassen zu müssen.[496]
Ebenso wenig ist nach allgemeiner Auffassung eine Vorausklage gegen die aufsichtspflichtige Person von Nöten.[497] Vom Wortlaut der Subsidiaritätsklausel des § 829 BGB wird ein prozessuales Vorgehen nicht verlangt, wie zum Beispiel der Vergleich mit § 771 BGB zeigt.

V. Billigkeitserwägungen

Im nun Folgenden wird das Merkmal von § 829 BGB dargestellt, das der Norm als Namensgeber zur Seite stand – die Billigkeit.

Anm. 2. c); RGRK/Steffen[12] § 829 Rn 10; Soergel/Spickhoff[13] § 829 Rn 13; Staud/Oechsler (2002) § 829 Rn 39.

493 Vgl. hierzu den meines Erachtens klareren Wortlaut des bayerischen Entwurfs von 1860, Kap. 1 A. III. 5. (S. 16).

494 Birr, Die Haftung Minderjähriger im Zivilrecht, Rn 139.

495 Birr, Die Haftung Minderjähriger im Zivilrecht, Rn 139.

496 RGRK/Steffen[12] § 829 Rn 10.

497 Birr, Die Haftung Minderjähriger im Zivilrecht, Rn 139; MüKoBGB/Wagner[4] § 829 Rn 12; RGRK/Steffen[12] § 829 Rn 10; Staud/Oechsler (2002) § 829 Rn 39; a.A. Schwartz, Das Billigkeitsurtheil des § 829 BGB, S. 19; Stammler, Die Lehre vom richtigen Rechte, S. 293.

Der Begriff der Billigkeit fordert beinahe schon zwangsläufig Erörterungen in rechtsphilosophischer Sicht heraus.[498] Diese werden hier jedoch nur auf ein Minimum beschränkt, um den Blick auf die praktische Anwendung des § 829 BGB zu konzentrieren.

1. Allgemeines

In § 829 BGB heißt es, dass der Schädiger, „... *den Schaden insoweit zu ersetzen* [hat], *als die Billigkeit nach den Umständen, insbesondere nach den Verhältnissen der Beteiligten, eine Schadloshaltung erfordert* ... “.
Was ist nun aber unter dem unbestimmten Rechtsbegriff der Billigkeit zu verstehen?
Das heutige Wort Billigkeit leitet sich aus dem Mittelhochdeutschen ab. Das alte Wort *billig* wird danach im heutigen Sprachgebrauch zumeist mit *recht* übersetzt.[499] So bedeutet die Redewendung, „*was dem einen recht ist, ist dem anderen billig*“, nichts anderes, als dass beide Parteien einverstanden sind und die Vereinbarung als gerecht empfinden.
Dennoch kann das Substantiv Billigkeit nicht mit Gerechtigkeit übersetzt werden. *Aristoteles* sagt: „*Dies ist also die Natur des Billigen, eine Korrektur des Gesetzes, soweit es auf Grund seiner Allgemeinheit mangelhaft ist.* “[500] Anders formuliert ist die Billigkeit als die Gerechtigkeit zu bezeichnen, die die Unvollkommenheit des Rechts durch geeignete Maßregeln zu ergänzen sucht.[501] Im Meyerschem Konversations-Lexikon von 1888 wird die Billigkeit als „... *die natürliche Gerechtigkeit bezeichnet, welche alle Verhältnisse mit gerechtem Maß bemisst und für jeden das ihm Gebührende festsetzt* ... “.[502] Im Juristischen Wörterbuch von *Kübler* wird die Billigkeit (*lat. aequitas*) als „... *die allgemein einsichtige natürliche Gerechtigkeit* ... “ bezeichnet. *Larenz* meint, dass es sich bei der Billigkeit um „... *einen*

---

[498] Eine schöne Übersicht über die Billigkeit in rechtsphilosophischer Sicht bietet Böckli, Die Billigkeitshaftung des Art. 58 des schweizerischen Obligationenrechts, S. 18 ff.; ebenso Becker, Humanistische Bildung Heft 13 (1989), S. 45 ff.

[499] Nach Köbler, Etymologisches Rechtswörterbuch.

[500] *καὶ ἐσιν αὐτὴ ἡ φύσις ἡ τοῦ ἐπιεικοῦ, ἐπανόρθωμα νόμου, ᾗ ἐλλείπει διὰ τὸ καθόλου* , Aristotelis Opera II, Nikomachische Ethik Buch V Seite 1137 Spalte b Zeile 26; Übersetzung nach Gigon, Nikomachische Ethik, S. 178; vgl. auch die freiere Übersetzung von Dirlmeier, Nikomachische Ethik, S. 149: „Und dies ist das Wesen der >> Güte der Gerechtigkeit<< [Fn 85 zu Buch V: Statt der abgegriffenen Billigkeit]: Berichtigung des Gesetzes da, wo es infolge seiner allgemeinen Fassung lückenhaft ist.“ Vgl. hierzu auch Becker, Humanistische Bildung Heft 13 (1989), S. 45, 46.

[501] Kirchner, Wörterbuch der philosophischen Grundbegriffe.

[502] Meyers Konversations-Lexikon^4, S. 953.

beiden gerecht werdenden Ausgleich, sei es im Verhältnis der Vertragspartner (§ 315 BGB), sei es zwischen Schädiger und Geschädigten (§ 847 BGB) ... " handele.[503] In diesem Sinne beschreibt auch *Böckli* die Billigkeit als „... *die gefühlsmäßige Überzeugung von dem Zustande des Ausgeglichenseins.* "[504] *Sauer* möchte den Begriff Billigkeit mit „*konkretisierter Gerechtigkeit*" übersetzt sehen.[505]
Aus all diesen Be- und Umschreibungen lässt sich Verschiedenes herauskristallisieren. Einerseits gilt es also festzuhalten, dass die Billigkeit etwas anderes ist als die Gerechtigkeit. Sie qualifiziert dieselbe um die Attribute „angemessen" und „einzelfallabhängig". Letztendlich wird also die abstrakte allgemeine Gerechtigkeit im Einzelfall durch eine – wie auch immer zu begründende – qualifizierte Gerechtigkeit aus Gründen der Angemessenheit durchbrochen.
Andererseits ist die Billigkeit immer einzelfallabhängig. Es gibt also keine abstrakte Billigkeit, die universell zu gelten beansprucht.
Der Begriff der Billigkeit definiert sich daher meines Erachtens wie folgt:

> *Die Billigkeit ist die Durchbrechung der abstrakten Gerechtigkeit im Einzelfall aus Gründen der Angemessenheit.*

Für § 829 BGB lässt sich hieraus gewinnen, dass es im Rahmen der Billigkeitserwägungen auf eine angemessene Würdigung aller Umstände des Einzelfalls ankommt. In bewusster Abkehr vom allgemeinen Verschuldensprinzip, als Grundsatz einer „gerechten" Schadensersatzhaftung, wird eine umfassende Abwägung der Umstände des Einzelfalls vorgenommen, um eine dem Einzelfall angemessene Entscheidung zu treffen.
Gegenstand der nun folgenden Erörterungen ist damit die Frage, welche Umstände abwägungsrelevant sind und welche nicht und welches Gewicht ihnen zufällt.

Vom Wortlaut des § 829 BGB her können alle Umstände des Einzelfalls eine Schadloshaltung erfordern. Unter der Formulierung „... *nach den Verhältnissen der Beteiligten ...* " wird seit jeher die wirtschaftliche Situation des Schädigers und des Geschädigten verstanden.[506]

---

503 Larenz, Methodenlehre der Rechtswissenschaft[6], S. 292.
504 Böckli, Die Billigkeitshaftung des Art. 58 des schweizerischen Obligationenrechts, S. 19.
505 Sauer, Juristische Methodenlehre, § 33 a (S. 274).
506 Vgl. schon Leonhard, Besonderes Schuldrecht, § 326 (S. 597).

Dabei sind die wirtschaftlichen Verhältnisse der Beteiligten ebenso relevant, wie tat- und täterbezogene Umstände. Aus dem Wortlaut („*insbesondere*“) ergibt sich lediglich, dass die wirtschaftlichen Verhältnisse der Beteiligten insbesondere zu berücksichtigen sind, nicht jedoch allein, beziehungsweise ausschließlich eine Haftung nach § 829 BGB tragen können.[507]
Im Zusammenspiel mit der Formulierung „*insoweit*“ ergibt sich ferner, dass die Billigkeitserwägungen sowohl für den Grund, wie auch für die Höhe und die Art der Leistung (z.B. Kapitalabfindung oder Rente) entscheidend sind.[508]
Es obliegt damit – aus der Natur der Sache heraus – dem Gericht, jeweils die konkrete Billigkeit entsprechend aller Umstände zu präzisieren.

2. Wirtschaftliche Verhältnisse

Wie bereits angedeutet, stellen die wirtschaftlichen Verhältnisse der Beteiligten nicht das allein zu berücksichtigende Element innerhalb der Haftung aus § 829 BGB dar. Sie sind jedoch, wie sich schon aus der besonderen Nennung in § 829 BGB ergibt, die primären Abwägungselemente im Rahmen der konkreten Ausfüllung der Billigkeit.[509] Auf Grund ihrer herausragenden Stellung innerhalb von § 829 BGB werden sie als erstes behandelt.

a. Grundsätzliches

Auf Grund der besonderen Betonung der wirtschaftlichen Verhältnisse verwundert es daher auch nicht, dass die Rechtsprechung in ihren älteren Entscheidungen § 829 BGB als „*Millionärsparagraph*“ bezeichnet hat.[510] Im Anschluss an die Haftung Unzurechnungsfähiger nach dem ABGB hat wohl *Bluntschli* (1808-1881) den Ausdruck „*richesse oblige*“ ursprünglich für das OR geprägt,[511] der die besondere Bedeutung der wirtschaftlichen Verhältnisse bei der Haftung Unzurechnungsfähiger charakterisiert. Inwieweit dieses besondere Augenmerk auf die wirtschaftlichen Verhältnisse gerecht-

507 Ständige Rspr. vgl. BGHZ 23, 90, 99; 127, 186, 192; BGH NJW 1969, 1762; MüKoBGB/Wagner[4] § 829 Rn 13; Soergel/Spickhoff[13] § 829 Rn 15; Staud/Oechsler (2002) § 829 Rn 43.

508 MüKoBGB/Wagner[4] § 829 Rn 13.

509 Vgl. Prot. II, S. 583.

510 Vgl. z.B. BGH NJW 1958, 1630, 1632; BGHZ 76, 279, 284.

511 Nach Burckhardt, ZSchwR 44 (1903) 467, 528.

fertigt ist, soll erst nach der Darstellung der zu berücksichtigenden wirtschaftlichen Faktoren erörtert werden.[512]

Man geht heute zu Recht einhellig davon aus, dass ein erhebliches wirtschaftliches Gefälle zwischen Geschädigtem und Schädiger vorliegen muss.[513] Dabei lässt sich plakativ formulieren, dass der Schädiger „reich", der Geschädigte im Verhältnis zum Schädiger „arm" sein muss. Entscheidend ist also ein erhebliches wirtschaftliches Gefälle und nicht das bloße Leistungsvermögen des Schädigers infolge einer herausragend günstigen wirtschaftlichen Stellung.[514] Deshalb ist die Rechtsprechung wohl auch davon abgerückt, § 829 BGB als „*Millionärsparagraph*" zu bezeichnen.[515] Nichtsdestotrotz steht die Wohlhabenheit des Schädigers in der Praxis im Vordergrund.[516]

Teilweise wird erwogen, den Begriff des „wirtschaftlichen Gefälles" durch den der „wirtschaftlichen Zumutbarkeit" zu ersetzen.[517] Damit käme besser zum Ausdruck, dass eine gewisse Leistungsfähigkeit auf Seiten des Schädigers und eine gewisse Bedürftigkeit auf Seiten des Geschädigten erforderlich sind.

In Österreich spricht man bei § 1310 3. Fall ABGB dagegen von der „wirtschaftlichen Tragfähigkeit" und meint damit, dass nicht so sehr die Höhe des Vermögens entscheidend ist, sondern wer den Schaden wirtschaftlich leichter tragen kann.[518]

Letztendlich meinen alle Begriffe dasselbe. So ist nicht das Vermögen in absoluten Zahlen entscheidend, sondern ein wesentlicher Unterschied beim Vergleich der beiden Vermögensmassen. Wer die größere Vermögensmasse hat, kann auch leichter den Schaden tragen, das heißt, es ist ihm eher zuzumuten, für den Schaden aufzukommen. Da aber nicht ein bloß geringfügig größeres Vermögen bereits den Schaden für einen Beteiligten tragbarer, beziehungsweise zumutbarer macht, ist ein gewisses Gefälle zwischen den zu vergleichenden Vermögensmassen erforderlich.

---

512 S. unten Kap. 2 A. V. 5. c. (S. 188).

513 Ständige Rspr. vgl. zuletzt BGHZ 127, 186, 192; Bamberger/Roth/Spindler § 829 Rn 7; MüKoBGB/Wagner[4] § 829 Rn 16; RGRK/Steffen[12] § 829 Rn 13; Staud/Oechsler (2002) § 829 Rn 44; Soergel/Spickhoff[13] § 829 Rn 16; auch in der Schweiz vgl.: Brehm, OR 54 Rn 19 ff.

514 RGRK/Steffen[12] § 829 Rn 13.

515 Vgl. noch BGHZ 76, 279, 284.

516 Deutsch, AllgHaftR[2], Rn 486.

517 LG Mosbach NJW-RR 1986, 24.

518 Rummel/Reischauer[2] § 1310 ABGB Rn 9; Koziol, Österreichisches Haftpflichtrecht II[2], S. 312; OGH SZ 47/43.

Es wird daher hier an dem etablierten Begriff des wirtschaftlichen Gefälles festgehalten.

Entscheidend ist damit, welche vermögensrechtlichen Positionen der Beteiligten ein erhebliches wirtschaftliches Gefälle begründen. Sie sind gesondert zu ermitteln und dann miteinander zu vergleichen.

aa. Vergleich der finanziellen Lage

Man kann also folgende grobe „Faustregeln“ aufstellen:[519]

1. Ist der Schädiger wohlhabend, der Geschädigte arm, spricht dies für ein Billigkeitsmoment begründendes Vermögensgefälle.
2. Sind beide wohlhabend, so spricht dies gegen ein Billigkeitsmoment begründendes Vermögensgefälle.
3. Ist der Schädiger arm, der Geschädigte wohlhabend, so spricht dies gegen ein Billigkeitsmoment begründendes Vermögensgefälle.
4. Sind beide arm, so spricht dies gegen ein Billigkeitsmoment begründendes Vermögensgefälle.

bb. Maßgeblicher Zeitpunkt

Maßgeblicher Zeitpunkt zur Bemessung der Vermögensmassen ist weder der Zeitpunkt der schädigenden Handlung, noch der Eintritt des Schadens.[520] Ist der Schädiger zwar zum Zeitpunkt der Rechtsgutsverletzung wohlhabend, verliert aber im Anschluss hieran sein Vermögen, wäre eine Ersatzverpflichtung nicht mit der *ratio* der Norm in Einklang zu bringen. Ebenso widerspricht es dem Prinzip einer billigen Verteilung der Lasten, wenn der Schädiger zwar zum Zeitpunkt der Rechtsgutsverletzung arm, aber später beispielsweise durch eine Erbschaft zu großen Vermögen kommen würde. Aus denselben Gründen kann auch nicht auf den Zeitpunkt abgestellt werden, in welchem feststeht, dass von einem Aufsichtspflichtigen nichts zu erlangen ist.[521] Ein die Billigkeit mitbegründendes Vermögensge-

---

[519] In Anlehnung an Brehm, OR 54 Rn 19 ff.

[520] Grundlegend hierzu Schwartz, Das Billigkeitsurtheil des § 829 BGB, S. 21 ff.

[521] S. hierzu oben: Kap. 2 A. IV. (S. 112 ff.).

fälle muss im Zeitpunkt der letzten mündlichen Verhandlung[522] vorliegen.[523]

cc. Relevante Vermögensmassen

Sowohl beim Schädiger, wie auch beim Geschädigten ist das laufende Einkommen, wie auch mobiliare und immobiliare Gegenstände neben Kapitalguthaben und ihren Erträgen zu berücksichtigen. Finanzielle Belastungen werden ebenfalls in die Gesamtbetrachtung eingestellt. Bezüglich der genannten Positionen herrschen in Literatur und Rechtsprechung Einigkeit.[524] Äußerst umstritten dagegen ist, inwieweit Versicherungen, Leistungen des Arbeitgebers und die Vermögensverhältnisse aufsichtspflichtiger Personen zu berücksichtigen sind.[525] Da unzurechnungsfähige Schädiger regelmäßig über kein eigenes Vermögen verfügen, sind die genannten Leistungen Dritter in der Praxis häufig die einzige Möglichkeit, ein Billigkeitsmoment begründendes Vermögensgefälle zu Gunsten des Geschädigten zu begründen. Es hat sich bis heute keine einheitliche Linie herausgebildet, wie vermögensrechtliche Leistungen durch Dritte den Beteiligten zugerechnet werden können. Die größte praktische Relevanz hat die Frage heute im Bereich der Haftpflichtversicherungen. Denn häufig bestehen zu Gunsten von Unzurechnungsfähigen etwa Familienhaftpflichtversicherungen. Würde man diese Versicherungen berücksichtigen, genauer gesagt, wohl die Leistungen des Versicherers innerhalb der Höchstsummen, müsste man einen unzurechnungsfähigen Schädiger generell als vermögend erachten.
Bevor aber darauf eingegangen wird, ob und inwieweit Haftpflichtversicherungen bei § 829 BGB zu berücksichtigen sind, soll an dieser Stelle zunächst ein Überblick über die verschiedenen Arten und im Speziellen über ihre Funktionsweisen geschaffen werden. Der damit einhergehende jeweilige Zweck einer Haftpflichtversicherung darf bei der hier zu beantwortenden Frage ebenfalls nicht unbeachtet bleiben.
Bei entsprechenden Untersuchungen wurde in der Vergangenheit üblicherweise zwischen dem Versicherungsschutz auf Seiten des Schädigers und auf

---

[522] Vgl. zu den daraus folgenden prozessualen Problemen ausführlich Kap. 3 A. I. (S. 292 ff.).

[523] RGZ 169, 349; BGH NJW 1962, 1199; MüKoBGB/Wagner[4] § 829 Rn 26; RGRK/Steffen[12] § 829 Rn 19; vgl. so auch in der Schweiz: BGE 71 II 225, 231; 102 II 226, 231; Keller, Haftpflicht im Privatrecht[4], S. 106; Brehm OR 54 Rn 24; s. dazu auch ausführlich Kap. 2 A. VII. 2. b. (S. 232).

[524] Vgl. MüKoBGB/Wagner[4] § 829 Rn 14.

[525] Vgl. MüKoBGB/Wagner[4] § 829 Rn 18 ff.; Staud/Oechsler (2002) Rn 45 ff.

Seiten des Geschädigten unterschieden.[526] Haftpflichtversicherungen wurden dabei üblicherweise der Seite des Schädigers zugeordnet und beispielsweise private Unfallversicherungen der des Geschädigten. Aus Gründen der Übersichtlichkeit soll auch hier an dieser Darstellungsweise festgehalten werden.

b. Versicherungsschutz auf Seiten des Schädigers

Es ist ein Zeichen unserer Zeit, dass sich jeder am liebsten gegen jeden und alles versichern, aber hauptsächlich versichert sehen will. Ein immer größeres Bedürfnis nach Sicherheit bei gleichzeitig steigender wirtschaftlicher Potenz führte auch zu einem immer größeren Angebot von Versicherungen und damit zum Aufblühen der Versicherungswirtschaft seit den Anfängen der modernen Haftpflichtversicherung. Die Geburtsstunde des modernen Haftpflichtversicherungswesens in Deutschland wird allgemein in der Einführung des Reichshaftpflichtgesetzes von 1871 gesehen.[527] Durch dieses Gesetz wurde weiten Teilen der Industrie eine Gefährdungshaftung auferlegt. Da zu jener Zeit Arbeitsunfälle nicht selten waren, wurde von Industriellen das damit verbundene haftungsrechtliche Risiko auf Versicherungen abgewälzt. Im Anschluss an die *Bismarck*'sche Unfallversicherungsgesetzgebung von 1884 brach zunächst der Markt für die Haftpflichtversicherungen zusammen. Dennoch konnte sich die Haftpflichtversicherung als eigenständiger Versicherungszweig emanzipieren,[528] der heute ein immenses Ausmaß angenommen hat.
Betrachtet man die veröffentlichten Zahlen, so wird diese Feststellung bestätigt. Nach Angaben des *Gesamtverbandes der Deutschen Versicherungswirtschaft e.V.* gab es in Deutschland im Jahr 2005 insgesamt etwa 50 Millionen Versicherungsfälle (ebenso 2004[529]).[530] Jeder Bundesbürger (nur Privathaushalte) leistete auf etwa 485 Mio. Versicherungsverträge im Durchschnitt 1400 Euro an Prämien.[531] 2004 waren es 482 Mio. Versicherungsverträge und etwa 1380 Euro an Beitragszahlungen.[532] Der Kapitalanlagebestand der deutschen Versicherungswirtschaft wuchs im Jahr 2005 auf

[526] Fuchs, AcP 191 (1991) 318, 336 ff.
[527] v. Bar, AcP 181 (1981) 289, 296; BK/Baumann Vorbem §§ 149 – 158 k VVG Rn 2.
[528] Vgl. v. Bar, AcP 181 (1981) 289, 296 ff. mit weiteren Details zur Geschichte des Haftpflichtversicherungsrechts.
[529] Jahrbuch 2004, Die deutsche Versicherungswirtschaft, S. 2.
[530] Jahrbuch 2005, Die deutsche Versicherungswirtschaft, S. 2.
[531] Jahrbuch 2005, Die deutsche Versicherungswirtschaft, S. 2
[532] Jahrbuch 2004, Die deutsche Versicherungswirtschaft, S. 2.

etwa 1050 Mrd. Euro (zum Vergleich waren es 2003 noch 980 und 2004 1009 Mrd. Euro).[533]
Allein im Bereich der Allgemeinen Haftpflichtversicherung stiegen die Beitragseinnahmen seit 1990 von 3,5614 Mrd. Euro auf 6,5349 Mrd. Euro im Jahr 2004. Im selben Zeitraum stiegen die Leistungen der Versicherungswirtschaft von 2,7007 Mrd. Euro auf 4,4798 Mrd. Euro.[534] Für das Jahr 2004 wird mit etwa 41,1 Mio. Haftpflichtversicherungsverträgen gerechnet.[535] Dabei muss aber beachtet werden, dass nach Angaben des *GDV e.V.* und der *Allianz AG* nur etwa 70 % der deutschen Bevölkerung Haftpflichtversicherungsschutz genießen. Anders formuliert ist etwa jeder Dritte in Deutschland nicht haftpflichtversichert.[536]
Äußerst relevant ist in der Praxis die Kfz-Haftpflichtversicherung. Zusammen mit der Voll-, Teilkasko und der Insassenunfallversicherung macht sie etwa 40 Prozent der gesamten Brutto-Beitragseinnahmen der deutschen Versicherungswirtschaft aus. Bei der Kfz-Haftpflichtversicherung stiegen im Zeitraum von 1990 bis 2004 die Beitragseinnahmen von 9,371 Mrd. Euro auf 13,909 Mrd. Euro.[537] Der gesamte Schadensaufwand stieg von 8,362 Mrd. Euro auf 12,322 Mrd. Euro.[538] Damit einhergehend nahm der Gesamtschadensdurchschnitt pro Schadensfall von 2226 Euro auf 3469 Euro zu.[539] Im Durchschnitt muss die Kfz-Haftpflichtversicherungswirtschaft im Jahr 2004 je Pkw-Unfall 3518 Euro aufwenden. Die Zahl der gemeldeten Schadensfälle nahm dagegen im Zeitraum von 1990 bis 2004 von 3,756 Mio. auf 3,552 Mio. ab.[540]
Mangels veröffentlichter Zahlen (soweit ersichtlich) können jedoch keine direkten Rückschlüsse auf die praktische Relevanz des Einflusses einer Versicherung auf die Haftung eines unzurechnungsfähigen Schädigers gezogen werden.
Betrachtet man aber alleine die 1735 in Bayern im Jahr 2004 (2003 waren es 1787[541]) im Straßenverkehr beteiligten Hauptverursacher unter 15 Jahren,[542] so kann man sich die Relevanz der Familienhaftpflichtversicherung

---

533 Jahrbuch 2004, Die deutsche Versicherungswirtschaft, S. 2; Jahrbuch 2005, Die deutsche Versicherungswirtschaft, S. 2.
534 Jahrbuch 2005, Die deutsche Versicherungswirtschaft, S. 102.
535 Jahrbuch 2004, Die deutsche Versicherungswirtschaft, S. 99.
536 Angaben nach Schwintowski, ZRP 2003, 391, 394.
537 Jahrbuch 2005, Die deutsche Versicherungswirtschaft, S. 91.
538 Jahrbuch 2005, Die deutsche Versicherungswirtschaft, S. 94.
539 Jahrbuch 2005, Die deutsche Versicherungswirtschaft, S. 95.
540 Jahrbuch 2005, Die deutsche Versicherungswirtschaft, S. 95.
541 Statistische Berichte, Die Straßenverkehrsunfälle in Bayern 2003, S. 58.
542 Statistische Berichte, Die Straßenverkehrsunfälle in Bayern 2004, S. 58.

in diesen Fällen vorstellen. Genauere Daten bezüglich unter sieben-, bzw. unter zehnjähriger Hauptverursacher gibt es jedoch leider nicht.[543]
Vergleicht man diese Zahl mit den 3993 in Bayern insgesamt im Jahr 2004 verunglückten Personen im Straßenverkehr unter 15 Jahren,[544] zeigt sich doch recht deutlich, dass Kinder und Jugendliche gerade in diesem Bereich häufig Verursacher von Schadensfällen sind. (Hier kann mangels Daten leider nicht berücksichtigt werden, wie viele Hauptverursacher auch selbst geschädigt wurden).
Man kann jedoch aus den bayerischen Zahlen einen Trend dahin gehend ableiten, dass die praktische Relevanz von (Familien-) Haftpflichtversicherungen durch § 828 Abs. 2 BGB n.F. zunehmen wird. Nimmt man an, dass von 855 verunglückten Kindern unter sieben Jahren ein gewisser Teil von ihnen auch Verursacher eines Unfalls waren, so zeigt sich, dass die Relevanz von Versicherungen durch § 828 Abs. 2 BGB n.F. sich in diesem Bereich fast verdoppeln muss, da im Alter zwischen sieben und neun Jahren die Zahl der Verunglückten alleine 865 betrug,[545] sofern man Versicherungen bei § 829 BGB berücksichtigt. Wahrscheinlich ist wohl sogar von einer höheren Relevanz auszugehen, da Kinder über sieben Jahre bereits „aktiver" (d.h. Fahrrad, Schulweg usw.) am Straßenverkehr teilnehmen als unter Siebenjährige. Genauere Zahlen fehlen jedoch auch hier.
Alles in allem verdeutlichen die Zahlen die praktische Relevanz von Versicherungen im heutigen Haftpflichtrecht. Man kann wohl annehmen, dass zwar nur ein kleiner Teil aller Schadenstifter unzurechnungsfähig ist, doch gerade bei diesen tritt die Bedeutung eines eventuellen Versicherungsschutzes in den Vordergrund. Denn regelmäßig verfügen beispielsweise Kinder über kein eigenes nennenswertes Vermögen, außer sie erbten etwa. Gerade in solchen Fällen kann dieses Vermögen dann aber wieder unter das sogenannte Schonvermögen fallen, sofern es der Sicherung des Lebensunterhalts, der Ausbildung und Ähnlichem dient.
Auf Seiten des Schädigers stellt eine Haftpflichtversicherung regelmäßig den potentiellen Versicherungsschutz dar, der ein wirtschaftliches Gefälle mitbegründen könnte.
Um die Frage der Berücksichtigung von Haftpflichtversicherungen erörtern zu können, wird an dieser Stelle zunächst eine rechtliche Bestandsaufnahme des deutschen Haftpflichtversicherungsrechts vorgenommen.

---

543 Insgesamt wurden in der BRD im Jahr 2004 5842 Kinder und Jugendliche im Straßenverkehr getötet und 37132 verletzt, vgl. www.destatis.de.
544 Statistische Berichte, Die Straßenverkehrsunfälle in Bayern 2004, S. 60.
545 Statistische Berichte, Die Straßenverkehrsunfälle in Bayern 2004, S. 60.

aa. Haftpflichtversicherungen

Im Bereich des Haftpflichtversicherungsrechts werden heute üblicherweise drei Gruppen von Versicherungen unterschieden.[546] Zum einen die freiwillige oder auch allgemeine Haftpflichtversicherung, dann die Pflichthaftpflichtversicherungen ohne Direktanspruch gegen den Versicherer und schließlich die Pflichthaftpflichtversicherungen mit Direktanspruch gegen den Versicherer, wie etwa die Kfz-Haftpflichtversicherung. Haftpflichtversicherungen sind Schadensversicherungen und keine bloßen Summenversicherungen. Dies bedeutet, dass die Versicherungssumme nicht konstant ist, sondern sich naturgemäß nach der Höhe des Schadens richtet.[547]
Allen drei Gruppen ist gemein, dass sie den „... *Versicherer verpflicht*[en], *dem Versicherungsnehmer die Leistung zu ersetzen, die dieser auf Grund seiner Verantwortlichkeit für eine während der Versicherungszeit eintretende Tatsache an einem Dritten zu bewirken hat.*“, § 149 VVG.
Diese gesetzliche Grundaussage wird sowohl durch Sonderregeln (vgl. z.B. §§ 158b ff. VVG; PflVG, KfzPflVV), wie auch durch die jeweiligen allgemeinen Versicherungsbedingungen (AVB) detailliert, beziehungsweise modifiziert.

a) Arten der Haftpflichtversicherungen

aa) Freiwillige Haftpflichtversicherung

Eine freiwillige, oder auch allgemeine Haftpflichtversicherung zeichnet sich durch folgende Aspekte aus. Wie der Name bereits sagt, besteht keine gesetzliche oder sonst wie geartete Verpflichtung zum Abschluss einer solchen Versicherung. Sie wird in den §§ 149 ff. VVG geregelt. Der grundsätzliche Gegenstand der Versicherung lässt sich gut aus Ziff. 1.1 der unverbindlichen allgemeinen Musterversicherungsbedingungen für die Haftpflichtversicherung (AHB) des *Gesamtverbandes der Deutschen Versicherungswirtschaft e. V.* (Stand Juni 2004) ablesen. Darin heißt es:

> „*Versicherungsschutz besteht im Rahmen des versicherten Risikos für den Fall, dass der Versicherungsnehmer wegen eines während der Wirksamkeit der Versicherung eingetretenen Schadenereignisses*

---

546 Vgl. Deutsch, Versicherungsvertragsrecht[5], Rn 311 ff.; Lorenz, FS Medicus, S. 353, 354 ff.

547 Deutsch, Versicherungsvertragsrecht[5], Rn 268.

(Versicherungsfall), das einen Personen-, Sach- oder sich daraus ergebenden Vermögensschaden zur Folge hatte, aufgrund

gesetzlicher Haftpflichtbestimmungen privatrechtlichen Inhalts

von einem Dritten auf Schadensersatz in Anspruch genommen wird."[548]

bb) Pflichthaftpflichtversicherung

Der Bereich der Pflichthaftpflichtversicherung erstreckt sich auf viele verschiedene Lebensbereiche. Erfasst sind insbesondere Teile des Verkehrs, das Inverkehrbringen bestimmter Güter, wie auch ein großer Teil der freien Berufe. Der Abschluss einer Haftpflichtversicherung wird beispielsweise gesetzlich vorgeschrieben für den Luftverkehr (§ 43 Abs. 1 LuftVG), die Jagd (§ 17 Abs. 1 Nr. 4 BJagdG), (faktisch) das Arzneimittelwesen (§ 94 Abs. 1 S. 3 Nr. 1 AMG), den Wirtschaftsprüfer (§ 54 Abs. 1 WirtschaftsprüferO), den Notar[549] (§ 19a Abs. 1 BNotO) und den Rechtsanwalt (§ 51 Abs. 1 BRAO). Für Ärzte und Zahnärzte wird dagegen der Abschluss einer Berufshaftpflichtversicherung nur vom Standesrecht verlangt.[550] Diese Unterscheidung wirkt sich dahingehend aus, dass die §§ 158b ff. VVG – welche besondere Bestimmungen für Pflichthaftpflichtversicherungen enthalten – für die nur vom Standesrecht verlangten Haftpflichtversicherungen keine Anwendung finden.[551] Sie werden also grundsätzlich wie alle anderen freiwilligen Haftpflichtversicherungen behandelt. Aus den jeweiligen Berufsordnungen der Länder (vgl. § 21 MBO) folgen unmittelbar keine Sanktionen, wenn ein Arzt seiner standesrechtlichen Pflicht nicht nachkommt. So verliert ein Arzt nicht, wie beispielsweise ein Rechtsanwalt, seine Zulassung, wenn er keine Berufshaftpflichtversicherung hat. Kommt es jedoch zu einem Schadensfall und kann der Arzt diesen nicht vollständig und unverzüglich begleichen, so muss er mit berufsrechtlichen Sanktionen oder Zwangsmaßnahmen der Approbationsbehörde rechnen.[552] Da Schadensfälle

---

[548] Vgl. hierfür z. B. auch § 1 Ziff. 1 AHB 2004 der HUK-Coburg.

[549] Vgl. hier in der Schweiz BGE 71 II 225/232: Haftung eines urteilsunfähigen Notars aus Art. 54 OR.

[550] Vgl. § 21 Musterberufsordnung der Bundesärztekammer 2004; in Bayern: § 21 Berufsordnung für die Ärzte Bayerns (2004) iVm. Art.18 Abs. 3 Satz 1; 20 BayHKaG.

[551] Vgl. Römer/LangheidVVG/Langheid[2] § 158b Rn 1.

[552] Ratzel/LippertMBO/Ratzel[4] § 21 Rn 3.

im Bereich des Arzthaftungsrechts schnell hohe Summen erreichen, besteht faktisch für einen Arzt ein Zwang zum Abschluss einer Haftpflichtversicherung, um sich im Schadensfall seine Existenz erhalten zu können, beziehungsweise keine berufsrechtlichen Sanktionen befürchten zu müssen. Auch werden die Banken, die beispielsweise beim Aufbau einer Praxis mit Krediten beteiligt sind, darauf achten, dass ein Arzt hinreichend haftpflichtversichert ist. Im Ergebnis sind daher Haftpflichtversicherungen, die standesrechtlich vorgeschrieben sind, in dem hier zu erörternden Themenkomplex genauso zu behandeln, wie Pflichthaftpflichtversicherungen. Auf die strukturellen Unterschiede wird im Rahmen der Funktion der Pflichthaftpflichtversicherungen hingewiesen.

cc) Kfz-Haftpflichtversicherung

An sich müsste man auch die Kfz-Haftpflichtversicherung der zuvor genannten Gruppe zuordnen. Ihre überragende wirtschaftliche Bedeutung und einige gesetzliche Besonderheiten rechtfertigen es aber, sie als eigene Gruppe zu untersuchen.
Die Kfz-Haftpflichtversicherung charakterisiert sich wie folgt:

> *„Die Versicherung umfasst die Befriedigung begründeter und die Abwehr unbegründeter Schadensersatzansprüche, die aufgrund gesetzlicher Haftpflichtbestimmungen privatrechtlichen Inhalts gegen den Versicherungsnehmer oder mitversicherte Personen erhoben werden, wenn durch den Gebrauch des im Vertrag bezeichneten Fahrzeugs*
> *a) Personen verletzt oder getötet werden,*
> *b) Sachen beschädigt oder zerstört werden oder abhanden kommen,*
> *c) Vermögensschäden herbeigeführt werden, die weder mit einem Personen- noch mit einem Sachschaden mittelbar oder unmittelbar zusammenhängen.“*[553]

Die Kfz-Haftpflichtversicherung wird in § 1 PflVG für den Halter von Kraftfahrzeugen mit regelmäßigem Standort im Inland zwingend vorgeschrieben. In den allgemeinen Bedingungen für die Kraftfahrtversicherung (AKB) werden neben den Details der Kfz-Haftpflichtversicherung auch die der Kasko- und Unfallversicherungen geregelt. Entgegen den übrigen Pflichthaftpflichtversicherungen finden aber die §§ 158c ff. VVG keine

[553] § 10 Abs. 1 unverbindliche AKB des GDV 2004.

Anwendung. An deren Stelle regelt das PflVG das Verhältnis zwischen Versicherungsnehmer, Versichertem und Geschädigtem. Die überragende Besonderheit besteht hier in dem Direktanspruch des Geschädigten gegen den Versicherer gemäß § 3 Nr. 1 PflVG. Ebenso wichtig kann für den Geschädigten sein, dass ein Entschädigungsfonds für den bei einen Unfall mit einem Kfz Verletzten aufkommt, wenn das schädigende Fahrzeug nicht zu ermitteln ist, die Haftpflichtversicherung nicht besteht, der Schädiger vorsätzlich handelte, oder wenn der Versicherer insolvent ist, § 12 PflVG. Diese Möglichkeit tritt natürlich nur subsidiär hinter die Inanspruchnahme des Schädigers und des Versicherers. Schließlich ist noch hervorzuheben, dass für die Kfz-Haftpflichtversicherung in Deutschland ein relativ strenger Kontrahierungszwang besteht, § 5 PflVG.

b) Funktionen der Haftpflichtversicherungen

Mitentscheidend dafür, ob eine Haftpflichtversicherung im Rahmen von § 829 BGB zu berücksichtigen ist, ist ihre Funktion. Widersprechen Sinn und Zweck einer Haftpflichtversicherung der Berücksichtigung, so kann grundsätzlich weder aus § 829 BGB selbst heraus, noch aus dem Versicherungsvertrag die Haftpflichtversicherung auf die zu treffende Billigkeitsentscheidung Einfluss nehmen.

Obwohl alle drei Gruppen ihre „gesetzliche Wurzel“ in § 149 VVG haben, unterscheiden sie sich nicht nur in ihrer inhaltlichen Ausgestaltung, sondern auch in ihren Aufgaben.

Gemein ist allen drei Gruppen der Schutz des Vermögens des Versicherungsnehmers gegen Ansprüche des Geschädigten. Ebenfalls gemein ist ihnen, dass für den Versicherungsnehmer eine Art Rechtschutzversicherung darin besteht, da der Versicherer versuchen wird, Schadensersatzbegehren des Geschädigten entsprechend den AVB abzuwehren.

Es zeigt sich also, dass auf Seiten des Versicherungsnehmers die Aufgabe einer Haftpflichtversicherung primär in der Sicherung des bestehenden Vermögens und der Abwehr unberechtigter Ansprüche zu sehen ist.

Besonders deutlich werden aber die Unterschiede zwischen den einzelnen Gruppen, wenn man die Stellung des Geschädigten, also des Haftpflichtgläubigers erörtert.

aa) Freiwillige Haftpflichtversicherung

Die freiwillige Haftpflichtversicherung wird auf Seiten des Versicherungsnehmers klar von der Motivation getragen, sich und die Seinen vor unabsehbaren Vermögenseinbußen durch Haftpflichtansprüche zu sichern. Diese Funktion wird etwa deutlich durch Ziff. 5.1 AHB 2004 des GDV:

> *„Der Versicherungsschutz umfasst die Prüfung der Haftpflichtfrage, die Abwehr unberechtigter Schadensersatzansprüche und die Erfüllung berechtigter Schadensersatzverpflichtungen.*
> *Berechtigt sind Schadensersatzverpflichtungen dann, wenn der Versicherungsnehmer aufgrund Gesetzes, richterlicher Entscheidung, Anerkenntnisses oder Vergleiches zur Entschädigung verpflichtet ist. Anerkenntnisse und Vergleiche müssen vom Versicherer abgegeben, geschlossen oder mit seiner Zustimmung zustande gekommen sein.*
> *Steht die Verpflichtung des Versicherers zur Zahlung fest, ist die Entschädigung binnen zwei Wochen zu leisten."*[554]

Auch die Gewährung von Rechtsschutz gemäß § 150 VVG gegenüber einem Geschädigten liegt klar im Interesse des Versicherungsnehmers.

Inwieweit jeder Versicherungsnehmer beim Vertragsschluss auch im Interesse eines potentiell durch ihn Geschädigten handelt, ist schwer nachvollziehbar. Bedenkt man aber die oftmals bestehende moralische Verpflichtung zur Wiedergutmachung, die jeder Einzelne verspürt, wenn er einem Anderen einen Schaden zufügt, so kann ein gewisses Interesse – sei es bei Vertragsschluss auch sehr klein – des Versicherungsnehmers am Schicksal eines Geschädigten nicht abgesprochen werden.
Sehr vereinzelt finden sich auch im Gesetz Normen, die ein Schutzinteresse zugunsten des Geschädigten widerspiegeln. So besteht über eine Entschädigungsforderung zugunsten des Geschädigten nach § 156 Abs. 1 VVG ein relatives Verfügungsverbot, welches auch im Rahmen der Zwangsvollstreckung gilt.[555] Ferner folgt aus § 157 VVG, dass der Geschädigte im Falle der Insolvenz des Versicherungsnehmers abgesonderte Befriedigung verlangen kann. Anders als im Normalfall bedarf es also keiner Pfändung und Überweisung des Deckungsanspruchs, sondern der Geschädigte kann den Versicherer unmittelbar auf Zahlung in Anspruch nehmen.[556]
Der Gesetzgeber misst der freiwilligen Haftpflichtversicherung damit keine klare Funktion dahingehend bei, dass sie auch der finanziellen Sicherung des Geschädigten durch die Solidargemeinschaft der Haftpflichtversicherten dient. Vielmehr bringen die genannten Vorschriften nur zum Ausdruck,

---

554 Vgl. z.B. auch § 3 Abs. 3 S. 1 AHB 2004 HUK-Coburg.
555 Deutsch, Versicherungsvertragsrecht[5], Rn 316.
556 Vgl. BGH NZV 2004, 353, 354.

dass eine bestehende Deckungsforderung besonderen Schutz vor Zugriffen durch Dritte (auch Versicherungsnehmer und Versicherten) genießt.
Besonders deutlich wird die relativ schwache Stellung des Geschädigten, wenn man die freiwillige Haftpflichtversicherung mit der Kfz-Haftpflichtversicherung vergleicht. Der Geschädigte besitzt hier im Gegensatz zur Kfz-Haftpflichtversicherung keinen Direktanspruch gegen den Versicherer. Dies bedeutet, dass der Geschädigte den Schädiger zunächst in Anspruch nehmen muss und erst dann, gegebenenfalls nach erfolgreichem Prozess, aus der Deckungsforderung durch Pfändung und Überweisung gegen den Versicherer vorgehen kann.
Nicht zu vergessen ist der Fall, dass der Versicherungsnehmer den Versicherungsfall vorsätzlich herbeigeführt hat. Hier besteht für den Versicherer keine Leistungspflicht nach § 152 VVG, mit der Folge, dass der Geschädigte häufig einen solventen Schuldner verliert. Ferner zeigt sich, dass die freiwillige Haftpflichtversicherung keine Versicherung zugunsten eines Dritten ist, wenn man bedenkt, dass der Geschädigte sich nicht an die Versicherung des Schädigers wenden kann, wenn dieser seinen Prämien nicht nachkommt, beziehungsweise eine die Leistungsfreiheit des Versicherers begründende Obliegenheitsverletzung begeht.
Gerade die letzten drei Punkte machen deutlich, dass die primäre Funktion einer freiwilligen Haftpflichtversicherung im Schutz des Vermögens des Versicherten und dem damit mitunter verbundenen gerichtlichen Rechtsschutz besteht und es sich somit nicht um eine Versicherung zugunsten potentiell geschädigter Dritter handelt.
In der Literatur wird teilweise vertreten, dass sich die freiwillige Haftpflichtversicherung einem Funktionswandel unterzogen habe, welche heute eine andere Sichtweise erfordere. Auf diese Argumentation soll aus Gründen der Übersichtlichkeit im Rahmen der Darstellung der in der Literatur vertretenen Ansichten zur Berücksichtigung einer Haftpflichtversicherung bei § 829 BGB unten genauer eingegangen werden.[557]

bb) Pflichthaftpflichtversicherung

Im Bereich der Pflichthaftpflichtversicherungen hat der Versicherungsnehmer in der Regel auch ein gewisses Interesse am Schutz seines Vermögens im Fall eines von ihm verursachten Schadens, jedoch drängt ihn nicht primär seine eigene Motivation hierzu, sondern er wird auf Grund von Gesetz und Standesrecht hierzu gezwungen. Sowohl der Gesetzgeber, wie auch die

---

[557] Vgl. Kap. 2 A. V. 2. b. cc. a) (S. 143 ff.) und Kap. 2 A. V. 2. b. ee. b) dd) aaa. (S. 178 ff.).

Kammern, erkannten, dass in vielen Lebensbereichen das Risiko einer schwerwiegenden Schädigung und der daraus folgenden immensen Kosten sehr hoch ist, sodass ein einzelner Schädiger oftmals nicht in der Lage ist, den Schaden zu begleichen. Ein Geschädigter würde folglich oft fast leer ausgehen, besonders, wenn es Dutzende von Geschädigten gibt. Um die Stellung des Geschädigten zu stärken, wurden die Personen und Institutionen verpflichtet, Haftpflichtversicherungen abzuschließen, die in den oben beschriebenen Lebensbereichen tätig werden. Daher stehen die Pflichtversicherungen im Wesentlichen im Interesse des Schutzes des potentiell geschädigten Dritten.[558]

Obwohl dieser drittschützende Charakter sowohl für gesetzlich, wie auch standesrechtlich angeordnete Haftpflichtversicherungen gilt, finden nur die bereits im Rahmen der freiwilligen Haftpflichtversicherungen beschriebenen Normen (§§ 156, 157 VVG) auf beide Anwendung. Die besonderen Vorschriften im VVG für den Bereich der Pflichthaftpflichtversicherungen nach den §§ 158b ff. VVG finden dagegen nur für die gesetzlich angeordneten Haftpflichtversicherungen Anwendung. Gerade dort wird dem grundsätzlich drittschützenden Charakter gesetzlich Nachdruck verliehen. Für den Geschädigten ist dabei besonders relevant, dass selbst, wenn der Versicherer ganz oder teilweise von der Leistung gegenüber dem Versicherungsnehmer frei wird, dennoch seine Verpflichtung in Ansehung des Dritten bestehen bleibt, § 158c Abs. 1 VVG. Diese Privilegierung wird in den darauf folgenden Absätzen des § 158c VVG leicht eingeschränkt. Im Gegenzug muss aber der Geschädigte dem Versicherer den Schaden innerhalb gewisser Fristen anzeigen (§ 158d VVG) und dem Versicherer Auskunft über das Schadensereignis geben, § 158d Abs. 3 VVG. Verletzt er diese Pflichten, so beschränkt sich die Leistungspflicht des Versicherers nach § 158c VVG auf den Betrag, den er auch bei gehöriger Erfüllung der Verpflichtungen zu leisten gehabt hätte.

Im Ergebnis bedeutet diese gesetzliche Regelung, dass dem Geschädigten zwar kein Direktanspruch gegen den Versicherer zusteht, ihm aber dennoch ein solventer Schuldner zur Verfügung steht, auch wenn der Versicherer eigentlich dem Versicherten gegenüber von seiner Leistungspflicht auf Grund von Obliegenheitsverletzungen oder Prämienverzug frei geworden ist. Im Übrigen gilt dies nicht, wenn der Versicherte vorsätzlich im Sinne von § 152 VVG einen Schaden herbeiführt, da dies nach beinah einhelliger

---

[558] Vgl. Römer/LangheidVVG/Langheid² § 158b Rn 1; Taupitz, VersR 1983, 100, 101.

Rechtsprechung und Literaturansicht nicht zum vom Versicherer übernommenen Risiko im Sinn des § 158c Abs. 3 VVG gehört.[559]
Im Bereich der Pflichthaftpflichtversicherungen liegt damit eindeutig der Schwerpunkt beim Schutz des potentiell geschädigten Dritten. Die Funktion einer solchen Versicherung liegt somit zwischen einer gesetzlich gewollten „Fremdunfallversicherung“ und einer Haftpflichtversicherung als Schadensversicherung im eigentlichen Sinne. Letztendlich ist sie einer allgemeinen Haftpflichtversicherung näher als einer Unfallversicherung zu Gunsten Dritter, da sie dem Dritten kein direktes Vorgehen gegen den Versicherer ermöglicht. Die starke Akzentuierung des Drittschutzes führt zur funktionalen Einordnung als altruistische Versicherung.

cc) Kfz-Pflichthaftpflichtversicherung

Nach dem bereits zu den Pflichthaftpflichtversicherungen Gesagten erübrigt sich eigentlich eine funktionelle Einordnung der Kfz-Haftpflichtversicherung, da sie selbst eine Pflichthaftpflichtversicherung ist. Auf Grund ihrer praktischen Relevanz und einiger Besonderheiten soll sie trotzdem kurz erörtert werden.
Bereits in der Präambel des 1939 eingeführten Gesetzes über die Versicherungspflicht für Kraftfahrzeughalter hieß es, dass dieses Gesetz dazu dient, „*... den Schutz der Verkehrsopfer wirksamer zu gestalten.*“[560] Die altruistische Funktion dieser Versicherung ist also bereits von Gesetzeswegen vorgegeben und ist daher auch unumstritten. Besonders bedeutsam ist heute dabei, dass der Geschädigte seit geraumer Zeit einen direkten Anspruch gegen den Versicherer hat, wenn die Haftpflicht des Schädigers feststeht, § 3 Nr. 1 PflVG. Auch die Leistungsfreiheit des Versicherers gegenüber dem Versicherten wirkt sich nur in eingeschränktem Maße auf den Anspruch des Geschädigten gegen den Versicherer aus, § 3 Nr. 4, 5 PflVG. Bei einer die Leistungsfreiheit an sich begründenden Obliegenheitsverletzung des Versicherten haftet der Versicherer dem Geschädigten gegenüber jedoch nur im Rahmen der Mindestversicherungssummen nach § 158c Abs. 3 VVG, auf welchen § 3 Nr. 6 PflVG verweist.[561]
Die altruistische Funktion der Kfz-Haftpflichtversicherung wird besonders deutlich, wenn man sich noch einmal vor Augen führt, dass ein von einem

---

559 BGH NJW 1971, 459; Prölss/MartinVVG/Knappmann[27] § 158c Rn 18; BK/Beckmann § 158c Rn 34.

560 RGBl. I, S. 2223.

561 Weiterführend hierzu und zu der neueren Rspr. Heß/Burmann, NJW-Spezial 2006, 15 f.

Kraftfahrzeug Geschädigter einen subsidiären Anspruch gegen einen Entschädigungsfonds hat, wenn der Kfz-Halter nicht zu ermitteln ist, die Haftpflichtversicherung nicht besteht, der Schädiger vorsätzlich und widerrechtlich gehandelt hat, oder über das Vermögen des Versicherers ein Insolvenzverfahren eröffnet wurde, § 12 Abs. 1 S. 1 Nr. 1-4 PflVG.

bb. Entwicklung in der Rechtsprechung

Die Rechtsprechung vollzog sich vor dem beschriebenen Hintergrund zu der Frage der Berücksichtigung von Haftpflichtversicherungen in mehreren Schüben.
Ausgangspunkt ist hierbei zunächst die Entwicklung der Rechtsprechung auf einem anderen Gebiet. Bei der Frage, ob dem Geschädigten ein Schmerzensgeld zustehen soll, war früher wie heute der Richter gehalten, eine Entschädigung in Geld zu zusprechen, wenn dies billig ist, § 253 Abs. 2 BGB, §§ 847, 1300 BGB a.F. Entscheidender Unterschied zwischen § 829 BGB und den Vorschriften, welche ein Schmerzensgeld gewähren, ist,[562] dass die Billigkeit bei § 829 BGB sowohl für die Anspruchsbegründung, wie auch für die Höhe des Anspruchs maßgeblich ist. Bei § 253 Abs. 2 BGB (§§ 847, 1300 BGB a.F.) sind Billigkeitserwägungen dagegen nur für die Höhe des Schmerzensgelds entscheidend. Der Grund der Haftung selbst liegt in anderen Normen.
Dennoch stellte sich auch hier bald die Frage, ob eine Haftpflichtversicherung auf Seiten des Schädigers bei der Höhe des Schmerzensgelds zu berücksichtigen sei. Erst aus den in diesem Rahmen entwickelten Grundsätzen folgte die Diskussion über die Berücksichtigung einer Haftpflichtversicherung bei § 829 BGB.

a) Berücksichtigung von Haftpflichtversicherungen im Rahmen der Entscheidung über Schmerzensgeld

Das Reichsgericht lehnte zunächst bei § 847 BGB a.F. die Berücksichtigung von Haftpflichtversicherungen im Rahmen der Billigkeitserwägung in ständiger Rechtsprechung grundsätzlich ab.[563] Es begründete diese Ansicht damit, dass es im Wesen der Haftpflichtversicherung liege, das Vermögen des Versicherungsnehmers zu schützen. Außerdem solle ein Schädiger nur

[562] Dabei sind die §§ 847 a.F. und § 253 Abs. 2 BGB nicht als eigenständige Anspruchsgrundlagen aufzufassen. Vgl. MüKoBGB/Oetker[4] § 253 Rn 15.

[563] Vgl. RGZ 63, 104; 136, 60, 61; 157, 348, 350; JW 1925, 2599, 2600; 1933, 779; 1935; 2950.

leisten, was er auf Grund seiner Verantwortlichkeit zu leisten habe.[564] Die Haftpflichtversicherung dient nach dieser Auffassung nur dazu, dass sich der Versicherungsnehmer für entstandene Haftpflichtverpflichtungen beim Versicherer schadlos halten kann, nicht aber dazu, die Höhe der entsprechenden Verpflichtung zu beeinflussen.
In der Folgezeit wollten einige Oberlandesgerichte dem Reichsgericht die Gefolgschaft verweigern und eine Haftpflichtversicherung bei der Bestimmung des Schmerzensgeldes berücksichtigt sehen.[565] Man führte wirtschaftliche Überlegungen in den Raum und stellte sich auf den Standpunkt, dass die Verantwortlichkeit des Schädigers auf Grund anderer Normen feststehe und die Haftpflichtversicherung dem Vermögen des Schädigers zugerechnet werden könne.
Hiergegen wandte sich das Reichsgericht in zwei darauf folgenden Entscheidungen abermals vehement und verwies auf seine ständige Rechtsprechung.[566]
Am 19.1.1944 vollzog das Reichsgericht jedoch den Wandel.[567] In dieser Entscheidung trat es nun den Erwägungen der oben genannten Oberlandesgerichte im Wesentlichen bei. Gerne übersehen wird jedoch, dass sich dieses Urteil explizit auf eine Kfz-Haftpflichtversicherung bezieht. Für das Reichsgericht war die tragende Überlegung für diese Entscheidung, dass seit der Einführung des *Gesetzes über die Pflichtversicherung für Kraftfahrzeughalter und der Änderung des Gesetzes über den Verkehr mit Kraftfahrzeugen, sowie des Gesetzes über den Versicherungsvertrag*[568] am 7.11.1939 eine gesetzliche Verpflichtung besteht, als Kraftfahrzeughalter eine Haftpflichtversicherung abzuschließen. Begründet wird das Gesetz damit, dass es erforderlich sei, den Schutz der Verkehrsopfer wirksamer zu gestalten. Damit war zunächst im Bereich der Kfz-Haftpflichtversicherung die Berücksichtigung derselben beim Schmerzensgeld anerkannt.

Nach dem Zweiten Weltkrieg dauerte es eine Weile, bis auch der BGH zu einer einheitlichen Linie fand. Im Jahr 1952 stellte sich der III. Zivilsenat des BGH auf den Standpunkt, dass bei der Bemessung des Schmerzensgelds die Vermögensverhältnisse des Verpflichteten nicht zu berücksichti-

[564] RGZ 157, 348, 350.
[565] OLG Düsseldorf (Urt. v. 30.3.1936) und OLG Köln (Urt. v. 11.3.1937) JW 1937, 2627.
[566] RG JW 1937, 3172; RG DR 1941, 1298.
[567] RG DR 1944, 290, 291.
[568] RGBl. I S. 2223 ff.

gen seien. Folglich komme es auf das Bestehen einer Haftpflichtversicherung nicht an.[569]

Dagegen bestätigte der VI. Zivilsenat des BGH im Jahr 1954 ausdrücklich die Rechtsprechung des Reichsgerichts aus dem Jahr 1944 und machte deutlich, dass im Rahmen einer wirtschaftlichen Betrachtungsweise eine Pflichtversicherung den Vermögensverhältnissen des Schädigers zuzuordnen sei.[570]

Hierauf hin entschied der Große Senat des BGH[571] im Jahr 1955, dass eine Haftpflichtversicherung bei der Bemessung eines Schmerzensgelds zu berücksichtigen sei. Er begründete dies wie folgt: „*Ein Schädiger, der in Höhe der Versicherungssumme durch den Haftpflichtversicherer von seiner Haftung freigestellt wird, ist wirtschaftlich günstiger gestellt als ein Schädiger, der die Schäden aus Unerlaubter Handlung selbst zu tragen hat. Der mit Prämienzahlung erworbene Anspruch auf Versicherungsschutz stellt sich als ein Vermögenswert dar, wenn es um die Zahlung der Entschädigung für verursachte Schäden geht.*

Da es bei dieser wirtschaftlichen Betrachtungsweise allein darauf ankommt, ob der Schädiger den Schaden selbst zu tragen hat oder – mindestens zum Teil – durch eine Haftpflichtversicherung freigestellt wird, kann es keinen Unterschied machen, ob es sich um eine freiwillige oder um eine Zwangshaftpflichtversicherung handelt.“[572]

Seit dieser Entscheidung ist es ständige Rechtsprechung des BGH, dass sowohl eine freiwillige wie auch eine Pflichthaftpflichtversicherung bei der Bemessung der Höhe des Schmerzensgelds zu berücksichtigen ist.

b) Berücksichtigung von Haftpflichtversicherungen durch die Rechtsprechung im Rahmen von § 829 BGB

Soweit ersichtlich, musste das Reichsgericht sich nie mit der Frage beschäftigen, ob eine Haftpflichtversicherung im Rahmen von § 829 BGB berücksichtigt werden kann. Führt man sich nochmals die restriktive Haltung des Reichsgerichts bis 1944 bezüglich §§ 847, 1300 BGB a.F. vor Augen, so verwundert dies auch nicht.

Erst die klare Position, die der Große Senat des BGH im Jahre 1955 hinsichtlich des Schmerzensgelds bezog, ließ in der Folgezeit die Diskussion aufkommen, ob auch im Rahmen von § 829 BGB eine Haftpflichtversiche-

---

569 BGH NJW 1953, 99, 101.

570 BGH NJW 1954, 1034, 1035.

571 BGHZ 18, 149 ff. = GS BGH NJW 1955, 1675 ff.

572 GS BGH NJW 1955, 1675, 1677.

rung berücksichtigt werden soll. Liest man die oben ausschnittsweise abgedruckte Begründung, so liegt es nahe, sowohl freiwillige wie auch Pflichthaftpflichtversicherungen bei § 829 BGB zu berücksichtigen. Denn der Große Senat stellt dort nicht auf die besondere Bedeutung des immateriellen Schadensersatzes ab, sondern spricht immer nur allgemein vom Schaden. Auch der Standpunkt, dass eine wirtschaftliche Betrachtungsweise dies erfordere, spricht ebenso für eine Berücksichtigung, wie auch die allgemeine Inbezugnahme auf das Recht der Unerlaubten Handlung.
Im Jahr 1957 hatte dann der VI. Zivilsenat des BGH[573] (erwartungsgemäß) entschieden, dass bei der Prüfung, ob und in welcher Höhe ein Schadensersatz nach § 829 BGB billig sei, eine Haftpflichtversicherung berücksichtigt werden darf (2.Leitsatz). Nicht vergessen werden sollte hierbei, dass diese Entscheidung zu einer Kfz-Haftpflichtversicherung erging. Darüber hinaus, stellt der BGH bereits klar, dass allein das Bestehen einer Haftpflichtversicherung nicht eine Entscheidung zu Gunsten des Geschädigten tragen kann, da es dem Grundgedanken des § 829 BGB widersprechen würde, wenn nicht die gesamten Umstände des Einzelfalls berücksichtigt werden.[574]
Bereits 1958 konkretisierte derselbe Senat des BGH[575] seine Rechtsprechung einerseits und änderte dabei andererseits auch seine Rechtsauffassung zum Teil. So stellt der BGH nun klar, dass das Bestehen einer freiwilligen Haftpflichtversicherung (hier: Familienhaftpflichtversicherung) keine Berücksichtigung bei der Frage des „Ob" finde. Das Bestehen einer Haftpflichtversicherung solle nicht zu einer klagebegründenden Tatsache werden.[576] Erst wenn die sonstigen Umstände – besonders ein wirtschaftliches Gefälle – eine Schadloshaltung erfordern, dürfe im Rahmen der Höhe des Schadensersatzanspruchs eine freiwillige Haftpflichtversicherung berücksichtigt werden. Untermauert wird diese Argumentation mit dem Wesen einer freiwilligen Haftpflichtversicherung, welche dem Schutz des eigenen Vermögens vor den Folgen eines Unfalls diene.[577] Dies ergebe sich laut BGH nicht zuletzt aus der Abgrenzung zu der Argumentation, wie sie das Reichsgericht 1944 in seiner Entscheidung zum Schmerzensgeld führte, als es auf den vom Gesetzgeber beabsichtigten besonderen Schutz des Opfers abstellte, was aus dem Umstand folge, dass es sich bei der Kfz-Haftpflichtversicherung um eine Pflichthaftpflichtversicherung handele. Der von ei-

---

573 BGHZ 23, 90 ff. = NJW 1957, 674.
574 BGHZ 23, 90, 99.
575 BGH NJW 1958, 1630 ff.
576 BGH NJW 1958, 1630, 1632.
577 BGH NJW 1958, 1630, 1632.

nem Unzurechnungsfähigen angerichtete Schaden müsse daher grundsätzlich als ein Unglück verstanden werden.[578]
Im Jahr 1962 entschied abermals derselbe Senat des BGH[579] die hier zu erörternde Frage. Nachdem in der Folgezeit Unmut in der Literatur[580] hinsichtlich der Unterscheidung zwischen dem „Ob" und dem „Wie" bei der Berücksichtigung einer freiwilligen Haftpflichtversicherung aufkam, überprüfte der BGH seine Ansicht. Er sah zwar die beschriebene Problematik, stellte sich jedoch auf den Standpunkt, dass eine freiwillige Haftpflichtversicherung nicht als *„haftungsbegründende Tatsache"* eingeführt werden darf. Begründet wurde dies abermals mit dem *„Sinn und Zweck"* einer freiwilligen Haftpflichtversicherung.[581]
Die daraufhin ergangenen Entscheidungen folgten uneingeschränkt der Linie des BGH.[582] Auch nach vermehrter Kritik von Teilen der Literatur in den sechziger und siebziger Jahren des 20. Jahrhunderts[583] beharrte der BGH auf seiner Auffassung und brachte dies mit zwei weiteren Entscheidungen im Jahr 1979 zum Ausdruck.[584] Er stellte abermals klar, dass es der Zielsetzung einer freiwilligen Haftpflichtversicherung widerspreche, sie zu einer anspruchsbegründenden Tatsache zu erklären. Diesen Versicherungen kommt nach Ansicht des BGH, im Gegensatz zu den gesetzlichen und wohl auch den standesrechtlich verpflichtenden Haftpflichtversicherungen, keine anspruchsbegründende Bedeutung auf Grund eines gewandelten sozialwirtschaftlichen Gefüges zu.[585] Zwar betont der BGH, dass er die Unterscheidung bezüglich der Berücksichtigung einer freiwilligen Haftpflichtversicherung beim Grund und der Höhe als unbrauchbar aufgebe,[586] will aber eine freiwillige Haftpflichtversicherung weiterhin lediglich zur Korrektur der Höhe des zu zahlenden Betrags anerkennen.[587] Er meint damit, dass der von der freiwilligen Haftpflichtversicherung gewährte Schutz innerhalb der maximalen Deckungssumme nicht dem Vermögen des Schädigers zugerechnet werden dürfe, und folglich auch kein Vermögensgefälle im Rahmen der Prüfung der wirtschaftlichen Verhältnisse begründen könne.

---

578 BGH NJW 1958, 1630, 1632.
579 BGH NJW 1962, 2201 ff.
580 Pohle, MDR 1958, 838.
581 BGH NJW 1962, 2201.
582 Vgl. LG Kiel VersR 1968, 80; LG Verden/Aller VersR 1972; 965; AG Berlin-Charlottenburg VersR 1975, 1037.
583 S. unten Kap. 2 A. V. 2. b. cc. a) (S. 143 f.).
584 BGH FamRZ 1979, 567 = VersR 1979, 645; BGHZ 76, 279 ff.
585 BGHZ 76, 279, 285 f.
586 BGHZ 76, 279, 285.
587 BGH FamRZ 1979, 567, 568; BGHZ 76, 279, 287.

Soweit ersichtlich, ist die Rechtsprechung bis heute – abgesehen von sehr wenigen Ausnahmen[588] – nicht von dieser Linie abgewichen.[589]

c) Zusammenfassung der Auffassung der Rechtsprechung

Greift man die vorläufig abschließende Entscheidung des BGH[590] aus dem Jahr 1994 auf, so ergibt sich folgendes Bild:

1. Inwieweit eine Haftpflichtversicherung bei § 829 BGB berücksichtigt werden kann, hängt von der Art und der Funktion der Haftpflichtversicherung ab.
2. Folglich ist zwischen freiwilligen und gesetzlich (wohl auch standesrechtlich[591]) verpflichtenden Haftpflichtversicherungen zu unterscheiden.
3. Pflichthaftpflichtversicherungen können im Rahmen der wirtschaftlichen Verhältnisse des Schädigers anspruchsbegründend berücksichtigt werden.[592]
4. Das Bestehen einer Pflichthaftpflichtversicherung kann aber nie allein anspruchsbegründend wirken; es bedarf immer einer Würdigung aller Umstände.[593]
5. Freiwillige Haftpflichtversicherungen dürfen nicht anspruchsbegründend berücksichtigt werden.[594]
6. Das Bestehen einer freiwilligen Haftpflichtversicherung darf lediglich zur Korrektur der Höhe des zu zahlenden Betrags berücksichtigt werden.[595]
7. Die Höhe des zugesprochenen Schadensersatzes darf sich nicht an der Deckungssumme der Haftpflichtversicherung orientieren, son-

---

[588] In Teilen: LG Mosbach NJW-RR, 24; für eine Berücksichtigung einer freiwilligen Haftpflichtversicherung: AG Dortmund ZfS 1993, 150, 151.

[589] Vgl. z.B.(chronologisch) OLG Hamm VersR 1980, 236, 237;AG Bingen ZfS 1987, 227; LG Augsburg ZfS 1988, 2, 3; OLG Hamburg ZfS 1990, 41; OLG Karlsruhe 1993, 293; BGHZ 127, 186 = NJW 1995, 452 = NZV 1995, 65 = MDR 1995, 992; LG Düsseldorf VersR 1996, 513; LG Dortmund ZfS 1995, 366; AG Ahaus NJW-RR 2003, 1184; LG Heilbronn NJW 2004, 2391.

[590] BGHZ 127, 186 = NJW 1995, 452 = NZV 1995, 65 = MDR 1995, 992.

[591] BGHZ 76, 279, 286.

[592] BGH NJW 1995, 452, 454.

[593] BGH NJW 1995, 452, 454.

[594] BGH NJW 1995, 452, 453.

[595] BGH NJW 1995, 452, 453.

dern muss sich im Rahmen der tatsächlichen persönlichen finanziellen Möglichkeiten halten.

cc. Stellungnahmen in der Literatur

Für die Literatur ist es bis heute die Gretchenfrage bei § 829 BGB, ob eine Haftpflichtversicherung auf Seiten des Schädigers berücksichtigt werden soll oder nicht. Die dazu vertretenen Auffassungen orientierten sich zumeist an der Rechtsprechung. So sieht sich die eine Seite von der Rechtsprechung bestätigt, will diese aber in manchen Punkten geringfügig korrigieren, und auf der anderen Seite wird die Rechtsprechung dagegen grundsätzlich abgelehnt, Teile derselben jedoch für die eigene Argumentation berücksichtigt. Dieses Bild ergibt sich daher, weil die Rechtsprechung – wie dargestellt – nicht generell die Berücksichtigung einer Haftpflichtversicherung verbietet, sondern jeweils nach der Art und Funktion der Versicherung unterscheidet. Es verwundert deshalb nicht, dass die Spannweite der in der Literatur vertretenen Auffassungen von grundsätzlicher Nichtberücksichtigung bis zu völliger Berücksichtigung jeglicher Haftpflichtversicherungen reicht.

a) Befürworter der Berücksichtigung von Haftpflichtversicherungsschutz

In der Literatur wird heute überwiegend vertreten, dass erstens die Unterscheidung zwischen freiwilliger und gesetzlich verpflichtender Haftpflichtversicherung aufzugeben sei, und zweitens, dass beide Arten von Haftpflichtversicherungen gleichermaßen im Rahmen von § 829 BGB berücksichtigt werden sollten.[596]

Gestützt wird diese Auffassung im Wesentlichen durch drei Ansatzpunkte, die in jeweils unterschiedlichem Maße und Bekräftigung ins Feld geführt werden. Es wird erstens argumentiert, dass bei wirtschaftlicher Betrach-

[596] Alphabetisch: v. Bar, AcP 181 (1981) 289, 324; BK/Baumann Vorbem §§ 149 – 158 k VVG Rn 50; Böhmer, MDR 1963, 21, 22; Deutsch, AllgHaftR[2], Rn 490; ders., JBl. 1980, 298, 300; Deutsch/Ahrens, DeliktsR[4], Rn 141; Erman/Schiemann[11] § 829 Rn 5; Fuchs, AcP 191 (1991) 318, 338; Kilian, ZGS 2003, 168, 172; Knütel, JR 1980, 20 (Anm. zu BGH Urt. v. 24.4.1979, FamRZ 1979, 567); ders., JR 1980, 462 (Anm. zu Urt. v. 18.12.1979, BGHZ 76, 279); Koebel, NJW 1956, 969, 972; Kötz/Wagner, DeliktsR[10], Rn 356 f.; Larenz/Canaris, SchuldR II/2[13] § 84 VII 1 b) (S. 652); Lehnertz, Zur Problematik des § 829 BGB, S. 117 ff.; dies., VersR 1974, 940, 941; Lorenz E., FS Medicus, S. 353, 364; Marschall v. Biberstein, BB 1983, 467, 471; MüKoBGB/Wagner[4] § 829 Rn 20, 21; Pohl, MDR 1958, 838, 839 (Anm. zu BGH Urt. v. 13.6.1958, NJW 1958, 1630); Wolf, VersR 1998, 812, 819.

tungsweise eine Haftpflichtversicherung als Vermögen, wie jedes andere verstanden werden müsse. Zweitens wird von Teilen der Literatur das besondere Schutzbedürfnis des Geschädigten betont und schließlich drittens erwogen, das Bestehen einer Haftpflichtversicherung als solches als einen Umstand im Sinne des § 829 BGB zu betrachten.

aa) Haftpflichtversicherung als Vermögen

Ein Teil der Befürworter einer Berücksichtigung von Haftpflichtversicherungen argumentiert wie folgt: im Rahmen von § 829 BGB seien insbesondere die wirtschaftlichen Verhältnisse der Beteiligten zu berücksichtigen. Hätte nun ein Schädiger die für die Haftpflichtversicherung erforderlichen Prämien statt an die Versicherung auf ein Bankkonto eingezahlt, so würde niemand bestreiten wollen, dass dieses Vermögen für die Beurteilung der wirtschaftlichen Verhältnisse des Schädigers relevant sei.[597] Aus diesem Grund solle eine Haftpflichtversicherung als Vermögensrücklage (durch Prämienzahlung erlangter Freistellungsanspruch gegen den Versicherer) zur Tilgung von Schadensfällen verstanden werden. Man könnte damit die Haftpflichtversicherung als eine Art „gebundenes Sondervermögen bezeichnen".
Nach dieser Auffassung besteht kein relevanter Grund, weshalb man zwischen freiwilliger und gesetzlich verpflichtender Haftpflichtversicherung unterscheiden sollte. Denn die „Vermögensrücklage" sei da, ob sie nun freiwillig oder auf Grund gesetzlichen Zwangs gebildet wurde.
Ebenso sei nicht einzusehen, weshalb die Rechtsprechung (früher ausdrücklich – heute eingeschränkt) zwischen dem „Ob" und dem „Wie" (bei freiwilliger Haftpflichtversicherung) unterscheide. Es könne keinen Unterschied machen, ob ein Schädiger, abgesehen von der Haftpflichtversicherung, sehr arm sei und deshalb nicht hafte, er jedoch innerhalb gewisser Grenzen (wohl maximal bis zur Höhe der Deckungssumme der Haftpflichtversicherung – nach der Rechtsprechung muss heute ein gewisser Bezug zum sonstigen Vermögen bestehen) hafte, wenn sein übriges Vermögen ein Vermögensgefälle begründe. Denn würde die Haftpflichtversicherung als Teil des Vermögens verstanden, so entfalle jeglicher Grund für die Unterscheidung zwischen dem Grund und der Höhe der Haftung.[598]

---

[597] Deutsch, AllgHaftR², Rn 490; Deutsch/Ahrens, DeliktsR⁴, Rn 141; Lehnertz, Zur Problematik des § 829 BGB, S. 134.; dies., VersR 1974, 940, 941; MüKoBGB/Wagner⁴ § 829 Rn 20; Kötz/Wagner, DeliktsR¹⁰, Rn 357.
[598] Vgl. Kötz/Wagner, DeliktsR¹⁰ Rn 358; MüKoBGB/Wagner⁴ § 829 Rn 20.

Innerhalb dieser Auffassung ist man sich dagegen uneinig, ob das Bestehen einer Haftpflichtversicherung bereits alleine die Haftung tragen kann. Zum einen wird der Wortlaut von § 829 BGB ins Feld geführt, welcher eine Berücksichtigung aller Umstände verlange, und folglich eine Haftpflichtversicherung allein nie die Billigkeitserwägungen tragen könne.[599] Die Gegenauffassung will dagegen alleine das Bestehen einer Haftpflichtversicherung als das die Billigkeit tragende Element verstanden wissen.[600]

bb) Berücksichtigung von Haftpflichtversicherungen aus Gründen des Opferschutzes

Eine andere in der Literatur weit verbreitete Auffassung stützt die Berücksichtigung einer Haftpflichtversicherung primär auf den Gedanken des Opferschutzes.[601] Dabei wird teils auf einen vollzogenen Funktionswandel der Haftpflichtversicherung,[602] teils auf ihren generellen drittschützenden Charakter abgestellt.[603]

Im Wesentlichen wird der Ansatzpunkt, welcher sich auf den drittschützenden Charakter einer Haftpflichtversicherung stützt, nach dieser Ansicht von folgender Überlegung getragen: Für die gesetzlich verpflichtenden Haftpflichtversicherungen, namentlich die Kfz-Haftpflichtversicherung, habe die Rechtsprechung schon früh anerkannt, dass diese Versicherungen nicht nur dem Schutz des Vermögens eines potentiellen Schädigers dienen, sondern speziell dem Opfer zugute kommen sollten.[604] Dies folge aus der Begründung des Gesetzes,[605] wie auch aus der gesetzlichen Ausgestaltung selbst. Ausgehend von dieser Überlegung, liege es nahe, auch die im VVG vorhanden Normen, welche explizit den Schutz eines Geschädigten vorse-

---

599 Lehnertz, Zur Problematik des § 829 BGB, S. 144; dies., VersR 1974, 940, 942.

600 So wohl MüKoBGB/Wagner[4] § 829 Rn 20 mwN.

601 v. Bar, AcP 181 (1981) 289, 324; BK/Baumann Vorbem §§ 149 – 158 k VVG Rn 50; Deutsch, JBl. 1980, 298, 300; Erman/Schiemann[11] § 829 Rn 5; Fuchs, AcP 191 (1991) 318, 338; Kilian, ZGS 2003, 168, 172; Koebel, NJW 1956, 969, 972; Lorenz E., FS Medicus, S. 353, 364; Marschall v. Biberstein, BB 1983, 467, 471; Pohl, MDR 1958, 838, 839 (Anm. zu BGH Urt. v. 13.6.1958, NJW 1958, 1630); Wolf, VersR 1998, 812, 819.

602 Vor allem v. Bar, AcP 181 (1981) 289, 324 f.; Igney, Die Deliktsrechtliche Haftung Minderjähriger und der zu ihrer Beaufsichtigung verpflichteten Personen nach deutschem und schwedischem Recht, S. 151; zum Teil auch Fuchs, AcP 191 (1991) 318, 338.

603 Vgl. Lorenz E., FS Medicus, S. 353, 356, 364.

604 RG DR 1944, 290, 291; BGHZ 18, 149 ff. = GS BGH NJW 1955, 1675 ff.

605 RGBl. I S. 2223 ff.

hen (§§ 156, 157 VVG bei der freiwilligen Haftpflichtversicherung, und zusätzlich die §§ 158b ff. VVG bei den Pflichthaftpflichtversicherungen) dahingehend Bedeutung beizumessen, dass Haftpflichtversicherungen allgemein auch dem Schutz eines potentiell Geschädigten dienen. Nicht also eine Änderung des Verständnisses des Haftungsrechts, sondern schlicht die gesetzlich gewollte Besserstellung eines Geschädigten solle demnach die Berücksichtigung einer Haftpflichtversicherung begründen.
Bekräftigt wird dieser Standpunkt von *v. Bar* dadurch, dass sich das Haftungsrecht, mit seinem Präventionscharakter zu einer *„Schadensabnahmeordnung"* verändert habe, was dazu geführt habe, dass aus den Haftpflichtversicherungen immer mehr Versicherungen mit *„sach- und unfallversicherungsrechtlichen Zügen"* wurden,[606] was wiederum zu einem Funktionswandel der Haftpflichtversicherungen allgemein geführt habe. Hierzu führt *v. Bar* ebenfalls die im VVG und anderen Gesetzen enthaltenen Normen als Beleg an, welche dem Schutz eines potentiell Geschädigten dienen.[607]
Auch *Canaris*[608] schließt sich dieser Argumentation an. Er untermauert dieses Ergebnis mit folgenden Überlegungen: Der Haftpflichtversicherungsvertrag beruhe grundsätzlich zwar auf der Prämisse, dass ein Schädiger deliktsfähig sei. Dennoch werde der Versicherer nicht durch die Berücksichtigung einer Haftpflichtversicherung über den Haftpflichtversicherungsvertrag hinaus belastet, wenn auch im Verhältnis zu ihm die Rechtslage hypothetisch so bewertet wird, als sei der Schädiger zurechnungsfähig. Da § 829 BGB gerade von dieser Überlegung ausgeht (der ausnahmsweisen hypothetischen Zurechnungsfähigkeit), sei die Unzurechnungsfähigkeit des Schädigers ein *„unerwarteter und unverdienter Glücksfall"* für die Versicherung.

cc) Berücksichtigung von Haftpflichtversicherungen als allgemeiner Umstand im Rahmen des § 829 BGB

Schließlich wird von Teilen der Literatur erwogen, das Bestehen von Versicherungsschutz auf Seiten des Schädigers allgemein als berücksichtigenswerter Umstand im Sinne des § 829 BGB zu begreifen.[609]
Es wird für diesen Ansatzpunkt zum einen der Wortlaut des § 829 BGB angeführt, welcher schließlich nur allgemein von den Verhältnissen der Betei-

---

606 v. Bar, AcP 181 (1981) 289, 325.
607 v. Bar, AcP 181 (1981) 289, 325 f.
608 Larenz/Canaris, SchuldR II/2^{13}, § 84 VII 1 b) (S. 652).
609 Böhmer, MDR 1963, 21, 22; Knütel, JR 1980, 20 (Anm. zu BGH Urt. v. 24.4.1979, FamRZ 1979, 567); ders., JR 1980, 462 (Anm. zu Urt. v. 18.12.1979, BGHZ 76, 279).

ligten spreche.[610] Zum anderen wollen die Vertreter dieser Auffassung die *ratio* der Norm dahingehend verstanden wissen, dass § 829 BGB Ausdruck einer sozial gerechten Schadensverteilung sei. Es solle derjenige der Beteiligten den Schaden tragen, welchen es nicht *„schmerzt"*.[611] Den versicherten Schädiger „schmerze" die Schadenstragungspflicht nicht und folglich solle er auch den Schaden tragen, da er ja einen Freistellungsanspruch gegen seine Versicherung habe.

b) Gegner der Berücksichtigung von Haftpflichtversicherungsschutz

Durch die Jahre hinweg hielt sich eine Gegenposition zur herrschenden Auffassung in der Literatur, die eine Haftpflichtversicherung nicht berücksichtigt sehen will.[612] Innerhalb dieser Ansicht, ist man sich jedoch nicht einig, ob jegliche Haftpflichtversicherung oder nur freiwillig geschlossene nicht berücksichtigt werden sollten. Einige Autoren zweifeln speziell bei der Kfz-Haftpflichtversicherung daran, ob nicht für diesen gesetzlich besonders geregelten Fall eine Ausnahme gelten solle.[613]

Im Wesentlichen werden zwei Aspekte gegen die Berücksichtigung von Haftpflichtversicherungen im Rahmen von § 829 BGB ins Feld geführt. Zum einen beruft sich ein Teil der Literatur auf das sogenannte „Trennungsprinzip" und zum andern wird mit dem durch den Versicherungsvertrag versicherten Risiko argumentiert.

---

[610] Böhmer, MDR 1963, 21, 22; Knütel, JR 1980, 20 (Anm. zu BGH Urt. v. 24.4.1979, FamRZ 1979, 567).

[611] So ausdrücklich Knütel, JR 1980, 20 (Anm. zu BGH Urt. v. 24.4.1979, FamRZ 1979, 567).

[612] Vgl. (alphabetisch) Bamberger/Roth/Spindler § 829 Rn 8; Bruck/Möller/Johannsen VVG[8] IV, Anm. B 69; Drewitz, Die Versicherung folgt der Haftung, S. 113 ff.; Ehrenzweig, VersR 1953, 80; Hanau, VersR 1969, 291, 294; Lieb, MDR 1995, 992, 993; Lorenz E., VersR 1980, 697, 701; Rodopoulos, Kritische Studie der Reflexwirkung der Haftpflichtversicherung auf die Haftung, S. 84; Römer/LangheidVVG/Langheid[2] § 149 VVG Rn 14; Seydel, NJW 1954, 1017, 1019; Sieg, VersR 1980, 1085, 1090; Staud/Oechsler (2002) § 829 Rn 51 f.; Stürner, VersR 1984, 297, 300; Weyers/Wandt, Versicherungsrecht[3], Rn 878, 944 f.

[613] Vgl. Lieb, MDR 1995, 992, 993; Hanau, VersR 1969, 291, 296, will deshalb § 829 BGB im Anwendungsbereich einer Kfz-Haftpflichtversicherung nicht mehr zur Anwendung bringen.

aa) Das Trennungsprinzip als Grund einer Nichtberücksichtigung

Das Trennungsprinzip[614] wird oftmals als Argument gegen die Berücksichtigung von Versicherungsschutz bei der Haftungsbegründung angeführt.[615] Man versteht darunter, dass das Haftpflichtverhältnis (Geschädigter und Schädiger) streng von dem Versicherungsverhältnis (Versicherungsnehmer und Versicherer) zu trennen ist.
Abgeleitet wird dieser allgemeine Grundsatz zum einen aus dem Wesen einer Haftpflichtversicherung und zum anderen aus § 149 VVG.[616] Dabei folgt beides nach traditioneller Anschauung aus dem Prozessrecht.[617] Denn es wird prozessual streng zwischen Haftpflicht- und Deckungsprozess getrennt. Ob der Geschädigte Ansprüche gegen den Schädiger hat, ist im Haftpflichtprozess zu klären, über eine mögliche Verpflichtung des Versicherers ist dagegen ausschließlich im Deckungsprozess zu entscheiden. Nichtsdestotrotz hat der Ausgang des Haftpflichtprozesses erhebliche Bedeutung für das Deckungsverhältnis. So ist heute anerkannt[618], dass der Versicherer verpflichtet ist, abgesehen von versicherungsrechtlichen Einwendungen, die Haftpflicht des Versicherten nach Grund und Höhe anzuerkennen (sog. Bindungswirkung des Haftpflichtprozesses), wenn für beide Konstellationen eine sogenannte „*Voraussetzungsidentität*“[619] vorliegt. Dies bedeutet, dass der Haftpflichtprozess nur insoweit Bindungswirkung für den Deckungsprozess entfaltet, wie die festgestellten Tatsachen für beide Verfahren gleichermaßen von Bedeutung sind. Von Feststellungen im Rahmen des Haftpflichtprozesses bezüglich des Innenverhältnisses zwischen Versicherer und Versicherten geht also keine Bindungswirkung für einen späteren Deckungsprozess aus.[620]

---

[614] Allgemein hierzu Derwitz, Die Versicherung folgt der Haftung, S. 53 ff.; Rodopoulos, Kritische Studie der Reflexwirkung der Haftpflichtversicherung auf die Haftung, S. 16 ff.
[615] Bamberger/Roth/Spindler § 829 Rn 8; Bruck/Möller/Johannsen VVG[8] IV, Anm. B 69; Drewitz, Die Versicherung folgt der Haftung, S. 113 ff.; Ehrenzweig, VersR 1953, 80; Hanau, VersR 1969, 291, 293; Lorenz E., VersR 1980, 697, 700; Lieb, MDR 1995, 992, 993; Sieg, VersR 1980, 1085, 1090; Staud/Oechsler (2002) § 829 Rn 52; Weyers/Wandt, Versicherungsrecht[3], Rn 878.
[616] Hanau, VersR 1969, 291, 293.
[617] Derwitz, Die Versicherung folgt der Haftung, S. 53.
[618] Vgl. Deutsch, Versicherungsrecht[5], Rn 317.
[619] BGH NJW-RR 2004, 676 = VersR 2004, 590 (aus dem Leitsatz) m. Anm. Reiff, LMK 2004, 124.
[620] BGH NJW-RR 2004, 676 = VersR 2004, 590 m. Anm. Reiff, LMK 2004, 124.

Folge des Trennungsprinzips soll also sein, dass jeglicher Versicherungsschutz grundsätzlich im Haftpflichtverhältnis außer Betracht bleiben müsse. Die Berücksichtigung würde nach dieser Auffassung zu einem *„Zirkelschluss“*[621] führen, da einerseits die Haftpflichtversicherung erst eintrete, wenn ein Anspruch begründet ist und andererseits gerade diese Haftpflichtversicherung nun wiederum zur Anspruchsbegründung erforderlich sein soll. Dies sei als *„systemwidrig“* abzulehnen.[622] Als allgemeiner Grundsatz, der auch von den Befürwortern einer Berücksichtigung grundsätzlich anerkannt werde, dürfe er auch nicht ausnahmsweise durchbrochen werden, um einen Anspruch zu begründen.[623]

bb) Versicherungsvertragsinhalt als Grund der Nichtberücksichtigung

Darüber hinaus berufen sich einige Anhänger dieser Auffassung auch auf den Inhalt eines Haftpflichtversicherungsvertrags. Denn nach diesem (§§ 149 VVG ff., AHB, AKB) sei der Versicherer nur verpflichtet, für Schäden aufzukommen, für die auch die Versicherung bestehe. Würde man nun die Versicherung selbst zum Umstand erklären, die eine Leistungspflicht des Versicherers bestimmt, so würde dem Versicherer ein Risiko oktroyiert, das von ihm gerade nicht versichert wurde.[624]
Auch diene die Haftpflichtversicherung dem Schutz des Vermögens des Versicherten. Habe aber nun der Schädiger kein Vermögen, welches allein für § 829 BGB berücksichtigenswert sei, dann würde es bereits am Gegenstand fehlen, welcher durch die Haftpflichtversicherung geschützt werden solle. Da es am Grund für den Haftpflichtversicherungsvertrag fehle, wolle der Haftpflichtversicherer auch einen vermögenslosen unzurechnungsfähigen Schädiger nicht in der Absicht versichern, dadurch seine Haftung zu begründen.[625]

dd. Rechtslage in der Schweiz und in Österreich

Wie erwähnt, steht die Billigkeitshaftung nach § 829 BGB in derselben naturrechtlichen Tradition wie vergleichbare Vorschriften in Österreich und in

---

621 So ausdrücklich: Bamberger/Roth/Spindler § 829 Rn 8; Lieb, MDR 1995, 992, 993.
622 Weyers/Wandt, Versicherungsrecht[3], Rn 878.
623 Rodopoulos, Kritische Studie der Reflexwirkung der Haftpflichtversicherung auf die Haftung, S. 79.
624 So vor allem Lorenz E., VersR 1980, 697, 700; auch: Bamberger/Roth/Spindler § 829 Rn 8 a.E.; Scheffen/Pardey, Schadensersatz bei Unfällen mit Minderjährigen[2], Rn 61; Staud/Oechsler (2002) § 829 Rn 51.
625 Lorenz E., VersR 1980, 697, 700.

der Schweiz. Aus diesem Grund soll an dieser Stelle ein kurzer Blick zu unseren südlichen Nachbarstaaten erfolgen. Auch dort ist die Frage der Berücksichtigung von Haftpflichtversicherungsschutz nicht unumstritten. In beiden Ländern wird im Fall umstrittener Rechtslage vielfach der Blick auf die häufig ähnlich gelagerte Problematik in Deutschland geworfen. Anders herum erfolgt solch ein Blick dagegen selten, obwohl – wie sich zeigen wird – sich die Diskussion häufig um einige interessante Argumente und Ansatzpunkte bereichern lassen würde.

a) Österreich

In Österreich statuiert § 1310 ABGB[626] eine subsidiäre[627] Billigkeitshaftung für Unmündige[628], § 153 ABGB.[629] Ähnlich wie in Deutschland soll sich der Geschädigte an den Schädiger nach § 1310 ABGB halten können, wenn von diesem nicht wegen selbst verschuldeter Unzurechnungsfähigkeit nach § 1307 ABGB Ersatz verlangt werden kann. Auch haften die Aufsichtspflichtigen vorrangig, § 1309 ABGB. Es ist dabei, wie in der Bundesrepublik, irrelevant, ob der Geschädigte den Schaden von einem aufsichtspflichtigen Dritten aus rechtlichen oder aus tatsächlichen Gründen nicht ersetzt bekommt.[630] Begründet wird diese Auffassung – ebenso wie in Deutschland – mit dem Wortlaut des § 1310 ABGB („*Kann ... nicht erhalten, ...*“).

Darüber hinaus kommt, wie auch schon nach ALR I 6 §§ 41, 44 und damit anders als in Deutschland und der Schweiz, eine Haftung nach § 1310 ABGB nicht in Betracht, wenn dem Geschädigten durch irgendein Ver-

---

626 § 1310 ABGB. Kann der Beschädigte auf solche Art den Ersatz nicht erhalten; so soll der Richter mit Erwägung des Umstandes, ob dem Beschädiger, ungeachtet er gewöhnlich seines Verstandes nicht mächtig ist, in dem bestimmten Falle nicht dennoch ein Verschulden zur Last liege; oder, ob der Beschädigte aus Schonung des Beschädigers die Verteidigung unterlassen habe; oder endlich, mit Rücksicht auf das Vermögen des Beschädigers und des Beschädigten; auf den ganzen Ersatz, oder doch einen billigen Teil desselben erkennen.

627 Koziol, Österreichisches Haftpflichtrecht II², S. 311; Rummel/Reischauer² § 1310 ABGB Rn 2; Schwimann/Harrer § 1310 ABGB Rn 2.

628 Die Deliktsfähigkeitsgrenze liegt in Österreich bei 14 Jahren, §§ 21 Abs. 3 ABGB, 153 ABGB.

629 Vgl. zu Reformüberlegungen für das österreichische Haftpflichtrecht: Gutachten von Magnus in: 12. ÖJT Band II/1 S. 7 ff.

630 OGH JBl. 1969, 503; 1996, 388, 390; Koziol, Österreichisches Haftpflichtrecht II², S. 311; Rummel/Reischauer² § 1310 ABGB Rn 2; Schwimann/Harrer § 1310 ABGB Rn 3.

schulden Veranlassung für den Schaden vorgeworfen werden kann, § 1308 ABGB.[631]

Bei der anzustellenden Billigkeitsabwägung gibt § 1310 ABGB dem Richter drei Varianten vor. Dabei soll der Richter erwägen, ob er nicht doch „... *auf den ganzen, oder einen billigen Teil desselben* (des Schadens) *erkennen* ..." kann, weil erstens: „... *dennoch ein Verschulden* (des Schädigers) *zur Last liege* ..."; zweitens: „... *oder ob der Beschädigte aus Schonung des Beschädigers die Verteidigung unterlassen habe* ..."; drittens: „... *oder endlich mit Rücksicht auf das Vermögen des Beschädigers und des Beschädigten*".

Wie in Deutschland kommt eine Haftung nach § 1310 ABGB nach allgemeiner Meinung nicht in Betracht, wenn auch ein Deliktsfähiger nicht auf Grund der Rechtswidrigkeit der Handlung für den Schaden einzustehen hätte.[632]

Nach allgemeiner Auffassung kann bei entsprechender Stärke bereits eine der drei Varianten des § 1310 ABGB die Haftung eines Unzurechnungsfähigen rechtfertigen. Denkbar ist aber auch, dass erst eine Kombination aus allen drei Fällen die Begründung für die Haftbarmachung statuiert.[633]

Anders als in Deutschland ist es nach § 1310 1. Var. ABGB in Österreich ausdrücklich möglich, einem Unzurechnungsfähigen ein rechtlich relevantes Verschulden vorzuwerfen, wenn er im konkreten Einzelfall die erforderliche Einsicht besitzt. Bei Kindern ist aber, je weiter sie von der Mündigkeitsgrenze entfernt sind, große Zurückhaltung bei der Beurteilung der Einsichtsfähigkeit geboten.[634] Im Ergebnis unterscheidet sich die Beurteilung der Einsichtsfähigkeit nicht wesentlich von der, die in Deutschland von § 828 BGB vorgegeben wird.

Bezüglich der hier relevanten Frage kommt es aber nur auf § 1310 3. Var. ABGB an, da nur dort die finanziellen Verhältnisse der Beteiligten ausschlaggebend sind.

---

631 Vgl. hierzu auch die equity-Maxime im anglo-amerikanischem Recht („who comes to equity must come with clean hands"), auf die v. Bar, Gemeineuropäisches Deliktsrecht I, Rn 78, hinweist.

632 OGH ZVR 1985/127; Koziol, Österreichisches Haftpflichtrecht II^2, S. 313; Karner in KBB, § 1310 Rn 6.

633 OGH EF 31.518; Koziol, Österreichisches Haftpflichtrecht II^2, S. 312; Karner in KBB, § 1310 Rn 5.

634 Vgl. die umfangreichen Nachweise bei Rummel/Reischauer[2] § 1310 ABGB Rn 4 ff. und Karner in KBB § 1310 Rn 7.

aa) Auffassung der österreichischen Rechtsprechung

Das Bestehen einer Haftpflichtversicherung wird in § 1310 3. Var. ABGB von der österreichischen Rechtsprechung seit geraumer Zeit als berücksichtigungswürdiger Umstand angesehen.[635] Ohne tiefschürfende inhaltliche Begründung stellte der OGH im Jahre 1969 fest, dass die Forderung des Versicherten gegen seine Versicherung ein Vermögenswert sei.[636] Damit könne die Deckungssumme der Versicherung in maximaler Höhe bei der Bemessung des Schadensersatzes herangezogen werden. Dabei wurde auch nicht eine Unterscheidung zwischen freiwilliger und gesetzlich verpflichtender Haftpflichtversicherung gesucht.
In der darauf folgenden Entscheidung rückte der OGH dann jedoch wieder ein wenig von seiner Position ab, und wollte nicht mehr die volle Höhe der Deckungssumme berücksichtigt sehen.[637] Unmittelbar im Anschluss an diese Entscheidung festigte der OGH seine Rechtsprechung,[638] an welcher er bis heute festhält.[639] Er kehrte zum Ausgangspunkt zurück und machte ausdrücklich deutlich, dass eine Haftpflichtversicherung als Vermögen im Sinne des § 1310 ABGB zu erachten sei. Nun lieferte er auch die Begründung für seine Auffassung nach: Gemäß der *ratio* der Norm sei die *„wirtschaftliche Tragfähigkeit"* das entscheidende Element des § 1310 ABGB.[640] Die Vorschrift sei Ausdruck einer sozialen Schadenstragung. Schlussendlich gab der OGH in dieser Entscheidung auch noch den Standpunkt auf, dass zumindest eine freiwillige Haftpflichtversicherung nicht alleine den Anspruch nach § 1310 tragen könne.[641]

bb) Ansichten in der österreichischen Literatur

Ähnlich wie in der Bundesrepublik Deutschland ist man sich in der österreichischen Literatur nicht einig, inwieweit eine Haftpflichtversicherung im Rahmen von § 1310 ABGB berücksichtigt werden darf. Die Befürworter stützen sich bei ihrer Auffassung ohne eigene Argumentation auf die Ansicht des OGH.[642]

---

[635] OGH JBl. 1969, 503 (soweit ersichtlich die erste Entscheidung zu dieser Frage).
[636] OGH JBl. 1969, 503, 505.
[637] OGH SZ 45/69 (S. 298) = EvBl 1974/249.
[638] OGH SZ 47/43 (S. 202, 205) = EF 22.573 .
[639] OGH JBl. 1982, 375, 376; 1996, 388, 390; 1999, 604, 605; 1999, 807.
[640] OGH SZ 47/43 (S. 202, 205) = EF 22.573.
[641] OGH SZ 47/43 (S. 202, 205) = EF 22.573.
[642] Vgl. Schwimann/Harrer § 1310 ABGB Rn 23, 24; Pfersmann, ÖJZ 1975, 253, 256.

Dagegen wird von anderen Teilen der Literatur diese Rechtsprechung kritisiert.[643] Teilweise wird hierbei jegliche Berücksichtigung von Haftpflichtversicherungen als systemwidrig abgelehnt. Ebenfalls, wie von bundesdeutschen Stimmen, wird argumentiert, es sei ein Zirkelschluss, eine Haftpflichtversicherung bereits bei der Haftungsbegründung zu berücksichtigen, wenn doch erst die Haftung einen Versicherungsfall begründen könne.[644] Auch das in Deutschland viel zitierte Beispiel, dass es keinen Unterschied mache, ob der Schädiger Vermögensrücklagen auf einem Bankkonto oder eben in Form einer Haftpflichtversicherung mache, überzeugt *Kerschner* nicht. Er meint, dass dieser Vergleich hinke, weil die Forderung des Versicherungsnehmers gegen den Versicherer, welche der OGH als Vermögen erachte, erst durch den Versicherungsfall entstehe und nicht umgekehrt.[645] Schließlich schreibt er, dass, wenn man schon eine Haftpflichtversicherung als Vermögen des Schädigers begreift, es inkonsequent wäre, nicht auch den durch die Haftpflicht begründeten kindlichen Mehrbedarf als Vermögen eines minderjährigen Schädigers zu erachten.[646] Ferner wird auf § 149 VersVG[647] hingewiesen, der entsprechend der oben genannten bundesdeutschen Literaturansicht Ausdruck des materiellen Trennungsprinzips sei, und folglich eine Berücksichtigung ausschließe.

Reischauer[648] will eine Berücksichtigung davon abhängig machen, ob sie im Versicherungsvertrag vorgesehen ist. Denn der Versicherungsvertrag solle die wirtschaftlichen Nachteile der Ersatzpflicht verlagern und nicht erst begründen. Sichere also eine Versicherung im Rahmen einer Familienhaftpflichtversicherung dem Vater beispielsweise zu, dass etwaige Schäden seiner Sprösslinge bei Bekannten von der Versicherung übernommen werden, so solle eine Haftpflichtversicherung auch haftungsbegründend berücksichtigt werden dürfen.[649]

Koziol lehnt ebenfalls die Rechtsprechung des OGH ab. Er ist der Ansicht, dass die Existenz einer Haftpflichtversicherung alleine eine Ersatzpflicht nach § 1310 ABGB nicht rechtfertigen könne. Sei die Haftung aber aus anderen im Gesetz angeführten Gründen gerechtfertigt (§ 1310 Var. 1 und 2

---

[643] Kerschner, ÖJZ 1979, 282 ff.; Koziol, Österreichisches Haftpflichtrecht II², S. 313; Apathy/Riedler, Bürgerliches Recht III, § 14 Rn 31 (S. 148); Rummel/Reischauer² § 1310 Rn 9.

[644] Kerschner, ÖJZ 1979, 282, 285; zumindest fragwürdig: Apathy/Riedler, Bürgerliches Recht III, § 14 Rn 31 (S. 148).

[645] Kerschner, ÖJZ 1979, 282, 285.

[646] Kerschner, ÖJZ 1979, 282, 285.

[647] Inhaltsgleich mit § 149 VVG (BRD).

[648] Rummel/Reischauer² § 1310 ABGB Rn 9.

[649] Rummel/Reischauer² § 1310 ABGB Rn 9.

ABGB), so könne bei Bestehen einer Haftpflichtversicherung der Anspruch nicht wegen Vermögenslosigkeit verneint oder beschränkt werden.[650]

b) Schweiz

Auch in der Schweiz haftet man grundsätzlich nur bei Verschulden, Art. 41, beziehungsweise Art. 97 OR.[651] Wer dagegen urteilsunfähig[652] im Sinne des Art. 16 ZGB ist,[653] kann nicht schuldhaft handeln und damit auch nicht nach Art. 41 OR haften.
Ein Urteilsunfähiger kann aber nach Art. 54 Abs. 1 OR[654] für die von ihm widerrechtlich[655] verursachten Schäden haftbar gemacht werden. Dabei wird von Lehre und Rechtsprechung sehr einheitlich die Haftung nach Abs. 1 als „*Kausalhaftung aus Billigkeit*“ verstanden.[656] Dagegen wird Abs. 2, welcher sich mit nur vorübergehend Urteilsunfähigen im Sinne der *actio*

---

650 Koziol, Österreichisches Haftpflichtrecht II², S. 313.

651 Art. 41. Wer einem andern widerrechtlich Schaden zufügt, sei es mit Absicht, sei es aus Fahrlässigkeit, wird ihm zum Ersatze verpflichtet.
Ebenso ist zum Ersatze verpflichtet, wer einem andern in einer gegen die guten Sitten verstossenden Weise absichtlich Schaden zufügt.
Art. 97. Kann die Erfüllung der Verbindlichkeit überhaupt nicht oder nicht gehörig bewirkt werden, so hat der Schuldner für den daraus entstehenden Schaden Ersatz zu leisten, sofern er nicht beweist, dass ihm keinerlei Verschulden zur Last falle.
Die Art der Zwangsvollstreckung steht unter den Bestimmungen des Schuldbetreibungs- und Konkursrechtes und der eidgenössischen und kantonalen Vollstreckungsvorschriften.

652 Zu den Urteilsunfähigen zählen auch die Bewusstlosen, vgl. Oftinger/Stark, Schweizerisches Haftpflichtrecht II/1⁴, § 18 Rn 35 Fn 46 (S. 142).

653 Art. 16. Urteilsfähig im Sinne dieses Gesetzes ist ein jeder, dem nicht wegen seines Kindesalters oder infolge von Geisteskrankheit, Geistesschwäche, Trunkenheit oder ähnlichen Zuständen die Fähigkeit mangelt, vernunftgemäss zu handeln.

654 Art. 54 OR. Aus Billigkeit kann der Richter auch eine nicht urteilsfähige Person, die Schaden verursacht hat, zu teilweisem oder vollständigem Ersatze verurteilen.
Hat jemand vorübergehend die Urteilsfähigkeit verloren und in diesem Zustand Schaden angerichtet, so ist er hierfür ersatzpflichtig, wenn er nicht nachweist, dass dieser Zustand ohne sein Verschulden eingetreten ist.

655 Wobei hier auf die Widerrechtlichkeit des Erfolges abzustellen ist, Oftinger/Stark, Schweizerisches Haftpflichtrecht I⁵, § 4 Rn 55 (S. 186 f.)

656 A.A. Roberto, AJP 2005, 1323, 1326, der Art. 54 OR der Verschuldenshaftung zuordnen will, wobei er die in der Schweiz übliche Unterteilung zwischen Verschuldenshaftung, einfacher und strenger Kausalhaftung (Gefährdungshaftung) grundsätzlich ablehnt. Durch die Berücksichtigung des objektiven Verschuldens, würde im Ergebnis doch eine Sorgfaltswidrigkeit berücksichtigt werden, weshalb eine Zuordnung zur Verschuldenshaftung angebracht sei.

libera in causa beschäftigt, als *präsumptive Verschuldenshaftung* aufgefasst.[657]

Zur Eingrenzung der weiten objektiven Zurechnung wird in der Schweiz allgemein ein sogenanntes objektives Verschulden herangezogen. Hierunter versteht man ein Verhalten, das bei einem urteilsfähigen Menschen als schuldhaft gelten würde.[658] Grund dieses Vergleichs mit einem hypothetisch anwesenden Urteilsfähigen ist, wie in Deutschland, dass man einen Urteilsunfähigen nicht strenger haften lassen will als einen Urteilsfähigen.[659]

Es obliegt bei Art. 54 Abs. 1 OR dem Richter, eine teilweise oder volle Ersatzpflicht anzuordnen, wenn es in der konkreten Situation billig ist.[660] Da der Tatbestand sehr weit ist, werden im Rahmen der Billigkeitserwägungen alle Umstände des Einzelfalls berücksichtigt. Ein besonderes Augenmerk liegt dabei – wie in Deutschland – auf den finanziellen Verhältnissen der Beteiligten.[661]

Im Gegensatz zu Österreich und Deutschland ordnet das schweizerische Recht keine Subsidiarität der Haftung Urteilsunfähiger ausdrücklich an. Es wird jedoch erwogen, im Rahmen der Billigkeitsprüfung einen Urteilsunfähigen dann nicht haften zu lassen, wenn neben ihm ein anderer, sei es auf Grund von Art. 41 OR, einer Kausalhaftung oder aus einem Vertrag, haftet.[662] Es würde dann „*... kein sozialer Anlass zur <<Ritzung>> der Grundlagen der Verschuldenshaftung ...*“[663] bestehen. Dies solle aber dann nicht gelten, „*... wenn der andere Haftpflichtige nicht oder viel weniger zahlungsfähig* [sei] *als der urteilsunfähige Schädiger.*“[664]

---

[657] BGE 102 II 230; 122 III 266; Oftinger/Stark, Schweizerisches Haftpflichtrecht II/1[4], § 18 Rn 4 (S. 132); Honsell, Schweizerisches Haftpflichtrecht[4], § 16 Rn 1 (S. 150); Keller, Haftpflicht im Privatrecht[4], S. 106; Tuhr/Peter, Allgemeiner Teil des Schweizer Obligationenrechts I[3], S. 432; Brehm, OR 54 Rn 6; BSK OR I-Schnyder[3] Art. 54 Rn 8.

[658] Brehm, OR 54 Rn 17.

[659] BGE 55 II 35, 38; Oftinger/Stark, Schweizerisches Haftpflichtrecht II/1[4], § 18 Rn 47 (S. 145); Brehm, OR 54 Rn 17.

[660] Oftinger/Stark, Schweizerisches Haftpflichtrecht II/1[4], § 18 Rn 58 ff. (S. 148); Keller, Haftpflicht im Privatrecht[4], S. 105; Tuhr/Peter, Allgemeiner Teil des Schweizer Obligationenrechts I[3], S. 432; Guhl/Merz/Koller[8] § 24 IV. 4. (S. 183).

[661] BGE 26 II 327; 71 II 230; Basel, BJM 1966, 84, 86; BSK OR I-Schnyder[3] Art. 54 Rn 8.

[662] BGE 71 II 225/232; Oftinger/Stark, Schweizerisches Haftpflichtrecht II/1[4], § 18 Rn 74 (S. 151 f.). Brehm, OR 54 Rn 38; BSK OR I-Schnyder[3] Art. 54 Rn 8.

[663] Oftinger/Stark, Schweizerisches Haftpflichtrecht II/1[4], § 18 Rn 74 (S. 152).

[664] Oftinger/Stark, Schweizerisches Haftpflichtrecht II/1[4], § 18 Rn 74 (S. 152).

Auch der im Herbst 2000 publizierte Vorentwurf zur Revision und Vereinheitlichung des Haftpflichtrechts hält in Art. 48b VEOR[665] an einer Kausalhaftung aus Billigkeit für Urteilsunfähige fest, wobei das praktische Bedürfnis für eine entsprechende Vorschrift in der Literatur teilweise bestritten wird.[666] Lediglich auf eine Regelung entsprechend dem heutigen Art. 54 Abs. 2 OR soll verzichtet werden, da die *actio libera in causa* ein allgemeiner Grundsatz sei, und es folglich keiner ausdrücklichen Normierung bedürfe.[667] Dieser Vorentwurf fand auf dem XX. Juristentag in Brunnen (26./27.09.2003) Zustimmung.[668] Nach einem Bundesratsbeschluss wurde aber das Reformvorhaben nicht in das Gesetzgebungsprogramm 2003 bis 2007 aufgenommen und liegt somit derzeit auf Eis.[669]

aa) Auffassung der schweizerischen Rechtsprechung

In der Schweiz herrschte ebenfalls zunächst keine einheitliche Linie in der Rechtsprechung, inwieweit eine Haftpflichtversicherung im Rahmen von Art. 54 Abs. 1 OR berücksichtigt werden solle.
So entschieden die Gerichte in Freiburg[670] und in Zürich[671], dass eine Haftpflichtversicherung nicht haftungsbegründend berücksichtigt werden dürfe, da die Haftpflicht unabhängig von der Frage der versicherungsrechtlichen Deckung beantwortet werden müsse. Dabei berief sich das Züricher Gericht ausdrücklich auf die Argumentation des BGH zu § 829 BGB.
Das schweizerische Bundesgericht stellte jedoch in BGE 103 II 330, 337 (Erwägung 4) klar, dass eine Haftpflichtversicherung von den Gerichten als Vermögenswert im Rahmen der Billigkeitserwägungen zu berücksichtigen

---

665 Widmer/Wessner, Revision und Vereinheitlichung des Haftpflichtrechts, Vorentwurf eines Bundesgesetzes, S. 7: Art. 48b. Aus Billigkeit, insbesondere unter Berücksichtigung der wirtschaftlichen Verhältnisse der Beteiligten, kann das Gericht ausnahmsweise eine urteilsunfähige Person zum teilweisen oder vollen Ersatz des von ihr verursachten Schadens verurteilen. Vgl. hierzu allg. Widmer, Reform und Vereinheitlichung des Haftpflichtrechts auf schweizerischer und europäischer Ebene, Grundstrukturen des Europäischen Deliktsrechts, S. 147 ff.

666 Gauch, ZSR 116 (1997) 315, 328; Hausheer, SVZ 65 (1997) 22, 24.

667 Widmer/Wessner, Revision und Vereinheitlichung des Haftpflichtrechts, Erläuternder Bericht, S. 122; so auch schon Hausheer, SVZ 65 (1997) 22, 24 zum wortlautgleichen Art. 19 VEOR.

668 Résolution, Congrès des Juristes Suisses 2003 / Brunnen, veröffentlicht in: http://www.juristentag.ch/pdf/resolution.pdf.

669 http://www.ofj.admin.ch/themen/haftpflicht/intro-d.htm.

670 Freiburg SJZ 65 (1969) 241, 243 Nr. 128.

671 Zürich BlZR 1977, 246, 247 Nr. 94.

sei.[672] Soweit ersichtlich, bildet dies heute die einheitliche Linie der schweizerischen Rechtsprechung.[673]

bb) Auffassungen in der schweizerischen Literatur

In der schweizerischen Literatur wird sehr einheitlich für eine Berücksichtigung von Haftpflichtversicherungen plädiert.[674] Begründet wird dies beispielsweise von *Brehm* wie folgt: zwar führe das Abschließen einer Haftpflichtversicherung zugunsten eines Urteilsunfähigen letztendlich zur Haftungsbegründung. Dies sei juristisch sicherlich nicht befriedigend, „... *wenn also <<l'assurance crée le risque>>* ... " Es würde aber bei Art. 54 OR nicht um „*summa jus*", sondern um „*Billigkeit*" gehen.[675] Eine damit mögliche einhergehende Prämienerhöhung sei dabei bewusst in Kauf zu nehmen.[676]

Interessanter Weise schließen manche schweizerischen Versicherungsgesellschaften vor diesem Hintergrund die Haftpflichtversicherung für Ansprüche gemäß Art. 54 OR aus.[677] Vorbehaltlich des Wunsches des Versicherungsnehmers bezahlt der Versicherer teilweise dennoch Schäden eines Urteilsunfähigen bis zu einer gewissen Höhe (zwischen CHF 100000 und 200000). Ausgeschlossen sind dabei jedoch Regressansprüche Dritter für Leistungen, die sie an Geschädigte ausgerichtet haben.[678]

Es besteht in solch einem Fall folglich keine Haftpflichtversicherung zugunsten eines Urteilsunfähigen. Das Gericht kann sicher nicht den Versicherungsnehmer zwingen, sein vertragliches Recht auszuüben, den Versicherer anzuweisen, ausnahmsweise an den Geschädigten eine gewisse Summe auszukehren. Es ist aber wohl anzunehmen, dass ein Urteilsunfähiger dennoch so behandelt wird, als würde eine Versicherung zu seinen Gunsten bestehen, da für ihn (regelmäßig für die Eltern) die Möglichkeit be-

---

672 BGE 103 II 330, 337 f. (6.12.1977).

673 BSK OR I-Schnyder^3 Art. 54 Rn 8; Brehm, OR 54 Rn 29 mwN. der Rspr.

674 Oftinger/Stark, Schweizerisches Haftpflichtrecht II/1^4, § 18 Rn 63 (S. 149); Keller, Haftpflicht im Privatrecht^4, S. 106; Keller, Landesbericht Schweiz, Deliktsrecht in Europa, S. 12; Honsell, Schweizerisches Haftpflichtrecht^4, § 16 Rn 4 (S. 150); Tuhr/Peter, Allgemeiner Teil des Schweizer Obligationenrechts I^3, S. 432 Fn 37; Brehm, OR 54 Rn 29; BSK OR I-Schnyder^3 Art. 54 Rn 8.

675 Brehm, OR 54 Rn 29.

676 Oftinger/Stark, Schweizerisches Haftpflichtrecht II/1^4, § 18 Rn 63 (S. 149).

677 Z.B.: D 4.5. AB der Allianz Suisse Versicherungs-Gesellschaft (Stand 07.2004); A 5 AVB der Winterthur Versicherung Schweiz (Ausgabe 09.92).

678 Z.B.: D 3.3. AB der Allianz Suisse Versicherungs-Gesellschaft (Stand 07.2004); A 15.2 AVB der Winterthur Versicherung Schweiz (Ausgabe 09.92).

steht, sich auf die Versicherung zu stützen, womit der Billigkeit genüge getan sein dürfte.

ee. Stellungnahme

Aus der erfolgten Darstellung wird deutlich, dass es im Kern der Diskussion um die Frage geht, ob Versicherungsschutz ausnahmsweise aus Gründen der Billigkeit in den Dienst einer sozialen Schadensdeckung gestellt werden darf.
Es geht nicht um die Frage, inwieweit allgemein ein Versicherungsschutz auf Seiten des Schädigers für die Begründung einer Ersatzpflicht erheblich ist oder sein sollte.[679] Keinesfalls soll daher erörtert werden, ob beispielsweise das Bestehen von Versicherungsschutz bei der Bestimmung von Fahrlässigkeit und Rechtswidrigkeit haftungsbegründend zu berücksichtigen sei.[680] Eine solch weitreichende Berücksichtigung über § 829 BGB hinaus würde wohl eine völlige Ablösung unseres heutigen Haftungssystems verlangen.[681] Zwar wurden in den 60er und 70er Jahren des 20. Jahrhunderts weltweit entsprechende Vorschläge gemacht,[682] tatsächlich in Gesetzesform sind allerdings nur sehr wenige gegossen worden.[683]
Auch ein Blick nach Schweden, wo zu Beginn der 70er Jahre des 20. Jahrhunderts ein Haftung Minderjähriger eingeführt wurde, wobei explizit auf

---

679 Vgl. hierzu allg. Deutsch, AllgHaftR^2, Rn 745 ff.

680 So aber ausdrücklich v. Bar, AcP 181 (1981) 289, 325.

681 Vgl. zu dieser Problematik allg., Wagner, Grundstrukturen des Europäischen Deliktsrechts, S. 189, 305 ff.

682 v. Hippel, Schadensausgleich bei Verkehrsunfällen, Haftungsersetzung durch Versicherungsschutz, S.117 ff.; Magnus, 12. ÖJT Band II/1 S. 70 Fn 248 mwN.

683 Vgl. z.B.: No Fault Insurance Act, Michigan (Act 294 vom 31.10.1972); Accident Compensation Act, New Zealand (1972): Hiernach werden deliktische Schadensersatzklagen weitgehend ausgeschlossen und durch ein System der staatlichen Entschädigung ersetzt: Jeder, der einen Schaden erleidet, sei es bei der Arbeit, im Straßenverkehr oder zu Hause, hat einen Anspruch auf Entschädigung gegen den Staat, gleichgültig ob der Unfall durch ihn selbst oder durch einen Dritten verschuldet worden ist. Der Geschädigte kann im Falle eines Unfalls einen Antrag auf Entschädigung bei der Accident Compensation Corporation stellen. Besteht ein Entschädigungsanspruch unter diesem System, ist eine private Schadensersatzklage bis auf wenige Ausnahmefälle unzulässig. Folgende Leistungen sind nach diesem Gesetz vorgesehen: Behandlungs- und Rehabilitationskosten bei Personenschäden; Ausgleich für Einkommensausfälle (ab dem siebten Tag nach dem Unfall in Höhe von 80% des durchschnittlichen wöchentlichen Einkommens, max. 87185 NZD); Schmerzensgeld bis zu 100000 NZD; Bestattungskosten und Einmalzahlungen an Hinterbliebene; vgl. www.acc.co.nz.

das Bestehen einer Haftpflichtversicherung Rücksicht zu nehmen ist,[684] zeigt, dass eine solch weitreichende Änderung des Haftpflichtrechts im Allgemeinen wohl nicht ohne eine Novellierung des Haftungsrechtes denkbar ist.[685]
Diesem eingedenk, müssen alle Überlegungen zur Berücksichtigung von Versicherungsschutz auf Seiten des Schädigers im Rahmen von § 829 BGB immer als nicht verallgemeinerungsfähig für das gesamte Haftungsrecht erachtet werden. Obwohl § 829 BGB selbst eine Ausnahme ist, so muss dennoch diese Frage hier abhängig vom übrigen Haftungssystem in Deutschland betrachtet werden. Die Berücksichtigung von Haftpflichtversicherungen zur Haftungsbegründung ist von Gesetzes wegen in Deutschland nirgends ausdrücklich vorgesehen. Jegliche Berücksichtigung ist damit eine Ausnahme und muss besonders begründet werden.
Ausgangspunkt einer jeden Überlegung, inwieweit eine Haftpflichtversicherung auf Seiten des Schädigers zu berücksichtigen ist, kann dafür nur entweder § 829 BGB selbst oder das Wesen und die Funktion einer entsprechenden Haftpflichtversicherung als solche im Zusammenspiel mit § 829 BGB sein.

a) Analyse der Norm im Hinblick auf die Frage der Berücksichtigung von Haftpflichtversicherungsschutz

aa) Wortlaut

Der Wortlaut des § 829 BGB, der allgemein von Umständen spricht, ermöglicht grundsätzlich, das Bestehen von Haftpflichtversicherungsschutz auf Seiten des Schädigers als berücksichtigungswürdig zu erklären.[686] Jedoch erklärt der sehr weite Begriff der *Umstände* im Sinne des § 829 BGB

---

[684] 2 kap 2 § Skadeståndslag (SKL) v. 2.6.1972: „Verursacht jemand unter 18 Jahren einen Personen- oder Sachschaden, soll er den Schaden ersetzen, soweit das unter Berücksichtigung seines Alters und seiner Entwicklung, der Art und Weise der Handlung, einer bestehenden Haftpflichtversicherung und anderer wirtschaftlicher Verhältnisse sowie aller übrigen Umstände billig ist." Übersetzung nach: Witte, Landesbericht Schweden, Deliktsrecht in Europa, S. 31.

[685] Vgl. allg. hierzu Igney, Die deliktsrechtliche Haftung Minderjähriger und der zu ihrer Beaufsichtigung verpflichteten Personen nach deutschem und schwedischem Recht, passim, der allerdings auch eine Haftpflichtversicherung in Deutschland auf Grund eines vollzogenen Funktionswandels berücksichtigen sehen will, S. 151. Vgl. auch Fasterling, ZEuP 2000, 229, 244 ff.; Witte, Landesbericht Schweden, Deliktsrecht in Europa, S. 31.

[686] Vgl. Kap. 2 A. V. 2. b. cc. a) cc). (S. 146).

nicht, ob damit auch bereits explizit der Versicherungsschutz gemeint ist. Allein die Tatsache, dass man beinahe alles unter den Begriff Umstände subsumieren kann, stellt keine hinreichend tragbare Argumentation dar, Versicherungsschutz grundsätzlich ebenfalls zu berücksichtigen. Man würde beispielsweise ebenso nicht auf die Idee kommen, das Sternzeichen des Schädigers, welches objektiv bestimmbar ist, unter Umstände im Sinne des § 829 BGB zu subsumieren.
Man könnte zwar grundsätzlich alles als Umstand im Sinn des § 829 BGB anerkennen, dann aber eine zweite Ebene eröffnen und dabei schließlich erörtern, ob dieser Umstand berücksichtigenswert ist. Mir erscheint jedoch eine solche Unterscheidung als gekünstelt und unpraktisch. Außerdem unterscheidet der Wortlaut der Norm nicht zwischen berücksichtigungswerten und -unwerten Umständen.

Ein Vergleich mit § 1310 ABGB und Art. 54 Abs. 1 OR, die beide auch nicht den Versicherungsschutz erwähnen, macht deutlich, dass der Wortlaut nichts unmittelbar dafür hergibt, Versicherungsschutz zu berücksichtigen. Vielmehr legt der Vergleich mit den dazu in diesen Ländern vertretenen Auffassungen in Literatur und Rechtsprechung nah, die Berücksichtigung von Versicherungsschutz aus der *ratio* der Norm, wohl aber maßgeblich aus Wesen und Funktion der Versicherung selbst zu bestimmen.[687]

Um also zu klären, ob ein Umstand in die Billigkeitsabwägung bei § 829 BGB eingestellt werden darf, stellt nicht der weite Begriff des Umstands als solcher das maßgebliche Kriterium, sondern es ist jeweils einzeln zu ermitteln, ob der Umstand von sich aus eine Berücksichtigung erlaubt. Der Ansatzpunkt, die Beantwortung der Frage im Wortlaut des § 829 BGB zu suchen, geht daher fehl. Vielmehr folgt wohl im Umkehrschluss aus diesen Überlegungen, dass das Wesen und die Funktion einer Haftpflichtversicherung maßgeblich darüber entscheiden, ob sie Berücksichtigung im Rahmen von § 829 BGB finden sollte oder nicht, soweit dies nicht der *ratio* der Norm widerspricht.

bb) Dogmatische Einordnung

Auch die dogmatische Einordnung von § 829 BGB trägt nichts dazu bei, inwieweit Versicherungsschutz auf Seiten des Schädigers zu berücksichtigen ist. Ob man § 829 BGB als abgeschwächte Verschuldenshaftung, als Verursacherhaftung unter Berücksichtigung subjektiver Elemente, als Gefähr-

[687] Vgl. Kap. 2 A. V. 2. b. dd. a) und b). (S. 150 f. und 154 f.).

dungshaftung für den Zustand der eigenen Person, oder sonst unter eine Gruppe einordnet, erhellt nicht die hier zu klärende Frage. Zwar ist es im Rahmen der Gefährdungshaftungstatbestände üblich, auch eine obligatorische Haftpflichtversicherung für einen Halter vorzusehen,[688] nicht jedoch zwingend.[689] Denn sowohl die subjektive, wie auch die objektive Seite der Zurechnung, an welche maßgeblich die dogmatische Einordnung anknüpft, sind ohne unmittelbaren Einfluss auf den ausfüllungsbedürftigen unbestimmten Rechtsbegriff der Billigkeit. Zwar ist die Zurechnung der Grund, weshalb eine Person für eine Handlung und/oder einen Erfolg im Hinblick auf eine Rechtsfolge verantwortlich ist,[690] nicht jedoch, inwiefern Versicherungsschutz haftungsbegründend wirken können soll.

Auch in der Schweiz, wo man sich über die dogmatische Einordnung von Art. 54 Abs. 1 OR als Kausalhaftung aus Billigkeit sicher ist,[691] obwohl man dort ebenfalls subjektive Elemente berücksichtigt, um den Urteilsunfähigen nicht strenger haften zu lassen als einen Urteilsfähigen,[692] wird hieraus nichts über die Berücksichtigungswürdigkeit von Versicherungsschutz auf Seiten des Schädigers hergeleitet.
Ein Rückschluss von der dogmatischen Einordnung auf die Frage der Berücksichtigung von Versicherungsschutz ist unergiebig.

cc) Normzweck

Inwieweit man die *ratio* der Norm zur Begründung heranziehen kann, hängt zwangsläufig davon ab, welche Bedeutung man § 829 BGB beimisst.
Im Rahmen von § 829 BGB wird teilweise versucht, die Berücksichtigung von Versicherungsschutz auf Seiten des Schädigers aus dem *Prinzip der sozialen Schadenstragung*, beziehungsweise auch *Schadensverteilung*[693] herzuleiten.

---

688 Vgl. z.B.: § 7 StVG, § 33 LuftVG.
689 Vgl. z.B.: § 833 S. 1 BGB
690 Deutsch, AllgHaftR², Rn 84.
691 Kap. 2 A. V. 2. b. dd. b). (S. 154 f.).
692 Oftinger/Stark, Schweizerisches Haftpflichtrecht II/1⁴, § 18 Rn 47 (S. 145) mwN. Teilweise wird in der Literatur die Entscheidung BGE 102 II 226 dahingehend verstanden, auch ein objektives Verschulden sei nicht erforderlich. Diese Sichtweise wird aber von Oftinger/Stark, Schweizerisches Haftpflichtrecht II/1⁴, § 18 Rn 47 Fn 60 (S. 145) vehement bestritten.
693 So auch MüKoBGB/Wagner⁴ § 829 Rn 20; Knütel, JR 1980, 20 (Anm. zu BGH Urt. v. 24.4.1979, FamRZ 1979, 567).

In der Schweiz misst man Art. 54 Abs. 1 OR eine entsprechende Bedeutung bei, bezeichnet dies jedoch in aller Regel als *ökonomische Tragfähigkeit.*[694] Sieht man darin manifestiert, dass derjenige den Schaden tragen soll, den es weniger schmerzt, so mag dies auf den ersten Blick für die Berücksichtigung von Versicherungsschutz auf Seiten des Schädigers sprechen.
Auch der OGH stellt sich auf diesen Standpunkt und sieht in § 1310 ABGB das Prinzip der sozialen Schadenstragung verwirklicht.[695] *Barta*[696] zufolge verkennt jedoch das Gericht dabei die historische Wurzel des § 1310 ABGB, welche ihm zu Folge auf den *Entwurf von Martini III 13 § 46*[697] zurückgeht. Danach sei der Grund des Schadensersatzes das Verteidigungsrecht, welches einem Geschädigten gegenüber einem Unzurechnungsfähigen nicht genommen werden dürfe.
Aber auch wenn man in § 829 BGB das Prinzip einer sozial gerechten Schadensverteilung verwirklicht sieht, so ist es dennoch fraglich, ob damit auch Versicherungsschutz auf Seiten des Schädigers berücksichtigt werden sollte. Denn es ist grundsätzlich Aufgabe des gesamten Haftungsrechts, eine gerechte Schadensverteilung zu finden. Wird dies um das Element „sozial" erweitert, so trifft dies in finanzieller Hinsicht sicherlich auf die Berücksichtigung von Mobiliar- und Immobiliarvermögen des Schädigers zur Haftungsbegründung zu. Dies hatte der Gesetzgeber erkennbar auch vor Augen, als er den armen Knecht sah, der von seinem im Wahnsinn tobenden Gutsherren geschädigt wird. Dem entsprechend kommt es, wenn man die beschriebene *ratio* in § 829 BGB sieht, primär auf eine sozial gerechte Schadensverteilung zwischen dem Geschädigten und dem Schädiger an. Wird jedoch mittelbar durch eine Versicherung eine große Zahl von Versicherten mit zur Schadenstragung „ins Boot gezogen", so erlangt § 829 BGB die Bedeutung einer Art vorrangigen Sozialversicherung.
Zwar kennt auch das Haftungsrecht allgemein den Gedanken der Versicherungsfunktion; sie besteht aber darin, dass der Geschädigte einen gesetzlichen Anspruch gegen den Schädiger und nicht einen Anspruch gegen die Solidargemeinschaft der Versicherten hat. Letzteres ergibt sich aus dem Sozialversicherungs- und/oder auch aus dem Privatversicherungsrecht, nicht

---

694 Oftinger/Stark, Schweizerisches Haftpflichtrecht II/1^4, § 18 Rn 65 (S. 149) mwN.
695 So auch die österreichische Rechtsprechung für § 1310 ABGB: OGH SZ 47/43 (S. 202, 205).
696 Barta, Zivilrecht I, S. 665.
697 Zitiert nach: Barta, Zur Kodifikationsgeschichte des österreichischen bürgerlichen Rechts in ihrem Verhältnis zum preußischen Gesetzbuch, in: Naturrecht und Privatrechtskodifikation, S. 321, 388; vgl. allgemein hierzu: Hebeis, Karl Anton von Martini, S. 109 f.

aber aus dem Haftungsrecht selbst. Unser Recht kennt eine Vielzahl von Sozialversicherungen, welche ihre Leistungspflicht allgemein an das zivile Haftungsrecht anknüpfen. Würde man dagegen die These anerkennen, dass eine Versicherung der Versicherungsfunktion des Haftungsrechts zu dienen hat, wäre das gesamte Haftungsrecht Ausdruck eines entsprechend verstandenen Prinzips einer sozialen Schadensverteilung, mit der Folge, dass das Bestehen einer Versicherung immer – zumindest zur Korrektur von als sozial ungerecht empfundener Schadensverteilung – zu berücksichtigen wäre. Das Haftungsrecht, besonders aber das Schadensrecht würde faktisch durch das Versicherungsrecht in weiten Teilen ersetzt werden. Gerade dies ist aber in Deutschland bis heute nicht erfolgt. Auch der historische Gesetzgeber sah, da das Versicherungswesen noch nicht so verbreitet war, § 829 BGB sicherlich nicht als Instrument zur Schadensverteilung zwischen dem Geschädigten und einer Versicherungsgemeinschaft an.

Führt man dagegen an, dass im Rahmen der Billigkeitshaftung schlicht der Schaden so zu verteilen ist, dass der Beteiligte den Schaden tragen soll, welchen dies wirtschaftlich nicht schmerzt, so ist mit *Kerschner*[698] zu fragen, warum dann nicht das Vermögen aller unterhaltsverpflichteten Verwandten in die wirtschaftliche Gesamtbetrachtung eingestellt wird, indem man die durch den Schadensfall bedingte Verpflichtung zur Liquidation durch den Unzurechnungsfähigen als erhöhten Unterhaltsbedarf ansieht. Zu einer vermögenden Familie zu gehören, ohne selbst vermögend zu sein, trägt aber kaum als Haftungsgrund. Außerdem würde die gesetzliche Wertung, einen Unzurechnungsfähigen nur subsidiär zu seinem Aufsichtspflichtigen haften zu lassen, unterlaufen, § 832 BGB. Wenn das Haftungsrecht schon allgemein keine „Sippenverantwortlichkeit" für Schäden kennt, so ist es nicht nachvollziehbar, dass unter dem Deckmantel des Prinzips der sozialen Schadenstragung die Mitgliedschaft in einer Versichertengemeinschaft zur Haftungsbegründung herangezogen wird. Auch in § 832 BGB begründet nicht die unter Umständen auf Verwandtschaft beruhende Aufsichtspflicht selbst die Haftung, sondern das Aufsichtsverschulden.

§ 829 BGB ist zwar eine Ausnahme vom Verschuldensgrundsatz, nicht jedoch vom Grundsatz der Schadenszuständigkeit[699]. Zuständig für den Schaden bleibt der Schädiger. Die Solidargemeinschaft der Versicherten trägt unter Umständen vielleicht am Ende den Schaden, zuständig wird sie aber deshalb nicht.

Insoweit ist es von den Anhängern, die § 829 BGB eine solch weitreichende Bedeutung beimessen, inkonsequent, wenn sie dann auf Seiten des geschä-

---

698 Kerschner, ÖJZ 1979, 282, 285.

699 Vgl. allg. dazu Deutsch, AllgHaftR^2, Rn 1 f.

digten Unzurechnungsfähigen eine bestehende Schadensversicherung oder Sozialversicherung im Fall der spiegelbildlichen Anwendung nicht berücksichtigt sehen wollen, §§ 254, 829 BGB.[700] Wenn schon § 829 BGB den Schaden auf die Solidargemeinschaft der Versicherten auf Seiten des Schädigers verteilt, warum nicht dann auch auf Seiten des Geschädigten? Wäre dem Gedanken der sozialen Schadensverteilung nicht besser gedient, wenn der Schaden auf „noch breitere“ Schultern geladen würde? Dies zeigt, dass es den Anhängern dieser Auffassung wohl nicht um eine soziale Schadensverteilung zwischen den Beteiligten geht, sondern um die Verschaffung eines zusätzlichen privaten (solventen) Haftungsgläubigers unter Vermeidung der Belastung von Sozialversicherungsträgern (*„deep pocket“*[701]).

Fasst man § 829 BGB als Ausdruck einer sozial gerechten Schadensverteilung auf, so folgt hieraus nicht, dass Haftpflichtversicherungen zwangsläufig berücksichtigt werden müssen. Auch nach der hier vertretenen Ansicht, wonach der Grund der Haftung nach § 829 BGB im Ausgleichsgedanken im Sinne einer ausgleichenden und einer verteilenden Gerechtigkeit zu suchen ist,[702] ermöglicht keine zwingende Antwort auf die Frage, ob eine Haftpflichtversicherung zu berücksichtigen ist, oder nicht. Der Gedanke der verteilenden Gerechtigkeit mag zwar vordergründig eine Berücksichtigung nahe legen, jedoch sollen die Lasten zwischen den Beteiligten verteilt und nicht über eine Gruppe gestreut werden. Eine Streuung der Lasten über den Schädiger und den Geschädigten hinaus verlangt der Ausgleichsgedanke nicht von § 829 BGB.[703]

Nicht entschieden ist damit aber, ob nicht Haftpflichtversicherungen aus sich selbst heraus eine Berücksichtigung im Rahmen von § 829 BGB verlangen. Entspricht es dem Wesen und der Funktion einer Haftpflichtversicherung, Berücksichtigung bei der Haftung nach § 829 BGB zu finden, so stünde dem nichts entgegen. § 829 BGB verlangt von Haftpflichtversicherungen nur nicht in die Haftung Unzurechnungsfähiger eingebunden zu werden. Sehen sie es dagegen selbst als Aufgabe, so kann ihnen dies nicht von § 829 BGB verwehrt werden.

---

[700] MüKoBGB/Wagner[4] § 829 Rn 22; anders, und damit insofern konsequent: OGH JBl. 1999, 807 (für die Berücksichtigung einer Feuerversicherung auf Seiten des Geschädigten); Oftinger/Stark, Schweizerisches Haftpflichtrecht II/1[4], § 18 Rn 64 (S. 149).

[701] Mit *„deep pocket“* wird im angloamerikanischen Recht (speziell im *tort law*) die Überlegung bezeichnet, dass diejenige Person das Risiko einer Aktivität tragen soll, die sich in guten finanziellen Verhältnissen befindet und deshalb das Risiko leicht tragen kann.

[702] Vgl. Kap. 1 B. II. 7. b. bb. (S. 62).

[703] Vgl. Kap. 1 B. II. 7. a. (S. 52).

b) Wesen und der Funktion der Haftpflichtversicherung

Da sich die Berücksichtigung von Haftpflichtversicherungen nur noch aus dem Wesen und der Funktion derselben ergeben kann, rücken die einzelnen Gruppen der Haftpflichtversicherungen wieder in den Vordergrund.

aa) Unterscheidung zwischen freiwilliger und obligatorischer Haftpflichtversicherung

Wie oben dargestellt, unterscheidet man drei Gruppen von Haftpflichtversicherungen: erstens freiwillige Haftpflichtversicherungen, zweitens gesetzliche oder standesrechtliche Pflichthaftpflichtversicherungen ohne Direktanspruch des Geschädigten und schließlich drittens gesetzliche Pflichthaftpflichtversicherungen mit Direktanspruch des Geschädigten. Das grundlegende Abgrenzungskriterium zwischen den genannten Gruppen ist der Umstand, ob die Versicherung freiwillig abgeschlossen wird oder nicht. Das Vorhandensein eines Direktanspruchs des Geschädigten gegen den Versicherer stellt dagegen lediglich eine inhaltliche Ausgestaltung innerhalb der Pflichthaftpflichtversicherungen dar.
Ausgehend von dieser Überlegung ist bei der Betrachtung der hier zu erörternden Fragestellung zunächst einmal an der Unterscheidung zwischen freiwilliger und obligatorischer Haftpflichtversicherung festzuhalten, ohne dadurch bereits das Ergebnis vorzugeben, wie die Rechtsprechung[704] und Teile der Literatur[705] zeigen, die die selbe Unterscheidung treffen, dennoch aber zu unterschiedlichen Ergebnissen gelangen.

bb) Trennungsprinzip

Bevor aber auf die unterschiedlichen Haftpflichtversicherungen eingegangen werden soll, muss zunächst geklärt werden, ob das sogenannte Trennungsprinzip nicht einer Berücksichtigung von Versicherungen auf Seiten des Schädigers allgemein entgegensteht. Eine richtige Verortung dieser Fragestellung innerhalb der hier gewählten Darstellung ist schwierig, da das Trennungsprinzip gerade die Grenze zwischen Haftungs- und Versicherungsrecht zu ziehen versucht. Es wird aber regelmäßig dem Versicherungsrecht zugeordnet, obwohl es ebenso entscheidend für das Haftungsrecht ist. Gerade im Grenzgebiet des Trennungsprinzips selbst spielt sich die hier zu behandelnde Problematik ab.

---

[704] Vgl. Kap. 2 A. V. 2. b. bb. c). (S. 142).
[705] Vgl. Kap. 2 A. V. 2. b. cc. a). (S. 143).

Ausgehend von der Aussage, dass die Versicherung grundsätzlich der Haftung folgt und nicht umgekehrt, erscheint es auf den ersten Blick unmöglich, bereits zur Haftungsbegründung einen Umstand zu berücksichtigen, welcher seiner Konzeption entsprechend erst nach feststehender Haftpflicht auf den Plan tritt. Es ist gerade Aufgabe der Haftpflichtversicherung, den Haftpflichtigen von bestehenden Haftpflichtansprüchen freizustellen und sie nicht erst zu begründen.
Eine entsprechende, sowohl in Deutschland[706] wie auch in Österreich[707] vertretene Auffassung, stellt sich auf einen sehr formalen Standpunkt und verschließt dabei die Augen für folgende Überlegung: Würde in § 829 BGB der bestehende Versicherungsschutz als ein die Billigkeit beeinflussendes Kriterium ausdrücklich genannt werden, so könnte zwar immer noch damit argumentiert werden, dass dies dem Wesen und der Funktion einer Haftpflichtversicherung widerspricht, jedoch würde feststehen, dass das Bestehen einer Haftpflichtversicherung sowohl im Haftpflicht-, wie auch im Deckungsprozess zu berücksichtigen wäre. Ebenso klar wäre, dass der bestehende Versicherungsschutz bei der Anspruchsbegründung wie auch bei der Anspruchsausfüllung als relevanter Umstand in Erscheinung treten würde. Man könnte ohne weiteres den Tatbestand des § 829 BGB dahingehend konkretisieren, ohne grundlegend in das bestehende Haftungsrecht einzugreifen. Auch würde dies nicht grundsätzlich der Systematik unseres Schadensersatzrechts widersprechen. Denn es kennt kein abschließendes Verbot, einen Umstand mehrfach zu berücksichtigen. So kann etwa ein und derselbe Umstand sowohl haftungsbegründende wie auch haftungsausfüllende Relevanz haben. Beispielsweise begründet mitunter der Erfolg einer Rechtsgutsverletzung an einer Sache die Haftung nach § 823 Abs. 1 BGB. Derselbe Erfolg – der Untergang der Sache – ist im Rahmen der Differenzhypothese bei der Schadensbestimmung entscheidend.
Unserem Recht ist eine solche doppelte Relevanz eines einzigen Umstandes auch an anderer Stelle nicht unbekannt. So kennt auch das Prozessrecht sogenannte doppelt relevante Tatsachen. Eine unerlaubte Handlung kann sowohl den materiellrechtlichen Anspruch wie auch gleichzeitig einen Gerichtsstand begründen, § 32 ZPO.
Lässt man einmal außer Acht, dass es wohl grundsätzlich dem Wesen einer Haftpflichtversicherung widerspricht, sie haftungsbegründend zu berücksichtigen, so ist es mit dem System des Haftungsrechts ohne weiteres vereinbar, einem Umstand doppelte Relevanz beizumessen. Ob dies mit dem Versicherungsrecht, beziehungsweise mit dem Versicherungsvertrag ver-

706 Vgl. Kap. 2 A. V. 2. b. cc. b) aa) (S. 148).
707 Vgl. Kap. 2 A. V. 2. b. dd. a) bb) (S. 152).

einbar ist, muss aus Sicht der jeweiligen Versicherung geklärt werden. Das Trennungsprinzip, soweit man es anerkennt, ist folglich keine starre Grenze, sondern eine Grauzone, welche wesentlich vom Versicherungsrecht bestimmt wird, sich aber in das Haftungsrecht hinein erstreckt.
Im Jahr 2004 hat der BGH[708] seine Linie zur Frage der Bindungswirkung von Feststellungen des Haftpflichtprozesses für den Deckungsprozess klar gestellt. Danach sollen nur solche Feststellungen des Haftpflichtprozesses Bindung entfalten, bei denen Identität bezüglich der Voraussetzungen für den Deckungsprozess besteht. Die Bindungswirkung hat damit klar prozessrechtliche Wirkung, nicht aber materiellrechtliche. Dabei geht der BGH wörtlich davon aus, dass das Trennungsprinzip durch die Bindungswirkung ergänzt wird.[709] Er misst damit dem Trennungsprinzip ausdrücklich nur ordnende Funktion im Hinblick auf die Trennung der zwei Prozessrechtsverhältnisse zu. Materiellrechtliche Konsequenzen bezüglich des Trennungsprinzips sind dabei nicht zu erkennen.
Selbst wenn man aber dem Trennungsprinzip materiellrechtliche Wirkung zuschreibt, so verbiete der bewusst weite Tatbestand des § 829 BGB, wie auch die *ratio*, nicht die Berücksichtigung von Versicherungsschutz.[710] Man müsste deshalb § 829 BGB als von Haftungsrecht bewusst zugelassene Durchbrechung des Trennungsprinzips verstehen, weil die Norm kein Verbot enthält, einen Umstand – etwa eine Versicherung – doppelt zu berücksichtigen.
Misst man dem Trennungsprinzip dagegen nur prozessrechtliche Bedeutung zu, so steht der Berücksichtigung von Versicherungsschutz in materiellrechtlicher Hinsicht nichts entgegen.
Wie immer man auch das Trennungsprinzip auffasst, es steht einer Berücksichtigung von Versicherungsschutz im Rahmen von § 829 BGB nicht grundsätzlich entgegen.

cc) Pflichthaftpflichtversicherungen

Die Relevanz von Pflichthaftpflichtversicherungen im Rahmen von § 829 BGB liegt zwar weit hinter der Bedeutung von freiwilligen Haftpflichtversicherungen zurück, besonders seit 2002 auch der bei einem Verkehrsunfall Geschädigte Schmerzensgeld nach dem StVG (§ 11 S. 2 StVG) verlangen kann und nicht mehr den Weg über das BGB suchen muss. Dennoch sind Fälle denkbar, in denen das Bestehen von Pflichthaftpflichtversicherungen

[708] BGH NJW-RR 2004, 676.
[709] BGH NJW-RR 2004, 676.
[710] So auch MüKoBGB/Wagner[4] § 829 Rn 21.

im Rahmen von § 829 BGB relevant werden könnte. Zu denken ist dabei zum Beispiel an den Fall eines unzurechnungsfähigen Notars,[711] oder auch schlicht an die Fälle in denen im Schadensfall die Höchstsummen, welche im Rahmen der Gefährdungshaftung gewährt werden, überschritten werden.

aaa. Pflichthaftpflichtversicherungen als Vermögen

Vielfach wird in der Literatur verlangt, Pflichthaftpflichtversicherungen als Vermögen des Schädigers zu qualifizieren. Nicht ganz klar dabei ist, ob die Vertreter dieser Ansicht auf die Deckungsforderung, auf den Freistellungsanspruch oder auf den bestehenden Versicherungsschutz als solchen abstellen. Unter der Deckungsforderung versteht man die Forderung des Versicherungsnehmers gegen den Versicherer in Höhe des Schadens, nachdem der Versicherungsnehmer den Geschädigten befriedigt hat. Diese Ersatzforderung stellt aber eher die Ausnahme dar. Regelmäßig kann nämlich der Versicherungsnehmer nach den AHB Freistellung von der Haftpflichtforderung von seinem Versicherer verlangen (Freistellungsanspruch).[712]
Um nun klären zu können, „was" genau an einer Pflichthaftpflichtversicherung Gegenstand des Vermögens des Schädigers sein kann, gilt es, sich zunächst den weiten zivilrechtlichen Vermögensbegriff vor Augen zu führen, der im Allgemeinen wie folgt definiert wird: alle Lebensgüter, die kommerzialisiert sind, das heißt, die im wirtschaftlichen Verkehr gegen ein Entgelt erworben werden können.[713] Auf die Feinheiten des Kommerzialisierungsgedankens usw. muss hier aber nicht eingegangen werden, da sowohl, wenn man auf das Bestehen von Versicherungsschutz als solchen, auf die Deckungsforderung des Versicherungsnehmers, oder auf den Freistellungsanspruch abstellt, dies nicht grundsätzlich dem Vermögensbegriff entgegen steht, da alles im wirtschaftlichen Verkehr theoretisch erworben werden kann.
Dennoch erscheint die Hypothese, einen bestimmten „Teil" einer Pflichthaftpflichtversicherung als Vermögen zu qualifizieren, unter folgenden Gesichtspunkten nicht unproblematisch:

Betrachtet man zunächst den bestehenden Versicherungsschutz als solchen, so fällt Folgendes auf. Er kann und im Fall der Pflichthaftpflichtversicherung muss er vom Versicherungsnehmer erworben werden. Der Versicherungsvertrag, als relative Rechtsbeziehung, kann nicht ohne weiteres an ei-

---

[711] BGE 71 II 225, 232.
[712] Römer/LangheidVVG/Langheid[2] § 149 Rn 20.
[713] Palandt/Heinrichs[65] Vorb v § 249 Rn 10.

nen Dritten „weiterverkauft“ werden. Der Vertragspartner Versicherer wird in aller Regel nicht akzeptieren, dass der Vertragsübernehmer zu denselben Bedingungen bei ihm versichert wird wie der Vorgänger. Ein Markt zum Verkauf bereits bestehender Versicherung existiert also nur insoweit, wie der Versicherer bereit ist, den Versicherungskäufer, sprich das neue Risiko, ebenfalls zu übernehmen. Der Erwerb von bestehendem Versicherungsschutz im wirtschaftlichen Verkehr führt faktisch zum Neuabschluss eines Versicherungsvertrags zwischen Versicherer und Vertragsübernehmer (anders teilweise bei der Weitergabe von Kfz-Haftpflichtversicherungen innerhalb der Familie).

Auch problematisch erscheint, in welcher Höhe der bestehende Versicherungsschutz als Vermögen zu qualifizieren sein soll. In Betracht kommen die bis zum Schadensfall geleisteten Prämien, die maximale Höhe der Deckungssumme, oder das Vermögen des Versicherten, welches durch die Versicherung geschützt werden soll.

Die bis zum Schadensfall geleisteten Prämien beschreiben sicherlich nicht den Wert des Versicherungsschutzes, da sie zu seinen Passiva gehören. Die maximale Höhe der Deckungssumme stellt auch nicht den Wert des Versicherungsschutzes dar. Denn die Höhe würde erstens je nach Schadensfall schwanken und zweitens verliert der Versicherungsnehmer ja nicht den Versicherungsschutz nach dem Versicherungsfall. Die potentiellen Leistungen der Versicherung (über einen längeren Zeitraum) könnten damit grundsätzlich ins Unendliche ansteigen. Ein unendlich hohes Vermögen – wenn wohl auch nur theoretisch – ist nicht denkbar.

Nimmt man dagegen das von der Versicherung geschützte Vermögen als den Wert des Versicherungsschutzes an, so ist auch dieses problematisch. Sowohl ein einzelner als auch die im Laufe eines Lebens anfallenden Schadensfälle können ohne weiteres die Höhe des (sonstigen) Vermögens des Versicherten überschreiten. Mithin geht dieser Ansatz fehl, da auf diese Weise ebenso nicht sinnvoll der Gegenwert des Versicherungsschutzes als solcher bestimmt werden kann.

Man mag einwenden, dass die Versicherer schließlich die Prämien mathematisch errechnen können, welche erforderlich sind, um, abgesehen von einem Gewinn, innerhalb der Deckungshöchstsummen eine Schadensliquidation zu ermöglichen. Addiert man alle Prämien einer Versicherungsgesellschaft zusammen und teilt sie dann durch die Zahl aller Versicherten, so ergibt dies eine weit geringere Summe als die maximale Deckungssumme pro Versicherten. Selbst wenn man diesen (fiktiven) Wert ansetzen würde, so wäre dies weit von dem entfernt, was ein Vertragsübernehmer für den Kauf einer bereits bestehenden Versicherung bezahlen würde.

Es lässt sich also festhalten: Selbst wenn man den Versicherungsschutz als solchen als Vermögen auffasst, kann kein sinnvoller Wert für selbigen angesetzt werden. Im Ergebnis ist daher das Bestehen von Versicherungsschutz kein – zumindest sinnvoll ansetzbares – Vermögen.

Wenden wir uns nun der Deckungsforderung als Vermögen zu. Es erscheint äußerst problematisch, eine Forderung als Vermögen zu berücksichtigen, die erst nach dem Eintritt eines Schadensfalls entstehen kann und darüber hinaus davon abhängig ist, dass der Versicherungsnehmer den Geschädigten befriedigt und schließlich auch noch voraussetzt, dass der Versicherungsnehmer von seinem Versicherer Zahlung verlangen kann. Gerade Letzteres zeigt, dass eine Deckungsforderung also erst dem Vermögen des Versicherten zugeordnet werden kann, wenn der Schädiger den Geschädigten befriedigt hat. Ob er dies nun vor, oder erst nach Abschluss des Haftpflichtprozesses macht, steht ihm frei, auch wenn er dadurch Obliegenheiten aus dem Versicherungsvertrag verletzt. Zum Zeitpunkt der letzten mündlichen Verhandlung, in welchem also das die Billigkeit begründende Vermögensgefälle vorliegen muss, besteht unter den vertraglichen Voraussetzungen nur ein Anspruch auf Deckung durch den Versicherer, damit nicht aber zwangsläufig schon die Forderung. Eine Forderung stellt zwar unbestritten ein Vermögen dar, die Deckungsforderung kann aber aus Gründen der zeitlichen Abfolge hier nicht in Frage kommen. Die Deckungsforderung ist damit nicht als Vermögen im Rahmen der Bestimmung der finanziellen Verhältnisse der Beteiligten zu qualifizieren.

Schlussendlich bleibt also nur der Anspruch des Versicherungsnehmers gegen den Versicherer auf Freistellung von der Verpflichtung zur Schadensdeckung gegenüber dem Geschädigten, beziehungsweise auf Deckung gegen den Versicherer. Auch hier ließe sich vordergründig einwenden, dass der Freistellungsanspruch erst nach dem Haftpflichtanspruch entsteht und folglich keine Berücksichtigung als Vermögen finden darf.
Genau genommen entsteht der Anspruch jedoch gleichzeitig mit dem Haftpflichtanspruch. Denn vorausgesetzt, man erkennt zunächst an, dass Versicherungsschutz unter den weiten Tatbestand des § 829 BGB subsumierbar ist, bedingen sich beide Ansprüche in ihrer Entstehung, können dann aber völlig unterschiedliche Wege gehen. Man kann also nicht einmal sagen, dass der Haftpflichtanspruch eine sogenannte juristische Sekunde vor dem Freistellungsanspruch entsteht. Wenn der Freistellungsanspruch also einen Vermögenswert darstellen sollte, so besteht er zumindest im Zeitpunkt der

Urteilsfällung und auch nur dieser ist relevant. Nicht anders verhält es sich zwangsläufig mit dem Deckungsanspruch.
Jedoch unterscheiden sich diese Ansprüche von beispielsweise einem gewöhnlichen Kaufpreisanspruch dadurch, dass sie durch den Versicherungsvertrag und die gesetzlichen Vorgaben besonders zweckgebunden sind. So unterliegen Deckungsforderungen grundsätzlich dem relativen Verfügungsverbot des § 156 Abs. 1 VVG. Der Versicherungsnehmer kann also nicht über die Deckungsforderung zu Lasten des Geschädigten frei verfügen. Im Bereich der Pflichtversicherungen gewährt das Versicherungsvertragsrecht dem Geschädigten zum Teil einen Direktanspruch gegen den Versicherer, so dass der Schädiger als Forderungsinhaber überhaupt keine Handhabe bezüglich dieser Forderung hat. Man kann daher den Freistellungsanspruch nicht ohne weiteres als Vermögen wie jedes andere qualifizieren, sondern muss es als gebundenes Sondervermögen mit eingeschränkter Verfügungsgewalt des Anspruchsinhabers verstehen.
Daher geht auch der Vergleich mit den auf ein Bankkonto eingezahlten Summen fehl.[714] Denn dieses Vermögen (genau genommen: Auszahlungsanspruch gegen die Bank) ist gerade kein zweckgebundenes Sondervermögen, sondern steht völlig frei zur Disposition des Auszahlungsberechtigten.[715]
Der Freistellungs-, beziehungsweise Deckungsanspruch kann Vermögen im hier relevanten Sinn sein, da aus ihnen im wirtschaftlichen Verkehr handelbare Forderungen werden können. Sie sind aber bis dahin gebundenes Sondervermögen, da weder der Versicherte, noch der Versicherungsnehmer frei über die Ansprüche disponieren können. Die Gebundenheit richtet sich nach dem Inhalt des Versicherungsvertrags und den gesetzlichen Vorschriften. Ob also die potentielle Versicherungsleistung als Vermögen des Schädigers zu Gunsten eines Geschädigten zu qualifizieren ist, hängt schlussendlich davon ab, ob der Versicherungsvertrag und/oder die gesetzlichen Vorschriften den Geschädigten geschützt sehen wollen oder nicht.

bbb. Berücksichtigung aus Opferschutzgesichtspunkten

Eingangs wurde erwähnt, dass eine Haftpflichtversicherung grundsätzlich erstens das Vermögen des Versicherten, und zweitens die Abwehr von unberechtigten Ansprüchen bezwecken soll. Insoweit stellt also der Deckungs-

---

714 So Lehnertz, Zur Problematik des § 829 BGB, S. 135, 136; dies., VersR 1974, 941.

715 Anders aber Kötz/Wagner, DeliktsR[10], Rn 357, der meint es sei ökonomisch der gleiche Erfolg. Der Erfolg ist aber nur der gleiche, wenn die Versicherung auch berücksichtigt wird.

anspruch, beziehungsweise der Feststellungsanspruch grundsätzlich gebundenes Vermögen dar, welches der Versicherte zum Schutz des übrigen Vermögens aufbaut. Motivationen, wie etwa die moralische Verpflichtung, auch für die bloße Schadenverursachung aufkommen zu wollen, sind dagegen lediglich auf Seiten des Versicherungsnehmers zu beobachten, nicht aber beim Versicherer. Stellt man tatsächlich auf eine entsprechende Motivation auf Seiten des Schädigers ab, um generell für die Berücksichtigung jeglichen Versicherungsschutzes zu plädieren, so stellt sich die Frage, warum der Versicherungsnehmer sich und die Seinen nicht dahingehend versichert hat, dass allein die Verursachung eines Schadens bereits zum Eintreten einer Versicherung führt. Dass es gerade solch eine Versicherung nicht gibt, zeigt schon, dass der Versicherungsnehmer und der Versicherer bis auf wenige Ausnahmefälle[716] kein Interesse haben, eine Versicherung, die für bloße Schadensverursachung aufzukommen hat, abzuschließen.
Im Bereich der Pflichthaftpflichtversicherungen wird aber diese Grundüberlegung durch den gesetzlichen, beziehungsweise standesrechtlichen Zwang überlagert. Wie bereits oben dargestellt,[717] verfolgte man 1939 mit der Einführung einer Pflichthaftpflichtversicherung für Kraftfahrzeuge ausdrücklich einen besseren Geschädigtenschutz. Auch die in den darauf folgenden Jahren erfolgte inhaltliche Ausgestaltung, besonders der später eingeführte Entschädigungsfonds, zeigt deutlich, dass speziell die Kfz-Haftpflichtversicherung von gesetzgeberischer Seite von Überlegungen des Opferschutzes getragen ist. Dem Versicherer ist es nicht möglich, von dieser Konzeption abzuweichen, da das Gesetz sehr weitreichend inhaltliche Details ausgestaltet.[718] Besonders die Einführung des Direktanspruchs gegen den Versicherer macht deutlich, dass es sich bei der Kfz-Haftpflichtversicherung eigentlich um eine „Unfallversicherung im Interesse aller am Verkehr Beteiligten" handelt. Die Grundkonzeption einer Haftpflichtversicherung wird also von dem rechtspolitisch gewollten und gesetzlich ausgestalteten System nicht nur inhaltlich geändert, sondern überlagert. Das von allen Kraftfahrzeughaltern gebildete Vermögen bei allen deutschen Kfz-Haftpflichtversicherern (beachte auch Entschädigungsfonds) dient dazu, den Anspruch eines Geschädigten zu decken. Der dem einzelnen Schädiger zuordenbare Deckungsanspruch im Schadensfall stellt damit gebundenes Son-

---

[716] Versicherer leisten wohl unter Umständen manchmal im Rahmen von gerichtlichen Vergleichen, auch ohne dass ein Verschulden des Versicherten (klar) nachweisbar ist, besonders dann, wenn Geschädigter und Versicherungsnehmer bei demselben Versicherer versichert sind.

[717] Kap. 2 A. V. 2. b. aa. a) cc) und Kap. 2 A. V. 2. b.aa. b) cc) (S. 131 und 136).

[718] Vgl. Kap. 2. V. 2. b. aa. b) cc) (S. 136).

dervermögen zugunsten potentiell Geschädigter dar. Letztendlich muss man sich bewusst darüber werden, dass die Bezeichnung der Kfz-Haftpflichtversicherung im Kern heute fehl geht. Der Freistellungsanspruch, der Direktanspruch und nicht zuletzt der Anspruch gegen den Entschädigungsfonds rechtfertigen es, den versicherungsrechtlichen Deckungsanspruch – als „Überbleibsel" aus der Grundkonzeption der Haftpflichtversicherung als Instrument zum Schutz des eigenen Vermögens – als gebundenes Sondervermögen zu begreifen, welches potentiell Geschädigten zu Gute kommen soll.

Man mag streiten, ob Entschädigungsfonds bei dieser Argumentation berücksichtigt werden dürfen, denn diese treten schließlich in den hier relevanten Fällen nur auf den Plan, wenn gerade kein Versicherungsschutz auf Seiten des Schädigers besteht, beziehungsweise wenn man dem Verursacher nicht habhaft wird. Der Entschädigungsfonds soll aber auch nicht dem Vermögen des Schädigers zugeordnet werden, sondern unterstreichen, dass der Gesetzgeber die Opfer im Straßenverkehr durch die Kfz-Haftpflichtversicherung schützen will. Dass hierdurch mittelbar auch wieder das Vermögen des Schädigers geschützt wird, ist auf Grund der Gefährlichkeit des Straßenverkehrs ein begrüßenswerter Nebeneffekt, nicht aber der Grund, weshalb die Kfz-Haftpflichtversicherung verpflichtend ist. Es obliegt auch nicht dem Gesetzgeber, das Vermögen jedes einzelnen vor Haftpflichtansprüchen durch Pflichtversicherungen zu schützen. Die gesetzliche Verpflichtung zum Versicherungsabschluss tritt immer dann in den Vordergrund, wenn die Versicherung nicht mehr dem Individualvermögensschutz dient, sondern Aufgaben einer Unfallversicherung (im fremden Interesse) erfüllt.

Dies gilt aber nur im Rahmen von § 829 BGB, da dort dem Schädiger seine Handlung nicht vorgeworfen werden kann. Bestehender Versicherungsschutz im Interesse von Geschädigten darf daher nicht allgemein im Haftungsrecht zur Haftungsbegründung herangezogen werden. Auch eine mittelbare Beeinflussung („*deep pocket*"), etwa durch eine Heraufsetzung des Sorgfaltsmaßstabs bei bestehendem Versicherungsschutz, ist nicht haltbar. Gerade dass man den Deckungs- /Freistellungsanspruch im Rahmen von § 829 BGB dem übrigen Vermögen unter besonderem Begründungsaufwand gleichstellt, zeigt doch, dass „Reichtum" vermittelt durch ein kollektives Sicherungssystem nur schwerlich zur Haftungsbegründung taugt. Eine generelle Aussage, wonach die Voraussetzungen für die Haftung eines „armen" Schädigers höher liegen müssen, kann genauso wenig überzeugen, wie eine gesteigerte Einschränkung der Bewegungsfreiheit des „Reichen". Nur im Rahmen von § 829 BGB darf relativer Reichtum vermittelt durch

eine entsprechende Versicherung ausnahmsweise zu einer Rechtskategorie erkoren werden.
Schlussendlich bedeutet dies, dass eine bestehende Kfz-Haftpflichtversicherung auf Seiten des Schädigers im Rahmen der Anspruchsbegründung bei § 829 BGB zu berücksichtigen ist.

Auch gesetzlich oder standesrechtlich verpflichtende Haftpflichtversicherungen ohne Direktanspruch und subsidiären Entschädigungsfonds zeichnen sich dadurch aus, dass der Gesetzgeber oder die Kammer den Verkehrskreis derer besonders schützen will, die mit den Abschlussverpflichteten in Kontakt treten. Dabei darf man nicht vergessen, dass zwar etwa einerseits ein vernünftiger Arzt oder Rechtsanwalt[719] normalerweise zur Sicherung seiner Existenz eine Berufshaftpflichtversicherung abschließt, er aber auch andererseits an der Optimierung seines Gewinns interessiert ist. Gerade Berufshaftpflichtversicherungen sind nicht preiswert und so wäre wohl die leichtsinnige Versuchung doch recht groß, diese Kosten zu vermeiden. Gerade aber in den Berufskreisen mit obligatorischer Berufshaftpflichtversicherung kann das Schadensvolumen schnell existenzbedrohende Ausmaße annehmen. Entscheidend ist aus gesetzgeberischer Sicht, dass ein Geschädigter, dessen Schaden nicht durch den Schädiger liquidiert wird, in aller Regel den Sozialversicherungen anheim fällt. Man wird zwar nicht behaupten können, dass auch die Kammern ein unmittelbares Interesse an der Entlastung der Sozialkassen haben, dennoch sind auch die standesrechtlich verpflichtenden Haftpflichtversicherungen im Interesse potentiell Geschädigter.[720] Anders lässt sich auch nicht die zwingende Verpflichtung erklären. Denn Zwang kann nicht zum Schutz des Vermögens des Einzelnen vor sich selbst angeordnet werden.
Im Ergebnis sind daher auch die von den Pflichthaftpflichtversicherungen ohne Direktanspruch gewährten Freistellungs-, beziehungsweise Deckungsansprüche gebundenes Sondervermögen im Interesse von potentiell Geschädigten. Somit dürfen auch gesetzlich oder standesrechtlich vorgeschriebene Haftpflichtversicherungen auf Seiten des Schädigers zur Haftungsbegründung herangezogen werden.

Es widerspricht im Fall einer Pflichthaftpflichtversicherung damit auch nicht dem privatrechtlichen Versicherungsvertrag, wenn letztendlich der bestehende Versicherungsschutz zur Haftungsbegründung herangezogen wird.

---

[719] Eine Rechtsanwaltsberufshaftpflichtversicherung kostet p.a. etwa 800 € bei einer Deckungssumme von 250.000 € und einem Selbstbehalt von etwa 900 €.

[720] So auch Scheffen/Pardey, Schadensersatz bei Unfällen mit Minderjährigen[2], Rn 61.

Dem Versicherer wird kein Risiko oktroyiert, das er nicht auch übernommen hat. Denn mit Abschluss einer obligatorischen Haftpflichtversicherung muss der Versicherer damit rechnen, dass sein Versicherungsnehmer (bzw. Versicherter) unter Umständen im Laufe der Vertragszeit einmal unzurechnungsfähig werden kann und in diesem Zustand Schäden verursacht. Der Grund, weshalb eine Schadensverursachung im Zustande der Unzurechnungsfähigkeit zum versicherten Risiko gehört, folgt schlicht aus dem Umstand, dass das die Verpflichtung zum Abschluss einer Versicherung anordnende Gesetz den bestmöglichen Schutz des Geschädigten beabsichtigt. Wenn ausnahmsweise der Deckungsanspruch als gebundenes Sondervermögen mittelbar über das zu berücksichtigende Vermögen zum Haftungstatbestand gehört, folgt hieraus, dass der Versicherer dieses Risiko mitversichert hat. Denn es heißt beispielsweise in § 10 Abs. 1 AKB: „*Die Versicherung umfasst die Befriedigung begründeter* [...] *Schadenersatzansprüche, die aufgrund gesetzlicher Haftpflichtbestimmungen privatrechtlichen Inhalts gegen den Versicherungsnehmer oder mitversicherte Personen erhoben werden* [...]“. Zu den gesetzlichen Haftpflichtbestimmungen privatrechtlichen Inhalts gehört aber auch § 829 BGB.

ccc. Genügt eine Pflichthaftpflichtversicherung allein zur Anspruchsbegründung?

Fraglich bleibt aber, ob alleine das Bestehen einer Pflichthaftpflichtversicherung bereits ein für § 829 BGB relevantes Vermögensgefälle begründen kann, das wiederum für sich alleine die Haftung eines Unzurechnungsfähigen rechtfertigt.

Ordnet man den Anspruch auf Deckung gegenüber dem Versicherer, und damit letztendlich den bestehenden Pflichthaftpflichtversicherungsschutz wie hier als Vermögen ein, so bleibt nichts anderes übrig, als diesen bestehenden Versicherungsschutz nicht alleine zur Haftungsbegründung genügen zu lassen. Denn das Vermögen ist nur ein mögliches Element im Rahmen der Abwägung bei § 829 BGB. Einen Anspruch des Geschädigten erfordert die Billigkeit nur unter Abwägung aller in Betracht kommender Umstände.[721]

Deutsch ist aber zuzustimmen, dass in der Praxis die Vermögensverhältnisse der Beteiligten, und folglich auch der Versicherungsschutz im Vorder-

---

[721] So auch die Rspr. vgl. Kap. 2 A. V. 2. b. bb. c) (S. 142); ebenso bereits Lehnertz, Zur Problematik des § 829 BGB, S. 144; a.A. wohl MüKoBGB/Wagner[4] § 829 Rn 20 mwN.

grund stehen.[722] Dies ergibt sich wahrscheinlich schlicht aus einem sogenannten „*deep-pocket*-Denken“ auf Seiten des Gerichts und der relativ einfachen Klärung der Vermögensverhältnisse im Gegensatz zu einem „Quasiverschulden“ oder dem Verhältnis von Verursachungsbeiträgen bei Unzurechnungsfähigen.
Trotz alledem muss es dabei bleiben, dass die bestehende Pflichthaftpflichtversicherung allein nicht zur Anspruchsbegründung reichen darf.

ddd. In welcher Höhe kann eine Pflichthaftpflichtversicherung berücksichtigt werden?

Die Antwort, in welcher Höhe eine Pflichthaftpflichtversicherung im Rahmen der Haftungsausfüllung bei § 829 BGB – dem „Wie“ – berücksichtigt werden kann, ergibt sich aus der Einordnung des Deckungsanspruchs als Vermögen. Der Deckungsanspruch entsteht, wenn die Voraussetzungen vorliegen, gleichzeitig mit dem Haftpflichtanspruch. Der Haftpflichtanspruch kann theoretisch unendlich hoch sein, der Deckungsanspruch dagegen ist durch die maximale Deckungssumme begrenzt. Auf Grund der gegenseitigen Abhängigkeit der beiden Ansprüche begrenzt die niedrigere Summe den Anspruch. Folglich kann der Haftpflichtanspruch, wenn außer der Pflichthaftpflichtversicherung kein nennenswertes Vermögen besteht, nur bis zur maximalen Höhe der Deckungssumme entstehen.
Nach Ansicht der Rechtsprechung darf die Höhe des zugesprochenen Schadensersatzes sich aber nicht an der Deckungssumme der Haftpflichtversicherung orientieren, sondern muss sich im Rahmen der tatsächlichen persönlichen finanziellen Möglichkeiten halten.[723] Der BGH meint, dass ein vorsichtiger Privatmann in mittleren wirtschaftlichen Verhältnissen mit einer den Wert seines Vermögens übersteigenden Deckungssumme versichert zu sein pflegt, was eine vom Gesetz kaum vorgesehene Ausweitung der Billigkeitshaftung darstellen würde.[724]
Zugegebenermaßen erscheint es auf den ersten Blick seltsam, eine Person, die kein nennenswertes Vermögen, aber eine Pflichthaftpflichtversicherung besitzt, unter den Voraussetzungen des § 829 BGB zu einem Schadensersatz weit über die persönliche Leistungsfähigkeit hinaus zu verurteilen. Aber gerade dies ist nun mal das Wesen unseres Haftungsrechts („Alles-oder-Nichts“). Zwar macht § 829 BGB hiervon in schadensrechtlicher Hinsicht eine Ausnahme, nichtsdestotrotz muss das Gericht zunächst entschei-

[722] Deutsch, AllgHaftR², Rn 486.
[723] BGHZ 76, 279, 286; zust. Deutsch, AllgHaftR², Rn 490.
[724] BGHZ 76, 279, 286.

den, ob eine Schadloshaltung überhaupt erforderlich ist. Kann ein Haftungsschuldner allgemein die Forderung nicht aufbringen, so tritt das Zwangsvollstreckungsrecht mit seinen Schuldnerschutzmechanismen auf den Plan, nicht jedoch wird die Forderung bereits im Sinne einer Reduktionsklausel auf das Leistungsvermögen des Schuldners begrenzt. Dagegen ist es bei § 829 BGB inkonsequent, den bestehenden Pflichthaftpflichtversicherungsschutz auf Seiten des Schädigers mit dem BGH und Stimmen in der Literatur als Vermögen zu qualifizieren, wobei, wie oben dargestellt, der konkrete Deckungsanspruch das eigentliche gebundene Sondervermögen zugunsten potentiell Geschädigter darstellt, dann aber wieder auf das durch die Pflichthaftpflichtversicherung geschützte Vermögen abzustellen. Würde man diesen Schritt wirklich und nicht nur scheinbar wie in BGHZ 76, 279 ff.[725] gehen, hätte dies zur Folge, dass rechnerisch immer nur das Vermögen in die Billigkeitsabwägung eingestellt werden könnte, welches durch die Pflichthaftpflichtversicherung gedeckt ist. Übersteigt also der Schaden die Höhe des geschützten Vermögens, kann trotzdem nur ein Schadenersatzanspruch in Höhe des vorhandenen Vermögens zugesprochen werden. Der Schadensersatzanspruch kann also theoretisch gegen Null gehen, trotz bestehenden Pflichthaftpflichtversicherungsschutzes. Dieses Ergebnis erscheint äußerst fraglich, da der Versicherer die maximale Deckungssumme auch nicht am Vermögen des Versicherungsnehmers, sondern an gesetzlichen Mindestdeckungssummen, beziehungsweise allgemein an versicherungstechnischen Erfahrenswerten ausrichtet. Im Fall eines zurechnungsfähigen Schädigers ist die Deckungssumme auch nicht durch das sonstige bestehende Vermögen begrenzt. Es leuchtet nicht ein, weshalb im Fall des § 829 BGB etwas anderes gelten soll. Der konkrete Deckungsanspruch ist bei § 829 BGB sowohl für die Haftungsbegründung, als auch für die Haftungsausfüllung zu berücksichtigen. In der Höhe, in der er in der Haftungsbegründung zu berücksichtigen war, also bis zur maximalen Höhe der Deckungssumme, ist er folglich auch bei der Haftungsausfüllung zu Grunde zu legen.

Die Höhe des Schadensersatzanspruches unter Berücksichtigung einer Pflichthaftpflichtversicherung hängt davon ab, in welcher Höhe der Deckungsanspruch bei der Haftungsbegründung berücksichtigt wurde, was wiederum von der Höhe des Schadens abhängt, aber begrenzt wird durch die maximale Deckungssumme des Versicherers.

---

725 Hier ging es eigentlich darum, inwieweit der Nachlass in die Billigkeitserwägung eingestellt werden kann.

Die hin und wieder geäußerte Befürchtung, dass die unter Umständen erforderliche Berücksichtigung der maximalen Deckungssumme zu einer nicht geahnten Prämienerhöhung führen würde,[726] kann speziell im Bereich der Pflichthaftpflichtversicherungen nicht überzeugend dargelegt werden. Weder die ursprünglich vom BGH viele Jahre vertretene Ansicht, wonach die maximale Deckungssumme berücksichtigt werden darf,[727] noch die Erfahrungen aus der Schweiz und aus Österreich geben Anlass zu diesen Befürchtungen. Dies liegt daran, dass sich die Zahl der Fälle von unzurechnungsfähigen Schädigern im Anwendungsbereich von Pflichthaftpflichtversicherungen in engen Grenzen hält und auch zukünftig halten wird.

dd) Freiwillige Haftpflichtversicherungen

Nach den gefundenen Ergebnissen bezüglich der Pflichthaftpflichtversicherungen stellt sich nun die Frage, ob auch die freiwilligen Haftpflichtversicherungen bei § 829 BGB berücksichtigt werden sollten. Wie bereits mehrmals angesprochen, spielt diese Frage in der Praxis die Hauptrolle, da regelmäßig unzurechnungsfähige Schädiger, speziell Kinder, über ihre Eltern im Rahmen einer Familienhaftpflichtversicherung mitversichert sind, ohne über eigenes nennenswertes Vermögen zu verfügen.
Betrachtet man die Ausgangslage[728], so stellt sich abermals die Frage, ob der Deckungsanspruch einer freiwilligen Haftpflichtversicherung als gebundenes Sondervermögen zugunsten potentiell Geschädigter qualifiziert werden kann, denn § 829 BGB ist selbst diesbezüglich sowohl bei obligatorischen wie auch freiwilligen Haftpflichtversicherungen keine zwingende Antwort zu entlocken.[729]
Das Wesen und die Funktion einer freiwilligen Haftpflichtversicherung sind also, bei konsequenter Fortführung der Überlegungen, die oben bei Pflichthaftpflichtversicherungen angestellt wurden, entscheidend dafür, inwieweit eine freiwillige Haftpflichtversicherung zu berücksichtigen ist.

aaa. Grundsätzliches

Eine freiwillige Haftpflichtversicherung dient primär dem Schutz des Vermögens und fungiert gleichzeitig als eine Art Rechtsschutzversicherung.[730]

---

[726] Vgl. z.B. BGHZ 76, 279, 286; Deutsch, AllgHaftR², Rn 490.
[727] BGHZ 23, 90 ff.
[728] S. Kap. 2 A. V. 2. b. ee. b) (S. 165).
[729] Vgl. Kap. 2.A. V. 2. b. ee. a) (S. 159 ff.).
[730] Vgl. Kap. 2 A. V. 2. b. aa. b) aa) (S. 132).

Sie wird regelmäßig von Privatpersonen zum Schutz ihres Vermögens gegen Haftpflichtansprüche eingegangen, welche im privaten Bereich entstehen können. Normalerweise sind auch nur Risiken aus dem privaten Lebensbereich versichert und beispielsweise berufliche oder gewerbliche Tätigkeit explizit nicht. Daneben gibt es natürlich auch noch Berufshaftpflichtversicherungen, bei denen der private Lebensbereich ausgeklammert ist. In den hier am häufigsten relevanten Fällen schließt aber nicht der spätere Schädiger die Versicherung ab, sondern eine für den Schädiger aufsichtspflichtige Person, namentlich also regelmäßig die Eltern für ihre Kinder.
Von dieser Ausgangslage ausgehend ist zu klären, ob ausnahmsweise Gründe vorliegen, auch eine freiwillige Haftpflichtversicherung haftungsbegründend mit zu berücksichtigen.

bbb. Berücksichtigung auf Grund des VVG

Teilweise wird in der Literatur vertreten, die §§ 156, 157 VVG seien Ausdruck des Gesetzgebers, wonach auch eine private Haftpflichtversicherung im Interesse eines potentiell Geschädigten stünde.[731] Unzweifelhaft dienen diese beiden Vorschriften auch dem Schutz eines Geschädigten, jedoch nur mittelbar. Denn sowohl das relative Verfügungsverbot, wie auch die privilegierte Stellung der Deckungsforderung im Insolvenzverfahren, zielen auf den Schutz einer bestehenden Deckungsforderung ab und nicht auf den Geschädigten selbst. Da sich die beiden Vorschriften ausdrücklich auf Umstände nach Haftpflichtbegründung beziehen, ist es schwer einzusehen, weshalb sie Beleg dafür sein sollen, einem Geschädigten zur Anspruchsbegründung zur Seite stehen zu wollen, wenn sie doch eine bestehende Haftpflicht voraussetzen. Auch wenn man im Rahmen von § 829 BGB davon ausgeht, dass der Haftpflichtanspruch gleichzeitig mit dem Deckungsanspruch entsteht, können diese beiden Vorschriften hier nicht ins Feld geführt werden. Denn weder ein Insolvenzverfahren, noch eine Verfügung über die Deckungsforderung ist während der Anspruchsentstehung denkbar.
Die den Geschädigten schützenden Vorschriften des VVG können also nicht als Argument gelten, weshalb der Gesetzgeber den Deckungsanspruch als gebundenes Sondervermögen zugunsten potentiell Geschädigter angesehen haben will.
Auch der Umstand, wonach eine Privatperson nicht von Gesetzes wegen verpflichtet ist, eine Haftpflichtversicherung abzuschließen, zeigt im Umkehrschluss, dass der Gesetzgeber es dem einzelnen Individuum im Rahmen der Privatautonomie überlässt, sich zu schützen oder auch nicht. Hätte er

---

[731] Vgl. Kap. 2 A. V. 2. b. cc. a) bb) (S. 145).

tatsächlich ein Interesse am Schutz von potentiell Geschädigten durch Haftpflichtversicherungen, beispielsweise zur Entlastung der Unfallversicherungen, so würde er wohl den Abschluss von Haftpflichtversicherungen gesetzlich zwingend einführen. Folge eines solchen gesetzlichen Zwanges wäre, dass Eltern von deliktsunfähigen Kindern, oder geistig Behinderten klar gegenüber kinderlosen Zurechnungsfähigen benachteiligt werden, was im Hinblick auf Art. 6 GG sehr bedenklich erscheint.
Vielmehr bleibt es nach Betrachtung der gesetzlichen Lage bei der Grundaussage, wonach die freiwillige Haftpflichtversicherung das bestehende Vermögen des Schädigers schützen und nicht Ansprüche Geschädigter begründen will.

ccc. Berücksichtigung auf Grund des Versicherungsvertrages

Dem Privathaftpflichtvertrag zu entnehmen, dass Versicherer und Versicherungsnehmer das Risiko eines durch einen Unzurechnungsfähigen verursachten Schadens auch als Gegenstand des Versicherungsvertrags haben wollten, ist regelmäßig schwer vorstellbar.
Zum einen kann ein (mit-)versicherter Schädiger, der auf Grund von Kindheit, geistiger Schwäche oder Ähnlichem unzurechnungsfähig ist, keinen Versicherungsvertrag abschließen. Er kann also selbst gar nicht das Risiko von Schäden, die durch ihn verursacht werden, versichern. Er bedarf hierfür immer eines geschäftsfähigen Dritten. Aus dieser Warte kann also dem Versicherungsvertrag und somit einem möglichen Deckungsanspruch keine Schutzfunktion zu Gunsten Dritter entnommen werden.
Zum anderen schließt ein Zurechnungsfähiger kaum im Bewusstsein möglicher zukünftiger Unzurechnungsfähigkeit einen Versicherungsvertrag ab, der dieses Risiko versichert. Würde er sich diesbezüglich Gedanken machen, so würde er feststellen, dass er grundsätzlich im Zustand der Unzurechnungsfähigkeit nicht haftet. Schließlich würde er sich dann auch nicht fragen, ob er dieses Ergebnis dadurch vermeiden könnte, indem er eine freiwillige Haftpflichtversicherung abschließt, welche wieder seine Haftung – entgegen dem zuvor gefundenen Ergebnis – begründen könnte.

Stellt man auf den Versicherungsnehmer im Rahmen einer Familienhaftpflichtversicherung, regelmäßig also die Eltern eines Kindes ab, so könnte man argumentieren, dass sie doch gerade eine Familienhaftpflichtversicherung abgeschlossen haben und deshalb auch Schäden ihrer deliktsunfähigen Kinder mitversichert sehen wollten. Diese Annahme geht aber von der bei Laien stark verbreiteten Ansicht aus, dass „Eltern für ihre Kinder haften“,

was haftungsrechtlich bekanntermaßen so nicht stimmt. Die Eltern wollen vielmehr – rechtlich betrachtet – ihre mögliche eigene Haftpflicht aus Aufsichtspflichtverschulden nach § 832 BGB versichert sehen. Gerade auch dieses Risiko versichert der Versicherer bewusst und über dies auch kalkulierbar, wenn er Familien Haftpflichtversicherungen anbietet. Deliktsfähige Kinder sind dagegen unproblematisch vom Versicherungsvertrag erfasst.
Der Versicherer hat daneben grundsätzlich kein Interesse daran, für Schäden aufkommen zu müssen, die nicht Gegenstand des versicherten Risikos sind.
Da es nicht im beiderseitigen Interesse liegt, einen „Versicherungsvertrag zugunsten potentiell Geschädigter" abzuschließen, kann auch nicht der Deckungsanspruch als gebundenes Sondervermögen zu Gunsten Dritter angesehen werden.

Auch bei wirtschaftlicher Betrachtung schafft selten der Unzurechnungsfähige selbst den Versicherungsschutz, da ihm einerseits die wirtschaftliche Potenz fehlt, und er andererseits zumeist geschäftsunfähig sein wird. Der durch Prämienzahlungen erworbene Versicherungsschutz wird also etwa bei Minderjährigen nicht durch diese selbst geschaffen, sondern durch deren Eltern. Deshalb geht auch der viel zitierte Vergleich mit den Einzahlungen auf ein Bankkonto in diesem Bereich völlig fehl.

Darüber hinaus zeigt gerade die Praxis der Versicherer in Deutschland, aber auch beispielsweise in der Schweiz,[732] dass die Versicherer für eine relativ geringe Prämienerhöhung bereit sind, auch durch deliktsunfähige Kinder verursachte Schäden – regelmäßig bis zu einem Betrag von 3000 €[733] – zu liquidieren.[734] Dies setzt aber voraus, dass die Eltern gerade diesen zusätzlichen Versicherungsschutz haben wollen. Er darf ihnen aber gerade nicht durch eine übermäßig strapazierende Auslegung des Versicherungsvertrags aufgezwungen werden.

ddd. Berücksichtigung auf Grund moralisch motivierter Gesichtspunkte

Teilweise wird argumentiert, dass es bei der Billigkeitshaftung gerade nicht um „*summa jus,* sondern um die Billigkeit"[735] gehe. Diese Aussage impliziert, der bestehende Versicherungsschutz solle in gewisser Weise den

---

[732] Vgl. Kap. 2 A. V. 2. b. dd. b) bb) (S. 157).
[733] Vgl. z.B. Privat-Haftpflichtversicherung Familie 18+ -Optimal- der Allianz AG.
[734] Vgl. Schwintowski, ZRP 2003, 391, 394.
[735] Brehm, OR 54 Rn 29.

Schädiger sich moralisch verpflichtet fühlen lassen, für einen Schaden aufzukommen, für den „an sich keine“ Haftpflicht bestünde.
Betrachtet man die in solchen Fällen Beteiligten, so erscheint es äußerst fraglich, ob sie tatsächlich sich moralisch zur Schadensliquidation verpflichtet fühlen.
Ein deliktsunfähiges Kind, das beispielsweise über seine Eltern familienhaftpflichtversichert ist, kann ab einem gewissen Alter das Unrecht seiner Handlung erkennen, unter Umständen (mit zunehmendem Alter) auch die Folgen eines Schadens, es ist jedoch absurd, dem Kind zu unterstellen, es – und nicht die Eltern – fühlte sich auf Grund der bestehenden Haftpflichtversicherung moralisch zur Schadensliquidation verpflichtet. Das Kind wird regelmäßig weder wissen, dass die Eltern eine Haftpflichtversicherung abgeschlossen haben, noch was eine Haftpflichtversicherung überhaupt ist. Ohne die moralische Integrität von Kindern in Frage zu stellen, muss bei deliktsunfähigen Kindern festgestellt werden, dass mangels Verständnis und Bewusstsein für eine Haftpflichtversicherung, diese auch nicht die moralische Verpflichtung zum Schadensersatz bei dieser Personengruppe erklären kann.
Diese Überlegung muss auch für andere Personengruppen gelten, die in ihrer geistigen Leistungsfähigkeit stark eingeschränkt sind.

Stellt man dagegen auf die aufsichtspflichtigen Personen ab, die die Haftpflichtversicherung abgeschlossen haben, so ist nicht zu leugnen, dass diese sich häufig moralisch verpflichtet fühlen, für Schäden ihrer Schützlinge aufzukommen. Hierbei darf man aber Folgendes nicht aus den Augen verlieren: Liegt ein Aufsichtsverschulden vor, so stellt sich die gesamte Problematik nicht. Nur wenn der Versicherungsnehmer nicht der mögliche Haftpflichtgläubiger ist, mag dieser sich für die durch seinen Schützling verursachten Schäden moralisch verpflichtetet fühlen. Jedoch begründet für Versicherungsnehmer nicht das Bestehen von Versicherungsschutz diese moralische Verpflichtung, sondern der eingetretene Erfolg an sich. Eltern fühlen sich nicht mehr oder weniger für einen Schaden ihrer Schützlinge verantwortlich, nur weil sie familienhaftpflichtversichert sind. Stellt man dagegen darauf ab, dass sich die moralische Verantwortung „leichter“ einstellt, wenn die Last wirtschaftlich von einer Versicherung getragen wird, so stellt sich die Frage, weshalb dies berücksichtigenswert sein soll.
Betrachtet man nun Personen, welche grundsätzlich geschäftsfähig und deliktsfähig sind, nur im Zeitpunkt der schädigenden Handlung ausnahmsweise nicht zurechnungsfähig waren, so muss man wohl auch hier davon ausgehen, dass diese Personen sich für die von ihnen verursachten Schäden

nicht wegen bestehenden Versicherungsschutzes moralisch zur Schadensliquidation verantwortlich fühlen, sondern allgemein ein Unbehagen befällt, wenn ihnen bewusst wird, dass sie zwar zivilrechtlich nicht verantwortlich sind, dennoch kausal für den eingetretenen Erfolg wurden. Man mag davon ausgehen, dass die moralische Verantwortlichkeit sich „leichter" einstellt, wenn letztendlich die Versicherung und nicht man selbst den Schaden tragen muss, nichtsdestotrotz begründet nicht erst der bestehende Versicherungsschutz das Gefühl, sich moralisch verantwortlich zu fühlen, sondern das Setzen einer Kausalkette.
In der heutigen Praxis zeigt sich, dass es oftmals zu (versuchten) Versicherungsbetrügereien der familienhaftpflichtversicherten Eltern in „Zusammenarbeit" mit den Geschädigten kommt, wenn den Eltern an sich kein Aufsichtspflichtverschulden zu Last fällt, sie jedoch von den Geschädigten (oftmals Nachbarn oder Verwandte) dazu gedrängt werden, ein Aufsichtsverschulden vorzuspielen, um sich einen Deckungsanspruch zu erschleichen.[736] Nicht zuletzt dieser Umstand belegt, dass die moralische Verantwortlichkeit – soweit es sie denn gibt – nicht durch das Bestehen einer Haftpflichtversicherung begründet wird, sondern durch kausale Verursachung.

Inwieweit ein Versicherungsunternehmen sich moralisch zur Schadensliquidation in solchen Fällen verpflichtet fühlt, ist schwer zu klären. Zum einen sind die Versicherer, soweit ersichtlich, alle gesellschaftsrechtlich organisiert. Das moralische Verantwortungsgefühl – beispielsweise einer Aktiengesellschaft – zu ergründen, erscheint vor diesem Hintergrund schwierig. Letztendlich dürfte aber wohl kaum eine moralische Verpflichtung gegenüber einem Geschädigten bestehen, wenn schon der Schädiger selbst keine moralische Verpflichtung aus dem Bestehen einer Haftpflichtversicherung herleitet, sondern aus seiner kausalen Verursachung.

Mag es auch bei § 829 BGB um die Billigkeit gehen, so begründet nicht die bestehende freiwillige Haftpflichtversicherung das moralische Verantwortungsgefühl des Schädigers, sondern seine Handlung. Folglich kann auch der Deckungsanspruch nicht als gebundenes Sondervermögen zu Gunsten eines Geschädigten unter moralischen Gesichtspunkten in die Billigkeitsabwägung eingestellt werden.

---

[736] Vgl. Schimikowski, NVersZ 1999, 545, 547 mwN.; Schwintowski, ZRP 2003, 391, 394.

eee. Prozessuale Einwände

Darüber hinaus ergeben sich auch aus prozessualer Sicht Einwände gegen eine Berücksichtigung von freiwilligem Haftpflichtversicherungsschutz auf Seiten des Schädigers im Rahmen von § 829 BGB.

Man stelle sich folgende Situation vor:[737] Ein sechsjähriger familienhaftpflichtversicherter Junge zündet eine Scheune an. Es liegt kein Aufsichtsverschulden der Eltern vor. Der Geschädigte nimmt den Jungen nach § 829 BGB in Anspruch. Das Gericht kommt im Haftpflichtprozess zum Ergebnis, dass der Junge zwar deliktsunfähig ist, jedoch wird in die Billigkeitserwägung neben einer unterstellten Berücksichtigung von Haftpflichtversicherungsschutz auch noch festgestellt, dass er „quasi-vorsätzlich" gehandelt hat. Im selben Atemzug betont dann aber das Gericht, dass er die Schadensfolge nur „quasi-grob fahrlässig" herbeigeführt habe.

Hintergrund dieser Argumentation würde folgender sein: Erstens soll der Geschädigte einen Anspruch haben, zweitens kann eine freiwillige Familienhaftpflichtversicherung berücksichtigt werden, drittens tritt neben den bestehenden Versicherungsschutz noch ein „quasi-vorsätzliches" Handeln, welches zusammen mit dem Haftpflichtversicherungsschutz die Billigkeitserwägungen trägt und viertens soll der mitunter haftungsbegründende Versicherungsschutz nach § 152 VVG nicht dadurch ausgeschlossen sein, dass der Schädiger vorsätzlich handelte, weil nach herrschender Auffassung sich der Vorsatz auch über die Schadensfolge erstrecken muss.[738]

Im darauf folgenden Deckungsprozess gelangt das Gericht zur Überzeugung, dass der Junge nicht nur „quasi-vorsätzlich" handelte, sondern auch „quasi-vorsätzlich" die Schadensfolge herbeigeführt hat. Die Haftpflichtversicherung müsse also nicht für den Schaden aufkommen. Denn das Gericht ist nach nunmehr gefestigter Rechtsprechung im Deckungsprozess nur an Feststellungen gebunden, welche sowohl für den Haftpflicht-, wie auch für den Deckungsprozess voraussetzungsidentisch sind.[739] Da es im Haftpflichtprozess jedoch nicht auf die Frage ankommt, ob der Schädiger auch die Schadensfolge vorsätzlich herbeigeführt hat, ist das Gericht im Deckungsprozess insoweit nicht gebunden.

Letztendlich würde in diesem Fall ein unzurechnungsfähiger Minderjähriger voll für einen Schaden haften, ohne sich an seiner Versicherung schadlos halten zu können. Die Untragbarkeit dieses Ergebnisses ist augenscheinlich.

---

737 In Anlehnung an BGH NJW-RR 2004, 676.

738 Vgl. Späte § 4 AHB Rn 209; Littbarski § 4 AHB Rn 370; Bruck/Möller/Johanssen[8] Anm. G 226; Römer/LangheidVVG/Langheid[2] § 152 Rn 3.

739 BGH NJW-RR 2004, 676 mit Anm. Reiff LMK 2004, 124.

Man könnte dieses Ergebnis zwar mühelos dadurch vermeiden, indem man ausnahmsweise ein „Quasi-Verschulden“ entgegen der sonst üblichen Handhabung im Rahmen von § 152 VVG nicht anerkennt, oder indem man allgemein davon ausgeht, dass einem Unzurechnungsfähigen auch kein „Quasi-Verschulden“ zur Last gelegt werden kann. Jedoch offenbaren beide Ansatzpunkte, dass man § 829 BGB, welcher selbst eine Ausnahme ist, durch weitere Ausnahmeregeln korrigieren müsste, um untragbare Ergebnisse zu vermeiden, welche durch die Berücksichtigung von freiwilligem Haftpflichtversicherungsschutz entstehen können. Mag die Wahrscheinlichkeit auch sehr gering sein, dass es tatsächlich einmal zu solch einem Fall kommt, so zeigt dieses Beispiel dennoch, welch unvorhersehbare Ergebnisse und Folgen durch die Berücksichtigung von freiwilligem Haftpflichtversicherungsschutz in der Praxis entstehen könnten.

fff. Lex lata – lex ferenda?

Man muss sich zudem auch fragen, ob es rechtspolitisch überhaupt sinnvoll wäre, das Bestehen von freiwilligem Haftpflichtversicherungsschutz zur Haftungsbegründung auf Seiten des Schädigers zu berücksichtigen.
Für den Geschädigten ist es sicherlich angenehmer, wenn er seinen Schaden nicht selbst zu tragen hat. Auch dem Schädiger wird es im Ergebnis egal sein, bestenfalls eher angenehm, wenn der Geschädigte nicht auf dem Schaden selbst sitzen bleibt.
Fraglich ist aber, ob es ein rechtspolitisch erstrebenswertes Ziel ist, § 829 BGB faktisch zu einer Kausalhaftung für Unzurechnungsfähige bei bestehendem freiwilligem Versicherungsschutz zu erklären. Dem muss vehement widersprochen werden. Eine freiwillige Haftpflichtversicherung ist keine Unfallversicherung im Fremdinteresse. Sie dient dem Schutz des Vermögens des Schädigers und soll nicht die besondere Gefahr der Unzurechnungsfähigkeit als haftungsausschließenden Umstand kompensieren.
Ein Blick in die Praxis zeigt, dass häufig deliktsunfähige Kinder andere Kinder an ihrer Gesundheit (zumeist am Auge) schädigen, ohne dass den Eltern ein Vorwurf zu machen ist. Der besondere Schutz von Kindern und Jugendlichen ist im allgemeinen Interesse einer Gesellschaft. Deshalb müssen sich die Befürworter der Berücksichtigung von freiwilligem Haftpflichtversicherungsschutz fragen lassen, ob es wirklich im Interesse der Unzurechnungsfähigen ist, sie haften zu lassen, nur weil die aufsichtspflichtigen Personen für sie freiwillig eine Haftpflichtversicherung abgeschlossen haben. Hilft man den Kindern, indem man sie haften lässt?

Zwar lässt sich ins Feld führen, dass oftmals auch andere Kinder die Opfer der deliktsunfähigen Kinder sind. Nichtsdestoweniger darf dies nicht darüber hinweg täuschen, dass es primär nur zwei Dingen dienen würde, wenn man die freiwilligen Haftpflichtversicherungen berücksichtigt: Erstens dem Rechtsfrieden unter den aufsichtspflichtigen Personen und zweitens der finanziellen Entlastung der Sozialversicherungsträger beziehungsweise unter Umständen privater Unfallversicherungen. Beides sind für sich genommen sicherlich in gewisser Weise erstrebenswerte Ziele. Diese Ziele jedoch auf dem Rücken von Unzurechnungsfähigen und mittelbar auf dem ihrer aufsichtspflichtigen Personen auszutragen, ist weder Aufgabe von § 829 BGB selbst, noch sollte dies durch die „Hintertür" des freiwilligen Haftpflichtversicherungsschutzes in § 829 BGB eingeführt werden.
Eine damit einhergehende Sozialisierung von Unfallschäden, die durch Unzurechnungsfähige verursacht werden, ist eine politische Entscheidung und müsste daher vom Gesetzgeber angegangen werden.[740] Mag zwar eine freiwillige Haftpflichtversicherung gesamtwirtschaftlich erwünscht und steuerlich begünstigt sein,[741] trotz alledem dient sie nicht der Sozialisierung von Unfallfolgen, sondern dem Schutz des eigenen Vermögens. Will man die Folgen von durch Unzurechnungsfähige verursachte Schäden auf eine breitere Basis stellen, so ist die freiwillige Haftpflichtversicherung das falsche Instrument hierfür. Denn nicht die Allgemeinheit, sondern die Gemeinschaft der zufällig freiwillig Haftpflichtversicherten würde durch ihre freiwillige Vorsorge mittelbar durch zwangsläufig erfolgende Prämienerhöhungen – wenn auch nur gering – belastet. Vor diesem Hintergrund erscheint es aber nicht nachvollziehbar, warum eine freiwillig abgeschlossene Haftpflichtversicherung zu einer Sozialisierung von Unfallfolgen beitragen soll, wenn das Gesetz grundsätzlich doch von der Haftungsfreiheit Unzurechnungsfähiger ausgeht. So schmerzhaft es für den Geschädigten auch sein mag, dennoch muss er hinnehmen, dass durch Unzurechnungsfähige verursachte Schäden grundsätzlich wie etwa Blitzschlagschäden zu behandeln sind und falls der Unzurechnungsfähige nicht ausnahmsweise tatsächlich vermögend ist, nichts von ihm zu erlangen ist.

ee) Unterlassener Versicherungsschutz

Würde man das Bestehen von freiwilligem Haftpflichtversicherungsschutz auf Seiten des Schädigers grundsätzlich mit in die Billigkeitserwägungen

---

740 Weyers/Wandt, Versicherungsvertragsrecht^3, Rn 944, 945; So geschehen beispielsweise in Schweden: 2 kap 2 § Skadeståndslag (SKL) v. 2.6.1972.

741 BK/Baumann Vorbem §§ 149-158k VVG Rn 50.

einstellen, so müsste man sich fragen, wie der Fall zu behandeln wäre, wenn der Schädiger, beziehungsweise die für ihn aufsichtspflichtigen Personen den Abschluss einer freiwilligen Haftpflichtversicherung unterlassen haben. *V. Bar* geht in seinem Gutachten zur Überarbeitung des Schuldrechts klar davon aus, dass der unterlassene Versicherungsschutz auf Seiten des Schädigers (§ 829 Abs. 1 S. 3 des Vorschlags), beziehungsweise der durch die gesetzlichen Vertreter unterlassene Versicherungsschutz (§ 829 Abs. 3 des Vorschlags) haftungsbegründend berücksichtigt werden könne.[742] Er begründet diese Ansicht damit, dass es nicht angehen kann, „... *denjenigen schlechter zu behandeln, der von einer sorgfältigen Aufsichtsperson versichert worden ist, als den, den man aus Nachlässigkeit nicht versichert hat.*“[743] Dieses Argument ist für sich genommen schlüssig, wenn man davon ausgeht, dass Versicherungsschutz grundsätzlich im Rahmen von § 829 BGB berücksichtigt werden kann, wovon *v. Bars* Vorschlag ausgeht. Da dies aber gerade nach der hier vertretenen Ansicht nicht der Fall ist, kann dieses Argument für die derzeitige Rechtslage nicht ins Feld geführt werden.

Vielmehr ist dem entgegen zu halten, dass dies zu einem faktischen Abschlusszwang für „freiwillige“ (!) Haftpflichtversicherungen führen würde. Wenn aber – wie hier vertreten – ein bestehender freiwilliger Versicherungsschutz nicht haftungsbegründend berücksichtigt werden darf, so muss dies erst recht für dessen Unterlassen gelten.

Auch die Befürworter[744] einer Berücksichtigung von Versicherungsschutz auf Seiten des Schädigers gehen – soweit ersichtlich – davon aus, dass ein Unterlassen nicht zur Haftungsbegründung herangezogen werden darf, da es schlicht keine Sorgfaltspflicht zum Abschluss einer freiwilligen Haftpflichtversicherung gebe.

ff. Zusammenfassung der eigenen Ansicht

Bestehender Haftpflichtversicherungsschutz kann in Form des Deckungs- beziehungsweise Freistellungsanspruchs als gebundenes Sondervermögen zu Gunsten Geschädigter als Vermögen des Schädigers im Rahmen der Billigkeitsabwägung bei § 829 BGB eingestellt werden.

---

[742] v. Bar, Gutachten und Vorschläge zur Überarbeitung des Schuldrechts II (1981), 1762, 1774 f.

[743] v. Bar, Gutachten und Vorschläge zur Überarbeitung des Schuldrechts II (1981), 1775.

[744] Vgl. Deutsch, AllgHaftR², Rn 489; BK/Baumann Vorbem §§ 149-158k VVG Rn 50.

Ob es sich bei der jeweiligen Haftpflichtversicherung um gebundenes Sondervermögen zu Gunsten Geschädigter handelt, hängt ausschließlich von dem Wesen und der Funktion der jeweiligen Versicherung ab. Dabei ist zwischen freiwilligen und obligatorischen Haftpflichtversicherungen zu unterscheiden.

Zu den obligatorischen Haftpflichtversicherungen zählen sowohl die gesetzlich als aber auch die standesrechtlich angeordneten Haftpflichtversicherungen. Sie sind von ihrer Konzeption auf Opferschutz ausgerichtet und können daher in die Billigkeitsabwägung als Vermögen uneingeschränkt eingestellt werden. Es findet keine Unterscheidung zwischen dem „Ob" und dem „Wie" bei der Berücksichtigung statt. Der bestehende obligatorische Haftpflichtversicherungsschutz trägt aber nie alleine die haftungsbegründenden Billigkeitserwägungen. Die Höhe des Schadens begrenzt einerseits die Höhe des Deckungsanspruchs, andererseits stellt die maximale Dekkungssumme die absolute Grenze des Wertes des Deckungsanspruchs dar.

Freiwillige Haftpflichtversicherungen dienen nicht der Sozialisierung von Unfallfolgen, sondern dem Schutz des Vermögens des Versicherungsnehmers. Sie können daher nicht als gebundenes Sondervermögen zu Gunsten Geschädigter angesehen werden. Folglich kann auch unterlassener freiwilliger Versicherungsschutz nicht haftungsbegründend berücksichtigt werden.

c. *Versicherungsschutz auf Seiten des Geschädigten*

Nicht selten besteht aber auch auf Seiten des Geschädigten Versicherungsschutz. In Betracht kommen beispielsweise Schadens-, Unfall- und Krankenversicherungen. Konsequenterweise taucht auch in diesem Zusammenhang die Frage auf, ob und inwieweit dieser Versicherungsschutz bei der Abwägung im Rahmen von § 829 BGB einzustellen ist.

Regelmäßig kommen in der Praxis Fälle vor, in denen etwa ein deliktsunfähiges Kind die feuerversicherte Scheune eines Landwirts anzündet. Die Feuerversicherung will dann aus übergegangenem Recht Ersatz von dem Kind erlangen. Da jedoch in Deutschland von der Rechtsprechung zu Recht freiwillige Haftpflichtversicherungen auf Seiten des Schädigers nicht in die Billigkeitserwägungen eingestellt werden, fehlt es bereits in aller Regel an einem haftungsbegründenden Vermögensgefälle. Damit taucht in der Praxis die Frage hinsichtlich der Berücksichtigung von bestehendem Versicherungsschutz auf Seiten des Geschädigten kaum auf.

Nach derzeitiger Rechtsprechung würde die Frage, ob ein Versicherungsschutz auf Seiten des Geschädigten zu berücksichtigen ist, aber beispielsweise in folgendem Fall relevant werden: Ein auf Grund einer Erbschaft sehr vermögendes fünfjähriges Kind verletzt im Spiel einen Kameraden am Auge. Der Vater des geschädigten Kindes hat für dieses eine private Unfallversicherung abgeschlossen. Das geschädigte Kind verlangt nun vom Schädiger Schadensersatz nach § 829 BGB. Der Schädiger wendet nun ein, dass ein relevantes Vermögensgefälle nicht vorliege, da die Unfallversicherung für den gesamten Schaden aufkommen würde. Damit würde die Billigkeit keinen Schadensersatz erfordern.

aa. Ansicht der Rechtsprechung

Interessanterweise hatte bis heute – soweit ersichtlich – kein deutsches Gericht einen Fall zu entscheiden, bei dem die Frage des bestehenden Versicherungsschutzes auf Seiten des Geschädigten maßgeblichen Einfluss auf die Entscheidung hatte. Wie mehrfach erwähnt, liegt dies an folgenden Umständen: Zum einen sind in aller Regel die unzurechnungsfähigen Schädiger nicht vermögend und zum anderen wird von der gefestigten Rechtsprechung eine freiwillige Haftpflichtversicherung auf Seiten des Schädigers nicht haftungsbegründend berücksichtigt. Fälle, in denen der unzurechnungsfähige Schädiger pflichthaftpflichtversichert ist, wie etwa im Straßenverkehr, kommen zwar gelegentlich vor,[745] jedoch ist hier regelmäßig § 829 BGB nicht entscheidungsrelevant, da der Gefährdungshaftungstatbestand des § 7 StVG unabhängig von eventuellem Versicherungsschutz Schadensersatz gewährt. Auch muss der Geschädigte heute nicht mehr auf § 829 BGB zurückgreifen, wenn er Schmerzensgeld begehrt, § 11 S. 2 StVG.
Nur das OLG Hamm hat einmal am Rande einer Entscheidung vom 14.12.1976 betont, dass „... *die Billigkeitsregelung des § 829 BGB nur sehr begrenzt herangezogen werden* ...“ könne, wenn „... *die Schäden des Geschädigten von einem Sozialversicherungsträger getragen* ...“ würden.[746]
Die anderen veröffentlichten Entscheidungen – soweit ersichtlich – beschäftigen sich dagegen immer nur dann mit dem auf Seiten des geschädigten Unzurechnungsfähigen bestehenden Versicherungsschutz, wenn es um die sogenannte spiegelbildliche Anwendung von § 829 BGB im Rahmen von § 254 BGB geht.[747] Die hierzu von der Rechtsprechung getroffenen Aussagen können aber nicht zur Beantwortung der Frage herangezogen werden, wenn es um die direkte Anwendung von § 829 BGB geht. Denn die

---

[745] Vgl. BGHZ 23, 90; BGHZ 127, 186 = NJW 1995, 452 = MDR 1995, 992; OLG Saarbrücken VersR 2000, 1427; LG Konstanz VersR 1979, 428.

[746] OLG Hamm FamRZ 1977, 318, 319 = VersR 1977, 531 = ZMR 1977, 241.

[747] Vgl. hierzu z.B. BGH NJW 1969, 1762 = VersR 1969, 680 = MDR 1969, 997 = JZ 1969, 742; BGH MDR 1973, 921 = FamRZ 1973, 587.

Haftung des Schädigers gründet sich auf Haftungstatbestände, für welche das Bestehen von Versicherungsschutz auf Seiten des Geschädigten irrelevant ist. Bei der spiegelbildlichen Anwendung von § 829 BGB geht es um die Frage, ob ein bestehender Anspruch des geschädigten Unzurechnungsfähigen gegen einen Zurechnungsfähigen aus Billigkeit gekürzt werden soll, nicht dagegen, ob der Geschädigte überhaupt einen Anspruch hat.
Es lässt sich also festhalten, dass die Rechtsprechung keine konkreten Aussagen zur Berücksichtigung von Versicherungsschutz auf Seiten des Geschädigten bis jetzt getroffen hat, und wohl auch nicht treffen werden muss, solange sie an der oben dargestellten Rechtsprechung zur Berücksichtigung von Haftpflichtversicherungen festhält. Die wenigen Aussagen, die getroffen wurden, lassen aber darauf schließen, dass die Rechtsprechung einerseits wohl den Versicherungsschutz auf Seiten des Geschädigten berücksichtigt sehen will und andererseits keine Unterscheidung bezüglich der jeweiligen Art des Versicherungsschutzes treffen würde. Es kommt also nicht darauf an, ob es sich etwa um eine private Unfallversicherung oder um eine Sozialversicherung handelt.

bb. Stellungnahmen in der Literatur

Auch die Literatur, soweit sie überhaupt auf diese Frage eingeht, ist einhellig der Auffassung, dass Versicherungsschutz auf Seiten des Geschädigten bei § 829 BGB grundsätzlich zu berücksichtigen ist.[748]
Mertens vertritt aber die Ansicht, dass dies nicht im Fall einer gesetzlichen Unfallversicherung gelten solle.[749] Eine Begründung hierfür bleibt er aber schuldig. Im Gegenteil sprechen sich die meisten Autoren explizit für die Berücksichtigung jeglichen Versicherungsschutzes ohne Unterscheidung, ob er gesetzlich verpflichtend oder freiwillig durch den Geschädigten abgeschlossen wurde, aus.[750] Begründet wird dies, wenn überhaupt, damit, dass es kein Gebot der Billigkeit sei, die Versicherung des Geschädigten zu entlasten.[751]

---

748 Deutsch, AllgHaftR², Rn 488; Larenz, SchuldR II¹², § 71 II (S. 598); Larenz/Canaris, SchuldR II/2¹³, § 84 VII 1 b) (S. 652); Esser/Weyers, SchuldR II/2⁸, § 55 III. 2. (S. 176); MüKoBGB/Wagner⁴ § 829 Rn 22; MüKoBGB/Mertens³ § 829 Rn 22; RGRK/Steffen¹² § 829 Rn 15; Fuchs, AcP 191 (1991) 318, 324.

749 MüKoBGB/Mertens³ § 829 Rn 22 Fn 38 mit unzutreffendem Verweis auf RGRK/Steffen¹² § 829 Rn 15.

750 RGRK/Steffen¹² § 829 Rn 15; Esser/Weyers, SchuldR II/2⁸, § 55 III. 2. (S. 176); Larenz/Canaris, SchuldR II/2¹³, § 84 VII 1 b) (S. 652).

751 So etwa Larenz/Canaris, SchuldR II/2¹³, § 84 VII 1 b) (S. 652).

Wagner[752], der ein Verfechter der Berücksichtigung jeglicher Haftpflichtversicherungen auf Seiten des Schädigers ist, möchte vor diesem Hintergrund wie folgt differenzieren: Ist der Schädiger freiwillig haftpflichtversichert und der Geschädigte sozialversichert, so solle bei wirtschaftlicher Betrachtung ausschließlich die Haftpflichtversicherung des Schädigers den Schaden tragen. Besteht dagegen nur für den Geschädigten eine Unfallversicherung, so soll regelmäßig kein Raum für die Anwendbarkeit von § 829 BGB sein.

cc. Rechtslage in der Schweiz und in Österreich

Anders als in Deutschland existiert zu der hier aufgeworfenen Frage in Österreich und in der Schweiz eine beachtliche Anzahl an Entscheidungen und differenzierender Literatur. Dies erklärt sich aus der erhöhten praktischen Relevanz: freiwilliger Haftpflichtversicherungsschutz wird in diesen Ländern zur Haftungsbegründung von der Rechtsprechung herangezogen.[753]

a) Schweiz

In der Schweiz erkennt das Bundesgericht die Berücksichtigung von Versicherungsschutz auf Seiten des Geschädigten im Rahmen der Haftung des Urteilsunfähigen nach Art. 54 Abs. 1 OR an.[754] Ob dieser Versicherungsschutz freiwillig oder auf Grund Gesetzes besteht, sei nicht relevant. Folglich ist für Art. 54 Abs. 1 OR regelmäßig kein Raum, wenn für den Geschädigten Versicherungsschutz besteht. Lediglich in folgender Konstellation „flammt“ Art. 54 Abs. 1 OR wieder auf: Ein mit einer Deckungssumme von etwa 2 Mio. CHF haftpflichtversichertes Kind zündet ein Gebäude an, für welches nur eine Feuerversicherung in Höhe von 1 Mio. CHF bestand, das aber tatsächlich 2 Mio. wert war. In diesem Fall soll der Schädiger nach Art. 54 Abs. 1 OR für den durch die Feuerversicherung nicht gedeckten Schaden haften.[755]

Allgemein gesprochen besteht für die Billigkeitshaftung kein Raum, solange der Schaden durch eine Versicherung des Geschädigten gedeckt wird. Reicht die Deckungssumme nicht aus, kann unter Umständen nach den allgemeinen für Art. 54 Abs. 1 OR aufgestellten Regeln die Billigkeitshaftung „wiederaufleben“.

---

752 MüKoBGB/Wagner[4] § 829 Rn 22.

753 Vgl. Kap. 2 A. V. 2. b. dd. (S. 149 ff.).

754 BGE 103 II 330/338; BGE 4C.195/2004 v. 7.9.2004.

755 Vgl. zu dieser Konstellation etwa BGE 103 II 330/338.

Auch in der schweizerischen Literatur schließt man sich ausnahmslos – soweit ersichtlich – dieser Auffassung an.[756] Der Geschädigte solle sich an seine Versicherung halten und nur gegebenenfalls den nicht gedeckten Schaden beim Schädiger geltend machen dürfen. Ausdrücklich weist man auch noch darauf hin, dass dieses Ergebnis nicht dadurch konterkariert werden dürfte, indem man den Regress der zahlenden Versicherung gestützt auf Art. 54 Abs. 1 OR zulasse.[757] Der Geschädigte soll grundsätzlich seinen Schaden bei seiner Versicherung geltend machen müssen, ohne Ansprüche gegen den Urteilsunfähigen zu haben.

b) Österreich

Anderer Auffassung ist dagegen der OGH. Ihm zu Folge ist zwar im Rahmen von § 1310 3. Fall ABGB bestehender Versicherungsschutz auf Seiten des Geschädigten in die Abwägung einzustellen. Jedoch will der OGH bei wirtschaftlicher Betrachtung den Schaden bei auf beiden Seiten bestehendem Versicherungsschutz jeweils zur Hälfte den beiden Versicherungen auferlegen.[758] Übersteigt der Schaden die maximalen Deckungssummen beider Versicherungen, so ist der Anspruch grundsätzlich im Verhältnis der maximalen Deckungssummen zu einander zu kürzen.[759] Eine Begründung für diesen interessanten Ansatz bleibt der OGH jedoch schuldig. Es lässt sich mutmaßen, dass die österreichische Rechtsprechung aus reinem Billigkeitsgefühl den Schaden wirtschaftlich zwischen zwei gleich potenten Versicherern aufteilen will, ohne den einen oder anderen privilegieren, beziehungsweise strafen zu wollen.

Etwas Besonderes soll bei Unfallversicherungen[760] bezüglich der summenversicherungsrechtlichen Elemente gelten. Gemeint sind damit etwa Leistungen wie Invaliditätsentschädigungen, welche nicht von der Höhe des Schadens, sondern nur vom Eintritt des Versicherungsfalls abhängen.[761] Wenn also „... *die Unfallversicherung Nachteile abdeckt, die mit den Er-*

---

[756] Oftinger/Stark, Schweizerisches Haftpflichtrecht II/1[4], § 18 Rn 64; Stark, Ausservertragliches Haftungsrecht[2], Rn 692; Keller, Haftpflicht im Privatrecht[4], S. 106; BSK-OR-I-Schnyder[3] Art. 54 Rn 8; Brehm, OR Rn 39-41.

[757] Oftinger/Stark, Schweizerisches Haftpflichtrecht II/1[4], § 18 Rn 64.

[758] OGH SZ 52/ 168 = VersR 1980, 881; VersR 1984, 1181, 1182; SZ 69/ 156; JBl. 1999, 807, 809.

[759] OGH SZ 69/156; JBl. 1999, 807, 809.

[760] Eine Unfallversicherung ist zwar grundsätzlich eine Summenversicherung, jedoch enthält sie häufig auch schadensversicherungsrechtliche Züge, soweit etwa auch Heilungskosten von der Versicherung gedeckt werden.

[761] Vgl. Deutsch, Versicherungsvertragsrecht[5], Rn 265.

satzansprüchen gegen den Schädiger nichts zu tun haben, erscheint es unbillig, den Ersatzanspruch des Geschädigten nach § 1310 3. Fall ABGB deswegen zu kürzen, weil er mit der Versicherungsleistung über ein „Vermögen" verfüge."[762] Diese Leistungen sollen damit bei der Höhe der durch die Versicherung des Geschädigten geleisteten Beträge nicht berücksichtigt werden.
In der österreichischen Literatur schließt man sich den Vorgaben des OGH uneingeschränkt an, soweit man sich überhaupt mit dieser Frage beschäftigt.[763]

dd. Unterlassener Versicherungsschutz

Dagegen wird weder in der Schweiz noch in Österreich diskutiert, inwieweit ein unterlassener Versicherungsschutz auf Seiten des Geschädigten sich haftungsmindernd, beziehungsweise ausschließend auswirken kann.
Nach *Steffen* ist auch der durch den Geschädigten unterlassene Versicherungsschutz in die Billigkeitserwägung einzustellen, wenn sich der Abschluss einer solchen Versicherung für den Geschädigten nach den Umständen und der Verkehrsauffassung aufgedrängt hätte.[764]
Auch *v. Bar* geht in seinem Gutachten zur Überarbeitung des Schuldrechts davon aus, dass ein unterlassener Versicherungsschutz auf Seiten des Geschädigten bei einer Reform des § 829 BGB zu berücksichtigen sein sollte.[765]
Hierbei ist aber zu beachten, dass *v. Bar* auch im Rahmen des unterlassenen freiwilligen Haftpflichtversicherungsschutzes von dessen Beachtlichkeit ausgeht. Insofern scheint dies nur konsequent. *Oechsler* zweifelt dagegen an der Forderung *Steffens*, widerspricht sich aber dann selbst, da er den Versicherungsschutz auf Seiten des Geschädigten mit dem auf Seiten des Schädigers verwechselt.[766]
Tendenziell ist davon auszugehen, dass – wie auf Seiten des Schädigers – in der Literatur mehrheitlich dafür plädiert wird, unterlassenen Versicherungsschutz durch den Geschädigten nicht zu berücksichtigen.

---

[762] SZ 69/ 156.
[763] Schwimann/Harrer § 1310 ABGB Rn 27; Rummel/Reischauer[2] § 1310 ABGB Rn 9.
[764] RGRK/Steffen[12] § 829 Rn 15 unter Hinweis auf BGH NJW 1979, 2096 = MDR 1979, 925 = JZ 1979, 445 = FamRZ 1979, 567 = VersR 1979, 645.
[765] v. Bar, Gutachten und Vorschläge zur Überarbeitung des Schuldrechts II, S. 1762, 1774.
[766] Staud/Oechsler (2002) § 829 Rn 53.

ff. Eigene Ansicht

Meines Erachtens muss ein bestehender Versicherungsschutz auf Seiten des Geschädigten berücksichtigt werden. Dies erklärt sich, wie bei der Frage der Berücksichtigung von Haftpflichtversicherungsschutz, aus dem Wesen und der Funktion der in Betracht kommenden Versicherungen.

Es ist unzweifelhaft Aufgabe, etwa einer Unfall- oder einer Krankenversicherung, im Versicherungsfall für den eingetretenen Schaden aufzukommen. Besonders deutlich wird dies bei privaten Unfallversicherungen, die der Versicherungsnehmer speziell zu Gunsten Dritter abschließt, wie etwa bei einer Insassenunfallversicherung. Dabei ist es unerheblich, dass, falls ein Anspruch des Geschädigten gegen den Schädiger besteht, eine Krankenversicherung normalerweise bei dem Schädiger für den Schaden Regress nehmen kann.[767] Denn besteht für den Geschädigten Versicherungsschutz, entfällt regelmäßig ein Anspruch nach § 829 BGB mit der Folge, dass die Versicherung sich auch nicht beim Schädiger schadlos halten kann, da auf sie nichts im Wege der *cessio legis* übergegangen ist.

Der Versicherungsschutz kann daher dem Vermögen des Geschädigten zugeschrieben werden, da sowohl Versicherer, wie auch Versicherungsnehmer gerade das eingetretene Risiko versichert sehen wollten. Dass der Versicherungsnehmer dadurch – wohl in aller Regel unbewusst – den Schädiger im Fall des § 829 BGB entlastet, ist nur eine zweitrangige Folge, welche nicht grundsätzlich der Berücksichtigung entgegensteht.[768] Es besteht auch kein Grund, weshalb die Versicherung des Geschädigten entlastet werden soll, wenn sie doch gerade diesen Fall versichert hat.[769] Daher ist es auch abzulehnen, wenn vertreten wird, dass der Versicherungsschutz des Geschädigten außer Acht zu bleiben hat, wenn für den Schädiger eine Haftpflichtversicherung besteht.[770] Dies gilt unabhängig davon, ob diese Haftpflichtversicherung freiwillig oder auf Grund gesetzlichen Zwangs abgeschlossen wurde.

Ebenso wenig ist einzusehen, weshalb zwischen einer Sozialversicherung und einer freiwilligen Unfallversicherung zu unterscheiden sei.[771] Das Wesen und die Funktion der Versicherungen sind, insoweit es hier relevant ist,

---

[767] Bei einer privaten Krankenversicherung nach §§ 178a Abs. 2, 67 Abs. 1 VVG, bei einer Sozialversicherung nach § 116 Abs. 1 SGB X; anders bei einer privaten Unfallversicherung, die als Summenversicherung konzipiert ist.

[768] In diesem Sinn auch RGRK/Steffen[12] § 829 Rn 15.

[769] Vgl. Larenz/Canaris, SchuldR II/2 [13], § 84 VII 1 b) (S. 652).

[770] MüKoBGB/Wagner[4] § 829 Rn 22.

[771] A.A. MüKoBGB/Mertens[3] § 829 Rn 22.

nicht verschieden. Lediglich das Kollektiv der jeweiligen Versicherungsnehmer ist unterschiedlich. Eine etwaige Privilegierung der Sozialversicherungen lässt sich hieraus nicht erklären.
Die „schweizerische Lösung“,[772] die Billigkeitshaftung unter Umständen wiederaufleben zu lassen, wenn der Schaden die Deckungssumme der auf Seiten des Geschädigten bestehenden Versicherung überschreitet, kann für das deutsche Recht adaptiert werden. Dies ist nur eine logische Fortführung des die Billigkeit mittragenden Vermögensgefälles. Denn in diesem Fall käme es wieder auf die finanzielle Stellung des Schädigers an. Zugegebenermaßen wird sich in Deutschland diese Konstellation seltenst stellen, da ein unzurechnungsfähiger Schädiger in aller Regel nicht vermögend ist und ein freiwilliger Haftpflichtversicherungsschutz zu Recht von der Rechtsprechung nicht berücksichtigt wird.
Vor diesem Hintergrund erscheint dagegen die „österreichische Lösung“[773] nicht zielführend. Mag die Aufteilung des Schadens unter den beteiligten Versicherungen zwar unter dem Aspekt einer möglichst breit gefächerten Schadenverteilung sinnvoll sein, so wird aber die Bedeutung des Versicherungsschutzes auf Seiten des Geschädigten verkannt. Die Entlastung der für den Geschädigten bestehenden Versicherung durch etwa eine Haftpflichtversicherung des Schädigers, ist nicht Bestandteil des versicherten Risikos.

Auch kann meines Erachtens ein unterlassener Versicherungsschutz durch den Geschädigten nicht anspruchsausschließend, beziehungsweise anspruchskürzend bei § 829 BGB berücksichtigt werden. Wenn kein Versicherungsschutz besteht, kann dieser auch nicht dem Vermögen zugerechnet werden. Es gibt, selbst wenn man davon ausgeht, dass ein unterlassener Versicherungsschutz diese Wirkung haben kann, keinen Grund, sich in Erwartung der Schädigung durch einen Unzurechnungsfähigen zu versichern, denn es ist nicht Teil der allgemeinen Lebenserfahrung, dass man einmal im Leben von einem Unzurechnungsfähigen geschädigt wird.

Abschließend lässt sich also festhalten, dass jeglicher Versicherungsschutz auf Seiten des Geschädigten im Rahmen von § 829 BGB zu berücksichtigen ist. Folglich ist bei bestehendem Versicherungsschutz für den Geschädigten

---

[772] BGE 103 II 330/338; Oftinger/Stark, Schweizerisches Haftpflichtrecht II/1[4], § 18 Rn 64; Stark, Ausservertragliches Haftungsrecht[2], Rn 692; Keller, Haftpflicht im Privatrecht[4], S. 106; BSK-OR-I-Schnyder[3] Art. 54 Rn 8; Brehm, OR Rn 39-41.

[773] OGH SZ 52/ 168 = VersR 1980, 881; VersR 1984, 1181,1182; SZ 69/ 156; JBl. 1999, 807, 809; Schwimann/Harrer § 1310 ABGB Rn 27; Rummel/Reischauer[2] § 1310 ABGB Rn 9.

regelmäßig für § 829 BGB kein Raum. Sollte die Deckungssumme der Versicherung nicht reichen, kann unter Umständen eine Haftung nach § 829 BGB wieder aufleben.

d. Berücksichtigung der Vermögensverhältnisse unterhaltspflichtiger Personen

Ähnlich wie für den Bereich der Berücksichtigung von Versicherungsschutz auf Seiten des Schädigers, wie auf Seiten des Geschädigten stellt sich die Frage, ob und inwieweit die Vermögensverhältnisse unterhaltspflichtiger Personen zu berücksichtigen sind. Da speziell Kinder regelmäßig über kein eigenes Vermögen verfügen, wurde vielfach erwogen, im Rahmen von § 829 BGB zur Bestimmung der Vermögensverhältnisse der Beteiligten auch das elterliche Vermögen zu berücksichtigen.

aa. Berücksichtigung von Vermögensverhältnissen unterhaltspflichtiger Personen auf Seiten des Schädigers

Die Rechtsprechung stützte – soweit ersichtlich – bis heute keine Entscheidung auf Gewährung von Schadensersatz nach § 829 BGB auf den Umstand, dass die Eltern des Schädigers vermögend waren und folglich ein relevantes Vermögensgefälle bestehen würde. Der BGH ging zwar in seinen Erwägungen auch auf die Vermögensverhältnisse der Eltern ein, musste aber mangels eindeutigen Vermögensgefälles hierzu nie abschließend Stellung beziehen.[774] Dass die Vermögensverhältnisse der Eltern grundsätzlich relevant seien, begründete der BGH nur knapp damit, dass zu den „Gesamtumständen“ auch die Lebensverhältnisse der Eltern gehören und somit auch ihre Vermögensverhältnisse.[775]
Lediglich untergerichtliche Entscheidungen trafen hierzu klare Aussagen: So schrieb das OLG Köln 1980, „... *es* [gebe] *weder eine Vorschrift, noch einen Rechtsgrundsatz, die eine Anrechnung eines väterlichen Vermögens rechtfertigen würden.*“[776] Auch das AG Ahaus stellte klar, dass in erster Linie die Parteien zu vergleichen sind und nicht die Eltern.[777]

Umso erstaunlicher ist, dass in der Literatur beinahe ausnahmslos für die Einbeziehung des elterlichen Vermögens auf Seiten des Schädigers plädiert

---

774 Vgl. BGH NJW 1958, 1630, 1631; 1979, 2096 = FamRZ 1979, 567.
775 BGH NJW 1958, 1630, 1631.
776 OLG Köln VersR 1981, 266, 267.
777 AG Ahaus NJW-RR 2003, 1184, 1185.

wird.[778] Um damit aber faktisch § 829 BGB nicht zu einer Billigkeitshaftung der unterhaltspflichtigen Personen werden zu lassen, wird vertreten, die Vermögensverhältnisse der Unterhaltspflichtigen nur insoweit zu berücksichtigen, als es um die Unterhaltssicherung für den Schädiger bei der auf ihn zukommenden Belastung mit dem Schaden geht.[779]
In der Schweiz und in Österreich wird dagegen durchweg betont, dass die finanzielle Lage der Parteien relevant sei, das Vermögen der Eltern also nicht zu berücksichtigen ist.[780]

Würde man die Vermögensverhältnisse der unterhaltspflichtigen Personen in die Abwägung mit einstellen, so würde dies immer zu einer Umgehung der Wertungen der §§ 829, 832 BGB führen. Denn haftet eine aufsichtspflichtige Person nicht nach § 832 Abs. 1, 2 BGB, sei es, dass keine Aufsichtspflichtverletzung vorliegt, oder sei es, dass ihr der Entlastungsbeweis gelingt, so soll subsidiär der Unzurechnungsfähige haften, wenn der Tatbestand des § 829 BGB erfüllt ist. Greift man nun aber zur Haftungsbegründung wieder auf den nicht haftenden Unterhaltspflichtigen zurück, so durchbricht man eine klare Unterscheidung, welche das Gesetz mit der angeordneten Subsidiarität selbst zum Ausdruck gebracht hat. Stellt man bei der Haftungsbegründung auf die Vermögensverhältnisse der unterhaltspflichtigen Personen ab, so würde faktisch eine „Halterhaftung vermögender Eltern für ihre Kinder" geschaffen.[781]
Auch die von großen Teilen der Literatur vorgeschlagene Einschränkung überzeugt nicht. Zwar soll hierbei nicht das gesamte elterliche Vermögen in das zu beurteilende Vermögensgefälle eingestellt werden, sondern nur in Höhe des Schadens, welche die Eltern im Zuge ihrer Unterhaltspflicht ge-

---

778 Enneccerus/Lehmann, SchuldR[15], § 260 I. 4. (S. 1045); MüKoBGB/Mertens[3] § 829 Rn 20; MüKoBGB/Wagner[4] § 829 Rn 14; RGRK/Steffen[12] § 829 Rn 13; Staud/Oechsler (2002) § 829 Rn 54; Soergel/Spickhoff[13] § 829 Rn 16; Borgelt, Das Kind im Deliktsrecht, S. 73; Koebel, NJW 1956, 969, 971.

779 Vgl. MüKoBGB/Mertens[3] § 829 Rn 20; MüKoBGB/Wagner[4] § 829 Rn 14; RGRK/Steffen[12] § 829 Rn 13; Staud/Oechsler (2002) § 829 Rn 54; Soergel/Spickhoff[13] § 829 Rn 16; a.A. Borgelt, Das Kind im Deliktsrecht, S. 73, 79 mit Hinweis auf OLG Köln VersR 1981, 266, 267.

780 Rummel/Reischauer[2] § 1310 Rn 9; Koziol, Österreichisches Haftpflichtrecht II[2], S. 312; Oftinger/Stark, Schweizerisches Haftpflichtrecht II/1[4], § 18 Rn 61 (S. 148); Brehm, OR 54 Rn 19, 25; BSK OR I-Schnyder[3] Art. 54 Rn 8.

781 Vgl. hierzu S. 327 Fn 1247.

mäß §§ 1603, 1610 BGB zu decken haben.[782] Letztendlich ändert aber diese Einschränkung nichts an der – wenn auch nur mittelbaren – Belastung der unterhaltspflichtigen Personen mit dem Schaden, solange nicht der Geschädigte selbst vermögend ist.
Interessant wäre in diesem Zusammenhang, wie diese Einschränkung zu verstehen wäre, wenn für das Kind der Staat mangels Eltern unterhaltspflichtig ist. Müsste man dann nicht über die Sozialgesetzgebung das Staatsvermögen dem Kind zurechnen? Ist also bei Waisen in staatlicher Obhut das Kriterium des Vermögensgefälles immer (ein Geschädigter, zu dem kein Vermögensgefälle in Relation zur Bundesrepublik Deutschland besteht, ist schwer vorstellbar) erfüllt?
Auch schon der Wortlaut des § 829 BGB spricht gegen die Berücksichtigung des elterlichen Vermögens.[783] Zu berücksichtigen seien die Verhältnisse der Beteiligten. Beteiligte sind bei § 829 BGB aber nur Schädiger und Geschädigter. Der Unterhaltsanspruch eines Kindes stellt zwar grundsätzlich eine vermögenswerte Position dar, doch würde man durch die Zuordnung des elterlichen Vermögens über einen schadensbedingten erhöhten Unterhaltsmehrbedarf letztendlich das gesamte Vermögen der Eltern – begrenzt durch ihre Leistungsfähigkeit – dem Vermögen des Kindes zuordnen, was man aber in meinen Augen nicht mehr zu den Verhältnissen des Kindes zählen kann. Lediglich der angemessene Unterhalt in Form von Naturalien und einem Taschengeld wären zu berücksichtigen, was bei unter Sieben-, beziehungsweise unter Zehnjährigen kaum zur Begründung eines Vermögensgefälles ausreichen dürfte.
Überdies überzeugt diese Einschränkung auch im Hinblick auf den Normzweck von § 829 BGB nicht. Denn keine hierzu vertretene Ansicht[784] will § 829 BGB durch die Hintertür zu einer Art Ausfallhaftung der Unterhaltspflichtigen bei nicht Vorliegen von § 832 BGB machen. Es steht immer der Unzurechnungsfähige im Mittelpunkt, welcher ausnahmsweise haften kann, nie aber der Umstand, Kind vermögender Eltern zu sein. Eine daraus folgende mittelbare „Halterhaftung" der Eltern für ihre Kinder wird durch keinen erwogenen Normzweck gedeckt.
Schlussendlich geht von solch einer Überlegung auch kein rechtpolitisch wünschenswertes Signal aus. Eltern mittelbar haftbar zu machen für Schäden, die von ihren deliktsunfähigen Kindern verursacht wurden, rückt Kin-

---

782 So z.B. MüKoBGB/Mertens[3] § 829 Rn 20; MüKoBGB/Wagner[4] § 829 Rn 14; RGRK/Steffen[12] § 829 Rn 13; Staud/Oechsler (2002) § 829 Rn 54; Soergel/Spickhoff[13] § 829 Rn 16.
783 A.A. Koebel, NJW 1958, 969, 971.
784 Vgl. Kap. 1 B. II. (S. 40 ff.).

der in die selbe Ecke wie Autos und Tiere, für die ebenfalls „bei Haltung“ eine verschuldensunabhängige Haftung besteht.
Einzig überzeugende Ausnahme von dieser Überlegung kann nur folgende sein: Da es zu Recht bei § 829 BGB auf den Zeitpunkt der letzten mündlichen Verhandlung zur Bestimmung der Vermögensverhältnisse ankommt, darf dann das Vermögen der Eltern insoweit berücksichtigt werden, wie das Kind (vertreten durch seine Eltern) sein (beträchtliches) Vermögen nach dem Schadensfall und vor Abschluss der mündlichen Verhandlung auf seine Eltern übertragen hat, um es dem Zugriff des Geschädigten zu entziehen.
Es bleibt aber festzuhalten, dass das Vermögen unterhaltspflichtiger Personen für den Schädiger bei § 829 BGB grundsätzlich nicht berücksichtigt werden darf.

bb. Berücksichtigung von Vermögensverhältnissen unterhaltspflichtiger Personen auf Seiten des Geschädigten

Auch auf Seiten des Geschädigten stellt sich die Frage, ob und inwieweit das Vermögen unterhaltspflichtiger Personen berücksichtigt werden muss. Diese Frage ist sehr praxisrelevant, da häufig Kinder von Kindern geschädigt werden, wobei das Opfer selten über eigenes nennenswertes Vermögen verfügt.
Der BGH hat mehrfach das elterliche Vermögen des Geschädigten bei der Beurteilung der Vermögensverhältnisse der Beteiligten berücksichtigt, jedoch nie ausdrücklich darauf abgestellt, dass der Anspruch nach § 829 BGB abzulehnen sei, weil die Eltern des Geschädigten besonders vermögend seien.[785] Jedoch lassen untergerichtliche Entscheidungen erkennen, dass es allgemein primär auf die Verhältnisse der Beteiligten und nicht auf die der Eltern ankommen soll.[786]
Dagegen spricht sich die Literatur beinahe einheitlich für die Berücksichtigung des elterlichen Vermögens auf Seiten des Geschädigten aus, ohne dies in irgendeiner Weise einzuschränken.[787]
In der schweizerischen und in der österreichischen Literatur und Rechtsprechung wird dagegen durchweg betont, dass die finanzielle Lage der

785 Vgl. BGH NJW 1958, 1630, 1631; 1979, 2096 = FamRZ 1979, 567.
786 OLG Köln VersR 1981, 266, 267; AG Ahaus NJW-RR 2003, 1184, 1185.
787 Vgl. Enneccerus/Lehmann, SchuldR[15], § 260 I. 4. (S. 1045); MüKoBGB/Mertens[3] § 829 Rn 20; MüKoBGB/Wagner[4] § 829 Rn 14; RGRK/Steffen[12] § 829 Rn 13; Staud/Oechsler (2002) § 829 Rn 54; Soergel/Spickhoff[13] § 829 Rn 16; Koebel, NJW 1956, 969, 971; a.A. Borgelt, Das Kind im Deliktsrecht, S. 73, 79.

Parteien relevant, das Vermögen der Eltern also auch beim Geschädigten nicht zu berücksichtigen sei.[788]

Meines Erachtens gestaltet sich die Lage im Fall eines geschädigten Unterhaltsberechtigten nicht so klar wie beim Schädiger.[789] Einerseits können bezüglich des Wortlauts dieselben Argumente in den Raum geführt werden wie beim Schädiger. Andererseits muss berücksichtigt werden, dass Unterhaltspflichtige grundsätzlich verpflichtet sind, ihren Unterhaltsberechtigten im Schadensfall bei Seite zu stehen.
Faktisch führt die Berücksichtigung des Vermögens der Eltern auf Seiten des Geschädigten unter Umständen zu einem Haftungsausschlussgrund. Folglich wird durch diesen Umstand keine Haftung eines Unzurechnungsfähigen begründet, sondern dieselbe eingeschränkt. Damit muss sich die Berücksichtigung des elterlichen Vermögens auf Seiten des Geschädigten nicht entgegenhalten lassen, dass damit eine Art „Halterhaftung" der Eltern für ihre Kinder begründet wird. Bei genauerer Betrachtung entspricht es gerade der gesetzlichen Fürsorgepflicht, wenn das elterliche Vermögen – in gewissen Grenzen – im Schadensfall zur Deckung des Erlittenen aufgewendet wird. Da Eltern keine „Halter" ihrer Kinder sind, jedoch die Fürsorgepflicht für sie haben, entsteht auch kein Widerspruch, wenn das elterliche Vermögen auf Seiten des Geschädigten berücksichtigt wird. Letztendlich kann hier auf die Argumentation zur Berücksichtigung von Versicherungsschutz auf Seiten des Geschädigten verwiesen werden. Daher ist es nur konsequent, wie auch beim Versicherungsschutz, das Vermögen Unterhaltspflichtiger auf Seiten des Geschädigten zu berücksichtigen. Man mag dagegen einwenden, dass der Opferschutz – sprich häufig der Schutz eines geschädigten Minderjährigen – damit zurückgedrängt wird, da faktisch der Anwendungsbereich des § 829 BGB weiter eingeengt wird. Jedoch darf durch eine Ausnahmevorschrift des Haftungsrechts nicht eine grundsätzliche Zuweisung der Verantwortung des Familienrechts korrigiert werden. Eltern haften bekanntermaßen nun mal nicht pauschal für ihre Kinder, sind ihnen aber zur Fürsorge verpflichtet.
Im Ergebnis muss also über die Fürsorgepflicht der Eltern das Vermögen derselben in Höhe des Schadensfalles begrenzt durch ihre Leistungsfähigkeit – nicht also die Unterhaltsverpflichtung – in die Billigkeitsabwägung im Rahmen der Bestimmung des Vermögensgefälles eingestellt werden.

---

[788] Rummel/Reischauer[2] § 1310 Rn 9; Koziol, Österreichisches Haftpflichtrecht II[2], S. 312; Oftinger/Stark, Schweizerisches Haftpflichtrecht II/1[4], § 18 Rn 61 (S. 148); Brehm, OR 54 Rn 19, 25; BSK OR I-Schnyder[3] Art. 54 Rn 8.

[789] A.A. Koebel, NJW 1958, 969, 971.

Die Situation ist ähnlich einer zu Gunsten eines Unterhaltsberechtigten abgeschlossenen Schadensversicherung. Dabei ist wie bei allen anderen Billigkeitsmomenten klar, dass der Umstand, Kind wohlhabender Eltern zu sein, allein nicht den Ausschluss der Haftung des Schädigers bedeutet.

Zusammenfassend ist festzuhalten, dass das Vermögen Unterhaltspflichtiger auf Seiten des Geschädigten zu berücksichtigen ist, nicht jedoch auf Seiten des Schädigers.

e. Berücksichtigung von Leistungen des Arbeitgebers

Auch Leistungen des Arbeitgebers kommen als beachtenswerte Umstände bei der Bestimmung der finanziellen Verhältnisse im Rahmen von § 829 BGB in Betracht. So ist beispielsweise auf Seiten des Geschädigten an Ansprüche auf Lohnfortzahlung zu denken. Auf Seiten des Schädigers kann unter Umständen ein Freistellungsanspruch gegen den Arbeitgeber im Raume stehen. Beamtenrechtliche Äquivalente zum Anspruch auf Lohnfortzahlung kommen ebenfalls in Betracht, nicht dagegen Äquivalente zum arbeitsrechtlichen Freistellungsanspruch, da § 839 BGB bei § 829 BGB keine Anwendung findet.[790]
Die tatsächliche Relevanz dieser Umstände hält sich naturgemäß in engen Grenzen. Fälle, in denen ein Unzurechnungsfähiger in einem Arbeitsverhältnis stehend einen anderen schädigt, sind in der Rechtsprechung sehr selten. Auch umgekehrt sind Fälle, bei denen der Geschädigte Anspruch auf Lohnfortzahlung hat, nachdem er von einem Unzurechnungsfähigen geschädigt wurde, kaum bekannt.

aa. Beachtlichkeit von Ansprüchen auf Lohnfortzahlung

Wird ein Arbeitnehmer unverschuldet arbeitsunfähig, kann er nach § 3 Abs. 1 EFZG Lohnfortzahlung vom Arbeitgeber verlangen. Dieser kann auf Grund der Legalzession des § 6 Abs. 1 EFZG Schadensersatz von einem Dritten verlangen, wenn dieser für die Arbeitsunfähigkeit des Arbeitnehmers verantwortlich ist. Für den Arbeitnehmer stellt diese gesetzliche Regelung einen nicht zu verachtenden Vermögenswert dar, weil er trotz nicht

---

[790] Vgl. Kap. 2 A. I. 1. a. (S. 68); a.A. Staud/Oechsler (2002) § 829 Rn 55; OLG Saarbrücken VersR 2000, 1427 f.: Postbeamter erleidet während einer Dienstfahrt einen Ohnmachtsanfall und schädigt ein entgegenkommendes Fahrzeug und dessen Insassin schwer. Vgl. hierzu die interessante Entscheidung des BG zum unbefugten Helikopterflug eines urteilsunfähigen Arbeitnehmers (BGE 4C.195/2004 v. 7.9.2004).

erbrachter Leistung in den Grenzen der §§ 3, 4 EFZG weiterhin Lohn bezieht.
Insofern wird in der Literatur zu Recht einheitlich für die Beachtlichkeit bei der Bestimmung des Vermögens des Geschädigten plädiert.[791]
Letztendlich ist die Funktion der Lohnfortzahlung ähnlich der einer Unfallversicherung, weshalb diesbezüglich auch auf die obige Argumentation verwiesen werden kann.[792] Denn ein geschädigter Arbeitnehmer verliert einen Anspruch auf seinen Lohn nicht, auch wenn er von einem Unzurechnungsfähigen geschädigt wird und daher nicht seiner Tätigkeit nachkommen kann. Der Anspruch auf Lohnfortzahlung in einem durch einen Unzurechnungsfähigen verursachten Krankheitsfall ist daher dem Vermögen des Geschädigten zuzurechnen.
Abschließend sei noch betont, dass der Arbeitgeber regelmäßig keinen Anspruch gegen den unzurechnungsfähigen Schädiger nach § 829 BGB in Verbindung mit § 6 Abs. 1 EFZG hat. Denn bei Beachtlichkeit des Lohnfortzahlungsanspruchs entfällt ein Anspruch auf Schadensersatz wegen Verdienstausfall, weil zu Lasten des geschädigten Arbeitnehmers diesbezüglich kein relevantes Vermögensgefälle besteht. Folglich kann auch der Arbeitgeber beim Unzurechnungsfähigen keinen Regress für dem ihm entstandenen Schaden durch den Verdienstausfall seines geschädigten Arbeitnehmers nehmen.[793]

bb. Beachtlichkeit von arbeitsrechtlichen Freistellungsansprüchen

Ein Anspruch auf Freistellung kommt beispielsweise in Betracht, wenn ein Arbeitnehmer, der Arbeiten am Eigentum eines Dritten ausübt, unverschuldet ohnmächtig wird und es dadurch zu einem Schaden kommt. Nimmt nun der Dritte den Arbeitnehmer aus § 829 BGB in Anspruch, könnte dieser von seinem Arbeitgeber Freistellung verlangen.[794] Für den Freistellungsanspruch des Arbeitnehmers gegen den Arbeitgeber kommt es hier nie auf die von der Rechtsprechung entwickelte Dreiteilung hinsichtlich des Verschul-

[791] Deutsch, AllgHaftR², Rn 488; MüKoBGB/Wagner⁴ § 829 Rn 22; Staud/Oechsler (2002) § 829 Rn 55.
[792] S. Kap. 2 A. V. 2. c. ff. (S. 194).
[793] Vgl. MüKoBGB/Wagner⁴ § 829 Rn 22; unklar insoweit Deutsch, AllgHaftR², Rn 488; Staud/Oechsler (2002) § 829 Rn 55.
[794] Allg. hierzu MünchArbR/Blomeyer² § 59 Rn 29 ff.; Schaub/Linck, ArbR-Hdb¹¹, § 52 Rn 91; Staud/Richardi¹³ § 611 Rn 493 ff.; Zöllner/Loritz, ArbR⁵, § 19 II (S. 251 ff.).

densgrades an,[795] da dem Arbeitnehmer im Rahmen des § 829 BGB nie ein Verschuldensvorwurf gemacht werden kann. Bei anerkannter Beachtlichkeit müsste indirekter Weise der Arbeitgeber in einschlägigen Fallkonstellationen regelmäßig für den von einem Arbeitnehmer im Zustand der Unzurechnungsfähigkeit im Sinn der §§ 827, 828 BGB angerichteten Schäden aufkommen, wenn das Vermögen des Geschädigten nicht einem relevanten Vermögensgefälle entgegensteht.

Im Ergebnis spricht sich die Literatur einhellig für die Beachtlichkeit eines Freistellungsanspruchs aus,[796] ohne dies jedoch eingehend zu begründen. Die zwangsläufige Übernahme der im Zustand der unverschuldeten Unzurechnungsfähigkeit verursachten Schäden durch den Arbeitgeber ist ein erheblicher Vermögensvorteil für den Arbeitnehmer. Anders als der elterliche Unterhaltsanspruch dienen die Grundsätze des innerbetrieblichen Schadensausgleichs und der Freistellung gerade der Schadensregulierung.[797] Ein Kind aber hat eben solch einen Anspruch gegen seine Eltern nicht.

Es gilt aber zu beachten, dass, wenn ein Freistellungsanspruch haftungsbegründend berücksichtigt werden darf, dem Arbeitnehmer nicht das Risiko der Insolvenz des Arbeitgebers aufgelastet wird, nur weil ausnahmsweise das Innenverhältnis dieser beiden zur grundsätzlich unbeschränkten Außenhaftung des Arbeitnehmers führt.[798] Um dem Arbeitnehmer nicht das Insolvenzrisiko in beschriebenen Konstellationen aufzubürden, darf nur ein durchsetzbarer Freistellungsanspruch berücksichtigt werden.

Konstruktiv betrachtet entsteht der Freistellungsanspruch, wie der Deckungsanspruch im Fall der oben angeführten versicherungsrechtlichen Konstellationen, gleichzeitig mit dem Schadensersatzanspruch nach § 829 BGB, da beide sich regelmäßig gegenseitig bedingen.[799]

Faktisch legt man dem Arbeitgeber bei wirtschaftlicher Betrachtung eine „Halterhaftung für im Zustand der unverschuldeten Unzurechnungsfähigkeit durch seine Arbeitnehmer verursachten Schäden“ auf. Dies mag auf den ersten Blick als Umgehung der vertraglichen Haftung (§§ 280, 278), beziehungsweise der deliktischen Haftung des Arbeitgebers nach § 831 BGB anmuten, da er üblicherweise nur bei eigenem, beziehungsweise bei

---

[795] Grundlegend ArbG Plauen (4.11.1936) ARS 29, 62; vgl. auch BAG AP RVO §§ 898 Nr. 4; AP BGB § 611 Haftung des Arbeitnehmers Nr. 94; AP BGB § 611 Gefährdungshaftung des Arbeitgebers Nr. 7; BGHZ 108, 305.

[796] Deutsch, AllgHaftR[2], Rn 488; Staud/Oechsler (2002) § 829 Rn 55.

[797] Vgl. zum Problem des rechtsdogmatischen Einordnung MünchArbR/Blomeyer[2], § 59 Rn 29 ff.; Staud/Richardi[13] § 611 Rn 505 ff.; Zöllner/Loritz, ArbR[5], § 19 II (S. 252 ff.).

[798] Vgl. allg. hierzu ErfKoArbR/Preis[6] § 619 a BGB Rn. 26 a.E.

[799] Vgl. hierzu Kap. 2. A. V. 2. (S. 122 ff.).

fremdem zurechenbaren Verschulden in Anspruch genommen werden kann. Da jedoch der Arbeitnehmer nach außen unbeschränkt gegenüber Dritten haftet, muss sich der Arbeitgeber auch im Fall des § 829 BGB einen Freistellungsanspruch entgegen halten lassen. Folglich liegt auch keine Umgehung der grundsätzlich verschuldensbedingten mittelbaren Inanspruchnahme des Arbeitgebers vor, sondern lediglich eine konsequente Fortführung der unbeschränkten Außenhaftung des Arbeitnehmers gegenüber Dritten.

Das eigentliche Problem bei der Berücksichtigung des arbeitsrechtlichen Freistellungsanspruchs liegt aber meines Erachtens darin, dass der Freistellungsanspruch, der durch Rechtsfortbildung[800] zur Haftungseinschränkung des Arbeitnehmers im Innenverhältnis zum Arbeitgeber entwickelt wurde, nun haftungsbegründend im Außenverhältnis gegenüber Dritten zu berücksichtigen sein soll. Es drängen sich damit Parallelen zu der Frage der Berücksichtigung von Haftpflichtversicherungsschutz auf. Wie auch dort, stellt sich hier nun die Frage, welche Funktion ein arbeitsrechtlicher Freistellungsanspruch hat und ob es deshalb gerechtfertigt ist, ihn haftungsbegründend zu berücksichtigen?

Die rechtsdogmatische Begründung der Haftungseinschränkung des Arbeitnehmers als Wurzel des Freistellungsanspruchs ist bis heute nicht endgültig geklärt.[801] Nichtsdestotrotz dient der Freistellungsanspruch jedenfalls zweierlei Dingen. Erstens soll der Arbeitnehmer unter gewissen Einschränkungen bei wirtschaftlicher Betrachtung den von ihm verursachten Schaden nicht selbst tragen und andererseits soll dem Geschädigten, welcher sich nicht immer auf vertragliche Ansprüche gegenüber dem Arbeitgeber berufen kann, ein in aller Regel solventer Schuldner verschafft werden, welcher unter Umständen wiederum durch eine Pflichthaftpflichtversicherung geschützt ist.

Letzteres spricht für die Berücksichtigung von arbeitsrechtlichen Freistellungsansprüchen. Aber auch der Umstand, dass der Arbeitnehmer den Schaden nur bei Vorsatz und grober Fahrlässigkeit tragen muss, zeigt deutlich, dass der Arbeitgeber bei schuldlosem Handeln seines Arbeitnehmers wirtschaftlich betrachtet für den Schaden aufkommen soll. Da der Arbeitnehmer im Fall des § 829 BGB immer schuldlos handelt, muss der Arbeitgeber den Schaden immer tragen. Damit ist letztendlich auch die Zurechnung des Freistellungsanspruchs zum Vermögen des Arbeitnehmers nur eine konsequente Fortführung des von der Rechtsprechung entwickelten Instituts des innerbetrieblichen Schadensausgleichs.

---

800 So Staud/Richardi[13] § 611 Rn 493.

801 MünchArbR/Blomeyer[2], § 59 Rn 29 ff.; Staud/Richardi[13] § 611 Rn 505 ff.; Zöllner/Loritz, ArbR[5], § 19 II (S. 252 ff.).

Ein durchsetzbarer arbeitsrechtlicher Freistellungsanspruch kann daher dem Vermögen des Schädigers zugerechnet werden.

3. Berücksichtigung von tat- und beteiligtenbezogenen Umständen

Üblicherweise wird in der Literatur, wie auch in der Rechtsprechung, betont, dass die wirtschaftlichen Verhältnisse der Beteiligten nicht alleine für die Klärung der Frage ausreichen, ob und inwieweit ein Schadensersatzanspruch der Billigkeit entspricht. Im Anschluss hieran werden dann regelmäßig beispielhaft Umstände angeführt, die die Rechtsprechung in ihrer Praxis bisher als relevant erachtete oder auch nicht.[802] Die folgende Darstellung unternimmt nun den Versuch, neben den wirtschaftlichen Verhältnissen der Beteiligten auch die anderen Umstände, die im Rahmen von § 829 BGB relevant werden können, zu systematisieren und hinsichtlich ihrer Tragfähigkeit als Billigkeitsmoment zu analysieren.
Hierbei gibt das Gesetz bereits selbst eine grobe Unterteilung vor, indem es von „*... den Umständen, insbesondere nach den Verhältnissen der Beteiligten ...*“ spricht. Umstände sind damit zum einen alles, was mit dem schadensstiftenden Ereignis zu tun hat und zum anderen alle den Beteiligten anhaftende Eigenschaften, wozu insbesondere die wirtschaftlichen Verhältnisse zählen. Damit gilt es allgemein zwischen tat-[803] und beteiligtenbezogenen Umständen zu unterscheiden.[804]

a. Tatbezogene Umstände

Die tatbezogenen Umstände lassen sich wiederum in schadensstiftende und aus dem Schaden folgende Umstände untergliedern. Somit werden einer-

---

[802] Vgl. z.B. MüKoBGB/Wagner[4] § 829 Rn 15; Soergel/Spickhoff[13] § 829 Rn 15; RGRK/Steffen[12] § 829 Rn 16; Deutsch, AllgHaftR[2], Rn 487, 488; Enneccerus/Lehmann, SchuldR[15], § 260 II. 4. (S. 1045); Esser/Weyers, SchuldR II/2[8], § 55 III. 2. (S. 176); Kötz/Wagner, DeliktsR[10], Rn 354; Larenz, SchuldR II[12], § 71 II (S. 598).

[803] Der Begriff „tatbezogene Umstände“ ist nicht für alle in Betracht kommenden Fälle korrekt, da unter Tat in der Regel eine vom Willen getragene Handlung, welche zu einem bestimmten Erfolg führt, verstanden wird. Im Fall der Bewusstlosigkeit des Verursachers mangelt es an einer entsprechenden Handlung und folglich gerät auch der Begriff der Tat ins Wanken. Würde man dagegen beispielsweise den Begriff „verursachungsbezogenen Umstände“ nutzen, wären die Folgen der Schädigung hiervon nicht erfasst. Daher wird trotz einer gewissen sprachlichen Ungenauigkeit hier am Begriff „tatbezogene Umstände“ festgehalten.

[804] So auch Staud/Oechsler (2002) § 829 Rn 57 f., der jedoch von tat- und täterbezogenen Umständen spricht.

seits die Umstände, welche zum Schaden führten, und andererseits die Folgen des schadensstiftenden Ereignisses erfasst, um eine möglichst lückenlose Berücksichtigung des gesamten Einzelfalls zu ermöglichen.

aa. Schadensstiftende Umstände

Innerhalb der Kategorie der schadensstiftenden Umstände lässt sich abermals eine Zweiteilung vornehmen. Einerseits lässt sich die Tat nach Verursachungsbeiträgen einem oder mehreren Beteiligten, auch dem Opfer selbst, zuordnen. Andererseits trifft vielfach sowohl das Gesetz, wie auch allgemein die Gesellschaft Entscheidungen, wem in einer bestimmten Situation das Risiko eines Schadens grundsätzlich zuzuweisen ist. Letzten Endes geht es dabei um die einzelfallbezogene Ausgestaltung des allgemeinen Lebensrisikos[805].

a) Risikozuweisung

Wie bereits erwähnt, trifft sowohl das Gesetz, wie auch die Gesellschaft selbst, ohne dies dabei schriftlich zu fixieren, allgemeine Regeln, wem in einem Schadensfall das Risiko des Schadenseintritts zuzuweisen ist.[806]

aa) Straßenverkehr

Die bedeutendste Risikozuweisung kraft Gesetzes im Hinblick auf § 829 BGB ist die des StVG. Hiernach ist der Halter eines Kfz grundsätzlich für den bei dem Betrieb seines Kfz verursachten Schaden haftbar. Vielfach haben sich Kfz-Halter bei Unfällen mit Unzurechnungsfähigen (in aller Regel Kinder) auf ein „Mitverschulden" derselben analog §§ 254, 829 BGB[807] berufen. Erkennt man die sogenannte spiegelbildliche Anwendung des § 829 BGB an, so liegt es nahe, Ansprüche Unzurechnungsfähiger gemäß § 7 StVG analog zu § 829 BGB gemäß § 9 StVG zu kürzen.
Zu Recht hat aber der BGH[808] sehr bald entschieden, dass bei Verkehrsunfällen mit Kindern grundsätzlich der Kfz-Halter das Risiko eines Schadens

---

805 Allg. hierzu Deutsch, AllgHaftR^2, Rn 596 ff.

806 In diesem Sinne auch RGRK/Steffen^{12} § 829 Rn 12.

807 S. hierzu ausführlich Kap. 2 B. (S. 246 ff.).

808 BGH NJW 1973, 1795, 1796; dieser Rspr. folgend: AG Stuttgart VersR 1973, 94, 95; LG München I VersR 1975, 73, 74; OLG Hamm VersR 1975, 667; OLG Düsseldorf VersR 1977, 160; OLG München VersR 1978, 973, 974; OLG Oldenburg VersR 1980, 340; OLG Stuttgart VersR 1980, 952.

zu tragen hat. Der nicht motorisierte Verkehr ist haftungsrechtlich von Gesetzes wegen klar privilegiert, wie auch mittelbar die Neufassung des § 828 Abs. 2 BGB zeigt. Bei einem Unfall mit einem Unzurechnungsfähigen weist das Straßenverkehrsrecht dem Kfz-Halter das haftungsrechtliche Risiko zu, indem es den Kfz-Halter nach § 7 Abs. 1 StVG einer Gefährdungshaftung unterwirft. Damit führt diese Form der Risikozuweisung sowohl bei Ansprüchen gegen einen Unzurechnungsfähigen, wie auch bei Ansprüchen Unzurechnungsfähiger gegen einen Kfz-Halter grundsätzlich dazu, dass der Kfz-Halter den Schaden selbst tragen muss, beziehungsweise sich nicht auf ein „Mitverschulden" des Geschädigten berufen kann. Selbst wenn der Kfz-Halter völlig schuldlos am Unfall war und nur das Betriebsrisiko seines Kfz ihm angelastet werden kann, muss er nach der Rechtsprechung den Schaden grundsätzlich alleine tragen.[809]

Meines Erachtens ist es denkbar, von dieser klaren Zuweisung unter folgenden Umständen abzusehen: Die generelle Deliktsunfähigkeit endet für Kinder mit der Vollendung des siebten Lebensjahres und darüber hinaus sind sie bis zur Vollendung des zehnten Lebensjahres im Straßenverkehr zusätzlich privilegiert, solange sie nicht vorsätzlich handeln, § 828 Abs. 2 S. 2 BGB. Damit könnte ein ausschließlicher Verursachungsbeitrag eines nach § 828 Abs. 3 BGB Deliktsunfähigen die Risikozuweisung des Straßenverkehrsrechts überwiegen, wenn der Kfz-Halter völlig schuldlos war. Ergebnis dessen könnte aber immer nur eine Quotelung der Ansprüche sein, nie die alleinige Haftung des Unzurechnungsfähigen. In diesem Zusammenhang wäre dann aber regelmäßig der Grad der Einsichtsfähigkeit zu berücksichtigen, welcher wiederum die Quote zu Lasten des Kfz-Halters drücken würde.[810]

Jedoch könnte durch die Neufassung des § 7 Abs. 2 StVG einer entsprechenden Argumentation der Boden entzogen worden sein. Konnte ein Kfz-Halter sich früher noch darauf berufen, dass der Unfall für ihn ein unabwendbares Ereignis war, so muss es sich heute um höhere Gewalt handeln. Unter einem unabwendbaren Ereignis konnte auch menschliches, nicht von einem rechtlich relevanten Willen getragenes Verhalten fallen, aber unter höhere Gewalt fällt nie ein nicht vorwerfbares menschliches Verhalten. Auf § 7 Abs. 2 StVG kann sich ein Kfz-Halter bei einem Unfall mit einem Unzurechnungsfähigen also nie berufen, mag ihn auch noch so wenig „Schuld" an dem Unfall treffen. Dies schließt aber nicht aus, dass ein Anspruch eines

---

[809] Vgl. BGH NJW 1973, 1795, 1796; OLG Hamm VersR 1975, 667; OLG Düsseldorf VersR 1977, 160; OLG München VersR 1978, 973, 974; OLG Oldenburg VersR 1980, 340; OLG Stuttgart VersR 1980, 952.

[810] S. hierzu ausführlich Kap. 2 A. VII. 2. (S. 231 ff.).

Unzurechnungsfähigen entsprechend § 9 StVG in Verbindung mit §§ 254, 829 BGB grundsätzlich gekürzt werden kann, denn hätte der Gesetzgeber auch diese Möglichkeit verhindern wollen, so hätte er schlicht in § 9 StVG ein ausdrückliches Verbot der spiegelbildlichen Anwendung von § 829 BGB einführen können. Nichtsdestotrotz bringt § 7 Abs. 2 StVG klar zum Ausdruck, dass mit der Einschränkung der Risikozuweisung zu Lasten des Kfz-Halters gegenüber Unzurechnungsfähigen äußerste Vorsicht angezeigt ist.
Damit kommt eine Beschränkung der grundsätzlichen Risikozuweisung des Kfz-Halters für Schäden im Straßenverkehr nur bei über zehnjährigen Jugendlichen in Betracht, die auf Grund ihrer individuellen Entwicklung nach § 828 Abs. 3 BGB gerade noch als deliktsunfähig angesehen werden, wobei den Kfz-Halter kein Verschulden treffen darf und der Jugendliche alleiniger Verursacher des Schadens sein muss. Wie auch sonst begründet dies alleine noch nicht die Haftung des Unzurechnungsfähigen, noch die Einschränkung seiner Ansprüche.

bb) Andere Fälle der Risikozuweisung durch Gesetz

Traurige Bekanntheit erlangten in den vergangenen Jahren Fälle, in denen Kinder von Hunden schwer verletzt wurden.[811] Häufig werden Kinder von Hunden gebissen, wobei sich der Hundehalter darauf beruft, der Hund sei von dem Kind zum Angriff gereizt worden.[812]
Auch hier weist das Gesetz grundsätzlich den Haltern von Tieren das Risiko zu, wenn andere durch sie geschädigt werden, §§ 833, 834 BGB.[813] Zwar ist bereits seit langem anerkannt, dass auch gegenüber Ansprüchen aus Gefährdungshaftung ein Mitverschulden möglich ist. Nichtsdestoweniger verbleibt das Risiko eines durch ein Tier verursachten Schadens grundsätzlich bei dessen Halter. Wie auch im Straßenverkehr kann sich damit ein Tierhalter in aller Regel nicht auf ein „Mitverschulden" eines Kindes analog

---

811 Vgl. z.B.: FAZ (17.8.2004) American Staffordshire greift siebenjähriges Mädchen im österreichischen Leoben an; FAZ (19.4.03) Ein vier Jahre altes Mädchen wird in Oberursel von einer jungen Rottweilerhündin angefallen; vgl. mit weiteren Zahlen: DER SPIEGEL 20/2005, S. 54 f. („Beute im Kinderwagen").

812 Vgl. z.B.: BGH VersR 1967, 1001; AG Lübeck VersR 1971, 185; ähnlich: OLG Nürnberg VersR 1965, 93.

813 Vgl. ähnliche Fallkonstellation: Kantonsgericht Schwyz Urt. v. 1.6.2004 (ZK 2003 123): Kind wird von einem Pferd schwer verletzt; Pferdehalter haftet nach Art. 56 OR (Kausalhaftung mit Befreiungsmöglichkeit) und beruft sich auf ein „Selbstverschulden" des Kindes analog Art. 54 OR, was abgelehnt wird.

§§ 254, 829 BGB berufen.[814] Er muss also grundsätzlich den Schaden alleine tragen. Nur falls ausnahmsweise besonders viele und besonders starke Billigkeitsmomente für eine Anspruchskürzung sprechen, mag dies zu einer anderen Beurteilung führen.
Denkbar sind darüber hinaus auch Fälle im Bereich der Gebäudehaftung.[815]

cc) Kinderspiel

Eine weitere sehr relevante Risikozuweisung ist nicht gesetzlich fixierbar und doch allgemein anerkannt.[816] Spielende Kinder stellen immer eine Gefahr für sich und andere dar, ohne dabei sich der Risiken ihres Handelns bewusst zu sein. Ob es der Entdeckertrieb, die Mutprobe, der freundschaftliche Wettstreit, der kindliche Ehrgeiz, der manchmal aufflammende Jähzorn oder Ähnliches sind, so ist doch alles Teil kindlichen Spielens, was für die spätere Entwicklung ungemein wichtig ist. Die damit einhergehenden Gefahren von Verletzungen gehören zum Erwachsenwerden dazu. Nicht zuletzt deshalb schließt der Gesetzgeber Kinder von der deliktsrechtlichen Verantwortung grundsätzlich aus. Spielende Kinder bilden eine Gefahrgemeinschaft, deren Sorgfalt zwar durch sie selbst bestimmt wird, nicht jedoch Haftungsmaßstab ist, wie § 832 Abs. 1 BGB zeigt. Mag das jeweilige Spiel auch unterschiedlich gefährlich sein (vgl. Schneeballschlacht und Puppenspiel), so bleibt es doch ein typisches Kinderspiel, bei dem die Kinder ihre Fähigkeiten und Gefühle, nicht zuletzt das Verantwortungsgefühl als Teil des Unrechtsbewusstseins, erlernen. Das kindliche Spiel ist Teil des allgemeinen Lebensrisikos, das als Freiraum für die Entwicklung von Kindern unabdingbar ist.
Schädigt ein Kind ein anderes beim Spielen, so trägt das geschädigte Kind grundsätzlich selbst das Risiko. Das schädigende Kind trägt zwar in gewissen Grenzen das Risiko der aus der Verletzung folgenden Schäden (z.B. Schwere der Verletzung, Dauerschaden), nicht aber das im kindlichen Spiel selbst begründete Schadensrisiko. Ein Schadensersatzanspruch kommt nur dann in Betracht, wenn andere Umstände die Billigkeitserwägungen tragen[817] oder eine Aufsichtspflichtverletzung vorliegt.

---

[814] A.A. AG Lübeck VersR 1971, 185; vgl. hierzu ausführlicher Kap. 2 B. V. 5. (S. 287 ff.).
[815] Vgl. OLG Hamm FamRZ 1977, 318.
[816] In diesem Sinn auch MüKoBGB/Wagner[4] § 829 Rn 15; RGRK/Steffen[12] § 829 Rn 16.
[817] Vgl. z.B. BGH NJW 1958, 1630, 1633; BGH FamRZ 1979, 567, 568.

Schädigt dagegen ein Zurechnungsfähiger ein spielendes Kind und beruft sich der Schädiger auf ein „Mitverschulden" des Kindes analog §§ 254, 829 BGB, so weist das allgemeine Lebensrisiko dem Schädiger alleine die Gefahr zu, dass ein Kind sich durch eine von ihm schuldhaft gesetzte Gefahr selbst verletzt.[818] Er haftet also regelmäßig ohne Einschränkungen.

dd) Sonstiges

Darüber hinaus sind auch andere Lebensbereiche denkbar, in denen das allgemeine Lebensrisiko den Beteiligten die Gefahr eines Schadens in besonderem Maße selbst zuschreibt. So kann ein fortwährender freundschaftlicher Umgang auch das Risiko eines Schadens im besonderen Maße dem Geschädigten auferlegen.[819]
Ob dagegen die soziale Stellung[820] ein taugliches Billigkeitsmoment darstellt, erscheint mir zweifelhaft. Verwechselt man soziale Stellung nicht mit finanzieller Potenz, sondern stellt auf die Integrität einer Person, beziehungsweise deren Anerkennung durch die übrige Gesellschaft ab, so sind einerseits weder der Grad der Integrität noch die Anerkennung durch die übrige Gesellschaft kaum bestimmbar; andererseits erscheint es unbillig, eine Person haften zulassen, nur weil sie sich den Respekt der Gesellschaft verdient hat. Eine Person dieses Formates würde wohl – soweit es die finanziellen Verhältnisse zulassen – den von ihr schuldlos verursachten Schaden aus Anstandsgefühl freiwillig begleichen.

b) Verursachungsbeitrag

Neben der Risikozuweisung spielt auch der jeweilige Verursachungsbeitrag der Beteiligten eine entscheidende Rolle.[821] Dabei sind unter den Verursachungsbeiträgen nur die objektiven Umstände der Tat zu verstehen, die kausal für die eingetretene Rechtsgutsverletzung sind. Auf etwaige „Mitverschuldensanteile" im Sinn einer „natürlichen Schuld" kommt es hierbei nicht an.
Der jeweilige Verursachungsbeitrag kann auch unproblematisch bei Unzurechnungsfähigen im Rahmen der Billigkeitsabwägungen berücksichtigt

[818] Vgl. z.B. OLG München VersR 1977, 654.
[819] Vgl. OLG Nürnberg VersR 1965, 93, 95.
[820] So aber OLG Nürnberg VersR 1965, 93, 95; Esser/Weyers, SchuldR II/2[8], § 55 III. 2. (S. 176).
[821] MüKoBGB/Wagner[4] § 829 Rn 15; Soergel/Spickhoff[13] § 829 Rn 15; RGRK/Steffen[12] § 829 Rn 16; Deutsch, AllgHaftR[2], Rn 487, 488.

werden, da er objektiv bestimmt wird. Zwar mag es für den Tatrichter häufig schwierig sein, eine bestimmte Quote der Verursachungsbeiträge festzusetzen, jedoch zeigt der Vergleich mit dem Verschuldensbeitrag, dass eine entsprechende Quotelung durchaus praktikabel ist und von der Rechtsprechung auch durchweg berücksichtigt wird.[822]
Nicht anders wie im Bereich der finanziellen Verhältnisse, erfordert die Billigkeit ein klares Gefälle[823] der Verursachungsbeiträge. Ein bloßer Verursachungsbeitrag von etwas mehr als der Hälfte begründet noch kein Gefälle. So spricht meines Erachtens nur ein weit überwiegender Verursachungsbeitrag des unzurechnungsfähigen Schädigers – neben anderen Elementen – für einen Anspruch nach § 829 BGB, denn nur dann erfordert die Billigkeit einen Schadensausgleich und ermöglicht ihn nicht nur. So könnte etwa eine Verursacherquote von 80 % auf Seiten des Unzurechnungsfähigen ein berücksichtigenswertes Verursachungsgefälle begründen. Auch im Bereich der spiegelbildlichen Anwendung von § 829 BGB darf der Anspruch des Unzurechnungsfähigen nur gekürzt werden, wenn sein Verursachungsbeitrag neben anderen die Billigkeit tragenden Elementen den des Haftpflichtigen bei weitem überwiegt.
Weist das Gesetz oder die Gesellschaft das Risiko einer Schädigung jedoch einer bestimmten Personengruppe zu, so überlagert dies den jeweiligen konkreten Verursachungsbeitrag. Erst wenn dem, dem das Risiko zugewiesen ist, kein Verschulden vorgeworfen werden kann, darf der Verursachungsbeitrag des Unzurechnungsfähigen berücksichtigt werden, wenn er den des anderen wesentlich überwiegt.

bb. Schadensfolge

Zu den tatbezogenen Umständen gehören neben den schadensstiftenden Umständen auch die Folgen der Schadensverursachung.[824] Hierbei können drei Faktoren berücksichtigt werden. Erstens spielt es eine Rolle, ob es sich

---

[822] Vgl. z.B. BGH NJW 1973, 1795, 1796; OLG Hamm VersR 1975, 667; OLG Hamm FamRZ 1977, 318, 319; OLG München VersR 1978, 973, 974; OLG Stuttgart VersR 1980, 952; LG Verden VersR 1972, 965; LG München I VersR 1975, 73, 74; AG Stuttgart VersR 1973, 94, 95.

[823] LG München I VersR 1975, 73, 74.

[824] MüKoBGB/Wagner[4] § 829 Rn 15; Soergel/Spickhoff[13] § 829 Rn 15; Staud/Oechsler (2002) § 829 Rn 57; RGRK/Steffen[12] § 829 Rn 16; Deutsch, AllgHaftR[2], Rn 487, 488; Enneccerus/Lehmann, SchuldR[15], § 260 II. 4. (S. 1045); Esser/Weyers, SchuldR II/2[8], § 55 III. 2. (S. 176); Kötz/Wagner, DeliktsR[10], Rn 354; Larenz, SchuldR II[12], § 71 II (S. 598).

nur um eine Bagatelle handelt, zweitens ist die Schwere der Schädigung relevant und drittens kommt einem Dauerschaden besondere Bedeutung zu.

a) Bagatellgrenze

Grundsätzlich darf eine Bagatelle nie zu einem Anspruch nach § 829 BGB führen. Die Billigkeit erfordert nie eine Schadensregulierung unterhalb dieser Grenzen. Vielmehr muss es hier klar bei dem Grundsatz *casum sentit dominus* bleiben.

Es lässt sich weder ein Betrag, noch eine konkrete Schadensfolge festsetzen, die die Grenze zur Bagatelle markiert. So kann ein Kratzer am Arm eine Bagatelle sein, entlang eines Autos dagegen nicht mehr und umgekehrt. Letztendlich ist dies immer eine einzelfallabhängige Entscheidung.

b) Schwere der Schädigung

Nach § 829 BGB werden sowohl materielle, wie auch immaterielle Schäden ersetzt.[825] Die Schwere der eingetretenen Schädigung wird zwar individuell als unterschiedlich beeinträchtigend empfunden, lässt sich jedoch als objektives Kriterium in die Abwägung einstellen. Damit stellt sie ein taugliches Element zur Bestimmung dar, ob eine Schadloshaltung im konkreten Einzelfall billig ist.

Obwohl auch reine Vermögensschäden von § 829 BGB erfasst werden, ist in der Rechtsprechung kein Fall – soweit ersichtlich – bekannt, in dem es nicht um die Verletzung eines absoluten Rechtsguts ging. Darüber hinaus hat die Rechtsprechung bis heute die Schwere der Schädigung nur bei der Verletzung der körperlichen Integrität berücksichtigt, nie jedoch bei der Vernichtung wertvollen Eigentums.

Meines Erachtens kann auch eine Eigentumsverletzung als besonders schwere Folge in die Billigkeitsabwägung eingestellt werden. Damit jedoch die Billigkeit eine Schadloshaltung erfordert, müsste diese Verletzung beinahe schon existenzgefährdend sein und nicht bloß eine schwere Einbuße. Ist der Schaden tatsächlich so hoch, müssen aber immer noch weitere Elemente hinzutreten, die es rechtfertigen, einen Unzurechnungsfähigen für den Schaden zumindest teilweise aufkommen zu lassen. Darüber hinaus muss dem Schädiger auch sein Schonvermögen verbleiben.[826] Somit ist es auch für den Schädiger nicht von vornherein unbillig, wenn die Höhe des Schadens berücksichtigt wird.

---

[825] S. dazu unten Kap. 2 A. VII. 2., 3. (S. 231 und 233).

[826] S. dazu unten Kap. 2 A. VI. (S. 227).

Als auf Grund ihrer Schwere zu berücksichtigende Umstände kommen nach der Rechtsprechung zu Recht sowohl die Verletzung als solche, wie auch daraus folgende immaterielle Nachteile in Betracht.
Berücksichtigt wurden etwa die Amputation des rechten Oberschenkels,[827] Hirnschäden,[828] ein komplizierter Kieferbruch,[829] durch Feuer verstümmelte Hände und Verbrennungen im Gesicht[830] und Schädelverletzungen[831].
Als immaterielle schwere Folgen wurden zum Beispiel die durch schwere Schädelverletzungen verursachten erschwerten Heiratschancen[832] und allgemein Entstellungen im Gesicht[833] berücksichtigt.
Allgemein formuliert, muss eine berücksichtigenswerte Schädigung also so schwer wiegen, dass ein Mensch bei objektiver Betrachtung aus seinem bisherigen Leben herausgerissen wird, beziehungsweise ein zu erwartender Lebenslauf nicht mehr erreichbar scheint.

c) Dauerschäden

Zu den ebenfalls berücksichtigenswerten Umständen werden im Rahmen der Schadensfolge auch sogenannte Dauerschäden gezählt.[834] Hierbei hat die Rechtsprechung Fälle vor Augen, in denen das Opfer seiner Erwerbsfähigkeit, beziehungsweise der Möglichkeit, später einmal seinen eigenen Unterhalt durch Erwerbstätigkeit zu sichern, beraubt wird.[835] Letzten Endes handelt es sich hierbei nur um eine konkrete Ausformung der schweren Folge einer Schädigung. An sich ist jede nicht geringfügige Verletzung der körperlichen Integrität ein Dauerschaden, die zu Einschränkungen der Erwerbsfähigkeit führen kann. Dennoch ist der Rechtsprechung zuzugeben, dass der Verlust, beziehungsweise die zukünftige Möglichkeit eigenen Erwerbs ein solch schwerer Einschnitt in das Leben eines Menschen ist, dass es gerechtfertigt erscheint, dies als gesonderte Kategorie der zu berücksichtigen Umstände hinsichtlich der Schadensfolge hier aufzunehmen.

---

[827] BGH NJW 1962, 2201, 2202.
[828] BGH VersR 1970, 820.
[829] LG Konstanz VersR 1979, 428.
[830] BGHZ 76, 279, 282.
[831] OLG Nürnberg NJW-RR 1998, 1040, OLG Saarbrücken VersR 2000, 1427, 1429.
[832] OLG Saarbrücken VersR 2000, 1427, 1429.
[833] BGHZ 76, 279, 282.
[834] BGHZ 76, 279, 282; OLG Schleswig VersR 1975, 479, 480; Staud/Oechsler (2002) § 829 Rn 57.
[835] BGHZ 76, 279, 282; OLG Schleswig VersR 1975, 479, 480; OLG Saarbrücken VersR 2000, 1427, 1428.

In diese Kategorie fallen auch noch Dauerschäden wie fortwährende Pflegebedürftigkeit, Verlust eines Unterhaltspflichtigen und Ähnliches.

b. Beteiligtenbezogene Umstände

Sowohl von der Rechtsprechung,[836] wie auch von großen Teilen der Literatur[837] werden beteiligtenbezogene Umstände berücksichtigt. An sich ist hiergegen sicherlich nichts einzuwenden, zumal wenn man den Wortlaut des § 829 BGB berücksichtigt, der ausdrücklich von den „*Verhältnissen der Beteiligten*" spricht.[838]
Problematisch kann allenfalls die Anknüpfung an subjektive Elemente beim Unzurechnungsfähigen werden, da sie dort entweder gar nicht (Bewusstlosigkeit), oder jedenfalls nicht rechtlich relevant (z.B. grobe Fahrlässigkeit) in Erscheinung treten.[839] Objektiv bestimmbare beteiligtenbezogene Umstände sind dagegen in die Billigkeitsabwägung unproblematisch einzustellen, soweit § 829 BGB ihre Berücksichtigung verlangt.

aa. Grad der individuellen Unzurechnungsfähigkeit

Hierzu zählt zunächst der Grad der Unzurechnungsfähigkeit. Dieses Kriterium ist von einem wie auch immer zu bestimmenden „natürlichen" Verschulden streng zu trennen. Nicht die individuelle Vorwerfbarkeit, sondern die Einsichtsfähigkeit des Einzelnen stellt den rechtlich relevanten Maßstab zur Bestimmung der Zurechnungsfähigkeit dar (speziell § 828 Abs. 3 BGB). Schon die Gesetzesmaterialien stellten beispielhaft auf den „*Grad der geistigen Schwäche*" ab.[840] Dabei schweigen sie sich aus, ob damit erst oberhalb der generellen Deliktsunfähigkeit nach §§ 827 S. 1, 828 Abs. 1 BGB die individuelle Einsichtsfähigkeit berücksichtigt werden soll, oder ob

---

836 BGHZ 23, 90, 99; BGH NJW 1958, 1630, 1633; 1969, 1762, 1763; LG Kiel VersR 1968, 80; LG Detmold VersR 1969, 68, 69; LG Frankenthal VersR 1970, 1064; LG Verden VersR 1972, 965; LG Mosbach NJW-RR 1986, 24; AG Stuttgart VersR 1973, 94, 95; AG Lübeck VersR 1971, 185.

837 MüKoBGB/Wagner[4] § 829 Rn 15; Soergel/Spickhoff[13] § 829 Rn 15; Staud/Oechsler (2002) § 829 Rn 58; RGRK/Steffen[12] § 829 Rn 16; Deutsch, AllgHaftR[2], Rn 488; Enneccerus/Lehmann, SchuldR[15], § 260 II. 4. (S. 1045); Esser/Weyers, SchuldR II/2[8], § 55 III. 2. (S. 176); Kötz/Wagner, DeliktsR[10], Rn 354; Larenz, SchuldR II[12], § 71 II (S. 598).

838 Anders aber noch RGRK/Oegg[10] § 829 Anm. 5 und RGRK/Haager[11] § 829 Anm. 5.

839 Vgl. oben Kap. 2 A. II. 2. (S. 94 ff.).

840 Prot. II, S. 589.

dies generell, also auch bei Kleinkindern und Bewusstlosen, ein berücksichtigenswerter Umstand sein soll.
Weder die Literatur[841] noch die Rechtsprechung[842] haben hierzu bisher klar Stellung bezogen. Da keine ausdrückliche Einschränkung auf zumindest bedingt Deliktsfähige nach § 828 Abs. 3 BGB erfolgt, liegt es nahe, dass der Grad der Unzurechnungsfähigkeit allgemein Berücksichtigung finden sollte. Dies ist deshalb nicht unproblematisch, da das Gesetz bei Kindern, geistig Behinderten und Bewusstlosen davon ausgeht, dass die Einsichtsfähigkeit bei diesen Personen so gering, beziehungsweise nicht vorhanden ist, dass „Handlungen" dieser Personen gerade nicht deliktsrechtlich relevant sein sollen. Wieso sollte man einen Zustand, der eine Person grundsätzlich von Haftung freistellt, nun unter Umständen haftungsbegründend berücksichtigen?
Auch in der schweizerischen Haftpflichtliteratur wird zur Vorsicht gemahnt, wenn es um die Berücksichtigung des Grades der Urteilsunfähigkeit geht.[843] Damit würden „Gefühlsmomente" eingeführt.[844]
Die Antwort, ob und inwieweit der individuelle Grad der Zurechnungsfähigkeit berücksichtigt werden darf, liegt letztendlich in § 829 BGB selbst. Als Haftungssubjekt für § 829 BGB kommt nur ein Unzurechnungsfähiger in Betracht. Ist der Unzurechnungsfähige jedoch an der Grenze der Zurechnungsfähigkeit, ist es gerechtfertigt, das Privileg der Deliktsunfähigkeit, welches grundsätzlich die Voraussetzung der Haftung nach § 829 BGB ist, im Rahmen der Billigkeitserwägungen haftungsmitbegründend zu berücksichtigen. Die Berücksichtigung des individuellen Grads der Zurechnungsfähigkeit ist damit nur eine konsequente Fortführung des persönlichen Anwendungsbereichs von § 829 BGB. Damit lässt sich auch eine gerechte Abstufung innerhalb der nach § 829 BGB in Anspruch Genommenen vornehmen. Es wäre doch äußerst bedenklich, wenn ein zwei- und ein sechsjähriges Kind in derselben Situation gleich behandelt würden. Allein vor diesem Hintergrund rechtfertigt sich bereits eine Berücksichtigung des individuellen Grads der Unzurechnungsfähigkeit. Damit ist unabhängig von der Grenze des § 828 Abs. 1 BGB der Grad der Unzurechnungsfähigkeit zu berücksichtigen.

---

841 Deutsch, AllgHaftR[2], Rn 488; Enneccerus/Lehmann, SchuldR[15], § 260 II. 4. (S. 1045); Kötz/Wagner, DeliktsR[10], Rn 354; Larenz, SchuldR II[12], § 71 II (S. 598).

842 Vgl. z.B. BGHZ 23, 90, 99; BGH NJW 1958, 1630, 1633; LG Detmold VersR 1969, 68, 69.

843 Im Anschluss an BGE 71 II 225, 230: Oftinger/Stark, Schweizerisches Haftpflichtrecht II/1[4], § 18 Rn 67 (S. 150), Brehm, OR 54 Rn 32.

844 Brehm, OR 54 Rn 32.

Konkret bedeutet dies, dass Bewusstlose, die jeglicher geistigen Tätigkeit beraubt sind, in diesem Sinne völlig unzurechnungsfähig sind. Die Bewusstlosigkeit ist damit immer zu Gunsten des nach § 829 BGB in Anspruch Genommenen zu berücksichtigen.[845]
Im Übrigen entscheidet die individuelle Reife[846] in Verbindung mit der Einsichtsfähigkeit, wie hoch der Grad der Unzurechnungsfähigkeit ist.
Ist auch der Geschädigte nicht zurechnungsfähig im Sinn der §§ 827 S. 1, 828 BGB, so muss auch dessen individueller Grad an Unzurechnungsfähigkeit berücksichtigt werden. Da häufig kleine Kinder von Altersgenossen geschädigt werden, egalisiert sich regelmäßig dieser Punkt in der Billigkeitsabwägung, wenn nicht zufällig einem Beteiligten eine besondere Stärke beziehungsweise Schwäche anlastet.

bb. „Natürliches Verschulden"

Von vielen Autoren wird bei der Bestimmung der Billigkeit auch das „natürliche (Mit-) Verschulden" eines Unzurechnungsfähigen berücksichtigt.[847]
Auch die Rechtsprechung berücksichtigt häufig ein gesteigertes Maß an individueller Vorwerfbarkeit, wenn sie etwa von „böswillig" [848], „leichtfertig"[849], „grob verkehrswidrigem Verhalten"[850] oder „natürlichem (Mit-) Verschulden"[851] spricht.
Jedoch kennt – wie bereits oben dargestellt – das Gesetz weder die Figur des „natürlichen Verschuldens", noch bedarf es derselben.[852]
Würde dagegen ein gesteigerter Grad des Verschuldens bei einem Unzurechnungsfähigen berücksichtigt, so führt dies, wie *Brehm* zu Recht bemerkt, zu einem pönalen Element, welches dem zivilen Haftungsrecht unbekannt ist.[853] Auch *v. Gierke* hat schon darauf hingewiesen, dass etwa ein objektiv bösartiges Verhalten eines Menschen, der unzurechnungsfähig ist,

---

845 In diesem Sinn wohl auch: BGHZ 23, 90, 99.
846 Vgl. BGH NJW 1958, 1630, 1633.
847 Enneccerus/Lehmann, SchuldR[15], § 260 II. 4. (S. 1045) („bewiesene Bösartigkeit"); Deutsch, AllgHaftR[2], Rn 488; Kötz/Wagner, DeliktsR[10], Rn 354 („Erkennbarkeit der Gefahr"); Larenz, SchuldR II[12], § 71 II (S. 598) („Gefährlichkeit des Verhaltens"); RGRK/Steffen[12] § 829 Rn 16 („unbesonnen oder absichtlich").
848 BGH NJW 1958, 1630, 1633.
849 LG Kiel VersR 1968, 80.
850 LG Verden VersR 1972, 965; AG Stuttgart VersR 1973, 94, 95.
851 BGH NJW 1969, 1762, 1763; LG Frankenthal VersR 1970, 1064; LG Mosbach NJW-RR 1986, 24; AG Lübeck, VersR 1971, 185.
852 Vgl. Kap. 2 A. II. 2. d. (S. 96 ff.).
853 Brehm, OR 54 Rn 32.

nicht diesem zum Vorwurf gemacht werden darf, da Intelligenzmangel nicht vorwerfbar sei.[854] Deshalb wird heute in der Schweiz allgemein die Berücksichtigung des subjektiven Verschuldens bei Urteilsunfähigen abgelehnt.[855] In Deutschland findet sich dagegen eine viel zitierte Entscheidung, die einen Anspruch nach § 829 BGB unter anderem damit begründet, dass die Angriffe mit „natürlichem Vorsatz" begangen wurden[856] und dass ein „klageabweisendes Urteil als Freibrief für künftige weitere Angriffe"[857] verstanden werden könnte. Es ist aber sicher nicht Aufgabe des Zivilrechts, einen Unzurechnungsfähigen zu maßregeln, wo Straf- beziehungsweise Unterbringungsrecht nicht eingreift. Um ein Abgleiten des § 829 BGB in Richtung Gesinnungsunrecht zu vermeiden, darf allein aus diesem Grund ein „natürliches Verschulden" hier nicht berücksichtigt werden.

Dass der Grad der individuellen Reife berücksichtigt wird, weist darüber hinaus im Umkehrschluss darauf hin, dass ein Verschuldensvorwurf nicht berücksichtigt werden darf. Wenn das gesteigerte „Verschulden" („absichtlich, böswillig" usw.) gerade Ausfluss der individuellen geistigen Schwäche ist, so wäre es inkonsequent, einerseits den Grad der Unzurechnungsfähigkeit zu Gunsten des Unzurechnungsfähigen zu berücksichtigen, andererseits die daran anknüpfende Handlung wieder zu Lasten des Schädigers in die Billigkeitsabwägung einzuführen. Auch bedarf es zunächst eines Unrechtsempfindens, beziehungsweise eines Verständnisses für einen anzuwendenden Sorgfaltsmaßstab, um einen wie auch immer gearteten „natürlichen gesteigerten Verschuldensvorwurf" machen zu können, da dieser zwangsläufig subjektiviert ist. Liegt aber bereits ein entsprechend ausgeprägtes Unrechtsbewusstsein, beziehungsweise ein Verständnis für die Gefährlichkeit der Handlung vor, so ist auch der Grad der Unzurechnungsfähigkeit entsprechend herabgesetzt. Es bedarf folglich nicht der Berücksichtigung eines „natürlichen Verschuldens" und wird auch nicht von der Billigkeitsprüfung erfordert,[858] da die beteiligten bezogenen Umstände der Tat ausreichend durch die Berücksichtigung des Unzurechnungsfähigkeitsgrads Geltung erlangen.

---

[854] v. Gierke, Deutsches Privatrecht III, § 212 III. 1. Fn 20 (S. 911).

[855] Brehm, OR 54 Rn 32; BSK-OR I/Schnyder, Art. 54 Rn 8; Oftinger/Stark, Schweizerisches Haftpflichtrecht II/1^4, § 18 Rn 65 (S. 149).

[856] LG Mosbach NJW-RR 1986, 24.

[857] LG Mosbach NJW-RR 1986, 24, 25.

[858] Anders in Österreich: dort geht das Gesetz ausdrücklich davon aus, dass auch einem Unzurechnungsfähigen ein Verschuldensvorwurf gemacht werden kann, § 1310 1. Fall ABGB. Von der Literatur wird aber darauf hingewiesen, dass unterhalb der Mündigkeitsgrenze nur ausnahmsweise Verschulden vorliegen kann (Rummel/ Reischauer^2 § 1310 ABGB Rn 3).

Zu erwägen ist aber, ob ein sogenanntes „objektives Verschulden" zu berücksichtigen ist.[859] Das heißt, es wird ein hypothetischer Vergleich vorgenommen, ob das schadensstiftende Verhalten als schuldhaft gelten würde, wenn es von einer zurechnungsfähigen Person verursacht worden wäre. Dies, was bereits als taugliches Einschränkungskriterium des deliktischen Tatbestands bekannt ist, könnte hier unter Umständen zu einer Haftungsbegründung – bei Vorsatz und grober Fahrlässigkeit – zur Ablehnung der Billigkeitserwägung im Fall der leichten Fahrlässigkeit führen. Da aber das Verhalten eines Unzurechnungsfähigen gerade auf Grund seiner mangelnden Reife als besonders unvernünftig und damit beim hypothetischen Vergleich mit einem Zurechnungsfähigen als grob fahrlässig erscheinen würde, ist es nicht gerechtfertigt, objektives Verschulden in die Billigkeitserwägung einzustellen. Denn allein die Bestimmung des objektiven Verschuldens durch eine Prüfung, wie das Verhalten als das eines Zurechnungsfähigen aufgefasst werden würde, zeigt, dass gerade das tatsächliche Verhalten nicht Gegenstand der Billigkeitsabwägungen wäre. Da aber in die Billigkeitsabwägung alle Umstände des konkreten Einzelfalls eingestellt werden müssen,[860] sind hypothetische Vergleiche hier fehl am Platz.[861]
Damit bleibt festzuhalten, dass die Vorwerfbarkeit, soweit sie überhaupt vorhanden ist, mit der Berücksichtigung des Grades der Unzurechnungsfähigkeit vollständig abgegolten wird.

c. Entscheidungserheblicher Zeitpunkt

Wie auch bereits bei den wirtschaftlichen Verhältnissen, so stellt sich auch bei den tat- und beteiligtenbezogenen Umständen die Frage, auf welchen Zeitpunkt für die Beurteilung der Billigkeit abzustellen ist.
Bei den meisten tat- und beteiligtenbezogenen Umständen erübrigt sich die Frage, da sie fix feststehen und nicht variieren, wie etwa die Risikozuweisung und der Verursachungsbeitrag.
Problematisch ist hier aber speziell der Grad der Unzurechnungsfähigkeit, der zwischen dem Zeitpunkt der Tat und einer Verurteilung starken Schwankungen ausgesetzt sein kann. Wächst etwa die Einsicht eines kindlichen Schädigers mit zunehmendem Alter, so könnte man argumentieren, dass sich der Schädiger im Zeitpunkt der Verurteilung in einem höheren

---

859 Brehm, OR 54 Rn 17, 44; in diesem Sinn auch MüKoBGB/Wagner[4] § 829 Rn 15.
860 Allg. Auffassung vgl. z.B. Deutsch, AllgHaftR[2], Rn 486 f.; Larenz, SchuldR II[12], § 71 II. (S. 598 f.).
861 A.A. MüKoBGB/Wagner[4] § 829 Rn 15.

Maß seiner „Schuld“ bewusst ist und daher die Billigkeit nun für eine Schadloshaltung spricht.
Dagegen sind folgende Argumente einzuwenden. Wie soll man einen Fall behandeln, in dem der Schädiger bewusstlos war, sich zum Zeitpunkt der letzten mündlichen Verhandlung aber bester Gesundheit erfreut? Darüber hinaus spricht auch die Norm selber gegen solch eine Sichtweise. Würde man einen späteren Zeitpunkt als den der Tat berücksichtigen, so würde die menschliche Entwicklung zu einem Haftungsgrund. Man könnte formulieren, dass dadurch § 829 BGB mitunter zu einer Haftung für später erkanntes Gesinnungsunrecht werden würde.
Lediglich der Dauerschaden ist so in die Billigkeitsabwägung einzustellen, wie er sich zum Zeitpunkt der letzten mündlichen Verhandlung darstellt. Dies liegt in der Natur des Dauerschadens, da nur zu diesem Zeitpunkt halbwegs absehbar feststeht, ob es sich bei der Verletzung überhaupt um einen Dauerschaden handelt.

4. Mitverschulden des Geschädigten

Ist dagegen der Geschädigte selbst nicht unzurechnungsfähig, so drängt sich die Frage auf, wie ein eventuelles Mitverschulden zu berücksichtigen ist. Einerseits könnte man sich auf den Standpunkt stellen, dass das Mitverschulden im Rahmen von § 254 Abs. 1 BGB wie immer erst bei der Bestimmung der Haftungshöhe relevant wird, andererseits würde es auch nahe liegen, das Mitverschulden genauso wie Verursachungsbeiträge der Beteiligten bereits bei der Haftungsbegründung und dann, da die Billigkeit auch über den Umfang der Haftung entscheidet, auch dort zu berücksichtigen. Lediglich eine doppelte Berücksichtigung, das heißt sowohl im Rahmen der Billigkeitserwägungen, wie auch bei § 254 Abs. 1 BGB scheidet von vornherein aus.
Für eine Berücksichtigung im Rahmen des § 254 Abs. 1 BGB spricht, dass diese Vorschrift grundsätzlich auf alle Schadensersatzvorschriften anwendbar ist, außer das Gesetz sieht hiervon eine Ausnahme vor.[862] § 829 BGB sieht aber keine Ausnahme diesbezüglich vor, folglich wäre ein Mitverschulden, wie bei den übrigen Deliktstatbeständen, erst bei der Höhe der Haftpflichtsumme zu berücksichtigen.

---

[862] Vgl. §§ 122 Abs.2, 179 Abs. 3 BGB; anders insoweit bei § 253 Abs. 2 BGB: Dort wird ein eventuelles Mitverschulden im Rahmen der dort anzustellenden Billigkeitserwägungen berücksichtigt. Vgl. hierzu MüKoBGB/Oetker[4] § 253 Rn 46, wonach das Mitverschulden integrales Element zur Bestimmung der Angemessenheit sei.

Andererseits ist die Konzeption des § 829 BGB zu beachten. Danach entscheidet die Billigkeit nicht nur über die Haftungsbegründung, sondern auch über den Haftungsumfang. Es ist aber schlicht unpraktisch, den Haftungsumfang entsprechend der Billigkeit – ohne ein eventuelles Mitverschulden – zu bestimmen und anschließend den Anspruch des Geschädigten wieder nach § 254 Abs. 1 BGB zu kürzen. Da dies in den einschlägigen Fallkonstellationen nur dazu führen würde, den Haftungsumfang recht hoch anzusetzen, um den Anspruch dann im Anschluss auf ein „billiges" Maß zu kürzen, ist es sinnvoller, das Mitverschulden des Geschädigten bereits in die Billigkeitserwägungen einzustellen.[863]
Da das Verschulden das zentrale Element der subjektiven Vorwerfbarkeit im Haftungsrecht ist, bestehen keine Zweifel an der Tauglichkeit als die Billigkeit mitbestimmendes Moment. Man könnte sich aber auf den Standpunkt stellen, dass hier, sobald dem Geschädigten nur irgend eine Fahrlässigkeit unterlaufen ist, automatisch der Verschuldensanteil 100% betragen muss, da dem Unzurechnungsfähigen nie ein technisches Verschulden vorgeworfen werden kann.
Für den Bereich der verschuldensunabhängigen Schadensersatzansprüche, bei denen ein Mitverschulden wie üblich im Rahmen von § 254 Abs. 1 BGB berücksichtigt wird, steht bereits seit langem fest, dass auch gegenüber einem schuldlos Handelnden ein Mitverschulden anspruchskürzend wirken kann.[864] Dies geht einerseits für beispielsweise § 833 S. 1 BGB aus den Motiven[865] hervor und findet sich andererseits heute in einer Vielzahl von Spezialgesetzen (§§ 9 StVG, 27 AtomG, 34 LuftVG). Das Mitverschulden ist aber immer nur ein „Verschulden gegen sich selbst", also ein Verstoß gegen die wohlverstandenen eigenen Interessen.[866] Mithin liegt also ein Mitverschulden vor, wenn der Geschädigte eine Gefahrenquelle für die eigenen Rechtsgüter geschaffen oder diese nicht abgewendet hat.[867] Die Mitverschuldensquote richtet sich immer nur nach dem Verursachungsbeitrag und dem Grad des „Verschuldens gegen sich selbst" im Verhältnis zum „Verschulden des Schädigers gegen den Geschädigten". Daraus folgt aber,

---

863 So auch die allg. Auffassung: BGH NJW 1969, 1762; OLG Köln VersR 1981, 266, 267; MüKoBGB/Wagner[4] § 829 Rn 16; MüKoBGB/Mertens[3] § 829 Rn 20; Planck/Flad[4] § 829 Anm. 2. d.; RGRK/Steffen[12] § 829 Rn 16; Soergel/Spickhoff[13] § 829 Rn 15; Staud/Oechsler (2002) Rn 60; Koebel, NJW 1956, 969, 971.

864 RGZ 51, 275, 277; vgl. allg. hierzu: Looschelders, Die Mitverantwortlichkeit des Geschädigten im Privatrecht, S. 253 ff.; Soergel/Mertens[12] § 254 Rn 9; MüKoBGB/Oetker[4] § 254 Rn 17.

865 Mot. II, S. 1404.

866 MüKoBGB/Oetker[4] § 254 Rn 30.

867 MüKoBGB/Grunsky[3] Rn 19 mit Verweis auf BGHZ 3, 46, 49.

dass das Mitverschulden des Geschädigten auch bestimmt werden kann, wenn dem Schädiger mangels Zurechnungsfähigkeit kein Verschuldensvorwurf gemacht werden kann, da der Verschuldensvorwurf gegenüber dem Schädiger ein anderer ist wie gegenüber dem Geschädigten. Nicht anders verhält es sich, wenn man ein Mitverschulden des Geschädigten bei der anzustellenden Billigkeitserwägung nach § 829 BGB berücksichtigt.
Regelmäßig wird aber der Mitverschuldensanteil gegenüber einem Unzurechnungsfähigen in derselben Situation schwerer wiegen als gegenüber einem Zurechnungsfähigen.[868]
Interessant ist die von *v. Bar* getroffene Feststellung, dass die bloße Berücksichtigung des Mitverschuldens im klaren Widerspruch zu der naturrechtlichen Tradition des § 829 BGB steht.[869] Denn sowohl nach ALR I 6 §§ 41, 44, wie auch nach §§ 1310, 1308 ABGB haftet ein Unzurechnungsfähiger nicht, wenn der Geschädigte Veranlassung für die Schädigung gab.[870] Es findet sich in den Materialien zum BGB keine Ausführung, weshalb diese Einschränkung aufgegeben wurde. Es ist aber mit Sicherheit kein Versehen, sondern eine konsequente Fortentwicklung innerhalb einer Kodifikation, die das Verschulden in den Mittelpunkt der Haftung rückte.
Hieraus sollte man aber die besondere Bedeutung des Mitverschuldens bei der Haftung Unzurechnungsfähiger folgern[871] und anders, als beispielsweise das OLG Köln,[872] bei einem hälftigen Mitverschulden des Opfers in der Regel einen Anspruch nach § 829 BGB ablehnen. Denn die individuelle Vorwerfbarkeit, richtet sie sich auch gegen einen selbst, wiegt schwerer als der bloße Verursachungsbeitrag. Kommen nicht außergewöhnlich viele, beziehungsweise starke Billigkeitsmomente in Betracht, die für die Haftung des Unzurechnungsfähigen sprechen, so ist ein Anspruch nach § 829 BGB zu verweigern, wenn die Mitverschuldensquote zumindest über der Hälfte liegt.

---

868 Für den Bereich der Gefährdungshaftung so auch MüKoBGB/Oetker[4] § 254 Rn 16, 115.
869 v. Bar, Gemeineuropäisches Deliktsrecht I, Rn 78.
870 Ebenso die equity-Maxime im anglo-amerikanischem Recht („who comes to equity must come with clean hands"), auf die v. Bar, Gemeineuropäisches Deliktsrecht I, Rn 78, hinweist.
871 So auch Oftinger/Stark, Schweizerisches Haftpflichtrecht II/1[4], § 18 Rn 73 (S. 151).
872 OLG Köln VersR 1981, 266, 267.

5. Zusammenfassung und Verhältnis der in die Billigkeitsabwägung einzustellenden Elemente untereinander

Betrachtet man nun einen konkreten Fall, dann werden regelmäßig eine Vielzahl von Umständen vorliegen, welche den Eindruck erwecken, für die Billigkeitsentscheidung relevant zu sein.
Man muss sich dann Folgendes fragen: Welche Umstände dürfen berücksichtigt werden? Wann wird ein Umstand zum Billigkeitsmoment? Gibt es eine hierarchische Struktur innerhalb der Billigkeitsmomente, oder wiegen grundsätzlich alle Elemente gleich schwer? Sind verschiedene einzelne Billigkeitsmomente miteinander „verrechenbar", und wenn, wie?

a. Zusammenfassung der relevanten Umstände

Dies ist keine abschließende Aufzählung der Umstände, die bei § 829 BGB berücksichtigt werden dürfen. Vielmehr handelt es sich um eine kurze Zusammenfassung der Umstände, die in der bisherigen Praxis besonders auffielen und nach meiner Überzeugung in die Billigkeitsabwägung eingestellt werden müssen.
Auf Seiten des Schädigers untergliedern sich die zu berücksichtigenden Umstände grundsätzlich in tat- und beteiligtenbezogene Umstände.
Zu den beteiligtenbezogenen Umständen gehören einerseits die Vermögensverhältnisse und andererseits der Grad der Unzurechnungsfähigkeit. Zum Vermögen sind folgende Umstände zu rechnen: das laufende Einkommen, das mobiliare und immobiliare Vermögen, Kapitalguthaben und deren Erträge, gesetzlich und standesrechtlich vorgeschriebene Pflichthaftpflichtversicherungen und arbeitsrechtliche Freistellungsansprüche. Explizit nicht zu berücksichtigen sind freiwillige Haftpflichtversicherungen und das Vermögen der Unterhaltsverpflichteten. Ebenfalls nicht zu berücksichtigen sind ein subjektives („natürliches"), oder ein objektives (hypothetischer Vergleich mit Zurechnungsfähigen in derselben Situation) Verschulden.
Die tatbezogenen Umstände lassen sich danach untergliedern, ob sie schadensstiftend waren oder eine besondere Folge der Schadensverursachung sind. Innerhalb der schadensstiftenden Elemente kann zwischen Verursachungsbeitrag und Risikozuweisung unterschieden werden. Das Risiko wird dabei einerseits durch Gesetz und andererseits durch die von der Gesellschaft getroffenen Wertentscheidungen zugewiesen. Auf der Schadensfolgeseite sind einerseits die Schwere der Verletzung und andererseits die Dauerhaftigkeit derselben zu beachten. Grundsätzlich nicht zu beachten sind reine Bagatellschäden.

Auf Seiten des Geschädigten untergliedern sich die zu berücksichtigenden Umstände auch in tat- und beteiligtenbezogene Umstände.
Zu den beteiligtenbezogenen Umständen gehören einerseits die Vermögensverhältnisse und andererseits der Grad der Unzurechnungsfähigkeit, falls der Geschädigte auch unzurechnungsfähig ist. Zum Vermögen sind folgende Umstände zu rechnen: das laufende Einkommen, das mobiliare und immobiliare Vermögen, Kapitalguthaben und deren Erträge, alle für den Schaden eintretenden Versicherungen, das Vermögen der Unterhaltsverpflichteten und Ansprüche auf Lohnfortzahlung. Ist der Geschädigte unzurechnungsfähig, so ist weder ein subjektives, noch ein objektives Mitverschulden zu berücksichtigen. Ist der Geschädigte dagegen zurechnungsfähig, so ist ein Mitverschulden bereits im Rahmen der Billigkeitsabwägungen einzustellen.
Bei den tatbezogenen Umständen wird ebenfalls zwischen schadensstiftenden Umständen und besonderen Schadensfolgen unterschieden. Innerhalb der schadensstiftenden Elemente kann zwischen Verursachungsbeitrag und Risikozuweisung unterschieden werden. Hierbei ergeben sich, wie auch bei den Schadensfolgen, keine Unterschiede im Vergleich zu den zu berücksichtigenden Elementen auf Seiten des Schädigers.

b. Wann wird ein Umstand zum Billigkeitsmoment?

Manche Umstände können zwar auf beiden Seiten berücksichtigt werden, stellen aber für sich alleine bereits das in die Abwägung einzustellende Element dar. So ist etwa die Schadensfolge (schwere Verletzung und Dauerschaden) zu Lasten des Schädigers einzustellen. Man könnte zwar auch sagen, dass derselbe Umstand zu Gunsten des Geschädigten berücksichtigt werden soll, es bleibt aber ein und derselbe Umstand. Genauso verhält es sich mit der Risikozuweisung, dem Mitverschulden des Geschädigten und dem Grad der Unzurechnungsfähigkeit. All diese Umstände werden unabhängig von Umständen auf Seiten des jeweils anderen Beteiligten ermittelt. Man kann sie daher als selbständige Umstände bezeichnen. Ihr Vorliegen allein macht sie bereits zu Billigkeitsmomenten.
Andere Umstände begründen dagegen alleine noch kein Billigkeitsmoment. Das Vermögen des Schädigers und das des Geschädigten stellen, für sich betrachtet, noch kein Billigkeitsmoment dar. Erst die Diskrepanz zwischen ihnen führt bei entsprechendem Unterschied zu einem Billigkeitsmoment. Ebenso verhält es sich mit den Verursachungsbeiträgen. Man kann diese einzelnen Umstände daher als unselbständig bezeichnen. Nur wenn ein ent-

sprechendes Gefälle zwischen den unselbständigen Umständen vorliegt, führt dies zu einem Billigkeitsmoment.

c. Hierarchie der Billigkeitsmomente?

Gäbe es eine Hierarchie innerhalb der zu berücksichtigenden Billigkeitsmomente, könnte man, nachdem alle relevanten Umstände des Falls notiert sind, sie ihrer Bedeutung nach sowohl für den Schädiger, wie auch für den Geschädigten sortieren, untereinander aufschreiben und anschließend vergleichen.

Dies erscheint gerade im Hinblick auf den Begriff „Billigkeit“ abwegig. Weshalb sollte beispielsweise ein hohes Mitverschulden „billiger“ sein als ein großes Vermögensgefälle? Die Billigkeit ist immer eine konkrete Bewertung des Einzelfalls. Auch die jeweiligen Elemente wiegen immer unterschiedlich schwer, ohne dass dabei der jeweilige Grad des Vorliegens entscheidend ist. Ein hohes Mitverschulden wiegt insgesamt beispielsweise schwerer als ein niedriges – die Bedeutung des Mitverschuldens im Verhältnis zu den anderen Elementen allgemein ist damit aber nicht fest gelegt.

Dennoch meine ich, dass es einige Elemente gibt, die eine besondere Bedeutung innerhalb der anzustellenden Gesamtbetrachtung aufweisen: so das Vermögensgefälle, die Risikozuweisung und das Mitverschulden des Geschädigten.

Auch wenn einem beim ersten Gedanken an den Begriff Billigkeit nicht sofort das Vermögensgefälle in den Sinn kommt, ist dessen besondere Berücksichtigung dennoch angebracht.[873] Denn die Belastung besteht für den Geschädigten nun einmal in einem Schaden, den er gerne liquidiert haben will. Misst man § 829 BGB die Bedeutung zu, dass der Ausgleich im Sinne einer verteilenden und einer ausgleichenden Gerechtigkeit im Zentrum der *ratio* der Norm steht,[874] so darf es nach § 829 BGB nur zu einer Umverteilung von Vermögen kommen, wenn dies die Billigkeit erfordert und nicht nur erlaubt. Auch lässt sich der Wortlaut der Norm in Verbindung mit den Gesetzesmaterialien ins Feld führen, wonach *„insbesondere die Verhältnisse der Beteiligten“*, also deren Vermögensverhältnisse zu berücksichtigen sind. Dies wird ebenfalls vom naturrechtlichen Verständnis der Billigkeitshaftung untermauert, in deren Tradition die Norm steht.

Ich bin ferner der Auffassung, dass die durch das Gesetz oder die Gesellschaft vorgenommene Risikozuweisung besondere Beachtung innerhalb der anzustellenden Abwägung erfordert. Letztendlich handelt es sich dabei um

---

[873] Zweifelnd Deutsch, AllgHaftR^2, Rn 486.

[874] Vgl. Kap. 1 B. II. 7. b. bb. (S. 62).

eine Konkretisierung des allgemeinen Lebensrisikos zu Lasten, beziehungsweise zu Gunsten der Beteiligten. Diese Zuweisung wieder durch § 829 BGB zu korrigieren, erfordert die Billigkeit nur ausnahmsweise. Zum Leben gehören auch Gefahren, die der Einzelne selbst zu tragen hat. Hat die Gesellschaft nicht entschieden, solidarisch für bestimmte Schäden aufzukommen, so hat der Geschädigte den Schaden zu tragen. Lautet dagegen die Entscheidung, dass der Schädiger grundsätzlich für einen von ihm verursachten Schaden zu haften hat und deshalb regelmäßig verschiedene Sicherungsmechanismen hinter ihm stehen, so sollte dies in aller Regel nicht durch § 829 BGB aus den Angeln gehoben werden.
Schließlich bin ich der Meinung, dass das Mitverschulden des Geschädigten bei § 829 BGB besonders berücksichtigt werden sollte. Zwar haben sich die Väter des BGB gegen eine ALR I 6 §§ 41, 44, wie auch §§ 1310, 1308 ABGB entsprechende Regelung entschieden, wonach ein Anspruch ausgeschlossen ist, wenn der Geschädigte die Schädigung veranlasst hat. Dennoch muss einem zurechnungsfähigen Geschädigten, der dem Schädiger intellektuell überlegen ist, eine Obliegenheitsverletzung in eigenen Angelegenheiten besonders angelastet werden, da dem Schädiger selbst kein äquivalenter Vorwurf mangels Zurechnungsfähigkeit gemacht werden kann.[875] Die Billigkeit erfordert eine Ausnahme vom Grundsatz *casum sentit dominus* nur, wenn der Geschädigte sich in eigenen Angelegenheiten nicht übermäßig viel zu Schulden kommen hat lassen.

Die drei genannten Umstände (die „Großen Drei“) sind untereinander gleichrangig. Alle anderen Umstände sind diesen Großen Dreien dagegen nachrangig, wobei sie untereinander wieder gleichrangig sind. Nichtsdestotrotz kann ein besonders schwerwiegender nachrangiger Umstand im Einzelfall einen der „Großen Drei“ überwiegen. Mit der besonderen Betonung des Vermögensgefälles, der Risikozuweisung und des Mitverschuldens des Geschädigten soll daher das Augenmerk darauf gerichtet werden, dass bei der Prüfung des § 829 BGB diese drei Momente regelmäßig eine besonders wichtige Rolle spielen. Eine Billigkeitsabwägung, die nicht zumindest auf einen dieser drei Umstände eingeht und befürwortet, beziehungsweise ablehnt, kann kaum einen Anspruch aus § 829 BGB rechtfertigen. Dies bedeutet aber nicht, dass, sobald einer dieser drei Umstände vorliegt, sich die Berücksichtigung der anderen Umstände erübrigt.
Hieraus folgt auch, dass nie ein Umstand alleine die erforderliche Billigkeitsabwägung tragen kann. Nur wenn nach Abwägung aller Umstände eine

---

[875] Denn nach hier vertretener Ansicht ist ein objektives oder subjektives Verschulden auf Seiten des Schädigers nicht zu berücksichtigen.

Schadloshaltung erforderlich ist, kann ein Schadensersatzanspruch gewährt werden, wenn dieser nicht in das Schonvermögen des Schädigers hineinreicht.
Es bleibt also festzuhalten, dass es nur eine sehr vage Hierarchie innerhalb der die Billigkeit bestimmenden Momente gibt. Besonderes Augenmerk sollte auf das Vermögensgefälle, die Risikozuweisung und das Mitverschulden des Geschädigten gerichtet werden. Im Übrigen wiegen alle Momente gleich schwer. Der Grad des jeweiligen Vorliegens[876] bestimmt die Gewichtung im Rahmen der Gesamtschau.

d. „Verrechung" von Billigkeitsmomenten

Hat man nun alle relevanten und zu berücksichtigenden Momente gesammelt, dabei das Augenmerk besonders auf die Großen Drei gerichtet, wird man in aller Regel feststellen, dass sowohl auf Seiten des Geschädigten, wie auch auf Seiten des Schädigers Elemente für und gegen eine Schadloshaltung aus Billigkeit sprechen. Damit taucht die Frage auf, ob man nur die jeweils korrespondierenden Momente miteinander „verrechnen" kann, oder ob man eine große „Gesamtrechnung" anstellen muss.
Unverkennbar ist dabei zunächst, dass unselbständige Umstände, wie das Vermögen des Schädigers und das Vermögen des Geschädigten erst bei einem entsprechenden Gefälle ein Billigkeitsmoment begründen. Entscheidend ist aber, ob etwa ein besonders hoher Grad an Unzurechnungsfähigkeit (spricht gegen die Haftung) mit einer besonders schweren Folge (spricht für die Haftung) verrechnet werden kann, so dass ein drittes Billigkeitsmoment die Entscheidung bestimmen würde.
Ein solch mathematisches Herangehen ist fehl am Platze. Man kann einem Billigkeitsmoment schlicht nicht einen Wert (z.B.: Bewusstlosigkeit = besonders hoher Grad an Unzurechnungsfähigkeit = -2; Unzurechnungsfähigkeit nach § 828 Abs. 1 BGB = -1 usw.) zuweisen, denn in jedem konkreten Schadensfall gestalten sich die Rahmenbedingungen anders. Es gibt also keine „Verrechnung" einzelner Billigkeitsmomente miteinander.
Dennoch neigt die Rechtsprechung teilweise dazu, konkrete Momente miteinander zu verrechnen.[877] Dies dürfte aber nur daran liegen, dass sie nur über die im Prozess dargelegten Momente entscheidet. Sind also etwa nur zwei Momente bekannt, so können auch nur diese beiden gegen einander abgewogen werden.

---

[876] Z.B. hoher/niedriger Mitverursachungsanteil; schwere/leichte Verletzung usw.
[877] Vgl. z.B. BGH NJW 1969, 1762; 1979, 2096 (Verursachungsgefälle contra Vermögensgefälle).

Nur eine Entscheidung nach Berücksichtigung aller Momente, die einerseits für und andererseits gegen eine Schadloshaltung aus Billigkeitsgründen sprechen, führt zu gerechten Ergebnissen im Einzelfall. Dies ermöglicht auch, einzelnen Umständen in speziellen Konstellationen besondere Bedeutung zukommen zu lassen. So ist etwa der auf Seiten des Geschädigten zu berücksichtigende Versicherungsschutz nur Teil des Billigkeitsmomentes Vermögensgefälle, er hat aber solche besondere Bedeutung,[878] dass die Billigkeit regelmäßig eine Schadloshaltung nicht erfordert.[879]
Bildlich gesprochen sind alle für eine Schadloshaltung aus Billigkeit sprechenden Momente in die eine Waagschale, alle Gegenmomente in die andere Waagschale zu werfen und anschließend gilt es zu schauen, wohin der Zeiger ausschlägt. Dabei überwiegt nicht notwendig die vollere Waagschale die nur mit einem Moment gefüllte andere Schale. Man kann also weder sagen, dass Qualität grundsätzlich Quantität überwiegt, noch andersherum.
Damit bleibt festzuhalten, dass es eine „Verrechnung" einzelner Momente nicht gibt. Nur eine Gesamtabwägung aller Momente, die für und gegen eine Schadloshaltung aus Billigkeit sprechen, wird § 829 BGB gerecht. Es lässt sich ferner keine pauschale Aussage treffen, dass Qualität Quantität überwiegt, oder andersherum. Nur wenn alle Momente des konkreten Falls gegeneinander abgewogen werden, kann eine Entscheidung gerecht und damit billig sein.

VI. Das Schonvermögen des Schädigers

1. Allgemeines

Im letzten Halbsatz von § 829 BGB heißt es, dass einem Schädiger „... *nicht die Mittel entzogen werden* [dürfen], *deren er zum angemessen Unterhalt sowie zur Erfüllung seiner gesetzlichen Unterhaltspflichten bedarf.*"
Liegen also alle Tatbestandsmerkmale des § 829 BGB vor, erfordert insbesondere die Billigkeit eine Schadloshaltung, so soll der letzte Halbsatz die an sich zu leistende Forderung dahingehend begrenzen, dass dem Schädiger ein sogenanntes Schonvermögen verbleiben muss.
Diese Einschränkung geht klar auf die beinahe wortlautgleiche Vorschrift des ALR zurück, ALR I 6 § 43. Ob der vom Gesetzgeber in § 829 BGB aufgenommene letzte Halbsatz als Begrenzung der Schadloshaltung erforder-

---

[878] Vgl. Kap. 2 A. V. 2. c. (S. 188 ff.).
[879] A.A. MüKoBGB/Wagner[4] § 829 Rn 22, der die Last grundsätzlich eher der Versicherung des Schädigers zuweisen will.

lich war, ist sehr zweifelhaft.[880] Denn die Billigkeit selbst erfordert keine Schadloshaltung, wenn dem Schädiger dadurch die Mittel zum eigenen angemessenen Unterhalt, wie auch zur Erfüllung seiner Unterhaltspflichten entzogen werden würden. Der *ratio* der Norm entsprechend soll kein Schädiger, beziehungsweise und dessen Unterhaltsberechtigte durch einen Anspruch nach § 829 BGB in Armut gestürzt werden. Dies würde dem Prinzip des Ausgleichs im Sinne einer ausgleichenden Gerechtigkeit widersprechen. So wird beispielsweise auch nach Art. 54 Abs. 1 OR diese Einschränkung allgemein vorgenommen, ohne dass in der Norm ein entsprechender Hinweis zu finden wäre.[881] Es handelt sich damit nur um eine negative Konkretisierung der Billigkeit, die an sich überflüssig ist.[882]

2. Einzelheiten

Was den angemessen Unterhalt des Schädigers angeht, wird durch § 829 BGB Bezug auf § 1610 Abs. 1, 2 BGB genommen.[883]
Die Unterhaltsverpflichtungen können sich aus §§ 1360 ff., 1569 ff., 1601 ff., 1615a ff., 1754 BGB, §§ 5, 12, 16 LPartG ergeben. Darüber hinaus ist es zu Recht allgemeine Meinung, dass der Versorgungsausgleich ebenfalls zu berücksichtigen ist.[884]
Stirbt der Schädiger bei oder nach der Schadensverursachung, so entfällt ab diesem Zeitpunkt die Beschränkung der Haftung hinsichtlich des eigenen Unterhaltsbedarfs.[885] Es haften die Erben für eine durch den Schädiger begründete Forderung (§ 1967 Abs. 1 BGB) und nur ausnahmsweise aus konstruktiven Gründen ein Toter,[886] um überhaupt eine Verbindlichkeit auf die

---

880 Bauder, Das Beneficium Competentiae, S. 65.

881 BGE 43 II 205/209; Oftinger/Stark, Schweizerisches Haftpflichtrecht II/1[4], § 18 Rn 1 (S. 148); Brehm, OR 54 Rn 47.

882 Im Übrigen ist hierin kein *beneficium competentiae* (auch später im Gemeinen Recht als „Rechtswohltat des Notbedarfs" bezeichnet; Recht des Schuldners in gewissen Fällen nur auf soviel verurteilt zu werden, als er nach Abzug des für ihn und seine Familie nötigen Unterhalts leisten kann) zu sehen, da es sich hier nicht um eine, wie auch immer geartete Einrede, sondern um eine negative Vorraussetzung der Haftung handelt. Vgl. hierzu: Bauder, Das Beneficium Competentiae, S. 8, 65, 66; Kaser, Römische Privatrecht[17], § 32 Rn 22; a.A. Staud/Oechsler (2002) § 829 Rn 61.

883 Vgl. Bamberger/Roth/Spindler § 829 Rn 6; MüKoBGB/Wagner[4] § 829 Rn 23; RGRK/Steffen[12] § 829 Rn 18; Soergel/Spickhoff[13] § 829 Rn 21.

884 Deutsch, AllgHaftR[2], Rn 485; MüKoBGB/Wagner[4] § 829 Rn 23; RGRK/Steffen[12] § 829 Rn 18; Soergel/Spickhoff[13] § 829 Rn 21; Staud/Oechsler (2002) § 829 Rn 62.

885 BGHZ 76, 279, 287; Anm. Knütel JR 1980, 459, 663.

886 Vgl. für diese spezielle Konstellation Kap. 2 A. II. 4. (S. 109 f.).

Erben übergehen zu lassen.[887] Der BGH weicht zwar zur dogmatischen Begründung dieses Ergebnisses auf eine „logische Sekunde" aus,[888] übersieht aber, worauf *Knütel* zu Recht hinweist, dass es solch einer „Hilfskonstruktion" nicht bedarf.[889] Denn erst mit dem Tod des Erblassers geht die Verbindlichkeit auf die Erben über. Im selben Zeitpunkt endet aber auch das Interesse am eigenem Unterhalt und nicht bereits eine „logische Sekunde" vorher. Auch wenn der Schädiger erst einige Zeit nach der schadensstiftenden Tat und vor der letzten mündlichen Verhandlung stirbt, ist gegen den Wegfall der Beschränkung nichts einzuwenden, da – wie oben dargestellt – diese Einschränkung eine an sich überflüssige negative Konkretisierung des durch die Billigkeit vorgegebenen Maßstabs ist. Da jedoch das Moment des Vermögensgefälles, wozu auch diese Einschränkung gehört, erst im Zeitpunkt der letzten mündlichen Verhandlung vorliegen muss, sind die Erben zwangsläufig immer nur einer „bedingten" Verbindlichkeit[890] ausgesetzt. Darüber hinaus gibt es keinen Grund, die Erben des Schädigers zu schützen.[891]

Dient dagegen der Nachlass dem Unterhalt der Erben des Schädigers, so gilt die Einschränkung zu Gunsten der unterhaltsberechtigten Erben weiter.[892]

VII. Rechtsfolge

Liegen alle Tatbestandsvoraussetzungen vor, so stehen die Art und die Höhe der zu leistenden Forderung ebenfalls im Ermessen des Richters. Kommt er zum Schluss, dass im konkreten Fall eine Schadloshaltung erforderlich ist, hat er nun anhand aller zu berücksichtigenden Billigkeitsmomente abzuwägen, ob materieller und/oder immaterieller Ersatz zu leisten ist – in welcher Höhe und in welcher Form.

1. Allgemeines – Reduktionsklausel

Dadurch, dass die Rechtsfolge des § 829 BGB im Ermessen des Richters steht, wendet sich § 829 BGB in diesem Punkt vom sonst im BGB vorherr-

---

[887] Diese Konstruktion abl. Jansen, Die Struktur des Haftungsrechts, S. 143.

[888] BGHZ 76, 279, 288.

[889] Anm. Knütel JR 1980, 459, 663.

[890] S. hierzu ausführlich Kap. 3 A. (S. 291 ff.).

[891] MüKoBGB/Wagner[4] § 829 Rn 23; RGRK/Steffen[12] § 829 Rn 18; Soergel/Spickhoff[13] § 829 Rn 21; Staud/Oechsler (2002) § 829 Rn 62.

[892] BGHZ 76, 279, 288; MüKoBGB/Wagner[4] § 829 Rn 23; Soergel/Spickhoff[13] § 829 Rn 21; Staud/Oechsler (2002) § 829 Rn 62.

schenden „Alles-oder-Nichts-Prinzip“ ab. Denn vom Grundsatz des „Alles-oder-Nichts-Prinzips“ ist jedes Abweichen immer nur eine Reduktion. Der umgekehrte Fall – obwohl § 829 BGB keine Schadloshaltung erfordert, spricht die Billigkeit zumindest für eine geringe Ersatzleistung – wird nicht von der abermaligen Billigkeitserwägung erfasst. Dies würde klar im Widerspruch zum Grundsatz stehen, dass die Billigkeit eine Schadloshaltung erfordern muss.

Insoweit fungiert die zweite Berücksichtigung der Billigkeitsmomente als eine Art Reduktionsklausel, die allgemein für das BGB schon vielfach und seit langem immer wieder gefordert wurde. So meldeten *v. Gierke*[893] und *Jhering*[894] bereits vor Inkrafttreten des BGB Bedenken gegen das „Alles-oder-Nichts-Prinzip“ an. *Jhering* forderte, dass zwischen Schadenersatz und Schuld ein Gleichgewicht bestehen sollte. Das Maß der Schuld sollte die „Haftbarkeit“ bestimmen: („*... der dolus verpflichtet schlechthin zum ganzen Schadensersatz, die culpa nur innerhalb gewisser Gränzen.*“).[895]

Auch der Entwurf einer Deutschen Schadensordnung von 1940 sah in § 8 eine Reduktionsklausel vor.[896] Ebenso sah der Referentenentwurf von 1968 in § 255a eine allgemeine Reduktionsklausel vor, die aber ebenfalls nie in Gesetzesform gegossen wurde.[897]

Auch wenn teilweise § 254 BGB als eine Art Reduktionsklausel aufgefasst wird,[898] so ist doch nur die Berücksichtigung der Billigkeitsmomente bei der Bestimmung der Rechtsfolge des § 829 BGB die einzig klare Reduktionsklausel im engeren Sinn im heutigen BGB. Betrachtet man die in den Entwürfen von 1940 und 1968 gemachten Vorschläge, welche Elemente reduzierend wirken sollten, so finden sie sich in den Ausführungen zu den zu beachtenden Billigkeitsmomenten wieder. So ist beispielsweise sowohl in § 8 des Entwurfs einer Deutschen Schadensordnung, wie auch in § 255a Abs. 1 des Referentenentwurfs die Verteilung der Lasten entsprechend der jeweiligen finanziellen Lage von Bedeutung.

Die Berücksichtigung einer Abwägung der Billigkeitsmomente bei der Bestimmung der Rechtsfolge des § 829 BGB ist eine singuläre Ausnahme vom „Alles-oder-Nichts-Prinzip“. Dieser Teil der Billigkeitsabwägung kann da-

893 v. Gierke, Der Entwurf eines bürgerlichen Gesetzbuchs und das deutsche Recht, S. 198, 266.

894 v. Jhering, Das Schuldmoment im römischen Privatrecht, S. 54 ff.

895 v. Jhering, Das Schuldmoment im römischen Privatrecht, S. 56.

896 Abgedruckt in Nipperdey, Grundfragen der Reform des Schadensrechts, S. 90 ff; Wortlaut auch unter Kap. 1 A. V. (S. 27 f.).

897 Vgl. hierzu Deutsch, AllgHaftR^2, Rn 629.

898 Vgl. hierzu Deutsch, AllgHaftR^2, Rn 632.

her auch als Reduktionsklausel im Sinn der oben genannten Entwürfe verstanden werden. Auf Grund ihrer klaren Einbettung in § 829 BGB ist sie in dieser Form aber nicht verallgemeinerungsfähig.
Da, wie bereits beim Mitverschulden des Geschädigten innerhalb der Billigkeitsabwägung dargestellt, § 254 BGB nicht zu Anwendung kommt, soll hier nur kurz in Erinnerung gerufen werden, dass diese Vorschrift bei der Bestimmung des zu leistenden Ersatzes keine Rolle spielt. Ein Mitverschulden des Geschädigten wirkt sich hier als ein anspruchsreduzierendes Billigkeitsmoment, wie andere auch, aus. Dabei bleibt aber zu beachten, dass es zu einem der „Großen Drei" gehört.[899]

Im Übrigen ist noch darauf hinzuweisen, dass streng zwischen der Billigkeitsabwägung zur Haftungsbegründung und der zur Bestimmung der Rechtsfolge unterschieden werden muss. Dies wird, betrachtet man einige Urteile, nicht immer ganz deutlich. Natürlich schwingt in gewisser Weise bei jeder Entscheidung eines Richters, wenn er meint, dass die Billigkeit „gerade so noch" eine Schadloshaltung erfordert, die Überlegung mit, dass er den Schädiger nur zu einem recht geringen Teil den Schaden tragen lassen kann und damit letztendlich überhaupt „mit gutem Gewissen" zu einer Haftung nach § 829 BGB gelangt. Diese Beeinflussung entbindet aber nicht grundsätzlich von der Trennung der beiden anzustellenden Billigkeitsabwägungen. Erst muss feststehen, dass die Billigkeit überhaupt eine Schadloshaltung erfordert und im Anschluss gilt es dann den Umfang der Schadloshaltung entsprechend der Billigkeit zu bestimmen. Mag sein, dass dies auf den ersten Blick etwas gekünstelt wirkt, jedoch ist § 829 BGB nur eine Ausnahme vom Verschuldensprinzip, nicht aber eine Lossagung von der generellen Trennung von Haftungs- und Schadensrecht, auch wenn hier beides Eingang in ein und dieselbe Norm fand.

2. Materieller Schadensersatz

a. Art und Höhe

Sprechen die Billigkeitsmomente im konkreten Fall für eine Schadloshaltung, so muss der Richter nun über Art und Höhe des zu leistenden Ersatzes entscheiden.
Hinsichtlich des Umfangs wird nur in Ausnahmefällen eine Verurteilung in voller Höhe des eingetretenen Schadens von der Billigkeit gefordert werden. Denn es sind kaum Fälle denkbar, in denen nicht irgendein Moment für

---

[899] Vgl. Kap. 2 A. V. 5. c. (S. 224).

eine Reduktion der vollen Summe spricht. Besondere Bedeutung kommen in diesem Zusammenhang dem Mitverschulden des Geschädigten, dessen Verursachungsbeitrag im Fall der eigenen Unzurechnungsfähigkeit, der Risikozuweisung und nicht zuletzt der finanziellen Lage der Beteiligten zu. Bezüglich der Art der Entschädigung kommt eine Rente und/oder Kapitalabfindung in Betracht.[900] Dies hängt primär von der Art der Rechtsgutsverletzung und den finanziellen Verhältnissen des Schädigers ab. Hat das Opfer einen Dauerschaden, ist eine Rente häufig sinnvoller. Kommt darüber hinaus eine Pflichthaftpflichtversicherung für solch einen Schaden auf, so spricht dies erst recht für eine Rente. Ist die zu begleichende Summe nicht übermäßig groß und belastet den Schädiger nicht sonderlich, so spricht dies für eine einmalige Kapitalentschädigung, besonders wenn mit dem Schaden für den Geschädigten keine fortwährende Beeinträchtigung einhergeht.

b. Entscheidungserheblicher Zeitpunkt

Grundsätzlich richtet sich die Folge eines Anspruchs nach dem Gesetz. Dabei müssen die entsprechenden Tatbestandsmerkmale vom Täter zum Zeitpunkt der Tat erfüllt werden. Maßgeblicher Zeitpunkt ist damit prinzipiell die Tat. Wie bereits im Rahmen der haftungsbegründenden Billigkeitsabwägung dargestellt, gibt es Billigkeitsmomente, die bereits mit der Tat ein für alle Mal feststehen, wie etwa ein Verursachungsbeitrag, ein Mitverschulden und andere. Dagegen sind das Vermögensgefälle und der Dauerschaden Billigkeitsmomente, welche für die Entscheidung über das „Ob" erst im Zeitpunkt der letzten mündlichen Verhandlung vorliegen müssen. Erst wenn nach der Abwägung aller Billigkeitsmomente feststeht, dass eine Schadloshaltung erforderlich ist, soll der Richter den Unzurechnungsfähigen zur Haftung verurteilen.

Hieraus ergibt sich, dass auch bezüglich des Umfangs und der Art der Schadloshaltung wie oben verfahren werden muss. Die Billigkeitsabwägung bezüglich des „Wie" ist vom Richter zum Zeitpunkt der letzten mündlichen Verhandlung vorzunehmen. Dabei sind grundsätzlich alle Billigkeitsmomente so in die Abwägung einzustellen, wie sie zum Zeitpunkt der Tat vorlagen. Nur hinsichtlich der Momente Vermögensgefälle und Dauerschaden ist auf den Zeitpunkt der letzten mündlichen Verhandlung abzustellen.[901]

---

900 RGRK/Steffen[12] § 829 Rn 17; MüKoBGB/Wagner[4] § 829 Rn 13.

901 So auch MüKoBGB/Wagner[4] § 829 Rn 26; RGRK/Steffen[12] § 829 Rn 17 bezüglich Vermögensgefälle.

c. Berücksichtigung zukünftiger Entwicklungen

An dieser Stelle sei schon kurz darauf hingewiesen, dass von der Rechtsprechung bereits seit langem die zukünftige Entwicklung der Vermögensverhältnisse der Beteiligten insoweit berücksichtigt wird, dass, falls im Zeitpunkt der letzten mündlichen Verhandlung eine Verurteilung des Schädigers nur daran scheitert, weil ein die Billigkeit begründendes Vermögensgefälle nicht vorliegt, zumindest ein Feststellungsurteil dahingehend beantragt werden kann, den Schädiger zum Schadensersatz zu verpflichten, wenn später einmal ein Vermögensgefälle vorliegen sollte.[902] Die damit einhergehende Problematik wird ausführlich im dritten Kapitel behandelt.

3. Schmerzensgeld

Grundsätzlich spricht nichts dagegen, einen unzurechnungsfähigen Schädiger auch zur Zahlung von Schmerzensgeld zu verurteilen, § 253 Abs. 2 BGB.[903] Problematisch könnte dies nur insoweit sein, als bei Funktion, wie auch bei der Bemessung des Schmerzensgeldes subjektive Komponenten auf Seiten des Schädigers berücksichtigt werden.

a. Allgemeines zur Funktion des Schmerzensgeldes

Im Anschluss an eine Schrift von *v. Wächter*[904] aus dem Jahr 1874 hat sich der Gedanke immer weiter durchgesetzt, dass das Schmerzensgeld nicht eine Strafe, sondern ein Ausgleich für erlittene Schmerzen ist.[905] Zwar kannte auch das ALR bereits für bestimmte Personenkreise ein Schmerzensgeld,[906] allgemeine Anwendbarkeit erfuhr es erst durch die Einführung des § 847 BGB a.F. Die Rechtsprechung des Reichsgerichts rückte ebenfalls die Ausgleichsfunktion in den Mittelpunkt des Funktionsgehalts des Schmerzensgeldes.[907]

1955 hat der Große Zivilsenat die bisherige Argumentation um eine weitere Funktion ergänzt und ausgeführt, dass das Schmerzensgeld einerseits der

---

[902] RG JW 1910, 824 Nr. 48; RGZ 169; 394, 395.

[903] Vgl. RG JW 1910, 824 Nr. 48; BGHZ 76, 279, 282.

[904] Wächter, Die Buße bei Beleidigung und Körperverletzung nach heutigen gemeinen Recht, S. 79.

[905] So beispielsweise auch Windscheid, Lehrbuch des Pandektenrechts II^4, § 455 7., der in Anm. 31 ausdrücklich darauf hinweist, dass er die entgegengesetzte Auffassung aufgibt und sich *v. Wächter* anschließt.

[906] ALR I 6 §§ 112 ff. (Personen des Bauern- und gemeinen Bürgerstandes).

[907] Staud/Schiemann (2005) § 253 Rn 28.

Ausgleichsfunktion entsprechend einem Ausgleich für erlittene immaterielle Schäden diene und andererseits entsprechend einer Genugtuungsfunktion den Schädiger zur Geldleistung verpflichte, weil er eine Verletzung zugefügt habe.[908] Inwieweit die Genugtuungsfunktion, welche in gewisser Weise ein pönales Element in sich trägt, mit den Grundsätzen des Schadensrechts und damit auch mit dem Schmerzensgeld vereinbar ist, ist bis heute umstritten.[909] Zum Teil wird darüber hinaus auch noch erwogen, dem Schmerzensgeld einen präventiven Charakter beizumessen.[910]
Welcher Funktion nun im Allgemeinen der immaterielle Schadensersatz gerecht wird, soll hier nicht erörtert werden. Lediglich im Hinblick auf die Unzurechnungsfähigkeit des Schädigers wird im Folgenden das Schmerzensgeld beleuchtet.

b. Funktion des Schmerzensgeldes bei § 829 BGB

Richtet man zunächst den Blick auf die Ausgleichsfunktion, so bestehen keine Einwände gegen einen Schmerzensgeldanspruch. Denn ob der Geschädigte von einem Unzurechnungsfähigen oder einem Zurechnungsfähigen verletzt wird, spielt im Hinblick auf den Ausgleich für eine erlittene Verletzung keine Rolle. Da der Unzurechnungsfähige nicht durch ein Schmerzensgeld bestraft werden soll, sondern der Geschädigte entschädigt wird, trägt die Ausgleichsfunktion unproblematisch auch im Fall des § 829 BGB.[911]
Offensichtlich kann dagegen die Präventionsfunktion nie bei § 829 BGB einen Schmerzensgeldanspruch rechtfertigen. Ein Unzurechnungsfähiger, den das Gesetz für nicht verantwortlich für seine Handlungen erklärt, wird sich kaum von der Begehung von Taten abbringen lassen – sofern er überhaupt planvoll handeln kann – nur weil er unter Umständen zur Zahlung eines Schmerzensgeldes verurteilt werden könnte. Besonders augenfällig wird dies, wenn man an die Anwendung des § 829 BGB bei handlungsunfähigen (z.B. Bewusstlosigkeit) Schädigern denkt. Präventionsfunktion ist im Fall eines unzurechnungsfähigen Schädigers dem Schmerzensgeld daher unzweifelhaft nicht zuzumessen.
Auch die Genugtuungsfunktion ist insoweit problematisch, als sie „schadensfern und sanktionsnah“[912] ist. Im Allgemeinen verlangt die Genugtuung

---

908 BGHZ 18, 149.
909 Vgl. Deutsch, AllgHaftR^2, Rn 909 ff.; Staud/Schiemann (2005) § 253 Rn 30 ff.
910 Vgl. Staud/Schiemann (2005) § 253 Rn 33.
911 Deutsch, JZ 1964, 86, 91.
912 Deutsch, AllgHaftR^2, Rn 908.

eine rechtswidrige und vorwerfbare Tat.[913] Da es in subjektiver Sicht aber hieran mangelt, darf ein Schmerzensgeld bei § 829 BGB nicht der Genugtuung dienen.
Dennoch hat das LG Mosbach[914] entgegen der sonstigen Rechtsprechung[915] einen Anspruch nach § 829 BGB mitunter damit begründet, dass ein klageabweisendes Urteil als „*Freibrief*" von der Schädigerin aufgefasst werden könnte und rechtfertigte ein Schmerzensgeld letztendlich mit der Präventionsfunktion. Eine „Privatstrafe" trotz Unzurechnungsfähigkeit ist meines Erachtens kein probates Mittel zur „Erziehung", beziehungsweise Maßregelung unzurechnungsfähiger Schädiger. Mag sein, dass ein Unzurechnungsfähiger über seinen Geldbeutel zu gesellschaftskonformen Verhalten „erzogen" werden kann, ob er aber von künftigen Taten ablässt, weil er das Unrecht seiner Handlungen erkannt hat, bleibt zu bezweifeln. Den Schutz, den sowohl das Straf-, wie auch das Zivilrecht für Täter vorsieht, die in ihrer geistigen Leistungsfähigkeit beschränkt sind, durch §§ 829, 253 Abs. 2 BGB auszuhebeln, widerspricht einer aufgeklärten Rechtsordnung.
Weder eine Vergeltung für rechtswidriges Verhalten, noch eine Besänftigung des erregten Rechtsgefühls auf Seiten des Geschädigten rechtfertigen folglich ein Schmerzensgeld.[916] Auch darf ein Schmerzensgeld nicht aus Präventionsgründen im Rahmen der Billigkeitshaftung gewährt werden. Nur zum Ausgleich für erlittene Verletzungen darf dem Geschädigten ein Schmerzensgeld nach § 253 Abs. 2 BGB bei § 829 BGB zugesprochen werden.

c. Einzelheiten

Da nur die Ausgleichsfunktion ein Schmerzensgeld nach §§ 829, 253 Abs. 2 BGB rechtfertigt, gibt diese auch den Maßstab für die im Rahmen von § 253 Abs. 2 BGB anzustellende Billigkeitsabwägung vor.[917] Es können also entgegen der im Fall einer Verschuldenshaftung vorzunehmenden Abwägung nicht alle Umstände berücksichtigt werden. Umstände, die das Schmerzensgeld als eine „Privatstrafe" ohne vorwerfbare Verantwortlichkeit erscheinen lassen, sind nicht zu berücksichtigen. Letztlich handelt es

---

[913] Larenz, SchuldR I [14], § 20 III; Deutsch, Fahrlässigkeit und erforderliche Sorgfalt, 335.
[914] LG Mosbach NJW-RR 1986, 24, 25.
[915] BGH FamRZ 1979, 567,568 = NJW 1979, 2096; LG Konstanz VersR 1979, 428: Entschädigungs- aber keine Genugtuungsfunktion.
[916] So auch Deutsch, JZ 1964, 86, 91.
[917] Vgl. Staud/Schiemann (2005) § 253 Rn 34 ff.

sich hierbei nur um ein sogenanntes „natürliches“ Verschulden im Sinn von etwa grob verkehrswidrigem, leichtfertigem oder vorsätzlichem Handeln.
Soweit ersichtlich, stützte auch nur das LG Mosbach[918] eine Entscheidung auf Zubilligung von Schmerzensgeld darauf, dass der Schädigerin ein hoher Grad an natürlicher Schuld vorzuwerfen wäre. Im Übrigen hat die Rechtsprechung zu Recht immer Kriterien in den Mittelpunkt ihrer Abwägung gestellt, die keine subjektiven Komponenten hinsichtlich des Schädigers aufweisen. So wurden regelmäßig etwa die Schwere[919] und die Folgen der Verletzung[920] berücksichtigt. Auch der BGH sprach sich dafür aus, Schmerzensgeld im Rahmen von § 829 BGB nur bei schweren Verletzungen, insbesondere bei Dauerschäden zu gewähren.[921]
Interessant ist etwa die Entscheidung des OLG Saarbrücken aus dem Jahr 1998.[922] Dabei führte der Senat aus, dass er nur 80.000 DM Schmerzensgeld gewährt, entgegen der in solch einem Fall bei schuldhafter Schadenszufügung üblichen 120.000 DM. Dass der Schädiger bewusstlos war, berücksichtigt das Gericht also mit einer Kürzung der Beträge entsprechend den gängigen Schmerzensgeldtabellen um 33 %. Eine verallgemeinerungsfähige Aussage lässt sich hieraus sicher nicht gewinnen, da immer die konkreten Umstände des Einzelfalls die Höhe der billigen Entschädigung in Geld bestimmen. Dennoch mag dies in vielen Fällen ein interessanter Richtwert sein, wenn man der Ausgleichsfunktion allgemein die größte Bedeutung bei § 253 Abs. 2 BGB zumisst.
Überdies hat der BGH auch darauf hingewiesen, dass gegenüber Schmerzensgeldansprüchen andere Ansprüche Vorrang genießen können.[923] So seien Ersatzansprüche zur Sicherung des Lebensunterhalts vorrangig bei der Bemessung des insgesamt zu leistenden Schadensersatzes zu berücksichtigen, da letztlich der Schädiger nur innerhalb der Grenzen seines Leistungsvermögens zum Schadensersatz verurteilt werden kann.

---

918 LG Mosbach NJW-RR 1986, 24.
919 RG JW 1910, 824 Nr. 48 (Verlust eines Auges); OLG Saarbrücken VersR 2000, 1427, 1428; LG Konstanz VersR 1979, 428 (schwere Kopfverletzungen); BGHZ 76, 279 (Verstümmellungen der Hände).
920 BGHZ 76, 279; OLG Saarbrücken VersR 2000, 1427, 1428 (Erwerbschancen); OLG Saarbrücken VersR 2000, 1427, 1428 (Heiratschancen).
921 Zuletzt BGH NJW 1995, 452, 454.
922 OLG Saarbrücken VersR 2000, 1427, 1428.
923 BGHZ 76, 279, 282.

4. Verhältnis zwischen Schadensersatzansprüchen aus Gefährdungshaftung und Schmerzensgeldansprüchen aus § 829 BGB

In einer vielbeachteten Entscheidung aus dem Jahr 1994 hat der BGH[924] im zweiten Leitsatz folgende Einschränkung für einen Schmerzensgeldanspruch aus § 829 BGB aufgestellt:

> *„2. Erhält der Geschädigte bereits vollen Ersatz seiner materiellen Schäden aufgrund der Gefährdungshaftung nach dem StVG, so kommt ein Schmerzensgeld nach § 829 BGB nur in Betracht, wenn die Billigkeit es erfordert, ihm über den materiellen Schadensausgleich hinaus auch noch ein Schmerzensgeld zukommen zu lassen.“*

In den Gründen führte er aus, dass eine Gewährung von Schmerzensgeld in Fällen schuldlos verursachter Verkehrsunfälle nur gerechtfertigt sei, wenn eine *„... Versagung im Einzelfall dem Billigkeitsempfinden kraß widerspricht.“*[925]
Diese vom BGH damals getroffene Einschränkung erklärt sich daraus, dass er einerseits nicht völlig die Gewährung von Schmerzensgeld bei § 829 BGB beseitigen wollte und andererseits nicht die Pflichthaftpflichtversicherungen, welche ja nach der Rechtsprechung zu berücksichtigen sind, mit immer höher steigenden Schmerzensgeldforderungen belasten wollte, obwohl doch die für den Straßenverkehr geschaffene Gefährdungshaftung gerade kein Schmerzensgeld vorsah.[926]
Es ist aber heute in der Literatur beinahe einhellige Meinung, dass sich diese Einschränkung seit dem Zweiten Schadensrechtsänderungsgesetz erledigt hat, da § 253 Abs. 2 BGB nun auch im Bereich der Gefährdungshaftung Anwendung findet.[927]
Dem ist nicht zu widersprechen, dennoch sollte bei der Gewährung von Schmerzensgeld zurückhaltend verfahren werden und nur im Fall schwerer Verletzungen, insbesondere bei schweren Dauerschäden, der Schädiger zur Zahlung eines Schmerzensgeldes verurteilt werden.

---

924 BGHZ 127, 186 = NJW 1995, 452 = NVZ 1995, 65 = MDR 1995, 992 (m. Anm. Lieb) = LM H. 4/1995, § 829 BGB Nr. 10 Schiemann.
925 BGHZ 127, 186, 193 = NJW 1995, 452, 454.
926 In diesem Sinn auch Lieb, MDR 1995, 992, 993.
927 MüKoBGB/Wagner[4] § 829 Rn 24; Erman/Schiemann[11] § 829 Rn 3; a.A. Staud/Oechsler (2002) § 829 Rn 65.

VIII. Verjährung

Nicht nur der Tatbestand und die Rechtsfolge, sondern auch die Verjährung des Anspruchs nach § 829 BGB bedarf besonderen Augenmerks. Dies erklärt sich aus dem „weichen", oder wie *Hedemann* formulierte *„geschmeidigen"* Tatbestand des § 829 BGB,[928] welcher die Billigkeit zur Haftungsvoraussetzung macht.

1. Beginn der regelmäßigen Verjährung, § 199 Abs. 1 BGB

Klar ist zunächst, dass auch ein Anspruch nach § 829 BGB der regelmäßigen Verjährungsfrist von drei Jahren unterliegt, § 195 BGB.[929] Problematisch ist dagegen, wann diese Frist im Fall des § 829 BGB anläuft. § 199 Abs. 1 BGB bestimmt, dass die Frist mit dem Schluss des Jahres zu laufen beginnt, in dem der Anspruch entstanden ist (§ 199 Abs. 1 Nr. 1 BGB) und der Gläubiger von den den Anspruch begründenden Umständen und der Person des Schuldners Kenntnis erlangt oder ohne grobe Fahrlässigkeit erlangen müsste (§ 199 Abs. 1 Nr. 2 BGB). Damit stellt sich einerseits die Frage, wann ein Anspruch auf Schadloshaltung nach § 829 BGB entsteht und andererseits, wann ein Geschädigter Kenntnis von den den Anspruch begründenden Umständen erlangt, beziehungsweise ohne grobe Fahrlässigkeit erlangen müsste.

a. Entstehung des Anspruchs, § 199 Abs. 1 Nr. 1 BGB

Entstanden ist ein Anspruch im Sinn des § 199 Abs. 1 Nr. 1 BGB, sobald er erstmals geltend gemacht und notfalls im Wege der Klage durchgesetzt werden kann.[930] Die Problematik, inwieweit dies mit dem Zeitpunkt der Fälligkeit gleichzusetzen ist, ist hier im Grundsatz unerheblich.[931] Hinsichtlich der Schwierigkeiten bezüglich des Grundsatzes der Schadenseinheit bestehen auch keine Unterschiede zu anderen Schadensersatzansprüchen.[932] Interessant ist hier allein, in welchem Zeitpunkt alle Tatbestandsmerkmale des § 829 BGB objektiv vorliegen, sodass ein Anspruch entstanden ist. Da-

---

928 Hedemann, Der Fortschritt des Zivilrechts, S. 115.
929 Vgl. Staud/Peters (2004) § 195 Rn 12.
930 RGZ 83, 354, 356; BGHZ 55, 340, 341 = NJW 1971, 979; BGH NJW-RR 2000, 647, 648.
931 Vgl. hierzu MüKoBGB/Grothe[4] § 199 Rn 4 ff.; Staud/Peters (2004) § 199 Rn 5 ff.
932 Ausführlich Staud/Peters (2004) § 199 Rn 34 ff.

bei ist gleichzeitiges Bestehen und nicht gleichzeitiges Entstehen aller Voraussetzungen erforderlich.[933]

aa. Verwirklichung eines Deliktstatbestands durch einen Unzurechnungsfähigen

Unproblematisch ist der früheste in Betracht kommende Moment der Zeitpunkt der Verwirklichung eines Deliktstatbestands durch einen Unzurechnungsfähigen. Dass diese Voraussetzung mit einer möglichen späteren Erlangung der Zurechnungsfähigkeit nicht wegfällt, bedarf keiner Erläuterung.

bb. Subsidiarität

Da der Anspruch nach § 829 BGB nur subsidiär zur Haftung aufsichtspflichtiger Personen ist, ergeben sich hier bereits die ersten Besonderheiten. Unstreitig stellt die vom Gesetz aufgestellte Subsidiarität ein negatives Tatbestandsmerkmal dar.[934] Folglich muss auch diese Vorraussetzung erfüllt sein, damit ein Anspruch nach § 829 BGB entstehen kann. Es muss also immer zunächst geklärt werden, ob nicht eine aufsichtspflichtige Person haftbar zu machen ist.

Hinsichtlich dieses möglichen Entstehungszeitpunktes kommen folglich drei Termine in Frage, die von der jeweiligen Fallgestaltung abhängen:

Ist keine aufsichtspflichtige Person vorhanden, bleibt es zunächst bei dem Zeitpunkt der Verwirklichung eines Deliktstatbestands durch einen Unzurechnungsfähigen.

Sind dagegen aufsichtspflichtige Personen vorhanden, so kommen zwei spätere Zeitpunkte in Betracht. Wird durch rechtskräftiges Urteil bestimmt, dass die aufsichtspflichtige Person nicht nach § 832 BGB haftbar ist, so ist auf diesen Zeitpunkt abzustellen, wenn nicht andere Voraussetzungen noch später entstehen. Da nach einhelliger Meinung aber auch die tatsächliche Realisierbarkeit Voraussetzung des Anspruchs ist,[935] müssen nach erfolgter Verurteilung der aufsichtspflichtigen Person auch noch die Ergebnisse der Zwangsvollstreckung abgewartet werden. Erst wenn objektiv feststeht, dass der Geschädigte durch die aufsichtspflichtige Person nicht (vollständig) befriedigt werden kann, kann folglich der Anspruch frühestens entstehen, sofern alle anderen Voraussetzungen bereits vorliegen.

---

[933] So schon Schwartz, Das Billigkeitsurtheil nach § 829 BGB, S. 28.
[934] So bereits RGZ 133, 1, 6.
[935] S.o. Kap. 2. A. IV. 3. (S. 118).

Erfahrungsgemäß liegt der Zeitpunkt der Urteilsfällung, beziehungsweise der Feststellung der Ergebnisse der Zwangsvollstreckung, bereits um einiges später als die Verwirklichung des Deliktstatbestands. Damit erlangen die Höchstfristen des § 199 Abs. 2, 3 BGB besondere Bedeutung.

cc. Billigkeit

Oben wurde bereits mehrfach darauf hingewiesen, dass die Billigkeitsabwägung zum Zeitpunkt der letzten mündlichen Verhandlung eine Schadloshaltung des Geschädigten erfordern muss. Dies ist aber nur der Zeitpunkt, auf welchen der Richter bei der Urteilsfällung abzustellen hat. Nicht hingegen entsteht der Anspruch objektiv erst in diesem Zeitpunkt. Dauerschaden – und speziell Vermögensgefälle – sind Billigkeitsmomente, die einer gewissen Dynamik unterworfen sind; zwischen dem frühest möglichen Zeitpunkt (Verwirklichung eines Deliktstatbestands durch einen Unzurechnungsfähigen, für den keine aufsichtspflichtigen Personen vorhanden sind) und dem Zeitpunkt, in dem der Richter die Billigkeitsabwägung anzustellen hat, können sie enorm variieren.

Ist beispielsweise ein Schädiger, für den niemand aufsichtspflichtig ist, zunächst völlig mittellos, so entsteht ein Anspruch gegen ihn erst, wenn er etwa einen Lottogewinn macht. Verbraucht er aber den Lottogewinn, besteht kein Anspruch mehr. Fällt dem Schädiger nunmehr unerwartet eine große Erbschaft zu, so entsteht der Anspruch von neuem. Denn, wie bereits eingangs erwähnt, ist gleichzeitiges Bestehen und nicht gleichzeitiges Entstehen aller Voraussetzungen erforderlich.[936]

Während der Zeit des bestehenden Vermögensgefälles wird die Verjährung nicht gehemmt. Um diese Rechtsfolge herbeizuführen, muss sich der Schädiger der dafür vorgesehenen Mittel bedienen, §§ 203 ff. BGB. Es ist hier bereits kurz darauf hinzuweisen, dass der Anspruch natürlich nicht unverjährbar ist. Das Verjährungsrecht sieht Höchstfristen von 30, beziehungsweise zehn Jahren vor, § 199 Abs. 2, 3 BGB.

Dieses „unstete“ Leben eines Anspruchs ist dem BGB im Allgemeinen unbekannt. Anders lässt sich aber § 829 BGB nicht beikommen. Würde man den Anspruch in dem Zeitpunkt für endgültig entstanden ansehen, in welchem zum ersten Mal ein Vermögensgefälle vorliegt, würde man der *ratio* der Norm nicht gerecht werden. Die Norm verlangt eine Schadloshaltung, wenn dies die Billigkeit erfordert, nicht wenn die Billigkeit zu irgendeinem Zeitpunkt einmal gegeben war.

---

[936] So schon Schwartz, Das Billigkeitsurtheil nach § 829 BGB, S. 28.

Unsinnig wäre auch zu verlangen, dass das Tatbestandsmerkmal Billigkeit schon zum Zeitpunkt der Rechtsgutsverletzung vorliegen muss, damit ein Anspruch entstehen kann. Zu Recht hat schon *Schwartz*[937] darauf hin gewiesen, dass bei solch einer Betrachtungsweise der Billigkeit nicht entsprochen werden kann. Verarmt etwa ein zunächst vermögender Schädiger schlagartig, würde die Billigkeit keine Schadloshaltung erfordern. Sich auf den Standpunkt zurückzuziehen, dass der Schädiger durch die Schuldnerschutzvorschriften der ZPO geschützt sei, ist eine Verkennung der *ratio* und des Wortlauts des § 829 BGB. Es soll durch § 829 BGB ein billiger Ausgleich vorgenommen werden und nur dementsprechend dem Geschädigten ein Anspruch zugesprochen werden. Damit ist der Schutz des Schädigers und das Interesse des Geschädigten an einer Schadloshaltung nicht über die Zwangsvollstreckung zu suchen, sondern bereits in § 829 BGB selbst.
Ebenso zeigt die umgekehrte Konstellation, dass die Billigkeit nicht bereits im Zeitpunkt der Verwirklichung eines Deliktstatbestandes durch einen Unzurechnungsfähigen entscheidend sein kann. Warum sollte ein Schädiger nicht die Lasten tragen, nur weil er im Zeitpunkt der Tat völlig mittellos war, später aber zu großem Vermögen gekommen ist? Sein Vermögen zu schützen, nur weil er zu diesem Zeitpunkt noch arm war, widerspricht dem Gedanken des § 829 BGB. Dogmatisch lässt sich dies damit begründen, dass nicht der Verschuldensvorwurf die Inanspruchnahme rechtfertigt, sondern die Billigkeit eine Schadloshaltung – einen Ausgleich – erfordert.

dd. Zwischenergebnis – Entstehung des Anspruchs

Auf die Frage, wann ein Anspruch nach § 829 BGB entstanden ist, lässt sich also keine einheitliche Antwort geben. Der Entstehungszeitpunkt ist für jeden Einzelfall zu bestimmen, aber auch immer bestimmbar.[938] Bei objektiver Betrachtung ist ein Anspruch entstanden, wenn alle Tatbestandsmerkmale gleichzeitig vorliegen, wobei sie nicht gleichzeitig entstehen müssen. Hinsichtlich des die Billigkeit mitbegründenden Vermögensgefälles ist festzuhalten, dass ein Anspruch entsteht, wenn bei objektiver Betrachtung das Tatbestandsmerkmal Billigkeit vorliegt, der Anspruch aber nicht mehr existiert, wenn es wegfällt. Liegt es später dagegen wieder vor, so entsteht ein Anspruch aufs Neue. Währenddessen tritt nicht automatisch eine Hemmung der Verjährung ein.
Es lässt sich also nur antworten, ein Anspruch nach § 829 BGB ist entstanden, wenn ein Unzurechnungsfähiger einen Deliktstatbestand verwirklicht,

---

[937] Schwartz, Das Billigkeitsurtheil nach § 829 BGB, S. 26 ff.
[938] So auch schon Schwartz, Das Billigkeitsurtheil nach § 829 BGB, S. 29.

es feststeht, dass eine aufsichtspflichtige Person nicht haftet und die Billigkeit eine Schadloshaltung erfordert.

b. Kenntnis, bzw. grob fahrlässige Unkenntnis, § 199 Abs. 1 Nr. 2 BGB

Zur Festlegung des Zeitpunkts des Beginns der Verjährung ist neben dem Entstehen des Anspruchs auch noch die Kenntnis, beziehungsweise grob fahrlässige Unkenntnis der den Anspruch begründenden Umstände, wie auch der Person des Schuldners erforderlich, § 199 Abs. 1 Nr. 2 BGB.

aa. Kenntnis

Hinsichtlich der Person des Schuldners hat der Geschädigte Kenntnis, wenn er den Namen und die Anschrift desselben kennt.[939]
Bezüglich der den Anspruch begründenden Umstände kommt es darauf an, dass der Verletzte Kenntnis jener Tatsachen hat, aus denen der Anspruch herzuleiten ist.[940] Der Verletzte muss also Kenntnis der Unzurechnungsfähigkeit[941] (regelmäßig des Alters), der Handlung (im Fall der Bewusstlosigkeit des Geschehensablaufs), der Rechtsgutsverletzung, der haftungsbegründenden Kausalität, der Rechtswidrigkeit, des Schadens, der Nichtbefriedigung durch einen Aufsichtspflichtigen[942] und der die Billigkeit begründenden Umstände haben.
Dabei braucht der Geschädigte keine Gewissheit zu haben. Es dürfen restliche Zweifel bestehen.[943]

bb. Grob fahrlässige Unkenntnis

Durch die im Jahr 2002 neu eingeführte Sanktion, wonach die Verjährung auch zum Schluss des Jahres zu laufen beginnt, in welchem der Gläubiger ohne grobe Fahrlässigkeit Kenntnis der den Anspruch begründenden Umstände und der Person des Schuldners erlangen hätte können, wendet sich § 199 Abs. 1 Nr. 2 BGB stark von der bis dahin geltenden Regel des § 852 Abs. 1 BGB a.F. ab.[944] Dabei handelt es sich nicht um eine Pflicht, sondern

---

939 Noch zu § 852 BGB a.F. BGH NJW 1998, 988 (1. Leitsatz).
940 Staud/Peters (2004) § 199 Rn 45.
941 RGZ 94, 220, 222.
942 RGZ 133, 1, 6.
943 Staud/Peters (2004) § 199 Rn 49.
944 MüKoBGB/Grothe[4] § 199 Rn 28; Staud/Peters (2004) § 199 Rn 50; umfassend Riedhammer, Kenntnis, grobe Fahrlässigkeit und Verjährung, S. 7 ff.

um eine Obliegenheit des Gläubigers. Wann jedoch eine grob fahrlässige Obliegenheitsverletzung konkret vorliegt, wird die Rechtsprechung der kommenden Jahre ergeben.[945] Besonders relevant wird in diesem Zusammenhang die Frage sein, ob der Fahrlässigkeitsmaßstab objektiv[946] oder versubjektiviert[947] zu bestimmen sein wird.

Hinsichtlich der bereits oben genannten Umstände, welche den Anspruch nach § 829 BGB begründen, ist das negative Tatbestandsmerkmal der Subsidiarität der Haftung in diesem Zusammenhang wohl zukünftig besonders praxisrelevant. Das Reichsgericht hat in einer Entscheidung zu §§ 831, 836 BGB am Rande bereits darauf hingewiesen, dass die Verjährung nach § 852 Abs. 1 BGB a.F. bei § 829 BGB erst beginnt, wenn der Geschädigte Kenntnis davon hat, dass ein aufsichtspflichtiger Dritter nicht vorhanden oder von ihm kein Ersatz zu erlangen ist.[948] Da ein Geschädigter in aller Regel immer erst versuchen wird, einen Aufsichtspflichtigen in Anspruch zu nehmen, dürfte es in aller Regel als grob fahrlässig aufgefasst werden, wenn der Geschädigte von der Unzurechnungsfähigkeit des Schädigers – besonders, wenn ein Kind der Schadensstifter ist – erfährt, und darauf hin nicht bald versucht, den Aufsichtspflichtigen haftbar zu machen.

Sehr schwierig und wohl auch nur im konkreten Einzelfall bestimmbar ist die Frage, wann der Geschädigte ohne grobe Fahrlässigkeit Kenntnis von den die Billigkeit begründenden Momenten erlangen hätte müssen. Bezüglich der statischen Umstände, wie Verursachungsbeitrag, Mitverschulden usw., wird man dem Geschädigten wohl abverlangen dürfen, dass er die Ermittlungen anzustellen hat, die auf der Hand liegen.[949] Selbige werden ihm wohl durch den Geschehensverlauf bekannt sein.

Für einen Anspruch aus § 829 BGB steht aber in der Praxis das Vermögensgefälle im Zentrum der Billigkeitsabwägung. Zur Bestimmung desselben ist der Geschädigte in aller Regel auf die Mitwirkung des Schädigers angewiesen, da er normalerweise nur die eigenen Vermögensverhältnisse kennt. Der Geschädigte muss also versuchen, von dem Schädiger Auskunft über dessen finanzielle Lage zu erlangen. Unterlässt er dies, handelt er grob fahrlässig. Gibt der Schädiger unrichtige Auskunft über seine Verhältnisse, so kann dies nicht dem Geschädigten zum Vorwurf gemacht werden.

Ein Sonderfall ist gegeben, wenn der Schaden in einem Lebensbereich stattfand, für den ein Schädiger verpflichtet ist, eine Haftpflichtversicherung

---

945 Ausführlich Riedhammer, Kenntnis, grobe Fahrlässigkeit und Verjährung, S. 83 ff.

946 Riedhammer, Kenntnis, grobe Fahrlässigkeit und Verjährung, S. 205.

947 Bamberger/Roth/Henrich/Spindler § 199 Rn 20; Staud/Peters (2004) § 199 Rn 56.

948 RGZ 133, 1, 6.

949 Vgl. allg. Staud/Peters (2004) § 199 Rn 56.

abzuschließen. Hat der Geschädigte Kenntnis, beziehungsweise grob fahrlässige Unkenntnis von einem weiterem Billigkeitsmoment, so muss man wohl regelmäßig davon ausgehen, dass der Geschädigte grob fahrlässig handelt, wenn er einen Anspruch aus § 829 BGB nicht verfolgt, obwohl für diesen Lebensbereich eine Pflichthaftpflichtversicherung (z.B. Straßenverkehr) besteht.

c. Ergebnis Verjährungsbeginn

Als Ergebnis kann man festhalten, dass die Verjährung im Fall des § 829 BGB in einem sehr großen Zeitfenster beginnen kann. Unter Umständen kann die Verjährung bereits zum Ende des Jahres zu laufen beginnen, in dem sich die Tat zutrug. Andererseits kann aber der Anspruch auch erst entstanden sein, nachdem der Geschädigte durch drei Instanzen versucht hat, von einer aufsichtspflichtigen Person Ersatz zu erlangen, was in aller Regel Jahre nach der Tat liegt. Ferner tritt vielleicht das die Billigkeit mitbegründende Vermögensgefälle erst Jahrzehnte nach der Tat ein, was erst objektiv zur Entstehung des Anspruchs führt.
Dieses Zeitfenster wird ebenfalls nicht kleiner durch die vom Gläubiger zu erwartende Kenntnis, beziehungsweise grob fahrlässige Unkenntnis. Da Kennen, beziehungsweise Kennen können immer erst nach objektivem Bestehen liegen kann, wird das Fenster hierdurch eher größer.
Man kann folglich im Fall des § 829 BGB keinen Zeitpunkt festlegen, in welchem pauschal die Voraussetzungen des § 199 Abs. 1 BGB vorliegen und die Verjährung zum Schluss dieses Jahres zu laufen beginnt. Daher muss die Frage, wann die Verjährung des § 829 BGB beginnt, wie folgt beantwortet werden:
Die Verjährung beginnt nicht vor dem Schluss des Jahres, in dem der Anspruch nach § 829 BGB objektiv entstanden ist und der Geschädigte Kenntnis, beziehungsweise grob fahrlässig Unkenntnis davon hat, dass er von einem Unzurechnungsfähigen geschädigt wurde, für welchen eine aufsichtspflichtige Person nicht vorhanden oder von der kein Ersatz zu erlangen ist und die Billigkeit eine Schadloshaltung zu seinen Gunsten erfordert.

2. Verjährungshöchstfristen

Da einerseits die Entstehung des Anspruchs und andererseits die Kenntnis, beziehungsweise grob fahrlässige Unkenntnis den Verjährungsbeginn bestimmen, werden für Schadensersatzbegehren nach § 829 BGB häufig die Höchstfristen des § 199 Abs. 2, 3 BGB relevant. Fehlt es etwa zunächst an einem die Billigkeit begründenden Vermögensgefälle, oder steht noch nicht fest, ob der Geschädigte von einer aufsichtspflichtigen Person Schadensersatz erlangen kann, ist noch kein Anspruch entstanden. Da es aber nicht im Interesse des Rechtsfriedens liegt, mögliche Haftungsumstände als faktisch unverjährbar zu erklären, knüpfen die Absätze zwei und drei des § 199 BGB an die Begehung der Handlung, die Pflichtverletzung, das sonstige, den Schaden auslösende Ereignis, oder die Entstehung des Anspruchs an. Hier findet also die Ultimo-Regel („zum Schluss des Jahres") keine Anwendung. Die Verjährung beginnt taggenau.[950]

Dabei ist grundsätzlich je nach der eingetretenen Rechtsgutsverletzung zu unterscheiden. Schadensersatzansprüche[951] wegen Verletzung des Lebens, des Körpers, der Gesundheit und der Freiheit verjähren in 30 Jahren, § 199 Abs. 2 BGB. Im Fall des § 829 BGB passt wohl zur Bestimmung des Verjährungsbeginns die Umschreibung des Gesetzes *„... oder dem sonstigen, den Schaden auslösenden Ereignis ..."* am besten, da es häufig an einer Handlung im rechtstechnischem Sinn fehlen wird.

Bei der Verletzung sonstiger Rechtsgüter ist nach § 199 Abs. 3 BGB weiter zu unterscheiden. Ist der Anspruch entstanden, hat der Verletzte aber weder Kenntnis, noch grob fahrlässig Unkenntnis der den Anspruch begründenden Umstände, so verjährt der Anspruch aus § 829 BGB in zehn Jahren, § 199 Abs. 3 S. 1 Nr. 1 BGB. Ist dagegen der Anspruch nicht entstanden, so verjährt er in 30 Jahren vom Zeitpunkt des sonstigen, den Schaden auslösenden Ereignisses, § 199 Abs. 3 S. 1 Nr. 2 BGB.

Dass hierbei die früher endende Frist maßgeblich ist (§ 199 Abs. 3 S. 2 BGB), stellt nur eine Klarstellung der dem gesamten § 199 BGB inne wohnenden Systematik dar.[952] Denn würde etwa 29 Jahre nach Schädigung durch einen Unzurechnungsfähigen dieser etwa durch einen Lottogewinn zu großem Vermögen kommen, so entsteht zwar objektiv erst jetzt der Anspruch, trotzdem hat der Geschädigte nicht weitere drei Jahre vom Schluss des Jahres an, in welchem dem Unzurechnungsfähigen ein Lottogewinn zufiel, Zeit seinen Anspruch geltend zu machen, §§ 195, 199 Abs. 1 BGB. Vielmehr sind hier die Höchstfristen des § 199 Abs. 2, 3 BGB heranzuziehen. Man könnte zwar zu einem anderen Schluss gelangen, wenn man § 199 Abs. 3 S. 2 BGB als regelungsbedürftige Ausnahme auffasst und im Fall

---

[950] MüKoBGB/Grothe[4] § 199 Rn 42.

[951] Hier wäre es wohl besser entgegen dem Wortlaut des § 199 Abs. 2, 3 BGB nicht von Ansprüchen zu sprechen, sondern von Ereignissen, da ja objektiv noch kein Anspruch gegeben ist.

[952] Vgl. Staud/Peters (2004) § 199 Rn 65.

der übrigen Absätze folglich die längste Verjährungsfrist als maßgeblich annimmt. Dies ist aber sicher nicht gewollt.[953]

B. Spiegelbildliche Anwendung des § 829 BGB

Das Schadensersatzrecht des BGB, welches vom „Alles-oder-Nichts-Prinzip" beherrscht wird, durchbricht diese Grundstruktur mit § 254 Abs. 1 BGB und erlaubt eine Schadensabwägung.[954] Danach soll ein Verletzter auch den Anteil seines Schadens tragen, den er selbst mitverschuldet hat. Seit langem ist hierbei unbestritten, dass dieses Mitverschulden kein Verschulden im eigentlichen Sinn ist, sondern vielmehr ein Verschulden gegen sich selbst, also eine Verletzung der im eigenen Interesse bestehenden wohlverstandenen Obliegenheiten.[955] Die herrschende Meinung ist sich dabei seit langem einig, dass die Zurechnungsfähigkeit des Geschädigten Voraussetzung des Mitverschuldens ist und wendet daher die §§ 827, 828 BGB entsprechend an.[956] Eine Mindermeinung möchte dagegen auf das Kriterium der Zurechnungsfähigkeit verzichten.[957] Die herrschende Meinung verweist dabei auf § 276 Abs. 1 S. 2 BGB, auf welchen § 254 Abs. 1 BGB stillschweigend Bezug nehme,[958] und fordert daher, dass auch im Rahmen der Prüfung des Mitverschuldens die Zurechnungsfähigkeit des Geschädigten erforderlich sei.

Auf Grund der zentralen Bedeutung des § 254 BGB – der Durchbrechung des „Alles-oder-Nichts-Prinzips" – erklärt sich der Versuch, den Anwendungsbereich weit auszudehnen und auch im Fall der Unzurechnungsfähigkeit des Geschädigten eine Schadensabwägung zu dessen Lasten vorneh-

---

953 So auch MüKoBGB/Grothe[4] § 199 Rn 42 mwN.; Staud/Peters (2004) § 199 Rn 64.

954 Jauernig/Teichmann[11] § 254 Rn 1.

955 MüKoBGB/Oetker[4] § 254 Rn 30; Staud/Schiemann (2004) § 254 Rn 30.

956 Ständige Rspr. RGZ 59, 221, 222; 108, 86, 89; BGHZ 9, 316, 317; Lange/Schiemann, Schadensersatz[3], § 10 VI 3; Larenz, SchuldR I[13], § 31 I a; Looschelders, Die Mitverantwortlichkeit des Geschädigten im Privatrecht, S. 126 ff., 353; Traeger, Der Kausalbegriff im Straf- und Zivilrecht, S. 334 ff; Jauernig/Teichmann[11] § 254 Rn 7; Staud/Schiemann (2004) § 254 Rn 42; MüKoBGB/Oetker[4] § 254 Rn 34.

957 Crome, System des deutschen Bürgerlichen Rechts I, S. 497; Endemann, Lehrbuch der Bürgerlichen Rechts I[8], S. 756; Esser/Schmidt, SchuldR I/2[8], § 35 I. 3. b) (S. 280); Rümelin AcP 90 (1900) 171, 316; Weidner, Die Mitverursachung als Entlastung des Haftpflichtigen, S. 55 ff.; Wendt, JJ 31 (1892) 137, 181.

958 Ausführlich mit überzeugender Begründung Looschelders, Die Mitverantwortlichkeit des Geschädigten im Privatrecht, S. 126 ff.

men zu können. Es verwundert daher nicht, dass recht bald nach Inkrafttreten des BGB in der Literatur die ersten Forderungen aufkamen, § 829 BGB entsprechend auch im Rahmen des Mitverschuldens nach § 254 BGB anzuwenden.[959] Es sollte jedoch mehr als ein halbes Jahrhundert vergehen, bis sich diese Forderung in Rechtsprechung und Literatur allgemein durchsetzte. Dennoch werfen die damit gerade in dogmatischer Hinsicht verwobenen Probleme bis heute Fragen auf.

I. Entwicklung in der Rechtsprechung

Das Reichsgericht lehnte die Anwendung des § 829 BGB im Rahmen des Mitverschuldens zunächst grundsätzlich ab.[960] Es schloss sich dabei den Ausführungen von *Gottschalk*[961] und *v. Weinrich*[962] an, die § 829 BGB für eine nicht analogiefähige Sonderbestimmung hielten. Dabei betonte das Reichsgericht den „singulären Ausnahmecharakter“ [963] des § 829 BGB und stellte darüber hinaus fest, dass § 276 BGB gerade nicht auf § 829 BGB verweise und folglich § 829 BGB keine Anwendung im Rahmen von § 254 BGB finden dürfe.[964]
Jedoch bereits in einer Entscheidung vom 7.12.1905 kamen beim Reichsgericht erste Zweifel auf, ob § 829 nicht doch im Rahmen des § 254 BGB zu berücksichtigen sei. Die Rechtsprechung der darauf folgenden Jahre hielt dennoch an der im Jahr 1903 aufgestellten Auffassung des Reichsgerichts fest.

Nach dem zweiten Weltkrieg mehrten sich zunächst land- und oberlandesgerichtliche Entscheidungen, die mit der Rechtsprechung des Reichsgerichts brachen.[965] Stereotyp verwiesen all diese Entscheidungen auf die Vorangegangenen, ohne sich mit der damit einhergehenden Problematik ausführlich zu beschäftigen. Es wurde immer nur auf das von *Träger*[966] be-

---

959 So etwa 1904: Traeger, Der Kausalbegriff im Straf- und Zivilrecht, S. 334 ff., 342.
960 RG JW 1903, Beilage S. 122, Nr. 270; RGZ 59, 221, 222.
961 Gottschalk, Das mitwirkende Verschulden des Beschädigtem bei Schadensersatzansprüchen nach dem Bürgerlichem Gesetzbuch, S. 79 ff.
962 Weinrich, Die Haftpflicht wegen Körperverletzung und Tödtung eines Menschen nach den im deutschem Reiche geltenden Rechten, S. 85 ff.
963 RG JW 1903, Beilage S. 122, Nr. 270.
964 RGZ 59, 221, 222.
965 LG Köln MDR 1953, 41; LG Lüneburg VersR 1953, 295; OLG München DAR 1953, 114; LG Fulda VersR 1954, 69; OLG Celle VersR 1954, 461.
966 Traeger, Der Kausalbegriff im Straf- und Zivilrecht, S. 342.

reits 1904 angeführte Argument verwiesen, dass kein Grund ersichtlich sei, weshalb ein nach §§ 827, 828 BGB nicht Verantwortlicher zwar anderen, die er geschädigt hat, nach Maßgabe des § 829 BGB zu Schadensersatz verpflichtet sein soll, sich dagegen eine Minderung seiner eigenen Ansprüche unter den gleichen Voraussetzungen, wenn er selbst geschädigt worden ist, nicht gefallen zu lassen brauchen soll.

Erst das OLG Stuttgart setzte sich am 20.3.1956 ausführlicher mit der Problematik der spiegelbildlichen Anwendung des § 829 BGB auseinander und widerlegte die vom Reichsgericht und Teilen der Literatur aufgestellte Argumentation.[967]

Der BGH schloss sich dieser in der damaligen Literatur ebenfalls vorherrschenden Meinung am 10.4.1962 – ohne intensive Auseinandersetzung mit der Materie – an.[968] Er betonte lediglich, dass die Billigkeit nicht nur eine Rechtssingularität sei, sondern ein Leitsatz, der auf gleich oder verwandt gelagerte Tatbestände Anwendung finden könne.[969] Seit diesem Zeitpunkt ist es ständige Rechtsprechung, dass § 829 BGB entsprechend – „spiegelbildlich“ – auch im Rahmen der Prüfung des Mitverschuldens nach § 254 BGB berücksichtigt werden kann.[970]

Dennoch blieb die Entscheidung des OLG Stuttgart aus dem Jahr 1956 bis heute die einzige, welche sich ausführlicher mit der Anwendbarkeit des § 829 BGB im Rahmen von § 254 BGB auseinander setzte.[971] Gegen die Anwendung wurden im Wesentlichen fünf Argumente ins Feld geführt, welche der damalige Senat des OLG Stuttgart zu widerlegen suchte:

Erstens sollte nach der Gegenansicht § 254 BGB ausschließlich bei einem Mitverschulden, nicht jedoch bei einer bloßen Mitverursachung gelten.[972]

---

967 OLG Stuttgart VersR 1958, 473.

968 BGHZ 37, 102, 106.

969 BGHZ 37, 102, 106.

970 Vgl. BGH VersR 1964, 385; 1965, 503; 1967, 1001; 1969, 860 = NJW 1969, 1762; VersR 1970, 820; 1974, 138; 1973, 925 = NJW 1973, 1795; OLG Nürnberg VersR 1965, 93; OLG Celle NJW 1969, 1632; OLG Köln VersR 1975, 1034; OLG Schleswig VersR 1975, 479; OLG Hamm VersR 1975, 667; OLG Düsseldorf VersR 1977, 973; OLG München VersR 1978, 973; OLG Celle VersR 1978, 1144; OLG Oldenburg VersR 1980, 340; OLG Stuttgart VersR 1980, 952; OLG Karlsruhe NZV 1989, 188; OLG Frankfurt ZfS 1989, 119; OLG Saarbrücken NZV 2002, 511; OLG Düsseldorf PflR 2005, 62; LG Verden VersR 1966, 838; LG Detmold VersR 1969, 68; LG Frankenthal VersR 1970, 1064; LG München I VersR 1975, 73; KG NZV 1995, 109; AG Stuttgart VersR 1973, 94; AG Lübeck VersR 1972, 185; AG Bingen ZfS 1987, 258.

971 OLG Stuttgart VersR 1958, 473.

972 Staud/Werner[10/11] § 254 Rn 30.

Zweitens würde § 276 BGB zwar auf die §§ 827, 828 BGB verweisen, nicht aber auf § 829 BGB.[973] Drittens würde es sich bei § 829 BGB um eine singuläre Ausnahmevorschrift aus dem Recht der unerlaubten Handlungen handeln, die nicht einer entsprechenden Anwendung, speziell außerhalb des Deliktsrechts, zugänglich sei.[974] Viertens diene § 829 BGB dem Schutz eines Verletzten; bei einer entsprechenden Anwendung würde sich dieser Schutz gerade ins Gegenteil verkehren.[975] Fünftens sei ein widerrechtlicher Eingriff in ein fremdes Rechtsgut vergeltungsbedürftiger als das gewissermaßen an sich selbst begangene Unrecht.[976]

Gegen diese Argumente führte der Senat Folgendes an:
Dass § 254 BGB zwar grundsätzlich von Mitverschulden und nicht bloß von Mitverursachung ausgehe, sei zwar richtig, dennoch könne im Wege eines Analogieschlusses § 829 BGB im Rahmen von § 254 BGB zur Anwendung gebracht werden. Da § 829 BGB aber im Deliktsrecht stehe, dürfe er auch nur gegenüber Deliktsansprüchen zur Anwendung kommen. Ferner sei es widersinnig, die §§ 827, 828 BGB bei § 254 BGB zur Anwendung zu bringen, nicht jedoch § 829 BGB. Wenn ein Unzurechnungsfähiger schon unter bestimmten Voraussetzungen haften soll, müsse er sich erst recht eine Kürzung seiner eigenen Ansprüche entgegen halten lassen müssen. Auch sei allein der Gedanke an „Vergeltung“ im Zusammenhang mit § 829 BGB verfehlt, da dies erstens nicht Aufgabe des BGB sei und zweitens Strafe immer subjektive Vorwerfbarkeit voraussetze, woran es hier immer fehlen wird. Überdies habe der Gesetzgeber zwar vorwiegend an den Schutz des Verletzten gedacht, immanent sei diesem Gedanken aber auch der Schutz vor dem Schuldunfähigen. Deshalb würden keine grundsätzlichen Bedenken bestehen, § 829 BGB entsprechend anzuwenden.[977]

---

973 RGZ 59, 221, 222.

974 RG JW 1903, Beilage S. 122, Nr. 270; v. Liszt, Deliktsobligationen, S. 53; Gottschalk, Das mitwirkende Verschulden des Beschädigtem bei Schadensersatzansprüchen nach dem Bürgerlichem Gesetzbuch, S. 79 ff.; Weinrich, Die Haftpflicht wegen Körperverletzung und Tödtung eines Menschen nach den im deutschem Reiche geltenden Rechten, S. 85 ff.

975 Wussow, Das Unfallhaftpflichtrecht[5], S. 21; ders., Das Unfallhaftpflichtrecht[7], S. 174.

976 RGRK/Oegg[11] § 829 Anm. 1.

977 OLG Stuttgart VersR 1958, 473.

II. Entwicklung in der Literatur

Heute kann konstatiert werden, dass die überwiegende Meinung in der Literatur die Anwendung von § 829 BGB im Rahmen des Mitverschuldens befürwortet.[978] Innerhalb der Gruppe der Gegner dieser Ansicht muss man zwischen denen unterscheiden, die bereits die Zurechnungsfähigkeit nicht als Vorraussetzung der „Mitverschuldensfähigkeit" ansehen und folglich auf die Diskussion der Anwendbarkeit des § 829 BGB bei § 254 BGB konsequenterweise verzichten können, und der anderen Gruppe, die zwar die §§ 827, 828 BGB im Rahmen von § 254 BGB berücksichtigen, nicht aber § 829 BGB.

1. Gegner der Anwendbarkeit von § 829 BGB bei § 254 BGB

a. Verzicht auf Zurechnungsfähigkeit bei § 254 BGB

Diejenigen Autoren, die sich gegen das Erfordernis der Zurechnungsfähigkeit bei § 254 BGB aussprechen, begründen im Wesentlichen, wie folgt, ihre Ansicht:[979] Es sei eine nicht gerechtfertigte Privilegierung von Unzurechnungsfähigen, wenn die §§ 827, 828 BGB bei § 254 BGB Anwendung fänden. Denn die Vorschriften sollten den Unzurechnungsfähigen vor Inanspruchnahme schützen, nicht jedoch seine Rechtsposition stärken, wenn der Unzurechnungsfähige einen Dritten in Anspruch nimmt. Die §§ 827, 828 BGB seien Ausdruck des Grundsatzes *casum sentit dominus*. Ihre Verwendung zu Gunsten eines geschädigten Unzurechnungsfähigen würde diesen Grundsatz in sein Gegenteil verkehren. *Rother* meint darüber hinaus, dass Unzurechnungsfähige die mit ihrer individuellen Schwäche verbundenen Nachteile genauso tragen müssten wie die damit verbundenen Vorteile,

---

[978] Vgl. ständiger Rspr. seit BGHZ 37, 102, 106; Brox/Walker, AllgSchuldR[30], § 31 Rn 38; Deutsch, AllgHaftR[2], Rn 482; Deutsch/Ahrens, DeliktsR[4], Rn 142; Fuchs, DeliktsR[4], S. 155 f.; Kötz/Wagner, DeliktsR[10], Rn 352; Lange/Schiemann, Schadensersatz[3], § 10 VI 4. (S. 556); Larenz, SchuldR I[14], § 31 I a (S. 541); Looschelders, Die Mitverantwortlichkeit des Geschädigten im Privatrecht, S. 361 ff.; Lehnertz, Zur Problematik des § 829 BGB, S. 101; Bamberger/Roth/Spindler § 829 Rn 11; Bamberger/Roth/Grüneberg § 254 Rn 11; MüKoBGB/Wagner[4] § 829 Rn 17; MüKoBGB/Oetker[4] § 254 Rn 34; RGRK/Steffen[12] § 829 Rn 20; Soergel/Spickhoff[13] § 829 Rn 8; Staud/Oechsler (2002) § 829 Rn 66 ff.; Staud/Schiemann (2004) § 254 Rn 44.

[979] So etwa Esser/Schmidt, SchuldR I/2[8], § 35 I. 3. b) (S. 280); Rother, Haftungsbeschränkung im Schadensrecht, S. 88; Weidner, Die Mitverursachung als Entlastung des Haftpflichtigen, S. 55 ff.

weshalb es auf die Zurechnungsfähigkeit des Geschädigten nicht ankommen könne.[980]
Ferner könnten sich die Befürworter nicht auf die Gesetzesmaterialien berufen, da sich diese dazu ausschwiegen. Gerade die Korrektur dieses Ergebnisses mittels § 829 BGB, die die herrschende Meinung vornehme, zeige doch, dass das objektive Fehlverhalten bei § 254 genügen müsse.[981] Von diesem Standpunkt aus sei es folglich nur konsequent, auch § 829 BGB nicht bei § 254 BGB entsprechend zur Anwendung zu bringen.

Dieser Auffassung ist dennoch entschieden entgegen zu treten. Einerseits sprechen dogmatische Erwägungen gegen diese Auffassung. Vor allem aber sind rechtspolitische Erwägungen einer Unanwendbarkeit der §§ 827, 828 BGB bei § 254 BGB entgegen zu halten.[982]
Zu Recht wurde bereits mehrfach in der Literatur darauf hingewiesen, dass der Grundsatz *casum sentit dominus* als Ausgangspunkt hier fehl geht.[983] Richtig ist zwar, dass der Geschädigte einen Schaden grundsätzlich selber tragen muss, außer er kann einem Anderen zugerechnet werden. Dies betrifft aber nur die Haftungsbegründung. Der Grundsatz *casum sentit dominus* besagt aber nicht, dass ein Geschädigter, dessen Schaden einem Anderen zuzurechnen ist, einen Teil des Schadens auf sich „zurückwälzen" muss, obwohl er ihm mangels Zurechnungsfähigkeit nicht zugerechnet werden kann. Bloße objektive Zurechnung rechtfertigt auf haftungsbegründender Seite auch nur in Ausnahmefällen die Durchbrechung des Grundsatzes *casum sentit dominus*. Weshalb § 254 BGB Ausdruck einer Art „Gefährdungshaftung gegen sich selbst" sein soll, ist nicht nachvollziehbar. Grundsätzlich darf sich doch jeder selbst schädigen; warum sollen dann höhere Maßstäbe an das eigene Verhalten gegenüber einem selbst, als gegenüber anderen angelegt werden? Ein Geschädigter muss einen Schädiger so hinnehmen wie er ist, aber auch ein Schädiger muss einen Geschädigten so hinnehmen wie er ist.
In rechtspolitischer Hinsicht wurde auch bereits seit langem darauf verwiesen, dass von einer solchen Auffassung ein falsches Signal ausginge.[984] Die §§ 827, 828 BGB bringen doch zum Ausdruck, dass Personen, die in ihren intellektuellen Fähigkeiten eingeschränkt sind, vom Gesetz als besonders

---

980 Rother, Haftungsbeschränkung im Schadensrecht, S. 89.
981 Esser/Schmidt, SchuldR I/2^{8}, § 35 I. 3. b) (S. 280).
982 So auch Borgelt, Das Kind im Deliktsrecht, S. 101.
983 Vgl. z.B. Looschelders, Die Mitverantwortlichkeit des Geschädigten im Privatrecht, S. 355; Staud/Schiemann (2004) § 254 Rn 43.
984 Staud/Schiemann (2004) § 254 Rn 42 mwN.

schützenswert angesehen werden.[985] Diese Unreife, die sie grundsätzlich von Haftung freistellt, nun nicht im Fall ihrer Schädigung zu berücksichtigen, ist eine Verkennung der Motive des Gesetzgebers, der eben durch die §§ 827, 828 BGB und auch durch die §§ 104 ff. BGB den Schutz Schwächerer, speziell von Kindern, in das Gesetz aufnahm.
Seit dem Zweiten Schadensrechtsänderungsgesetz – mit der Einführung des § 828 Abs. 2 BGB n.F. – hat auch *Medicus* ausdrücklich die Auffassung aufgegeben, dass es bei § 254 BGB nicht auf Zurechnungsfähigkeit ankommen solle, da es erklärtes Ziel des Gesetzgebers gewesen sei, die Anspruchsberechtigung von Kindern im Straßenverkehr zu verbessern, was nur gelinge, „*... wenn man bei § 254 BGB den Ersatzanspruch des Kindes nur mindert, wenn dieses deliktsfähig ist.*“[986]
Aus den genannten Gründen ist daher der herrschenden Meinung beizutreten und mit dieser auch beim Mitverschulden die Zurechnungsfähigkeit des Geschädigten zu fordern.

b. Gegner der Anwendbarkeit des § 829 BGB bei § 254 BGB

Von einigen Autoren wurde in der Vergangenheit zwar anerkannt, dass auch im Fall des Mitverschuldens Zurechnungsfähigkeit erforderlich ist, jedoch vehement die Anwendbarkeit des § 829 BGB bei § 254 BGB bestritten.[987]
Dabei wurde von den meisten Autoren, wie auch vom Reichsgericht[988], auf die Rechtssingularität des § 829 BGB abgestellt und daher dessen Analogiefähigkeit bestritten.[989] Darüber hinaus wurde ins Feld geführt, dass § 829 BGB nur für Deliktsobligationen relevant sei.[990] Auch würde § 276 BGB

---

985 BGH VersR 1975, 133, 135.
986 Medicus, Bürgerliches Recht[20], Rn 869.
987 Gottschalk, Das mitwirkende Verschulden des Beschädigtem bei Schadensersatzansprüchen nach dem Bürgerlichem Gesetzbuch, S. 79 ff.; Weinrich, Die Haftpflicht wegen Körperverletzung und Tödtung eines Menschen nach den im deutschem Reiche geltenden Rechten, S. 85 ff.; Wussow, Das Unfallhaftpflichtrecht[7], S. 174; RGRK/Oegg[9] § 829 Anm. 1; Staud/Werner[10/11] § 254 Rn 30; Böhmer, MDR 1962, 778 ff.; ders., VersR 1962, 215 f.; Haberkorn, MDR 1969, 554 f. mwN. der älteren Literatur.
988 RG JW 1903 Beilage S. 122, Nr. 270.
989 Gottschalk, Das mitwirkende Verschulden des Beschädigtem bei Schadensersatzansprüchen nach dem Bürgerlichem Gesetzbuch, S. 79 ff.; Weinrich, Die Haftpflicht wegen Körperverletzung und Tödtung eines Menschen nach den im deutschem Reiche geltenden Rechten, S. 85 ff.; Böhmer, MDR 1962, 778, 779; ders., VersR 1962, 215; Haberkorn, MDR 1969, 554, 555 mwN. der älteren Literatur.
990 v. Liszt, Deliktsobligationen, S. 53.

nur Bezug auf die §§ 827, 828 BGB, nicht aber auf § 829 BGB nehmen, weshalb § 829 BGB keine Berücksichtigung bei § 254 BGB finden dürfe.[991] Schließlich gehe die Annahme fehl, dass, wenn ein Unzurechnungsfähiger schon nach § 829 BGB haften könne, er sich erst recht seinen eigenen Anspruch kürzen lassen müsse, da der widerrechtliche Eingriff in ein fremdes Recht ein vergeltungsbedürftigeres Geschehnis sei, als das von jemand gewissermaßen an sich selbst begangene Unrecht, was keine objektiv rechtswidrige Handlung darstelle.[992]

Zuletzt hat sich – soweit ersichtlich – *Böhmer* im Jahr 1962 gegen eine entsprechende Anwendung des § 829 BGB im Rahmen des § 254 BGB ausgesprochen.[993] Auch er betont, wie bereits *v. Liszt*[994], dass § 829 BGB deutlich auf schädigende Eingriffe in fremde Rechte, nicht aber auf die Verletzung eigener Interessen abstelle.[995] Im unmittelbaren Anschluss hierauf schreibt er, „[w]*enn der Gesetzgeber diese analoge Anwendung gewollt hätte, so wäre es ein Leichtes gewesen, eine solche Bestimmung in den § 254 BGB oder den § 829 BGB aufzunehmen.*“[996] Dogmatisch begründet *Böhmer* seine Ansicht damit, dass es sehr wohl einen Unterschied mache, ob ein Unzurechnungsfähiger in Anspruch genommen wird oder jemanden in Anspruch nimmt und sich dabei ein „Mitverschulden“ analog § 829 BGB anrechnen lassen müsse. Denn der Eingriff in die eigenen Rechtsgüter ist nicht rechtswidrig, der Eingriff in fremde Rechtsgüter dagegen schon. Daher sei es gerechtfertigt, einen nicht verantwortlichen und nicht rechtswidrig handelnden Geschädigten besser zu stellen, als einen nicht verantwortlichen Schädiger.[997] Ferner führt er im Anschluss an *Wussow*[998] an, dass die Subsidiaritätsklausel des § 829 BGB zeige, dass es dem Gesetzgeber nicht nur auf den Schutz des Verletzten, sondern auch auf den des schädigenden Unzurechnungsfähigen ankomme. Daher dürften Ersatzansprüche von Kindern nicht beschnitten werden. Schließlich zeige auch der Schutz des sogenannten Schonvermögens in § 829 BGB, dass eine analoge Anwendung abzulehnen sei, da dieses Tatbestandsmerkmal überhaupt nicht passen würde.[999]

---

991 RGRK/Oegg[9] § 829 Anm. 1; Böhmer, MDR 1962, 778, 779; ders., VersR 1962, 215; Haberkorn, MDR 1969, 554, 555.

992 RGRK/Oegg[9] § 829 Anm. 1; zweifelnd bereits RGRK/Oegg[10] § 829 Anm. 1 mit Verweis auf Weimar, DR 1944, 608 ff.

993 Böhmer, MDR 1962, 778 ff.; ders., VersR 1962, 215 f.

994 v. Liszt, Deliktsobligationen, S. 53.

995 Böhmer, MDR 1962, 778, 779.

996 Die Widersprüchlichkeit einer solchen Aussage liegt auf der Hand.

997 Böhmer, MDR 1962, 778, 779; ders., VersR 1962, 215, 216.

998 Wussow, Das Unfallhaftpflichtrecht[7], S. 174.

999 Böhmer, MDR 1962, 778, 779; ders., VersR 1962, 215, 216.

2. Befürworter der Anwendbarkeit von § 829 BGB bei § 254 BGB

Nach der Entscheidung des BGH[1000] im Jahr 1962 setzte sich in der Literatur endgültig die Meinung durch, dass auch im Rahmen des Mitverschuldens § 829 BGB entsprechend zur Anwendung zu bringen sei.[1001] Doch auch schon vorher überwogen wohl die Stimmen derer, die § 829 entsprechend anwenden wollten.[1002]
Ausgehend von der Überlegung, dass Mitverschulden grundsätzlich Zurechnungsfähigkeit erfordert, meinte *Rümelin* im Jahr 1900 zwar, dass es kein zwingender Schluss sei, wenn man die §§ 827, 828 BGB bei § 254 BGB berücksichtige, auch § 829 BGB zur Anwendung zu bringen, dennoch schloss auch er sich, wie viele Andere, folgendem Argument an:[1003] Wenn ein Unzurechnungsfähiger schon nach § 829 BGB in Anspruch genommen werden kann, muss er sich auch unter den selben Voraussetzungen seinen Anspruch gegen einen anderen entsprechend kürzen lassen, da kein Grund ersichtlich sei, diesen Fall anders zu behandeln.
Zu diesem mehr wertenden Argument ergänzte *Weimar*, dass das Prinzip der konkreten Billigkeit keine Rechtssingularität sei, sondern ein Leitsatz und folglich sei § 829 BGB auch einer Analogie zugängig.[1004] Dieses Argument machte sich später auch der BGH wortwörtlich zu Eigen.[1005]

1000 BGHZ 37, 102, 106.

1001 Clauss-Hasper, Minderung von Schadensersatzansprüchen Deliktsunfähiger, S. 43 ff.; Brox/Walker, AllgSchuldR[30], § 31 Rn 38; Deutsch, AllgHaftR[2], Rn 482; Deutsch/Ahrens, DeliktsR[4], Rn 142; Fuchs, DeliktsR[4], S. 155 f.; Kötz/Wagner, DeliktsR[10], Rn 352; Lange/Schiemann, Schadensersatz[3], § 10 VI 4. (S. 556); Larenz, SchuldR I[14], § 31 I a (S. 541); Looschelders, Die Mitverantwortlichkeit des Geschädigten im Privatrecht, S. 361 ff.; Lehnertz, Zur Problematik des § 829 BGB, S. 101; Bamberger/Roth/Spindler § 829 Rn 11; Bamberger/Roth/Grüneberg § 254 Rn 11; MüKoBGB/Wagner[4] § 829 Rn 17; MüKoBGB/Oetker[4] § 254 Rn 34; RGRK/Steffen[12] § 829 Rn 20; Soergel/Spickhoff[13] § 829 Rn 8; Staud/Oechsler (2002) § 829 Rn 66 ff.; Staud/Schiemann (2004) § 254 Rn 44.

1002 Traeger, Der Kausalbegriff im Straf- und Zivilrecht, S. 342; Höchster AcP 104 (1909) 427, 431; Koebel, NJW 1956, 969, 972; Lepenies, VersR 1951, 143; Rümelin AcP 90 (1900) 171, 316; Weimar, DR 1944, 608, 609; weitere Nachweise der älteren Literatur bei Haberkorn, MDR 1969, 554, 555.

1003 Rümelin AcP 90 (1900) 171, 317.

1004 Weimar, DR 1944, 608, 609.

1005 BGHZ 37, 102, 106; Looschelders, Die Mitverantwortlichkeit des Geschädigten im Privatrecht, S. 363, hält dagegen diese Aussage für zu weitgehend.

Lehnertz[1006] und *Looschelders*[1007] gingen später methodisch an die Frage heran, ob ein Analogieschluss möglich sei, und argumentierten folgendermaßen:
Anders als *Böhmer*[1008] versuchten sie zunächst nachzuweisen, dass es sich beim Fehlen der Verweisung auf § 829 BGB in § 254 BGB um eine planwidrige Regelungslücke handele. Denn aus den Gesetzesmaterialien gehe eindeutig hervor, dass die bewusste Unterlassung der Verweisung von § 276 BGB auf § 829 BGB nur klarstellen sollte, dass § 829 BGB im Vertragsrecht keine Anwendung finden solle, nicht jedoch, dass eine spiegelbildliche Anwendung ausgeschlossen sein sollte.[1009]
Zur Frage der Analogiefähigkeit führte *Looschelders* aus, dass es keinen allgemeinen Grundsatz – entgegen einer früher häufig vertretenen Ansicht – gebe, dass eine Ausnahmevorschrift nicht analogiefähig sei,[1010] und verwies dabei auf die einschlägige Literatur zur Methodenlehre.[1011]
Lehnertz schloss sich dagegen der Ansicht von *Weimar*[1012] und später des BGH[1013] an, dass es sich bei § 829 BGB um einen Leitsatz des Gesetzes handele, der daher auf verwandte Tatbestände entsprechend angewandt werden könne.[1014]
Im Anschluss hieran fragte sich *Lehnertz* im Gegensatz zu *Looschelders*, welche Vorschrift eigentlich analog angewandt werden solle: § 829 oder § 254 BGB? Denn letztlich solle doch der Tatbestand des § 829 BGB das nach § 254 BGB an sich erforderliche Verschulden gegen sich selbst substituieren. Die von ihr gestellte Frage ließ sie aber in gewisser Weise selbst unbeantwortet.[1015]

Man muss hier wohl kurz festhalten, dass in der Literatur wie auch der Rechtsprechung, immer von einer analogen oder spiegelbildlichen Anwen-

---

1006 Lehnertz, Zur Problematik des § 829 BGB, S. 90 ff.
1007 Looschelders, Die Mitverantwortlichkeit des Geschädigten im Privatrecht, S. 362 ff.; a.A. Weimar, MDR 1965, 263; vgl. hierzu auch Kap. 2 A. I. 1. c. (S. 71).
1008 Böhmer, MDR 1962, 778, 779; ders., VersR 1962, 215, 216.
1009 Prot. II, S. 590, 591.
1010 Looschelders, Die Mitverantwortlichkeit des Geschädigten im Privatrecht, S. 363.
1011 Larenz/Canaris, Methodenlehre der Rechtswissenschaft^3 (Studienausgabe), S. 175; Looschelders/Roth, Juristische Methodik im Prozess der Rechtsanwendung, S. 144.
1012 Weimar, DR 1944, 608, 609.
1013 BGHZ 37, 102, 106.
1014 Lehnertz, Zur Problematik des § 829 BGB, S. 83.
1015 Lehnertz, Zur Problematik des § 829 BGB, S. 90, 91 ff.: zwar spricht sie zunächst von der analogen Anwendung von § 254 BGB, in der darauf folgenden Darstellung dagegen von der entsprechenden Anwendung von § 829 BGB.

dung des § 829 BGB gesprochen wird, es sich aber tatsächlich bei genauerer Betrachtung um eine „Analogie in zweifacher Hinsicht“ handelt. Zum einen soll ein Haftungstatbestand seiner Rechtsfolge beraubt zu einem haftungseinschränkenden Element gemacht werden und dieses soll im Anschluss das an sich nach § 254 BGB erforderliche Mitverschulden, entgegen dessen Wortlaut, substituieren.

Die Rechtfertigung der Analogie folgern *Lehnertz* und *Looschelders*, wie bereits viele vor ihnen, daraus, dass insoweit eine vergleichbare Interessenlage vorliege, als der Gesetzgeber § 829 BGB zum Ausgleich von unbilligen Härten geschaffen habe, welche dadurch entstehen können, dass ein Unzurechnungsfähiger grundsätzlich von der Haftung befreit sei. Dieselben unbilligen Härten würden aber entstehen, wenn ein Schädiger sich gegenüber einem unzurechnungsfähigen Geschädigten nicht auf den Einwand eines „Quasi-Mitverschuldens“ berufen könne.[1016]
Überdies hinaus argumentiert *Lehnertz*, dass § 829 BGB nicht den Gefährdungshaftungstatbeständen zugeordnet werden könne und folglich der Verschuldenshaftung näher stünde. Daraus ergebe sich, dass § 829 BGB auch dem Mitverschulden des § 254 BGB nahe stehe und somit die Analogie gerechtfertigt sei.[1017]

Inwieweit im Einzelnen die Tatbestandmerkmale des § 829 BGB spiegelbildlich zur Anwendung gebracht werden können, beziehungsweise müssen, ist innerhalb der Gruppe der Befürworter teils stark umstritten. Auf die einzelnen Voraussetzungen soll aus Gründen der Übersichtlichkeit erst im späteren Verlauf eingegangen werden.

3. Ansichten in Österreich und der Schweiz

In der Schweiz wird ebenfalls nach unbestrittener Auffassung Art. 54 Abs. 1 OR analog auf Fälle angewendet, in denen eine urteilsunfähige geschädigte Person den erlittenen Schaden selbst mitverursacht hat.[1018] Man geht

---

1016 Lehnertz, Zur Problematik des § 829 BGB, S. 94 ff.; Looschelders, Die Mitverantwortlichkeit des Geschädigten im Privatrecht, S. 364.

1017 Lehnertz, Zur Problematik des § 829 BGB, S. 93 ff.

1018 BGE 41 II 226; 51 II 523; 54 II 140; 60 II 44; Keller, Haftpflichtrecht im Privatrecht^4, S. 106; Keller/Gabi-Bollinger, Das Schweizerische Schuldrecht II^2, S. 104; Oftinger/Stark, Schweizerisches Haftpflichtrecht I^5, § 5 Rn 164 (S. 238); Oftinger/Stark, Schweizerisches Haftpflichtrecht II/1^4, § 18 Rn 100 (S. 158); Rey, Ausservertragliches Haftpflichtrecht^3, Rn 406, 818; Brehm, OR 54 Rn 51.

auch dort vom Grundsatz aus, dass die Urteilsfähigkeit sowohl für die Verschuldenshaftung, wie auch für das Selbstverschulden erforderliche Voraussetzung ist.[1019] Der Analogieschluss wird jedoch – soweit ersichtlich – nirgends ausführlich begründet, sondern lediglich als Konsequenz des Umstandes erachtet, dass, wenn das Selbstverschulden Urteilsfähigkeit verlange, auch in diesem Zusammenhang die Ausnahmeregel des Art. 54 Abs. 1 OR zur entsprechenden Anwendung gebracht werden müsse.
Bei der konkreten Anwendung wird primär auf einen Vergleich der finanziellen Lage der Beteiligten abgestellt.[1020] Kommt etwa für den verursachten Schaden eine Versicherung auf oder bestehen Ansprüche gegen Dritte, so wird eine Kürzung des Anspruchs des Urteilsunfähigen grundsätzlich abgelehnt.[1021]

Auch in Österreich wird unbestritten – soweit ersichtlich – § 1310 ABGB im Rahmen des Mitverschuldens nach § 1304 ABGB entsprechend zur Anwendung gebracht.[1022] Auch dort geht man grundsätzlich davon aus, dass das Mitverschulden Zurechnungsfähigkeit erfordert.[1023] Wie auch in der Schweiz findet sich – soweit ersichtlich – keine tief schürfende inhaltliche Auseinandersetzung mit diesem Analogieschluss.[1024] Es wird allgemein auf die ständige Rechtsprechung verwiesen, welche einem Unzurechnungsfähigen dann ein Mitverschulden analog § 1310 ABGB anlastet, wenn er *in concreto* sein Fehlverhalten in eigenen Angelegenheiten einsehen und danach handeln konnte.[1025] Je geringer die intellektuellen Fähigkeiten sind – speziell auf Grund des Alters – desto geringer ist der Mitverschuldensanteil des Unzurechnungsfähigen.[1026] Die finanzielle Situation der Beteiligten steht dagegen offenbar überhaupt nicht im Mittelpunkt der analogen An-

---

1019 Oftinger/Stark, Schweizerisches Haftpflichtrecht I[5], § 5 Rn 163 (S. 237); Oftinger/Stark, Schweizerisches Haftpflichtrecht II/1[4], § 18 Rn 100 (S. 158).
1020 Oftinger/Stark, Schweizerisches Haftpflichtrecht I[5], § 5 Rn 164 (S. 238); Oftinger/Stark, Schweizerisches Haftpflichtrecht II/1[4], § 18 Rn 102, 61 (S. 158); Rey, Ausservertragliches Haftpflichtrecht[3], Rn 814; Brehm OR 54 Rn 51, 52; anders noch mit Hinweis auf die ältere Rechtsprechung Oftinger, Schweizerisches Haftpflichtrecht I[4], S. 166.
1021 Brehm, OR 54 Rn 54, 55.
1022 OGH SZ 25/318 = JBl. 1953, 547; Koziol, Österreichisches Haftpflichtrecht I[3], Rn 12/13 mwN.; Rummel/Reischauer[2] § 1310 Rn 14, § 1304 Rn 4.
1023 OGH JBl. 1968, 201; Koziol, Österreichisches Haftpflichtrecht I[3], Rn 12/13.
1024 Bydlinski, Juristische Methodenlehre und Rechtsbegriff[2], S. 478; Koziol, Österreichisches Haftpflichtrecht I[3], Rn 12/13 ff.
1025 OGH SZ 9/257; SZ 25/318 = JBl. 1953, 547; SZ 60/224 = JBl. 1988, 113.
1026 Vgl. Rummel/Reischauer[2] § 1310 Rn 14 ff.

wendung. Zusammenfassend kann man in „bundesdeutschen Kategorien" gesprochen sagen, dass einem Unzurechnungsfähigen ein „natürliches Mitverschulden" umso mehr vorgeworfen werden kann, je größer seine Einsichtsfähigkeit ist und die Möglichkeit entsprechend zu handeln. Dabei darf nicht vergessen werden, dass im Unterschied zur Schweiz und Deutschland § 1310 1. Fall ABGB ausdrücklich auch eine Verschuldenshaftung von Personen kennt, die gewöhnlich ihres „*Verstandes nicht mächtig*" sind. Nach österreichischem Verständnis muss daher nicht wie in der Schweiz und in Deutschland das Mitverschulden durch einen Haftungstatbestand völlig substituiert werden, sondern lediglich auf die Figur eines „natürlichen Mitverschuldens" zurückgegriffen werden, um den Anspruch eines Unzurechnungsfähigen kürzen zu können.

4. Stellungnahme

Zunächst gilt es festzuhalten, dass an der Zurechnungsfähigkeit als Erfordernis des Mitverschuldens unbedingt festzuhalten ist. Hätte der Gesetzgeber tatsächlich nur objektives Fehlverhalten genügen lassen wollen, hätte er schlicht von Mitverursachung sprechen können. Auch in systematischer Hinsicht ist kein Grund ersichtlich, weshalb ein Schädiger einer Inanspruchnahme seine Unreife entgegenhalten darf, ihm dagegen ein Anspruch gekürzt werden soll, ohne dabei seine Unfähigkeit zur Wahrung der eigenen Interessen zu berücksichtigen. Der Schutz von Minderjährigen ist doch gerade ein Strukturelement des BGB. Entnimmt man darüber hinaus § 276 BGB auch den Sorgfaltsmaßstab, den der Geschädigte in eigenen Angelegenheiten zu erbringen hat, so ist es nur folgerichtig, auch entsprechend der Verweisung in § 276 Abs.1 S. 2 BGB die §§ 827, 828 BGB bei § 254 Abs. 1 BGB zur Anwendung zu bringen.
Es ist daher insgesamt nur konsequent und richtig, auch bei § 254 BGB Zurechnungsfähigkeit des Geschädigten zu verlangen und diese entsprechend den §§ 827, 828 BGB zu bestimmen.

Ob damit auch § 829 BGB im Rahmen des § 254 BGB ein mangelndes Mitverschulden auf Grund von Unzurechnungsfähigkeit gemäß §§ 827, 828 BGB substituieren kann, ist dagegen weitaus schwieriger zu beantworten.
Mit *Rümelin*[1027] muss zunächst betont werden, dass es keine zwingende Konsequenz ist, § 829 BGB entsprechend anzuwenden, nur weil man bereits die §§ 827, 828 BGB bei § 254 BGB berücksichtigt.

[1027] Rümelin AcP 90 (1900) 171, 317.

Zwar verweist § 276 BGB, dem in entsprechender Weise der Sorgfaltsmaßstab auch für das Mitverschulden entnommen wird, nur auf die §§ 827, 828 BGB. Wie jedoch bereits mehrfach dargestellt, ist es kein Versehen, dass § 829 BGB in § 276 BGB nicht genannt wird. Auch ist er nicht gewissermaßen an diese Vorschriften „angeseilt."[1028] Die Nichtnennung sollte schlicht dazu dienen, keine Billigkeitshaftung in das Vertragsrecht einzuführen.

Macht man sich im Anschluss hieran klar, dass es sich nicht bloß um eine analoge Anwendung von § 829 BGB, sondern im Ergebnis auch um eine Hinwegsetzung über den klaren Wortlaut des § 254 Abs. 1 BGB handelt, der schließlich von „Mitverschulden" und nicht von „Mitverursachung plus der Erfüllung eines Haftungstatbestands" spricht, so bestehen meines Erachtens in methodischer Hinsicht Bedenken gegen einen so weitreichenden Analogieschluss, wie er von den Befürwortern gezogen wird.

Dennoch ist § 829 BGB entsprechend bei § 254 BGB anzuwenden. Im Grundsatz ist der herrschenden Lehre und insbesondere den Ausführungen von *Lehnertz*[1029] und *Looschelders*[1030] zu folgen. Lediglich in einigen Punkten bedürfen die bereits skizzierten Darstellungen Ergänzungen.

a. Planwidrige Regelungslücke

Dass das BGB keine konkrete Aussage darüber enthält, ob vom „Alles-oder-Nichts-Prinzip" nach § 254 BGB ausnahmsweise abgewichen werden kann, wenn der Geschädigte unzurechnungsfähig ist,[1031] zeigt der Wortlaut der Vorschrift. Aus den Gesetzesmaterialien geht dagegen hervor, dass es sich bei der Nichtnennung von § 829 BGB in § 254 BGB nicht um einen Fall des beredten Schweigens[1032] handelt, sondern um eine Klarstellung dahingehend, dass § 829 BGB nicht im Vertragsrecht zur Anwendung gelangen soll. Eine Aussage dahingehend, dass der Gesetzgeber die Anwendung von § 829 BGB bei § 254 BGB ausgeschlossen haben wollte, kann weder dem Gesetz, noch den dazugehörigen Materialien entnommen werden. Diesbezüglich ist daher den Befürwortern der entsprechenden Anwendung von § 829 BGB nichts hinzuzufügen.

1028 So aber Weimar, MDR 1965, 263.

1029 Lehnertz, Zur Problematik des § 829 BGB, S. 90 ff.

1030 Looschelders, Die Mitverantwortlichkeit des Geschädigten im Privatrecht, S. 362 ff.

1031 Im Sinne eines ausdrücklichen Reduktionsverbots bei Unzurechnungsfähigkeit des Geschädigten.

1032 Vgl. hierzu Larenz, Methodenlehre der Rechtswissenschaft[6], S. 370 f..

Dennoch darf nicht außer Acht gelassen werden, dass § 254 Abs. 1 BGB von „Mitverschulden“ und nicht bloß von „Mitverursachung plus Erfüllung eines Haftungstatbestands“ spricht. Der Begriff „Mitverschulden“ impliziert doch gerade einerseits das Erfordernis der Zurechnungsfähigkeit und andererseits eines vorwerfbaren Verhaltens gegen sich selbst. Man könnte hieraus folgern, dass eine Lastenverteilung entsprechend § 254 BGB ausgeschlossen ist, wenn dem Geschädigten keine Obliegenheitsverletzung vorgeworfen werden kann.
Betrachtet man die ständige Rechtsprechung,[1033] die etwa auch die Sach- oder Betriebsgefahr einem Geschädigten anspruchsmindernd bei § 254 BGB vorwirft, so muss man § 254 Abs. 1 BGB den allgemeinen Rechtssatz entnehmen, „... *dass eine Schadensverteilung gemäß dieser Bestimmung immer dann stattzufinden hat, wenn auf der Seite des Geschädigten ein Umstand zu der Entstehung des Schadens mitgewirkt hat, der ihn nach den Regeln unseres Schadensersatzrechts für einen von ihm verursachten Schaden verantwortlich macht.*“[1034] Dies erklärt sich aus historischer Sicht daraus, dass man ursprünglich davon ausging, dass nur ein „Verschulden“ einen Schadensersatzanspruch begründen, aber auch einschränken kann.[1035] Erst als man die Gefährdungshaftung als selbständiges Haftungsprinzip anerkannte, wurde offensichtlich, dass § 254 Abs. 1 BGB – bei wortwörtlicher Anwendung – zu eng gefasst ist.
Als § 254 BGB geschaffen wurde, war das Prinzip der Gefährdungshaftung nicht unbekannt, wie § 833 BGB zeigt. Dennoch fand es in § 254 BGB keinen Niederschlag. Man hatte schlicht übersehen, dass die mit einer Gefährdungshaftung einhergehende Risikozuweisung zu Lasten des schädigenden Halters ein entsprechendes Gegenstück auf Seiten des Geschädigten beim Unterhalten derselben Gefahr bedarf, um keine wertungsmäßige Inkonsequenz aufkommen zulassen. Daher war es nur richtig, § 254 BGB auch auf Fälle auszudehnen, in welchen der Geschädigte nur für den Betrieb, beziehungsweise das Halten einer bestimmten Sache verantwortlich ist, ohne dabei eine Obliegenheitsverletzung zu begehen.
Anders also als *Lehnertz* meint, kommt es nicht darauf an, dass § 829 BGB der Verschuldenshaftung näher steht als der Gefährdungshaftung, sondern dass § 829 BGB Teil des Haftungssystems ist, wenn auch als Ausnahme,

---

1033 BGHZ 6, 319, 322; 20, 259, 262; 26, 69, 76; BGH NJW 1972, 1415; MüKoBGB/Oetker[4] § 254 Rn 13; Looschelders, Die Mitverantwortlichkeit des Geschädigten im Privatrecht, S. 254 f.

1034 Larenz/Canaris, Methodenlehre der Rechtswissenschaft[3] (Studienausgabe), S. 208.

1035 Vgl. Larenz/Canaris, Methodenlehre der Rechtswissenschaft[3] (Studienausgabe), S. 208.

und folglich grundsätzlich ein Äquivalent auf Seiten des Geschädigten haben kann, wie auch die anderen Haftungstatbestände. Da der Gesetzgeber aber gerade dies im Fall der Mitverursachung durch einen Unzurechnungsfähigen, wie auch beim Betrieb, beziehungsweise Halten einer gefährlichen Sache verkannte, liegt eine Regelungslücke bei § 254 BGB vor.
Dass § 829 BGB auch als Ausnahmevorschrift einer Analogie zugängig ist, wird heute zu Recht nicht mehr bestritten.[1036] Im Gegenteil ist die Aussage, wonach Ausnahmevorschriften nicht analogiefähig sind, in dieser Pauschalität nicht zu halten. Vielmehr muss dies jeweils von der *ratio legis* aus entschieden werden.[1037]
Teil der *ratio* des § 829 BGB ist, unter Umständen einen billigen Ausgleich für die durch die §§ 827, 828 BGB geschaffenen Härten für den Geschädigten zu schaffen. Diese Ausnahme will also Härten korrigieren, welche dadurch entstehen, dass bestimmte Personen von einer Verschuldenshaftung, die wiederum den Regelfall darstellt, ausgenommen sind. Von diesem Standpunkt aus sind die §§ 827, 828 BGB eine pauschalisierte Ausnahme, welche durch § 829 BGB wieder den Folgen des Grundprinzips der Verschuldenshaftung angenähert werden. Bildlich gesprochen stellt § 829 BGB vom Grundprinzip der Verschuldenshaftung ausgehend das letzte und damit feinste Rädchen zur Schadensregulierung in bestimmten Ausnahmefällen dar. § 829 BGB ist damit dennoch eine Ausnahme von Grundsatz der Verschuldenshaftung und zugleich Teil eines zusammenhängenden Haftungssystems. Damit ist schlussendlich auch der von § 829 BGB bezweckte ausnahmsweise Ausgleich aus Gründen der Billigkeit trotz Unzurechnungsfähigkeit Teil des Gesamtsystems. Folglich kann grundsätzlich dieser Vorschrift, auch wenn sie eine Ausnahmevorschrift darstellt, ein verallgemeinerungsfähiger Inhalt entnommen werden, der auf andere Vorschriften übertragbar ist. Daher ist § 829 BGB grundsätzlich einer Analogie zugängig.

b. Vergleichbarkeit der Interessenslage

Nachdem festgestellt wurde, dass eine planwidrige Regelungslücke vorliegt und darüber hinaus § 829 BGB einer Analogie zugänglich ist, bleibt die eigentliche Frage noch, ob eine solche Analogie gerechtfertigt ist.

1036 So aber RG JW 1903, Beilage S. 122, Nr. 270.

1037 Engisch, Einführung in das juristische Denken[7], S. 151 f; Larenz/Canaris, Methodenlehre der Rechtswissenschaft[3] (Studienausgabe), S. 175; Müller, Juristische Methodik[6], S. 211.

Anders als in Österreich, wo § 1310 1. Fall ABGB auch ein Verschulden bei Unzurechnungsfähigen kennt, kommt eine Gesetzes-, beziehungsweise Einzelanalogie bei den §§ 254, 829 BGB nicht in Betracht. Ob die Einordnung der analogen Anwendung von § 1310 ABGB als Gesetzesanalogie haltbar ist, wie *Bydlinski* meint,[1038] ist meines Erachtens zweifelhaft. Denn unter einer Gesetzesanalogie versteht man im Allgemeinen die Übertragung der Rechtsfolge im Einklang mit der *ratio* der Norm über ihren Wortlaut hinaus auf einen ähnlichen Fall. Die Ähnlichkeit besteht gerade in der Gleichheit des Rechtsgrundes und des Schutzbedürfnisses.[1039] Die Rechtsfolge des § 1310 ABGB soll aber nicht übertragen werden, sondern dessen Voraussetzungen.

Für das BGB gilt erst recht nichts Anderes. Nicht die Rechtsfolge des § 829 BGB soll auf § 254 BGB übertragen werden, sondern die Rechtsfolge des § 254 BGB soll beibehalten werden. Dafür sollen die Voraussetzungen des § 829 BGB ohne Rechtsfolge einen Teil der Voraussetzungen des § 254 Abs. 1 BGB ersetzen.

Daher kommt im Fall der spiegelbildlichen Anwendung von §§ 254, 829 BGB eher nur eine Rechts-, beziehungsweise Gesamtanalogie in Betracht. Schon die allgemein übliche Bezeichnung als sogenannte spiegelbildliche Anwendung von § 829 BGB legt dies nahe. Zwar wird eine Rechtsanalogie beschrieben als eine Analogie, bei der mehreren gesetzlichen Bestimmungen, die an verschiedene Tatbestände die gleiche Rechtsfolge anknüpfen, ein allgemeiner Rechtsgrundsatz entnommen wird.[1040] § 254 BGB und § 829 BGB haben aber unterschiedliche Rechtsfolgen. Beiden Vorschriften ist aber gemein, dass sie eine gerechte Verteilung der Lasten eines Schadensfalls im Auge haben und daher einerseits vom „Alles-oder-Nichts-Prinzip" und andererseits vom Grundsatz *casum sentit dominus* (teilweise) abrücken.

Die Interessenlage der Beteiligten bringen beide Normen zum Ausgleich. § 254 BGB will klar den Schädiger schützen. Aber auch § 829 BGB hat nicht nur den Schutz des Verletzten vor Augen, sondern auch den des Schädigers selbst. Anders ist die vielfache Einschränkung der Haftung des Unzurechnungsfähigen nicht erklärbar (z.B. Subsidiaritätsklausel, Schonvermögen usw.).

[1038] Bydlinski, Juristische Methodenlehre², S. 478.

[1039] Bydlinski, Juristische Methodenlehre², S. 477; Larenz, Methodenlehre der Rechtswissenschaft⁶, S. 381 f.; Larenz/Canaris, Methodenlehre der Rechtswissenschaft³ (Studienausgabe), S. 204.

[1040] Larenz/Canaris, Methodenlehre der Rechtswissenschaft³ (Studienausgabe), S. 204.

Dass der Schutz der grundsätzlich vom Gesetz privilegierten Unzurechnungsfähigen durch eine entsprechende Anwendung von § 829 BGB bei § 254 BGB wieder eingeschränkt wird, ist nur konsequent, da das Gesetz schließlich den Unzurechnungsfähigen unter bestimmten Voraussetzungen sogar allein für einen Schaden aufkommen lässt.
Letztendlich gleicht doch § 829 BGB die durch die §§ 827, 828 BGB entstehenden Härten aus, § 254 BGB lässt dagegen den Schädiger auf den Härten der §§ 827, 828 BGB sitzen. Da die § 827, 828 BGB Voraussetzung der Haftung nach § 829 BGB sind, wäre es eine nicht zu rechtfertigende Ungleichbehandlung, § 829 BGB bei § 254 Abs. 1 BGB nicht zur Anwendung zu bringen, obwohl die §§ 827, 828 BGB bei § 254 BGB zu berücksichtigen sind.
Dieses Standpunktes eingedenk, lässt sich eine Analogie dahingehend rechtfertigen, dass einem unzurechnungsfähigen Geschädigtem unter denselben Voraussetzungen wie für den Fall, dass der Schädiger nicht haften würde, der eigene Anspruch gekürzt werden darf.
Im Übrigen ist den Befürwortern einer spiegelbildlichen Anwendung ausdrücklich beizupflichten.

III. Anwendungsbereich

Zwar ist § 254 BGB im gesamten zivilen Haftungsrecht und teilweise darüber hinaus anwendbar, dennoch ist in einigen besonders praxisrelevanten Anwendungsbereichen eine spiegelbildliche Anwendung von § 829 BGB nicht unproblematisch.

1. Deliktsrecht

Zunächst muss natürlich kurz betont werden, dass eine spiegelbildliche Anwendung bei einem Anspruch aus § 829 BGB selbst nicht in Betracht kommen kann, da das Verhalten des Geschädigten ja bereits bei der Billigkeitsabwägung berücksichtigt wurde.
Ansonsten bestehen keine Bedenken, § 829 BGB spiegelbildlich im übrigen Deliktsrecht des BGB anzuwenden.

2. Straßenverkehrsrecht

Auch im Bereich des Straßenverkehrsrechts, genauer gesagt bei Ansprüchen aus Gefährdungshaftung[1041] und vermutetem Verschulden (§§ 7, 18 StVG), besteht kein grundsätzlicher Ausschluss der entsprechenden spiegelbildlichen Anwendbarkeit von § 829 BGB.[1042] Anders aber als die frühere Rechtsprechung, die schnell eine Anspruchskürzung eines Kindes im Straßenverkehr bejahte,[1043] ist bei konsequentem Festhalten an den Voraussetzungen des § 829 BGB faktisch kaum Raum für eine Anspruchskürzung auf Seiten eines Unzurechnungsfähigen. Denn einerseits weist das Straßenverkehrsrecht dem Halter die Gefahr für den Betrieb eines Kraftfahrzeuges zu, was eine zu berücksichtigende gesetzliche Risikozuweisung darstellt.[1044] Ferner besteht auf Seiten des schädigenden Halters auch eine zu berücksichtigende Pflichthaftpflichtversicherung. In solch einem Fall besteht wohl in aller Regel weder ein Verursachungsgefälle (da die gesetzliche Risikozuweisung dies überlagert) noch ein Vermögensgefälle, welches eine Anspruchskürzung rechtfertigen könnte.[1045] Daher dürfte speziell bei Unfällen mit Kindern unter zehn Jahren im Straßenverkehr kein Raum zur Anspruchskürzung entsprechend §§ 254, 829 BGB bestehen.

3. Bei Einsichtsfähigkeit aber fehlendem Verschulden eines Jugendlichen

Zu Recht[1046] wendet die Rechtsprechung[1047] bereits seit langem § 829 BGB auch entsprechend bei Jugendlichen an, die zwar einsichtsfähig im Sinn des

---

1041 Gegen die Anwendung bei Kausalhaftung sprach sich noch Oftinger, Schweizerisches Haftpflichtrecht I^4, § 5 C. (S. 155), aus, da der Schädiger hiernach immer zum Ersatz des vollen Schadens verpflichtet sei. Von dieser Ansicht ist dann Oftinger/Stark, Schweizerisches Haftpflichtrecht I^5, § 5 Rn 166 (S. 239), offensichtlich abgerückt.

1042 A.A. für den Bereich des § 828 Abs. 1, 2 BGB: Heß, ZfS 2003, 218, 219; Lemcke, ZfS 2002, 318, 324; MüKoBGB/Wagner[4] § 829 Rn 17.

1043 Vgl. OLG Celle NJW 1969, 1632; AG Lübeck 1972, 185; AG Stuttgart VersR 1973, 94, 95.

1044 S.o. Kap. 2 A. V. 3. a. aa. a) (S. 206 ff.).

1045 So auch die Rspr. seit BGH NJW 1969, 1762, 1763; vgl. BGH VersR 1974, 138; BGH NJW 1973, 1795, 1776; OLG Hamm VersR 1975, 667; OLG Düsseldorf VersR 1977, 160; OLG Celle 1978, 1144; OLG Oldenburg VersR 1980, 340; OLG Stuttgart VersR 1980, 952, 953; KG NZV 1995, 109, 110; OLG Saarbrücken NZV 2002, 511.

1046 S.o. Kap. 2. A. I. 2. e. (S. 86).

1047 BGHZ 39, 281 = VersR 63, 953 = NJW 1963, 1609 = FamRZ 1965, 435 („Ritterspiel").

§ 828 Abs. 3 BGB sind, denen aber auf Grund des objektiv-typisierten Sorgfaltsmaßstabs kein Verschuldensvorwurf gemacht werden kann. Nach herrschender Meinung bestimmt auch auf Seiten des Geschädigten der objektiv-typisierte Sorgfaltsmaßstab die Anforderungen an das Mitverschulden.[1048]

Ist nun der Jugendliche der Geschädigte, wobei er einsichtsfähig war, ihm aber ein Mitverschulden nach § 254 Abs. 1 BGB nicht vorgeworfen werden kann, weil er den objektiv-typisierten Sorgfaltsmaßstab, den er bei der Wahrung der eigenen Interessen zu pflegen gehabt hätte, nicht verletzt hat, so taucht die Frage auf, ob auch in diesem Fall der Anspruch des Jugendlichen entsprechend § 829 BGB gekürzt werden kann.

Soweit ersichtlich, hatte die Rechtsprechung solch einen Fall bis heute noch nicht zu entscheiden, obwohl in manchen Fällen zumindest theoretisch hieran zu denken gewesen wäre.[1049] In der Literatur wird, soweit sie hierauf eingeht, die spiegelbildliche Anwendung auch in diesen Fällen einhellig befürwortet.[1050]

Bei konsequenter Betrachtung muss man auch den Anspruch eines Jugendlichen unter denselben Voraussetzungen entsprechend kürzen, unter denen er auch haften kann. Es spricht also nichts gegen eine spiegelbildliche Anwendung von § 829 BGB auch bei Jugendlichen, welche einsichtsfähig waren, denen aber auf Grund des objektiv-typisierten Sorgfaltsmaßstabs in eigenen Angelegenheiten kein Mitverschulden vorgeworfen werden kann.

4. Vertragsrecht

Wie auch im Fall der direkten Anwendung, stellt sich bei der spiegelbildlichen Anwendung von § 829 BGB die Frage, ob dieser auch im vertraglichen Bereich entsprechend anzuwenden ist.[1051]

Wird etwa ein Vertragspartner nach Vertragsschluss, aber vor Beendigung der vertraglichen Beziehungen unzurechnungsfähig und wird dieser von seinem Vertragspartner geschädigt, wobei er den Schaden mitverursacht

---

[1048] BGH VersR 1965, 877, 878; OLG Bamberg VersR 1965, 989, 990; KG VersR 1975, 770 771; Looschelders, Die Mitverantwortlichkeit des Geschädigten im Privatrecht, S. 342 ff.; MüKoBGB/Oetker[4] § 254 Rn 35; Staud/Schiemann (2004) § 254 Rn 39.

[1049] BGH VersR 1965, 877, 878; OLG Bamberg VersR 1965, 989, 990; KG VersR 1975, 770, 771.

[1050] MüKoBGB/Mertens[3] § 829 Rn 15; Staud/Oechsler (2002) § 829 Rn 67.

[1051] Vgl. Kap. 2 A. I. 1. c. (S. 71).

hat, stellt sich die Frage, ob der vertragliche Schadensersatzanspruch des Unzurechnungsfähigen durch die entsprechende spiegelbildliche Anwendung von § 829 BGB gekürzt werden kann.
Anders als in der Schweiz[1052] ist man sich hierzulande weitgehend einig darüber, dass § 829 BGB keine Anwendung bei vertraglichen Schadensersatzansprüchen findet, da § 276 Abs. 1 S. 2 BGB bewusst nur auf die §§ 827, 828 BGB verweist, nicht aber auf § 829 BGB.[1053] Dementsprechend wird auch eine entsprechende Anwendung von § 829 BGB im Rahmen von § 254 Abs. 1 BGB bei vertraglichen Schadensersatzansprüchen von unzurechnungsfähigen Geschädigten entschieden abgelehnt.[1054]
In der Literatur wurde nur vereinzelt die entsprechende Anwendung gegenüber vertraglichen Schadensersatzansprüchen befürwortet.[1055] So begründete *Weimar* diese Ansicht damit, dass ein Verstoß gegen § 254 BGB immer eine Zuwiderhandlung gegen eine im wohlverstandenen Eigeninteresse liegende Verhaltensregel sei. Dies greife Platz ohne Rücksicht darauf, aus welchem Rechtsgrund sich die Gläubigerstellung ergebe.[1056]

Es ist zwar zuzugeben, dass § 254 Abs. 1 BGB grundsätzlich nicht zwischen der Art der Anspruchsgrundlage unterscheidet, so ob etwa ein Anspruch aus Delikt oder aus Vertrag geltend gemacht wird. Im konkreten Fall der entsprechenden spiegelbildlichen Anwendung von § 829 BGB darf aber nicht vergessen werden, dass die Analogie nur insoweit gerechtfertigt ist, wie dadurch die Härten, die durch die §§ 827, 828 BGB verursacht werden, die Ähnlichkeit der Interessenlage herstellt, die wiederum den Analogieschluss rechtfertigt. Da aber ein Unzurechnungsfähiger gerade nicht wegen

---

1052 BGE 102 II 226, 230; Oftinger/Stark, Schweizerisches Haftpflichtrecht II/1[4], § 18 Rn 51 ff.; Brehm, OR 54 Rn 49 ff.; aA. Honsell, Schweizerisches Haftpflichtrecht[4], § 16 Rn 7 (S. 151).

1053 Bamberger/Roth/Spindler § 829 Rn 10; Böhmer, NJW 1967, 865; ders., JR 1967, 256; Deutsch, JZ 1964, 86, 89; Erman/Schiemann[11] § 829 Rn 1; MüKoBGB/Wagner[4] § 825 Rn 6; RGRK/Steffen[12] § 829 Rn 4; Soergel/Spickhoff[13] § 829 Rn 6; Staud/Oechsler (2002) § 829 Rn 23; a.A. Weimar, MDR 1965, 263; Donath, BB 1991, 1881, Anm. zu BGH BB 1991, 1656; MüKoBGB/Hanau[3] § 276 Rn 66; Soergel/Wolf[12] § 276 Rn 194; Staud/Löwisch[12] § 276 Rn 61.

1054 Lehnertz, Zur Problematik des § 829 BGB, S. 110; Looschelders, Die Mitverantwortlichkeit des Geschädigten im Privatrecht, S. 384.

1055 Weimar, DR 1944, 608, 610; ders., MDR 1965, 263; Die meisten Befürworter einer Anwendung von § 829 BGB auch bei vertraglichen Schadensersatzansprüchen nehmen keine Stellung dazu, ob dies auch bei der spiegelbildlichen Anwendung gelten solle vgl.: MüKoBGB/Hanau[3] § 276 Rn 66; Soergel/Wolf[12] § 276 Rn 194; Staud/Löwisch[12] § 276 Rn 61.

1056 Weimar, DR 1944, 608, 610.

eines objektiven Fehlverhaltens aus Vertrag in Anspruch genommen werden kann, besteht für den umgekehrten Fall keine ausgleichsbedürftige Situation, die eine spiegelbildliche Anwendung von § 829 BGB gegenüber vertraglichen Ansprüchen rechtfertigen würde.[1057] Geht man aber wie *Weimar* und Andere grundsätzlich davon aus, dass § 829 BGB auch bei vertraglichen Ansprüchen zur Anwendung gebracht werden kann,[1058] so ist die spiegelbildliche Anwendung gegenüber Selbigen zwar konsequent, jedoch vom Ausgangspunkt aus verfehlt.

IV. Voraussetzungen der Anwendbarkeit im Einzelnen

Sehr schwierig und wohl deshalb häufig unbeantwortet, stellt sich die Frage dar, welche Voraussetzungen des § 829 BGB konkret vorliegen müssen, um das eigentlich erforderliche Mitverschulden zu substituieren. Da die Norm als Anspruchsgrundlage konzipiert ist, taugen nicht alle Voraussetzungen unmittelbar dazu, dem Geschädigten eine Obliegenheitsverletzung anzulasten. Andererseits rechtfertigt gerade die genaue spiegelbildliche Anwendung die entsprechende Anwendung von § 829 BGB. Denn das Hauptargument lautet ja, dass, wenn ein Unzurechnungsfähiger schon unter bestimmten Voraussetzungen haften kann, er sich erst recht eine Mitverursachung unter denselben Voraussetzungen anrechnen lassen muss. In diesem Spannungsfeld gilt es nun, die einzelnen Voraussetzungen von § 829 BGB zu untersuchen und in ihrer konkreten spiegelbildlichen Anwendung darzustellen.

1. Verwirklichung eines Deliktstatbestands durch einen Unzurechnungsfähigen

Dass der Geschädigte unzurechnungsfähig im Sinn von §§ 827, 828 BGB sein muss, bedarf keiner weiteren Worte. Auch dass § 829 BGB spiegelbildlich bei einsichtsfähigen, aber auf Grund des objektiv-typisierten Sorgfaltsmaßstabs schuldlos handelnden Jugendlichen entsprechend anzuwenden ist, wurde bereits erwähnt. Ferner muss der Unzurechnungsfähige bei objektiver Betrachtung einen Mitverursachungsbeitrag für den eingetrete-

---

[1057] So auch Looschelders, Die Mitverantwortlichkeit des Geschädigten im Privatrecht, S. 384.

[1058] Weimar, DR 1944, 608, 610; ders., MDR 1965, 263; Donath, BB 1991, 1881, Anm. zu BGH BB 1991, 1656; MüKoBGB/Hanau[3] § 276 Rn 66; Soergel/Wolf[12] § 276 Rn 194; Staud/Löwisch[12] § 276 Rn 61.

nen Schaden geleistet haben.[1059] Dabei muss gerade dieser Mitverursachungsbeitrag als Geschehen die Verwirklichung eines Deliktstatbestandes darstellen.

Die Voraussetzung, wonach der Geschädigte einen Deliktstatbestand an sich selbst verwirklicht haben muss, wirft dabei vielerlei Fragen auf.

Genauso wie bei der direkten Anwendung von § 829 BGB, kommen dabei nicht nur die §§ 823 bis 826 BGB in Betracht, sondern auch die §§ 830 Abs. 1 S. 2[1060], 831[1061], 833 S. 2[1062], 836[1063], 844 und 845 BGB[1064].

Da eine Selbstschädigung grundsätzlich nicht rechtswidrig ist, kann bei einer spiegelbildlichen Anwendung von § 829 BGB weder die Rechtswidrigkeit der Handlung, noch des Erfolgs verlangt werden, will man eine Anspruchskürzung nach § 829 BGB nicht grundsätzlich ins Leere laufen lassen. Auch zeigt sich hierbei wieder, dass es besser ist, von der spiegelbildlichen und nicht von der analogen Anwendung von § 829 BGB zu sprechen. Zwar muss man auch im Fall der Handlungsunfähigkeit des Schädigers im Sinn des § 827 S. 1 BGB auf das Erfordernis der Rechtswidrigkeit verzichten, um in diesen Fällen § 829 BGB nicht von vornherein ins Leere laufen lassen zu müssen, dennoch verlangt § 829 BGB im Grundsatz eine rechtswidrige Tatbestandsverwirklichung.[1065] Es wäre aber widersinnig, § 829 BGB spiegelbildlich bei § 254 BGB zur Anwendung zu bringen und dabei etwas zu verlangen, was § 254 BGB nicht einmal in seiner unmittelbaren Anwendung verlangt.

Wie auch bei der Inanspruchnahme eines Unzurechnungsfähigen,[1066] ist nicht erforderlich, dass dem Geschädigten neben der objektiven Tatbestandsverwirklichung auch (in einem „natürlichen" Sinn) Vorsatz oder Fahrlässigkeit anzulasten ist.

Hierbei sei noch am Rande darauf hingewiesen, dass Fälle, in denen ein unzurechnungsfähiger Geschädigter den Tatbestand eines Delikts verwirklicht, welches zwingend Vorsatz erfordert, ohne dabei bereits den Tatbestand des § 823 Abs. 1 BGB erfüllt zu haben, kaum denkbar sind. So wird etwa ein Unzurechnungsfähiger bei objektiver Betrachtung schwer sich selbst sit-

---

1059 Looschelders, Die Mitverantwortlichkeit des Geschädigten im Privatrecht, S. 365.
1060 RG JW 1910, 810, 811 = RGZ 74, 143, 145.
1061 RG JW 1915, 580, 581.
1062 RG JW 1917, 38, 39.
1063 RGZ 94, 220, 221; RG JW 1915, 580 und später OLG Hamm VersR 1977, 531, 532 = FamRZ 1977, 318, 319.
1064 RGZ 94, 220, 222.
1065 Vgl. hierzu Kap. 2 A. III. 1. a. (S. 113 f.).
1066 Vgl. hierzu Kap. 2 A. II. 2. d. (S. 96 ff.).

tenwidrig schädigen (§ 826 BGB) oder sich selbst betrügen (§ 823 Abs. 2 iVm. § 263 Abs. 1 StGB) können.

2. Subsidiarität

Seit jeher umstritten und häufig in Rechtsprechung und Literatur unklar geblieben ist die Frage, wie mit der in § 829 BGB verankerten Subsidiaritätsklausel im Fall der spiegelbildlichen Anwendung verfahren werden soll. Führt man sich die besagte Klausel – die ein negatives Tatbestandsmerkmal ist – in direkter Anwendung vor Augen, so besagt sie, dass ein Unzurechnungsfähiger dann nicht in Anspruch genommen werden darf, wenn der Geschädigte einen realisierbaren Anspruch gegen eine dem Unzurechnungsfähigen zur Aufsicht verpflichtete Person hat. Unzweifelhaft wollte der Gesetzgeber damit den Unzurechnungsfähigen vor Inanspruchnahme schützen. In der spiegelbildlichen Anwendung des § 829 BGB kommen nun drei verschiedene Möglichkeiten in Betracht, wie mit diesem Tatbestandsmerkmal verfahren werden könnte: erstens der Verzicht auf die Subsidiaritätsklausel, zweitens die Anwendung derselben mit Bezug auf das Außenverhältnis (Schädiger gegen Aufsichtspflichtigen) und drittens die Anwendung der Subsidiaritätsklausel mit Bezug auf das Innenverhältnis (Unzurechnungsfähiger gegen Aufsichtspflichtigen).

a. Verzicht auf die Subsidiaritätsklausel

Der einfachste Weg, mit der Subsidiaritätsklausel bei der spiegelbildlichen Anwendung zu verfahren, ist, auf sie zu verzichten. Ausdrücklich wird dies von niemand in der Literatur und Rechtsprechung propagiert. Dennoch legt die Entscheidung des OLG Celle vom 23.1.1969[1067] diesen Standpunkt nahe.[1068] Denn einerseits verweigert das Gericht dem geschädigten Kind den Einwand, dass seine eigene Mithaftung entfalle, weil es auch von seinen aufsichtspflichtigen Eltern Ersatz erlangen könne und andererseits führt es

---

1067 OLG Celle NJW 1969, 1632; zu dieser im Übrigen völlig verfehlten Entscheidung: Knippel, NJW 1969, 339; Böhmer, JR 1970, 339; Looschelders, Die Mitverantwortlichkeit des Geschädigten im Privatrecht, S. 366, 367; MüKoBGB/Mertens[3] § 829 Rn 18 Fn 25.

1068 Diese Entscheidung befürworten: MüKoBGB/Wagner[4] § 829 Rn 12; MüKoBGB/Mertens[3] § 829 Rn 18; kritisch dagegen: Staud/Oechsler (2002) § 829 Rn 70, 41; Soergel/Spickhoff[13] § 829 Rn 14.

an, dass es sowieso auf eine Aufsichtspflichtverletzung der Eltern nicht ankomme.[1069]
Ein völliger Verzicht auf eine wie auch immer ausgestaltete Subsidiaritätsklausel würde eine Verschärfung der Mithaftung gegenüber der unmittelbaren Anwendung von § 829 BGB darstellen. Man mag zwar einwenden, dass der geschädigte Unzurechnungsfähige nicht denselben Schutz bedarf wie bei der Inanspruchnahme, da er nicht einem Anspruch ausgesetzt sei, sondern nur sein Anspruch gekürzt werde.[1070]
Dieser Standpunkt verkennt jedoch zwei grundlegende Elemente. Zum einen sind sich die Befürworter der spiegelbildlichen Anwendung einig, dass die Rechtfertigung der entsprechenden Anwendung darin zu suchen ist, einem Unzurechnungsfähigen unter denselben Voraussetzungen den Anspruch zu kürzen, wie auch ein direkter Anspruch gegen ihn geltend zu machen ist. Ein Verzicht auf die Subsidiaritätsklausel würde der analogen Anwendung die Rechtfertigung entziehen.
Zum anderen führt ein Verzicht zu einer nicht behebbaren Verkehrung der *ratio* des § 829 BGB. Zwar ermöglicht die Norm die Inanspruchnahme eines Unzurechnungsfähigen, will dabei aber diese nur zulassen, wenn nicht eine aufsichtspflichtige Person haftet. Die Subsidiaritätsklausel stellt damit einen zusätzlichen Schutzmechanismus dar, der den Ausnahmecharakter der Haftung Unzurechnungsfähiger unterstreicht. Auf diesen Schutzmechanismus zu verzichten und einen Unzurechnungsfähigen einen Teil seines Schadens selber zu tragen lassen, ohne dabei ein mögliches Fehlverhalten und eine damit einhergehende Haftung einer aufsichtspflichtigen Person zu berücksichtigen, bedeutet, ein Grundprinzip des § 829 BGB zu verkennen.

Ein Verzicht auf eine Subsidiaritätsklausel, respektive auf ein entsprechendes Pendant, stellt eine Verkennung der *ratio* des § 829 BGB und der Rechtfertigung für die spiegelbildliche Anwendung von § 829 BGB dar und ist daher abzulehnen.

b. Ausgestaltung der Subsidiaritätsklausel

Da nun feststeht, dass auf ein Gegenstück zur Subsidiaritätsklausel bei der spiegelbildlichen Anwendung nicht verzichtet werden kann, bleibt die Frage, wie dieses auszugestalten ist, um der *ratio legis* gerecht zu werden.
Weil die Subsidiaritätsklausel des § 829 BGB, die für den Fall der Inanspruchnahme eines Unzurechnungsfähigen geschaffen wurde, nicht wörtlich

[1069] OLG Celle NJW 1969, 1632, 1633.
[1070] OLG Celle NJW 1969, 1632. 1633.

für den Fall der Anspruchskürzung zu gebrauchen ist, bedarf es einer klaren Formulierung, wie diese spiegelbildlich auszusehen hat.
Hierbei sind nun vier Konstellationen denkbar, wie sich die Subsidiaritätsklausel bei der spiegelbildlichen Anwendung darstellen könnte. Ausgangspunkt jeder der vier Möglichkeiten ist, dass die Subsidiaritätsklausel den Schutz des Unzurechnungsfähigen bewirken soll. Bei der direkten Anwendung von § 829 BGB bedeutet dies, dass der Unzurechnungsfähige bei Vorliegen der Klausel nicht haftet. Bei der spiegelbildlichen Anwendung muss dies folglich bedeuten, dass bei Vorliegen der Klausel der Anspruch des Unzurechnungsfähigen nicht gekürzt wird. Damit kommen abhängig von den Beteiligten und der jeweiligen Aussage folgende Möglichkeiten in Betracht:

Der Unzurechnungsfähige muss sich seinen Anspruch nur kürzen lassen,

1. wenn der Schädiger einen realisierbaren Anspruch gegen die aufsichtspflichtige Person des Unzurechnungsfähigen hat.
2. wenn der Schädiger keinen realisierbaren Anspruch gegen die aufsichtspflichtige Person des Unzurechnungsfähigen hat.
3. wenn er einen realisierbaren Anspruch gegen seine aufsichtspflichtige Person hat.
4. wenn er keinen realisierbaren Anspruch gegen seine aufsichtspflichtige Person hat.

Diese vier Möglichkeiten unterscheiden sich durch die Beteiligten, beziehungsweise genauer gesagt danach, wer einen realisierbaren Anspruch gegen eine aufsichtspflichtige Person haben muss oder auch nicht – Schädiger gegen Aufsichtspflichtigen oder Unzurechnungsfähiger gegen Aufsichtspflichtigen. Entsprechend dieser beiden Personenverhältnisse erfolgt die folgende Darstellung.

aa. Anwendung der Subsidiaritätsklausel mit Bezug auf das Außenverhältnis (Schädiger gegen Aufsichtspflichtigen)

Bezieht man die Subsidiaritätsklausel auf das Verhältnis zwischen Schädiger und Aufsichtspflichtigen, so kommt nur die Möglichkeit in Betracht, dass der Unzurechnungsfähige sich seinen Anspruch nur kürzen lassen muss, wenn der Schädiger keinen realisierbaren Anspruch gegen die aufsichtspflichtige Person des Unzurechnungsfähigen hat (Möglichkeit 2).[1071]

[1071] In diesem Sinne: Weimar, DR 1944, 608, 610; BGH VersR 1974, 138: *„Zwar sei die Voraussetzung des § 829 BGB, daß der Bekl. nicht in der Lage sei, Rückgriff*

Denn würde man darauf abstellen, dass der Schädiger einen realisierbaren Anspruch gegen die aufsichtspflichtige Person haben muss, um den Anspruch des Geschädigten kürzen zu dürfen (Möglichkeit 1), würde man dem Schädiger quasi einen zweiten Schuldner (den unzurechnungsfähigen Geschädigten wegen Mithaftung gegen sich selbst) an die Hand geben, obwohl es doch einen primär Inanspruchzunehmenden gibt, nämlich den Aufsichtspflichtigen. Eine Subsidiaritätsklausel zur Privilegierung des einem Unzurechnungsfähigen zur Haftung Verpflichteten zu verwenden, würde nicht der *ratio* des § 829 BGB gerecht werden, welche doch mit der Subsidiaritätsklausel gerade den Schutz des Unzurechnungsfähigen beabsichtigt.
Wenn aber der Schädiger sich nicht an eine aufsichtspflichtige Person halten kann, sei es weil es keine gibt, weil sich diese keiner Pflichtverletzung schuldig gemacht hat, oder weil ein Anspruch gegen diese nicht realisierbar ist, so müsste sich der unzurechnungsfähige Geschädigte grundsätzlich eine Anspruchkürzung gefallen lassen, da er sich dann nicht darauf berufen kann, dass es jemanden gibt, der primär dem Schädiger seinen (Vermögens-) Schaden zu ersetzten hat, welcher mitunter aus der Befriedigung des Unzurechnungsfähigen resultiert.
Aber auch diese Möglichkeit (2) krankt an Folgendem: Denn dadurch, dass es auch darauf ankommt, ob der Anspruch gegen die Aufsichtspflichtigen realisierbar ist, wird dem Unzurechnungsfähigen das Insolvenzrisiko seiner eigenen aufsichtspflichtigen Personen auferlegt. Wendet man nun ein, dass dies im Fall der direkten Anwendung nach einhelliger Meinung auch so sei,[1072] so verkennt man die Bedeutung des sogenannten Schonvermögens im Zusammenspiel mit der Subsidiaritätsklausel. Denn gerade weil der schädigende Unzurechnungsfähige wegen Vermögenslosigkeit der Aufsichtspflichtigen in Anspruch genommen werden kann, tritt das Schonvermögen als weiterer Schutzmechanismus auf den Plan, der eine Belastung des Unzurechnungsfähigen vermeiden soll. Da das Schonvermögen bei der spiegelbildlichen Anwendung diese Aufgabe nicht wahrnehmen kann, sondern den Unzurechnungsfähigen vor allzu großer Anspruchskürzung schüt-

gegen den Aufsichtspflichtigen des Kl. zu nehmen, gegeben, da dieser – nämlich die Mutter – vermögenslos sei."; LG Detmold VersR 1969, 68, 69; in Ansätzen auch: LG Köln MDR 1953, 41; LG Lüneburg VersR 1953, 195; LG Fulda VersR 1954, 69; OLG Celle VersR 1954, 461; vgl. auch Österreich: Rummel/Reischauer[2] § 1310 Rn 14: „*Haftet dagegen ein Aufsichtspflichtiger (wegen Nichtbeaufsichtigung) und ein Dritter dem Deliktsunfähigen, so ist dem Deliktsunfähigen in Analogie zu § 1310 iVm. § 1309 ein Mitverschulden nicht anzulasten. Wie die Haftung eine subsidiäre ist, so darf auch die Mitverschuldensregelung nur subsidiär herangezogen werden.*"

[1072] S.o. Kap. 2 A. IV. 3. (S. 118).

zen soll,[1073] fehlt bei der spiegelbildlichen Anwendung dieses Korrektiv als Äquivalent zur Belastung des Unzurechnungsfähigen mit dem Insolvenzrisiko seiner aufsichtspflichtigen Personen. Es ist nicht einzusehen, dass ein Unzurechnungsfähiger sich seinen Anspruch nur kürzen lassen soll, weil etwa seine Eltern vermögenslos sind. Dies ist mit dem ebenfalls § 829 BGB innewohnenden Schutz Unzurechnungsfähiger nicht vereinbar. Folglich kann nicht das Verhältnis zwischen Schädiger und Aufsichtspflichtigen entscheidend sein.

bb. Anwendung der Subsidiaritätsklausel mit Bezug auf das Innenverhältnis (Unzurechnungsfähiger gegen Aufsichtspflichtigen)

Vielmehr muss es nach den bisherigen Ausführungen auf das Verhältnis zwischen Unzurechnungsfähigen und Aufsichtspflichtigen ankommen. Dabei liegt auf der Hand, dass die Aussage, ein Unzurechnungsfähiger müsse seinen Anspruch sich nur kürzen lassen, wenn er keinen realisierbaren Anspruch gegen seine aufsichtspflichtige Person hat (Möglichkeit 4), sinnlos ist. Denn aus welchem Grund soll der Unzurechnungsfähige durch eine Subsidiaritätsklausel geschützt werden, nur weil er keinen realisierbaren Anspruch gegen seine Aufsichtspflichtigen hat?
Die dritte Möglichkeit wird dagegen der *ratio* des § 829 BGB und den Interessen der Beteiligten am deutlichsten gerecht:

> *Der Unzurechnungsfähige muss sich seinen Anspruch nur kürzen lassen, wenn er einen durchsetzbaren Anspruch gegen seine aufsichtspflichtige Person hat.*[1074]

Versteht man unter der spiegelbildlichen Anwendung der Subsidiaritätsklausel diese Aussage, so trägt der Unzurechnungsfähige nicht das Risiko, dass seine Aufsichtspflichtigen vermögenslos sind. Sind sie es nicht und liegen die übrigen Voraussetzungen der spiegelbildlichen Anwendung des § 829 BGB vor, so kann sich der Geschädigte zum „einen Teil“ an den Schädiger halten, zum „andern Teil“ an seine Aufsichtspflichtigen. Beide Teile werden in dieser Situation als Gesamtschuldner haften (§§ 840, 426 BGB), mit dem Ergebnis, dass der geschädigte Unzurechnungsfähige seinen gesamten Schaden liquidiert bekommt. Dieses Ergebnis wird man in der Regel auch erzielen, wenn man wie in Möglichkeit 2, auf das Verhältnis zwischen Schädiger und Aufsichtspflichtigen abstellt. Jedoch wird augen-

---

[1073] S. unten Kap. 2 B. IV. 4. (S. 282).
[1074] So auch Lepenies, VersR 1951, 143, ohne Begründung.

scheinlich, dass die Gefahr der Vermögenslosigkeit der Aufsichtspflichtigen für den Unzurechnungsfähigen gebannt wird, wenn man stattdessen auf das Verhältnis zwischen ihm und dem Aufsichtspflichtigen abstellt. Damit trägt der zurechnungsfähige Schädiger das Risiko der Insolvenz der Aufsichtspflichtigen. Diesem ist selbiges auch zuzuweisen, da er vom Grundsatz *casum sentit dominus* ausgehend den Schaden durch Verschulden oder auf Grund von Gefährdung übergewälzt bekommt und ein Unzurechnungsfähiger an sich kein Mitverschulden zu tragen hat und nur ausnahmsweise und klar subsidiär nicht den gesamten Schaden ersetzt bekommen soll, obwohl es einen primär Mithaftenden gibt. Mag man hiergegen nun einwenden, dass die Aufsichtspflichtigen eher im „Lager" des geschädigten Unzurechnungsfähigen stehen, so ist dies bildlich betrachtet sicher richtig. Die Richtung des Anspruchs geht aber gegen den Schädiger und nicht gegen den Unzurechnungsfähigen. Das Gesetz weist aber grundsätzlich die Gefahr einer Mitverursachung eines Schadens durch einen Unzurechnungsfähigen dem zurechnungsfähigen Schädiger zu.
Schlussendlich muss daher auch der Schädiger die Gefahr der Insolvenz der Aufsichtspflichtigen tragen, um dem Zweck der Subsidiaritätsklausel – dem Schutz des Unzurechnungsfähigen – gerecht zu werden.

c. Zwischenergebnis

Es gilt festzuhalten, dass auch bei der spiegelbildlichen Anwendung auf eine Subsidiaritätsklausel zu Gunsten des unzurechnungsfähigen Geschädigten nicht verzichtet werden darf, um einerseits die Rechtfertigung für die analoge Anwendung des § 829 BGB bei § 254 BGB nicht zu verlieren und andererseits weiterhin der *ratio* des § 829 BGB gerecht zu werden.
Bei der spiegelbildlichen Ausgestaltung der Subsidiaritätsklausel ist die Gefahr der Insolvenz der Aufsichtspflichtigen für den Unzurechnungsfähigen zu bannen, um den Schutzzweck der Subsidiaritätsklausel nicht zu verlieren. Daher ist auf das Verhältnis des unzurechnungsfähigen Geschädigten und seiner Aufsichtspflichtigen abzustellen.
Die Subsidiaritätsklausel in spiegelbildlicher Anwendung muss daher lauten: Der Unzurechnungsfähige muss sich seinen Anspruch nur kürzen lassen, wenn er einen rechtlich und tatsächlich realisierbaren Anspruch gegen seine aufsichtspflichtige Person hat.

3. Billigkeitsabwägung

Grundsätzlich kann hinsichtlich der zu beachtenden Billigkeitsmomente auf die Ausführungen bei der direkten Anwendung von § 829 BGB verwiesen werden.[1075] Die spiegelbildliche Anwendung erfordert aber bei einigen Billigkeitsmomenten eine unterschiedliche Bewertung, welche sich aus der nun „verdrehten" Rollenverteilung ergibt. Ist bei der direkten Anwendung der Schädiger unzurechnungsfähig und soll dieser nur ausnahmsweise in Anspruch genommen werden können, so ist nun der Geschädigte unzurechnungsfähig und nun soll ihm nur ausnahmsweise der Anspruch gekürzt werden.

a. Allgemeines

Bezüglich der relevanten Billigkeitsmomente, die eine Anspruchskürzung erfordern können, ist wieder auf Geschädigten, wie auch auf Schädiger Seite zwischen beteiligten- und tatbezogenen Umständen zu unterscheiden.
Auf Seiten des geschädigten Unzurechnungsfähigen zählen zu den beteiligtenbezogenen Momenten einerseits sein Vermögen und andererseits der Grad der individuellen Unzurechnungsfähigkeit. Unproblematisch zum Vermögen des geschädigten Unzurechnungsfähigen zählen das laufende Einkommen, das mobiliare und immobiliare Vermögen, Kapitalguthaben und deren Erträge und Ansprüche auf Lohnfortzahlung. Konsequenterweise darf auch bei der spiegelbildlichen Anwendung von § 829 BGB das Vermögen der aufsichtspflichtigen Personen nicht zum Vermögen des Geschädigten gerechnet werden. Wie auch bei der direkten Anwendung von § 829 BGB ist weder ein subjektives, noch ein objektives Verschulden zu den Billigkeitsumständen zu zählen. Welchen Einfluss Versicherungen auf die Billigkeitsentscheidung haben, wird im Anschluss hieran ausführlich dargestellt.[1076]
Zu den tatbezogenen Umständen sind einerseits schadensstiftende Momente und andererseits die jeweiligen Folgen der Schädigung zu zählen. Zu den schadensstiftenden Momenten gehören einmal der Umfang des Verursachungsbeitrags des Unzurechnungsfähigen, aber auch eine gesetzliche oder gesellschaftlich anerkannte Risikozuweisung, falls der Verursachungsbeitrag hierunter fällt. Zu den berücksichtigungswerten Umständen bei der Schadensfolge ist die besondere Schwere der Verletzung, wie auch die Dauerhaftigkeit desselben zu zählen.

[1075] Vgl. ausführlich Kap. 2 A. V. (S. 119 ff.).
[1076] Vgl. Kap. 2 B. IV. 3. b. (S. 277 ff.).

Auf Seiten des zurechnungsfähigen Schädigers sind zu den berücksichtigungswerten beteiligtenbezogenen Umständen folgende zu zählen: das Vermögen und der Grad der Schuld. Zum Vermögen zählen dabei das laufende Einkommen, das mobiliare und immobiliare Vermögen, Kapitalguthaben und deren Erträge und arbeitsrechtliche Freistellungsansprüche.
Bei den tatbezogenen Umständen ist ebenfalls zwischen schadensstiftenden Momenten und den Folgen der Tat zu unterscheiden. Zu den schadensstiftenden Momenten zählen der Umfang des Verursachungsbeitrags und die Risikozuweisung. Hinsichtlich der Schadensfolge sei noch darauf hingewiesen, dass reine Bagatellschäden nicht zu einer Anspruchskürzung aus Gründen der Billigkeit führen können, da eine Entlastung des Schädigers in diesen Fällen nicht von der Billigkeit gefordert wird, das Haftungsrecht selbst aber keine Haftungsfreistellung von Bagatellschäden kennt.

Nachdem man alle konkreten Umstände des Einzelfalls bestimmt hat, ist erforderlich zu prüfen, ob hinsichtlich der ein erhebliches Gefälle erfordernden Billigkeitsmomente ein solches vorliegt. Notwendig ist dies beim Vermögen und beim Verursachungsbeitrag.
Es kann also nicht angehen, wie in einigen älteren Gerichtsentscheidungen,[1077] dass allein ein Mitverursachungsbeitrag – egal welcher Höhe – anspruchskürzend berücksichtigt wird, ohne zunächst festzustellen, ob der Mitverursachungsbeitrag des Unzurechnungsfähigen den des Schädigers erheblich überwiegt.[1078] Nicht anders kann das Ergebnis ausfallen, wenn dem Schädiger nur die Betriebsgefahr vorgeworfen werden kann, da das Risiko des Betriebs durch Gesetz dem Halter zugewiesen ist.[1079]
Erst falls die Gesamtbetrachtung aller in Betracht kommenden Umstände eine Anspruchskürzung erfordert, kann der Anspruch des Geschädigten gekürzt werden. Dabei darf aber nicht der objektive Verursachungsbeitrag die Höhe der Kürzung bestimmen, sondern letztlich allein die Billigkeit, wie sie sich im konkreten Fall darstellt.

1077 OLG Celle NJW 1969, 1632, 1633 (Kürzung um 2/3); LG Detmold VersR 1969, 68, 69 (Kürzung um ⅓); LG Frankenthal VersR 1970, 1064, 1065; AG Stuttgart VersR 1973, 94, 95 (Kürzung um ¾); AG Lübeck VersR 1972, 185 (Kürzung um $^1/_5$).

1078 In diesem Sinne auch Looschelders, Die Mitverantwortlichkeit des Geschädigten im Privatrecht, S. 367; Knippel, NJW 1969, 339; Böhmer, JR 1970, 339; MüKoBGB/Mertens[3] § 829 Rn 18 Fn 25; RGRK/Steffen[12] § 829 Rn 20; Soergel/Spickhoff[13] § 829 Rn 14; krit. Staud/Oechsler (2002) § 829 Rn 69.

1079 BGH NJW 1969, 1762, 1763; 1973, 1795; VersR 1973, 133, 135; 1974, 138; BGHZ 73, 190, 192 = NJW 1979, 973; VersR 1982, 441.

Auch hier sei aus praktischer Sicht – wie auch bei der direkten Anwendung des § 829 BGB – noch einmal darauf hingewiesen, dass entsprechend den „Großen Dreien"[1080] (Vermögensgefälle, Risikozuweisung und Mitverschulden des Geschädigten) bei der spiegelbildlichen Anwendung das Vermögensgefälle, die Risikozuweisung und das Verschulden des Schädigers die primären Umstände sind, die eine Billigkeitsabwägung entscheiden, ohne aber eine Gesamtbetrachtung aller Umstände überflüssig werden zu lassen.

b. Versicherungen

Besonders relevant in der Praxis ist, genauso wie bei der direkten Anwendung von § 829 BGB, die Frage, ob Versicherungen als Vermögen der Beteiligten berücksichtigt werden dürfen und wenn, in welchem Umfang. Die Relevanz ergibt sich einerseits daraus, dass unzurechnungsfähige Geschädigte, also häufig Kinder, in aller Regel über kein eigenes nennenswertes Vermögen verfügen, für sie aber häufig Kranken- und Unfallversicherungen bestehen. Auf der anderen Seite ereignet sich eine Vielzahl von hier relevanten Fällen im Bereich des Straßenverkehrs, wobei für den Halter bekanntlich eine Pflichthaftpflichtversicherung besteht.

aa. Versicherungsschutz auf Seiten des Schädigers

Wenden wir uns zunächst dem Schädiger zu. Für ihn besteht häufig entweder eine private Haftpflichtversicherung oder eine gesetzlich, beziehungsweise standesrechtlich vorgeschriebene Haftpflichtversicherung. Falls man diese dem Vermögen des Schädigers zurechnet, wäre eine Anspruchskürzung zu Lasten des unzurechnungsfähigen Geschädigten häufig ausgeschlossen.

Zunächst ist festzuhalten, dass der Berücksichtigung von Versicherungen nicht, wie bei der unmittelbaren Anwendung von § 829 BGB, entgegengehalten werden kann, dass damit bestehender Versicherungsschutz zur anspruchs-, beziehungsweise klagebegründenden Tatsache werden würde.[1081] Der Anspruch des Unzurechnungsfähigen besteht vielmehr, ohne dass das Bestehen einer Versicherung hierauf Einfluss hat. Der Schädiger hat entweder freiwillig, oder zwangsweise eine Versicherung abgeschlossen, welche gerade für den Fall geschaffen wurde, dass er jemand gegenüber haftpflichtig wird.

[1080] Vgl. Kap. 2 A. V. 5. c. (S. 224).

[1081] Vgl. BGH NJW 1958, 1630, 1632.

Hinsichtlich der Pflichthaftpflichtversicherungen kann daher gar kein Zweifel bestehen, dass diese auf Seiten des Schädigers zu berücksichtigen sind, denn einerseits sollen sie wirtschaftlich gesehen gerade für den vom Schädiger verursachten Schaden aufkommen und andererseits bezweckt die gesamte Konzeption der Pflichthaftpflichtversicherung – vielfach auch auf ausdrücklichen Willen des Gesetzgebers hin – den Schutz des Geschädigten.[1082]
Wurde die Berücksichtigung von freiwilligem Haftpflichtversicherungsschutz bei der unmittelbaren Anwendung von § 829 BGB hauptsächlich deshalb abgelehnt, weil es nicht Aufgabe einer freiwilligen Versicherung sei, dem Geschädigten einen solventen Schuldner zu verschaffen, sondern dies – wenn schon – durch kollektive Sicherungssysteme zu leisten wäre, die nicht auf Freiwilligkeit und damit auf dem individuellen Verantwortungsgefühl beruhen, so kann dieser Einwand nicht gegen freiwillige Haftpflichtversicherungen bei der spiegelbildlichen Anwendung geführt werden. Der Anspruch besteht völlig losgelöst von der Tatsache, ob der Schädiger eine Haftpflichtversicherung hat oder nicht. Der Versicherungsvertrag, als privatrechtlicher Vertrag zwischen Versicherungsnehmer und Versicherer, berührt den gesetzlichen Anspruch[1083] des Geschädigten folglich nicht. Der Versicherungsnehmer hat gerade freiwillig für den Fall, dass er haftpflichtig wird, eine entsprechende Versicherung abgeschlossen. Diese Versicherung nun aber, wirtschaftlich gesehen, wieder zu entlasten, obwohl die Haftpflicht des Schädigers unabhängig von dieser bereits feststeht, ist nicht zu rechtfertigen. Hierin zeigt sich auch der deutliche Unterschied im Vergleich zur unmittelbaren Anwendung von § 829 BGB. So soll hier der freiwillig erkaufte Schutz nicht die Haftung begründen, welche ohne denselben nicht bestünde. Bei der spiegelbildlichen Anwendung besteht aber der Haftungsgrund unabhängig davon, ob der Versicherungsschutz freiwillig oder auf Grund gesetzlichen oder standesrechtlichen Zwangs erkauft wurde. Deshalb, und weil eine Haftpflichtversicherung gerade eben keine im Fremdinteresse abgeschlossene Unfallversicherung ist, ist eine unterschiedliche Bewertung, speziell hinsichtlich der freiwilligen Haftpflichtversicherung zwingend.

Der durch den Versicherungsschutz gedeckte Freistellungsanspruch ist folglich dem Vermögen des Schädigers zuzurechnen, unabhängig, ob es sich um eine freiwillige oder obligatorische Haftpflichtversicherung handelt.

[1082] Vgl. hierzu ausführlich: Kap. 2 A. V. 2. b. ee. b) cc) (S. 167 ff.).
[1083] Vgl. zum Anwendungsbereich Kap. 2 B. III. 4. (S. 265).

Dies entspricht im Ergebnis der herrschenden Auffassung in Literatur[1084] und Rechtsprechung[1085].

bb. Versicherungsschutz auf Seiten des Geschädigten

Sehr häufig besteht aber auch auf Seiten des geschädigten Unzurechnungsfähigen zu seinen Gunsten Versicherungsschutz. So kommt häufig etwa eine private Unfallversicherung, eine private Krankenversicherung, oder auch eine Sozialversicherung in Betracht.

Wie auch bei der unmittelbaren Anwendung von § 829 BGB bezog die Rechtsprechung hierzu keine konkrete Stellung. Bis heute ist – soweit ersichtlich – keine Entscheidung damit begründet worden, dass der Anspruch des Geschädigten wegen einer für ihn bestehenden Sozial-, oder Unfallversicherung zu kürzen gewesen wäre. Lediglich, wenn auf Seiten des Schädigers eine Haftpflichtversicherung für den Schaden aufkommt, sei eine Anspruchskürzung auf Grund bestehenden Versicherungsschutzes beim Geschädigten nicht zu rechtfertigen.[1086] Man könnte hieraus schließen, dass die Rechtsprechung dazu neigen könnte, den Anspruch eines unzurechnungsfähigen Geschädigten entsprechend § 829 BGB zu kürzen, wenn dieser sozial- und/oder unfallversichert ist, wobei für den Schädiger keine Haftpflichtversicherung besteht und er im Übrigen vermögenslos ist. Dagegen spricht aber wohl die bereits skizzierte Wertung der Rechtsprechung hinsichtlich des Zusammentreffens von Versicherungen. Wenn die Sozialversicherung schon nicht, auch nicht anteilsmäßig zu Gunsten der Haftpflichtversicherung belastet werden soll, so liegt es aus Sicht der Rechtsprechung wohl näher Versicherungsschutz auf Seiten des geschädigten Unzurechnungsfähigen nicht anspruchskürzend zu berücksichtigen.

Für die Berücksichtigung von Sozial-, und Unfallversicherungen würde die Überlegung sprechen, dass der Schaden des Geschädigten weiter gestreut würde und damit eine Sozialisierung des Schadens eintreten würde.[1087] Dabei würde der Geschädigte wirtschaftlich betrachtet seinen gesamten Scha-

---

1084 Bamberger/Roth/Spindler § 829 Rn 11; MüKoBGB/Wagner[4] § 829 Rn 22; RGRK/Steffen[12] § 829 Rn 20; Staud/Schiemann (2004) § 254 Rn 44; Staud/Oechsler (2002) § 829 Rn 68.

1085 BGH NJW 1969, 1762, 1763; 1973, 1795; VersR 1973, 133, 135; 1974, 138; BGHZ 73, 190, 192 = NJW 1979, 973; VersR 1982, 441.

1086 BGH NJW 1969, 1762, 1763 = VersR 1969, 680 = MDR 1969, 997 = JZ 1969, 742; MDR 1973, 921 = FamRZ 1973, 587; NJW 1973, 1795, 1796.

1087 Vgl. Looschelders, Die Mitverantwortlichkeit des Geschädigten im Privatrecht, S. 371.

den einerseits entsprechend einer Quote vom Schädiger, anderseits den Rest von seiner Versicherung ersetzt bekommen.
Anders aber als bei der unmittelbaren Anwendung, bei der jeglicher Versicherungsschutz auf Seiten des Geschädigten zu berücksichtigen ist,[1088] müssen bei der spiegelbildlichen Anwendung die „verdrehte" Rollenverteilung und die daran anknüpfenden Wertungen beachtet werden.
Wie auch beim Schädiger, stellt sich daher die Frage, ob die jeweilige Versicherung entsprechend ihrem Zweck und ihrer Konzeption bei der spiegelbildlichen Anwendung zu berücksichtigen ist, wobei anders als bei der unmittelbaren Anwendung nicht vergessen werden darf, dass der Schädiger haftet.

Die Krankenversicherung (§§ 178a ff. VVG) ist nach Maßgabe des § 1 Abs. 1 VVG eine Personenversicherung, die sowohl Elemente einer Schadens-[1089], wie auch einer Summenversicherung[1090] hat. Auch die Unfallversicherung ist eine Personenversicherung im Sinne des § 1 Abs. 1 VVG, wobei sie unverkennbar als Summenversicherung konzipiert ist, außer es wurden zusätzlich noch etwa Heilungskosten versichert.[1091]
Beide Versicherungen dienen demnach dazu, dem Bedürfnis des Versicherungsnehmers nach Heilung, beziehungsweise Absicherung im Krankheitsfall oder bei einem Unfall nach zu kommen. Ein Versicherungsnehmer schließt daher einen solchen Vertrag, um sich und die Seinen zu schützen. Ob der Versicherungsfall nun unter Umständen einer dritten Person zuordenbar ist, tangiert die Motivation des Versicherungsnehmers dabei nicht. Zweifellos möchte dann aber der Versicherungsnehmer, falls ein anderer für den Versicherungsfall verantwortlich ist, diesen nicht entlasten. Konzeptionell bringt das Gesetz dies für die Sozial-, beziehungsweise private Krankenversicherung durch die *cessio legis* in den § 116 Abs. 1 SGB X, §§ 178a Abs. 2, 67 Abs. 1 VVG zu Ausdruck, soweit sie jeweils als Schadensversicherungen ausgestaltet sind.[1092] Es würde keinen Sinn machen, den Regressanspruch des Versicherers zu kürzen, nur weil er für den Versicherungsfall aufkommt.

Im Fall einer privaten Unfallversicherung fehlt natürlich die Möglichkeit für den Versicherer, bei einem Dritten Regress zu nehmen, da sie grundsätzlich

---

1088 Vgl. Kap. 2. A. V. 2. c. ff. (S. 194).
1089 Vgl. Ersatz für Kosten einer Heilbehandlung.
1090 Vgl. pauschalierte Beträge, wie etwa das Krankenhaustagegeld oder das Sterbegeld.
1091 Deutsch, Versicherungsvertragsrecht[5], Rn 265.
1092 Deutsch, Versicherungsvertragsrecht[5], Rn 242.

als Summenversicherung ausgestaltet ist. Letztendlich ist hier aber eine Parallele zu der freiwilligen Haftpflichtversicherung des Schädigers bei der unmittelbaren Anwendung von § 829 BGB zu ziehen. Der erkaufte Schutz im Fall eines Unfalles ist auf die Vorsicht des Versicherungsnehmers zurückzuführen. Das Vermögen des Schädigers zu schonen, hatte der Versicherungsnehmer nicht im Auge. Zwar haben die Leistungen einer privaten Unfallversicherung nichts mit der tatsächlichen Höhe des Schadens zu tun, das auslösende Ereignis der Haftpflicht, wie auch der Versicherungsleistung, liegt aber im vorwerfbaren Verhalten des Schädigers. Diesen deshalb zu entlasten, widerspricht dann aber dem Zweck einer Unfallversicherung. So wie die freiwillige Haftpflichtversicherung keine „Unfallversicherung im fremden Interesse“ ist, ist die private Unfallversicherung keine „pauschalierte Haftpflichtversicherung im fremden Interesse“.
Darüber hinaus lässt sich die Wertung des BGH zum Vorteilsausgleich bei privaten Unfallversicherungen fruchtbar machen. Auch hier ist man sich einig, dass sich ein Geschädigter eine private Unfallversicherung nicht auf seinen Schadensersatzanspruch anrechnen lassen muss.[1093]

Lediglich eine private Unfallversicherung, die vom Versicherungsnehmer zu Gunsten Dritter abgeschlossen wurde, wie etwa eine Insassenunfallversicherung, mögen hieran Zweifel nähren. Nimmt etwa ein Kind als Insasse einen Kfz-Halter in Anspruch und wendet dieser nun ein, dass der Unzurechnungsfähige den Schaden mitverursacht habe, stellt sich die Frage, ob das Kind als vermögend erachtet werden muss, weil die Insassenunfallversicherung des Schädigers Leistungen an es zu erbringen hat und folglich der Anspruch des Geschädigten entsprechend § 829 BGB zu kürzen wäre.
Eine Insassenunfallversicherung ist als Summenversicherung im fremden Interesse konzipiert, §§ 179 Abs. 2, 75 ff. VVG.[1094] Die Legalzession des § 67 VVG findet damit keine Anwendung. Seit einiger Zeit ist die Rechtsprechung dazu übergegangen, Leistungen aus einer Insassenunfallversicherung auf den Schadensersatzanspruch des Geschädigten anzurechnen.[1095] Wie *Looschelders* zu Recht betont, würde in solch einer Konstellation die doppelte Berücksichtigung der Insassenunfallversicherung nicht von der

[1093] Schiemann/Lange, Schadensersatz[3], § 9 VIII 4 (S. 522 f.); MüKoBGB/Oetker[4] § 249 Rn 245, 249; Staud/Schiemann (2004) § 249 Rn 159 ff.

[1094] Deutsch, Versicherungsvertragsrecht[5], Rn 266 f.

[1095] BGHZ 64, 260, 266; zweifelnd noch BGHZ 32, 44, 52; vgl. hierzu ausführlich Deutsch, Versicherungsvertragsrecht[5], Rn 267; Staud/Schiemann (2004) § 249 Rn 162; Schiemann/Lange, Schadensersatz[3], § 9 VIII 4 (S. 523).

Billigkeit erfordert.[1096] Der unzurechnungsfähige Geschädigte muss sich von seinem Schadensersatzanspruch die von der Versicherung zu leistende Summe abziehen lassen. Darüber hinaus nochmals den Anspruch entsprechend § 829 BGB zu kürzen, entspricht weder den Interessen der Beteiligten, noch der Billigkeit. Der Versicherungsnehmer wollte gerade für diesen Fall den Geschädigten zumindest zum Teil absichern und sich entsprechend der Summe vor Haftpflichtleistungen schützen, wodurch den Interessen des Geschädigten auch völlig genüge getan wird. Eine private Insassenunfallversicherung ist daher auch nicht auf Seiten des Geschädigten zu berücksichtigen.

Es bleibt also festzuhalten, dass weder Sozialversicherungen, noch private Kranken-, oder Unfallversicherungen auf Seiten des Geschädigten berücksichtigt werden dürfen.

cc. Beiderseitiger Versicherungsschutz

Anders als bei der unmittelbaren Anwendung stellt sich bei der spiegelbildlichen Anwendung nicht das Problem, dass sowohl auf Seiten des Schädigers wie auch auf Seiten des Geschädigten Versicherungsschutz bei der Bewertung der Vermögensverhältnisse zu berücksichtigen ist. Wie auch die Rechtsprechung schon mehrfach betont hat,[1097] ist nur die Versicherung des Schädigers, regelmäßig also eine Haftpflichtversicherung, zu berücksichtigen.

4. Schonvermögen

Das sogenannte Schonvermögen, welches den unzurechnungsfähigen Schädiger davor schützen soll, durch eine Schadensersatzverpflichtung die angemessenen Mittel zum eigenen Unterhalt und dem der Unterhaltsberechtigten verlustig zu werden, ist passt augenscheinlich im Fall der spiegelbildlichen Anwendung nicht unmittelbar. Denn der Geschädigte erhält Schadensersatz und wird nicht verpflichtet, an einen anderen etwas zu leisten und damit sein eigenes Vermögen zu mindern.

[1096] Looschelders, Die Mitverantwortlichkeit des Geschädigten im Privatrecht, S. 371 Fn 380.

[1097] BGH NJW 1969, 1762, 1763; 1973, 1795; VersR 1973, 133, 135; 1974, 138; BGHZ 73, 190, 192 = NJW 1979, 973; VersR 1982, 441.

Mitunter aus diesem Grund lehnt *Böhmer* die spiegelbildliche Anwendung des § 829 BGB gänzlich ab.[1098] Die meisten Autoren, die eine spiegelbildliche Anwendung befürworten, stellen sich auf den Standpunkt, dass eine analoge Anwendung nur gerechtfertigt sei, wenn auch die Voraussetzungen des § 829 BGB spiegelbildlich angewendet werden, wozu auch das Schonvermögen zähle.[1099] *Lehnertz*, die die spiegelbildliche Anwendung befürwortet, ist aber der Ansicht, dass aus folgenden Gründen auf den Schutz des Schonvermögens verzichtet werden muss.[1100] Erstens pflichtet sie *Böhmer* bei und zweitens argumentiert sie, dass der Schaden für den Geschädigten auf Grund seines eigenen Verhaltens auch dann entstanden wäre, wenn man sich das Verhalten des Schädigers hinweg denke. In diesem Fall hätte der Geschädigte den Schaden auch alleine tragen müssen, ohne dass jemand gefragt hätte, ob ihm dadurch die Mittel zum angemessenen Unterhalt entzogen werden würden.[1101]

Indes überzeugt diese Argumentation nicht. Denn man kann nicht das Verhalten unbeachtet lassen, das objektiv und subjektiv zurechenbar für den Schaden des Unzurechnungsfähigen ist. Auch wenn bei objektiver Betrachtung der Mitverursachungsbeitrag des Unzurechnungsfähigen den des Zurechnungsfähigen bei weitem überwiegt, darf nicht verkannt werden, dass das Verschulden, beziehungsweise die Gefährdung[1102] der Grund der Haftung ist. Wenn aber niemandem der Schaden zurechenbar ist, so bleibt es natürlich beim Grundsatz *casum sentit dominus*, wobei völlig unerheblich ist, ob der sich selbst Schädigende zurechnungsfähig ist oder nicht. Der Umstand, dass der Schaden einem anderen zurechenbar ist, führt erst zur Problematik der spiegelbildlichen Anwendung. Deshalb kann der Argumentation *Lehnertz* nicht beigetreten werden.

Wie bereits mehrfach betont, handelt es sich bei der spiegelbildlichen Anwendung von § 829 BGB nicht nur um eine „einfache" analoge Anwendung der Norm, sondern es wird die dort bestehende Ausnahme fruchtbar gemacht, einen Unzurechnungsfähigen trotz seiner bestehenden Defizite unter bestimmten Voraussetzungen für einen Schaden „verantwortlich" zu machen. Insofern passt natürlich die wortlautgetreue Anwendung hinsichtlich

---

1098 Böhmer, MDR 1962, 778, 779.

1099 Traeger, Der Kausalbegriff im Straf- und Zivilrecht, S. 342; Weimar, DR 1944, 608, 610; Lepenies, VersR 1951, 143.

1100 Lehnertz, Zur Problematik des § 829 BGB, S. 98 ff.

1101 Lehnertz, Zur Problematik des § 829 BGB, S. 100.

1102 Weimar, DR 1944, 608, 610: im Fall der Gefährdungshaftung zweifelnd, jedoch letztlich befürwortend.

des Schonvermögens nicht. Die Spiegelbildlichkeit erfordert dies aber auch nicht. Es gilt sich daher zu fragen, welchen Zweck das Schonvermögen innerhalb der Norm einnimmt und inwieweit dieser auch Niederschlag bei der spiegelbildlichen Anwendung finden muss.
Der Zweck des Schonvermögens liegt zweifellos darin, die angemessenen Lebensverhältnisse des Unzurechnungsfähigen und dessen Unterhaltsberechtigter nicht durch Schadensersatzforderungen zu gefährden. Damit fungiert dieses Korrektiv anspruchsbegrenzend, es kann sich aber auch anspruchsausschließend auswirken. Dogmatisch folgt hieraus, dass der Gesetzgeber das Risiko der Armut des Schädigers unterhalb der Grenze des angemessenen Unterhalts, beziehungsweise der Unterhaltsverpflichtungen dem Geschädigten auferlegt. Die Wahrung eines angemessenen Lebensstandards und die damit einhergehende Risikozuweisung an den Geschädigten nimmt innerhalb des § 829 BGB die Aufgabe als weiteren Schutzmechanismus zu Gunsten des Unzurechnungsfähigen – neben etwa der Subsidiaritätsklausel – ein. Dabei stellt dies nur eine konkrete Ausformung des Billigkeitsgedankens dar.[1103]
Gerade dieser Zweck und die Funktionsweise verlieren nicht ihre Bedeutung bei der spiegelbildlichen Anwendung. Zwar werden dem Unzurechnungsfähigen nicht die entsprechenden Mittel entzogen, doch kann auch durch eine Anspruchskürzung der angemessene Unterhalt gefährdet werden, wenn der Geschädigte etwa seiner Erwerbstätigkeit nicht mehr nachgehen kann. Besonders deutlich wird dies, wenn Unterhaltsberechtigte von der Leistungsfähigkeit des Geschädigten abhängen. Eine mögliche Überwälzung des Armutsrisikos auf die sozialen Sicherungssysteme wird von der Billigkeit nicht erfordert, solange einem Schädiger der Schaden zurechenbar ist. Bei der spiegelbildlichen Anwendung ist nicht dem unzurechnungsfähigen Geschädigten das Armutsrisiko anzulasten, vielmehr aber dem zurechnungsfähigen Schädiger. Damit geht auch die vom Gesetzgeber getroffene Risikozuweisung nicht verloren, sondern wird nur entsprechend – spiegelbildlich – verteilt.
Zugegebenermaßen dürften kaum Fälle in der Praxis auftreten, in denen nicht bereits die Billigkeit, bei der entsprechenden Armut des Geschädigten, eine Anspruchskürzung verbietet, doch sind zumindest theoretisch Fälle denkbar, wo der Geschädigte zwar nicht völlig mittellos ist, der Schädiger aber schon, und somit ein Vermögensgefälle zu Lasten des Geschädigten bestünde. Hier ist das Schonvermögen ein notwendiges Korrektiv, auch wenn der Geschädigte nach dem Betreiben der Zwangsvollstreckung sich nicht befriedigen kann.

[1103] Kap. 2 A. VI. 1. (S. 117 f.)

Man muss daher die Subsidiaritätsklausel bei der spiegelbildlichen Anwendung von § 829 BGB wie folgt verstehen:

> *Eine Anspruchskürzung ist ausgeschlossen, wenn dem Geschädigten hierdurch die Mittel zum angemessenen Unterhalt, sowie zur Erfüllung seiner gesetzlichen Unterhaltspflichten nicht mehr zur Verfügung stehen würden.*

5. Besonders praxisrelevante Felder der spiegelbildlichen Anwendung von § 829 BGB

Im Anschluss an die soeben erfolgte Darstellung der Einzelheiten der spiegelbildlichen Anwendung von § 829 BGB sollen zwei besonders praxisrelevante Felder derselben kurz mit ihren jeweiligen Besonderheiten dargestellt werden.

a. Straßenverkehrsunfälle mit Kindern

Naturgemäß stellen Verkehrsunfälle mit Kindern den größten Bereich für die spiegelbildliche Anwendung von § 829 BGB dar. Besonders häufig werden dabei Kinder vom motorisierten Verkehr verletzt, wobei sie nicht selten, bei objektiver Betrachtung, sich selbst grob verkehrswidrig verhalten haben.
In diesen Fällen haftet der Halter nach § 7 Abs. 1 StVG wegen des Betriebs des Fahrzeugs. Seit der Neufassung des § 7 Abs. 2 StVG kann er sich nicht mehr darauf berufen, dass der Unfall für ihn ein unabwendbares Ereignis war. Das Verhalten von Kindern stellt grundsätzlich keine höhere Gewalt im Sinne des § 7 Abs. 2 StVG in der Fassung seit dem Zweiten Schadensrechtsänderungsgesetz dar. Der Kfz-Halter ist daher bei einem Unfall mit einem Kind vor Vollendung des zehnten Lebensjahres prinzipiell uneingeschränkt haftbar. Lediglich über § 9 StVG in Verbindung mit § 254 Abs. 1 BGB wäre eine Anspruchskürzung möglich, wenn man die oben dargestellten Grundsätze zur spiegelbildlichen Anwendung von § 829 BGB in Erwägung zieht.
Faktisch ist aber eine Anspruchskürzung in diesen Fällen ausgeschlossen. Denn folgende Gründe sprechen bei der anzustellenden Billigkeitsabwägung grundsätzlich gegen den Halter: Erstens weist das Gesetz dem Kfz-Halter das Risiko bei einem Verkehrsunfall mit einem Kind zu, wie § 7 StVG und § 828 Abs. 2 BGB klar zum Ausdruck bringen. Ist das Verhalten des Kindes allein ursächlich für den Unfall und haftet der Halter nur wegen

des Betriebs, so überwiegt dennoch die Gefährdungshaftung die „Kausalmithaftung aus Billigkeit“, nicht weil es ein Gefälle der Wertigkeit der Haftungsformen gibt, sondern weil der Gesetzgeber den Betrieb eines Fahrzeugs als grundsätzlich gefährlich und damit als (potentiell) vorwerfbar ansieht, das Verhalten von unter Zehnjährigen dagegen diesen im Straßenverkehr nicht zum Vorwurf machen will.[1104]
Zweitens besteht auf Seiten des Halters eine Kfz-Pflichthaftpflichtversicherung, die speziell für den Fall geschaffen wurde, die Schäden, welche durch den Betrieb und nicht durch das individuelle Verhalten des Halters entstehen, wirtschaftlich zu ersetzen. Dies wird nicht durch privaten Kranken-, oder Sozialversicherungsschutz egalisiert.[1105]
Daraus folgt, dass Kinder vor Vollendung des zehnten Lebensjahres grundsätzlich bei Unfällen mit Kraftfahrzeugen sich keine Anspruchkürzung gefallen lassen müssen. Hat ein Kind nach der Vollendung des siebten und vor Vollendung des zehnten Lebensjahres die Verletzung durch eigenes vorsätzliches Verhalten mitverursacht, so ist das Kind zurechnungsfähig nach § 828 Abs. 2 Satz 2 BGB und folglich besteht das Problem der spiegelbildlichen Anwendung des § 829 nicht.

b. Unfälle mit Tieren

Neben Verkehrsunfällen werden Kinder auch häufig Opfer von Hunden, Pferden und anderen Tieren,[1106] wobei sie oft die Tiere durch ihr unbedachtes Verhalten zum Angriff reizen.[1107]
Das Gesetz weist Haltern von sogenannten Luxustieren das Risiko zu, welches von diesen ausgeht und statuiert daher in § 833 S. 1 BGB für den Halter eine Gefährdungshaftung. Handelt es sich bei dem Tier nicht um ein Luxustier, so stellt das Gesetz eine zweifache Vermutung dahingehend auf,

---

[1104] A.A. ältere Entscheidungen vgl. OLG Celle NJW 1969, 1632, 1633; LG Detmold VersR 1969, 68, 69; LG Frankenthal VersR 1970, 1064, 1065; AG Stuttgart VersR 1973, 94, 95; AG Lübeck VersR 1972, 185.

[1105] S. hierzu Kap. 2 B. IV. 3. b. cc. (S. 282).

[1106] Vgl. z.B.: FAZ (17.8.2004) American Staffordshire greift siebenjähriges Mädchen im österreichischen Leoben an; FAZ (19.4.03) Ein vier Jahre altes Mädchen wird in Oberursel von einer jungen Rottweilerhündin angefallen; vgl. mit weitern Zahlen: DER SPIEGEL 20/2005, S. 54 f. („Beute im Kinderwagen“).

[1107] Vgl. z.B. BGH VersR 1967, 1001; AG Lübeck VersR 1971, 185; ähnlich: OLG Nürnberg VersR 1965, 93; Kantonsgericht Schwyz Urt. v. 1.6.2004 (ZK 2003 123): Kind wird von einem Pferd schwer verletzt; Pferdehalter haftet nach Art. 56 OR (Kausalhaftung mit Befreiungsmöglichkeit) und beruft sich auf ein „Selbstverschulden“ des Kindes analog Art. 54 OR, was abgelehnt wird.

dass der Tierhalter erstens die Aufsichtspflicht schuldhaft verletzt hat und zweitens, dass diese Auf-sichtspflichtverletzung kausal für den eingetretenen Schaden wurde, § 833 S. 2 BGB.
Diese Risikozuweisung gilt zwar allgemein und nicht nur gegenüber unzurechnungsfähigen Kindern. Dennoch zeigt sie, dass grundsätzlich der Halter für den durch das Tier verursachten Schaden aufzukommen hat, wohingegen einem Unzurechnungsfähigen nur ein objektives Fehlverhalten – mit entsprechenden Einschränkungen – angelastet werden kann.
Damit lässt sich konstatieren, dass der Tierhalter grundsätzlich den Schaden alleine tragen muss. Anders aber, als etwa im motorisierten Straßenverkehr ist der Tierhalter nicht verpflichtet, eine Haftpflichtversicherung abzuschließen, wobei dies gerade für Hunde überlegenswert wäre. Sprechen also andere, besonders schwere Billigkeitsmomente gegen den Unzurechnungsfähigen und erfordert bei Gesamtbetrachtung die Billigkeit eine Anspruchskürzung, so steht dieser hier ausnahmsweise nichts im Wege. Besonders, wenn also die „Großen Drei" (das Vermögensgefälle, die Risikozuweisung und das Verschulden des Schädigers) eine Anspruchskürzung erfordern, muss sich auch ein Kind dies gefallen lassen. Praktisch dürfte dies selten vorkommen, da ein Kind in aller Regel über kein eigenes nennenswertes Vermögen verfügt und dem Halter überdies häufig eine Aufsichtspflichtverletzung vorzuwerfen sein dürfte.[1108] In aller Regel muss sich also ein Unzurechnungsfähiger bei Unfällen mit Tieren keine Anspruchskürzung gefallen lassen.

V. Rechtsfolge der spiegelbildlichen Anwendung von § 829 BGB

Gelangt das Gericht zur Überzeugung, dass im konkreten Fall die Billigkeit eine Anspruchskürzung erfordert, so muss es entsprechend derselben eine Quote zu Lasten des Unzurechnungsfähigen festlegen. Dabei kann es nicht angehen, die Quote entsprechend dem objektiven Mitverursachungsanteil festzusetzen. Der Tatbestand des § 829 BGB substituiert zwar in gewisser Weise das nach § 254 Abs. 1 BGB erforderliche Mitverschulden, was den Schluss nahe legen würde, dass es nun wieder auf die üblichen Kriterien zur Festlegung der Quote ankommen solle.[1109] Indes darf aber nicht übersehen werden, dass erst ein erhebliches Verursachungsbeitragsgefälle die Anwendung von § 829 BGB ermöglicht, eine Anspruchskürzung in Höhe dieses

[1108] A.A. AG Lübeck VersR 1971, 185, wobei das objektive Fehlverhalten des Kindes für die Anspruchskürzung genügt.
[1109] Vgl. hierzu Staud/Schiemann (2004) § 254 Rn 112 ff.

objektiv zu bestimmenden Umfangs aber nicht von der Billigkeit erfordert wird. Auch das Schonvermögen erlaubt keine Anspruchskürzung in Höhe des objektiven Mitverursachungsbeitrags, da anderenfalls der Geschädigte nicht mehr in der Lage sein könnte, seinen Unterhalt zu bestreiten.

Hier schließt sich die Frage an, ob, obwohl der Tatbestand des § 829 BGB vorliegt, der Anspruch des Geschädigten ungekürzt bleiben kann. Ein solcher Fall ist weder praktisch, noch theoretisch denkbar. Dies mag auf den ersten Blick nicht überzeugen, da es sicher Fälle gibt, in denen der ohnehin „weiche" Tatbestand des § 829 BGB „gerade so vorliegt", die Billigkeit eine Anspruchskürzung aber nicht erlaubt. Indes darf aber nicht übersehen werden, dass bereits innerhalb der Billigkeitsabwägung bei § 829 BGB eine Entscheidung zu treffen war, ob eine Anspruchskürzung überhaupt von der Billigkeit erfordert wird. Gelangt man folglich zum Ergebnis, dass der spiegelbildliche Tatbestand des § 829 BGB vorliegt, so ist der Anspruch des Geschädigten in der Höhe, welche die Billigkeit erfordert, zu kürzen.

Dies führt zur umgekehrten Frage, ob es zumindest theoretisch denkbar ist, dass die Anspruchkürzung entsprechend § 829 BGB soweit gehen kann, dass der unzurechnungsfähige Geschädigte den Schaden ganz alleine zu tragen hat. Im Rahmen der direkten Anwendung des § 254 Abs. 1 BGB ist man sich einig, dass die Rechtsfolge von der völligen Entlastung des Schädigers bis hin zur völligen Belastung des Geschädigten mit dem Schaden reichen kann.[1110] Anders, als bei der völligen Entlastung des Geschädigten sind zumindest theoretisch Fälle denkbar, in denen die Billigkeit eine völlige Entlastung des Schädigers erfordert.[1111] Haftet der mittellose Schädiger nur wegen eines sehr geringen Sorgfaltsverstoßes und steht der vermögende unzurechnungsfähige Geschädigte an der Grenze zur Zurechnungsfähigkeit, wobei es sich bei der eingetretenen Verletzung nur um eine Bagatelle handelt und er diese weit überwiegend verursacht hat, so mag ausnahmsweise die Billigkeit eine „völlige Anspruchskürzung" erfordern. In der Praxis dürften allerdings kaum Fälle auftreten, die eine derart weitreichende Rechtsfolge erfordern. In aller Regel wird es daher kaum Fallkonstellationen geben, in denen der geschädigte Unzurechnungsfähige den Schaden alleine tragen muss.

[1110] Looschelders, Die Mitverantwortlichkeit des Geschädigten im Privatrecht, S. 166; MüKoBGB/Oetker[4] § 254 Rn 105; Staud/Schiemann (2004) § 254 Rn 111.

[1111] So auch Oftinger/Stark, Schweizerisches Haftpflichtrecht I[5], § 5 Rn 166 (S. 239); a.A. Oftinger, Schweizerisches Haftpflichtrecht I[4], § 5 C. (S. 166).

VI. Zusammenfassung

Zusammenfassend gilt es Folgendes festzuhalten: § 829 BGB ist einer spiegelbildlichen Anwendung innerhalb von § 254 Abs. 1 BGB zugänglich. Tragender Grund für diese Anwendung ist, dass, wenn ein Unzurechnungsfähiger unter bestimmten Voraussetzungen schon in Anspruch genommen werden kann, es auch möglich sein muss, ihm unter denselben Voraussetzungen einen Anspruch gegen einen zurechnungsfähigen Schädiger zu kürzen. Hieraus folgt dann aber auch, dass bei der spiegelbildlichen Anwendung von § 829 BGB alle Voraussetzungen grundsätzlich ebenfalls zu beachten sind. Dabei müssen anhand der *ratio* des § 829 BGB die jeweiligen Voraussetzungen auch spiegelbildlich zur Anwendung gebracht werden.
Im Speziellen gilt es dabei auch die Subsidiaritätsklausel und das Schonvermögen zu beachten. In der spiegelbildlichen Anwendung ist dabei die Subsidiaritätsklausel wie folgt zu verstehen: Der Unzurechnungsfähige muss sich seinen Anspruch nur kürzen lassen, wenn er einen rechtlich und tatsächlich realisierbaren Anspruch gegen seine aufsichtspflichtige Person hat. Das Schonvermögen besagt folglich bei der spiegelbildlichen Anwendung, dass eine Anspruchskürzung ausgeschlossen ist, wenn dem Geschädigten hierdurch die Mittel zum angemessenen Unterhalt, sowie zur Erfüllung seiner gesetzlichen Unterhaltspflichten nicht mehr zur Verfügung stehen würden.
Innerhalb der anzustellenden Billigkeitsabwägung sind drei Umstände in aller Regel besonders maßgeblich: das Vermögensgefälle, die Risikozuweisung und das Verschulden des Schädigers. Zum Vermögen des Schädigers sind Versicherungen zu rechnen, speziell Haftpflichtversicherungen, egal ob sie freiwillig oder obligatorisch sind. Versicherungen des Geschädigten, beziehungsweise für den Geschädigten, wie etwa eine private Krankenversicherung, eine Sozialversicherung oder eine Unfallversicherung sind dagegen nicht zum Vermögen des Unzurechnungsfähigen zu zählen.
Die Rechtsfolge der spiegelbildlichen Anwendung kann von der (zumindest theoretisch möglichen) „völligen Anspruchskürzung" bis fast zur völligen Schadenstragung durch den Schädiger reichen.

Entsprechend dem Wortlaut des § 829 BGB lässt sich die spiegelbildliche Anwendung normativ formuliert folgendermaßen zusammenfassen:

> *Hat bei der Entstehung des Schadens ein auf Grund der §§ 827, 828 BGB nicht Verantwortlicher den Schaden in einer den §§ 823 bis 826 BGB entsprechenden Weise mitverursacht, kann ihm gleichwohl, so-*

fern er einen tatsächlich und rechtlich realisierbaren Anspruch gegen seine aufsichtspflichtige Person hat, sein Anspruch insoweit gekürzt werden, als die Billigkeit nach den Umständen, insbesondere nach den Verhältnissen der Beteiligten, eine Anspruchskürzung erfordert und wenn ihm weiterhin die Mittel zum angemessenen Unterhalt, sowie zur Erfüllung seiner gesetzlichen Unterhaltspflichten zur Verfügung bleiben.

3. Kapitel – Prozessuale Probleme bei der Anwendung von § 829 BGB

Klage- und streitgegenstandsbezogene Probleme und Beweislast

Auch die prozessuale Anwendung von § 829 BGB weist an verschiedenen Stellen Eigenheiten auf, die einer genaueren Betrachtung bedürfen. Dies ergibt sich einerseits aus den strengen Voraussetzungen für die Haftung, hauptsächlich aber daraus, dass einige Billigkeitsmomente, im Speziellen das Vermögensgefälle, einer Schwankung, je nach den Lebensverhältnissen der Beteiligten, unterliegen können.

So sind verschiedene Situationen denkbar, die zu einer Vielzahl von Problemen bei der prozessualen Behandlung von § 829 BGB führen können. Klagt etwa ein Geschädigter, gestützt auf ein vermeintliches Verschulden des Schädigers auf Schadensersatz und stellt sich dann im Laufe des Prozesses heraus, dass der Beklagte zum Zeitpunkt der schädigenden Handlung unzurechnungsfähig war, so stellt sich die Frage, ob das Gericht verpflichtet ist, den Kläger darauf hinzuweisen, dass er nun etwas zu § 829 BGB vortragen müsste. Ergeht nun aber klageabweisendes Endurteil, weil der Beklagte unzurechnungsfähig war und der Kläger nichts zu § 829 BGB vorgetragen hat, so taucht die Frage auf, ob der Geschädigte nun erneut klagen darf.

Erkennt dagegen der Kläger, dass sein Leistungsantrag wegen der Unzurechnungsfähigkeit des Beklagten keine Aussicht auf Erfolg hat und ist ihm ebenfalls bewusst, dass ein Begehren gestützt auf § 829 BGB auch nicht zu einer Verurteilung des Schädigers führen wird, weil dieser bekanntermaßen vermögenslos ist, so bleibt zu erwägen, ob er nicht einen Feststellungsantrag für die Zukunft erheben darf, um sich die „Früchte" des bisherigen Prozesses zu sichern.

Es ergeben sich daher folgende Fragen: Ist eine Feststellungsklage in diesen Konstellationen generell zulässig und welche konkreten Voraussetzungen müssten hierfür vorliegen? Führt der Kläger einen weiteren, beziehungsweise neuen Streitgegenstand in einen Prozess ein, wenn er den Schadensersatzanspruch auf § 829 BGB stützen will, nachdem er sich zunächst, beziehungsweise ausschließlich auf ein Verschulden des Beklagten berief? Hat ein Gericht die Pflicht, einen Kläger gemäß § 139 ZPO auf § 829 BGB hinzuweisen?

A. Klagebezogene Probleme

I. Feststellungsantrag

Zunächst soll die in der gerichtlichen Praxis häufig auftauchende Frage behandelt werden, ob ein Antrag mit dem Ziel festzustellen, dass ein Unzurechnungsfähiger den Schaden ganz oder teilweise zu ersetzen habe, wenn und soweit die Billigkeit eine Schadloshaltung erfordere und ihm nicht die Mittel zum angemessenen Unterhalt und zur Erfüllung gesetzlicher Unterhaltspflichten entzogen würden, zulässig ist.

Ein Kläger wird einen Feststellungsantrag erwägen, wenn er zunächst versucht hat, sein Schadensersatzbegehren mit einem Leistungsantrag, gestützt auf ein Verschulden des Beklagten, zu verfolgen, dann aber im Prozess klar wird, dass der Beklagte unzurechnungsfähig war und die tatsächlichen Umstände keine Schadloshaltung aus Billigkeit erfordern. Auch als Hilfsantrag könnte ein Kläger einen Feststellungsantrag erwägen, wenn er bereits bezweifelt, dass sein Leistungsantrag materiell gestützt auf § 829 BGB Aussicht auf Erfolg hat. Grund für diese Erwägungen des Klägers ist, dass im Zeitpunkt der letzten mündlichen Verhandlung die Billigkeit keine Schadloshaltung des Klägers erfordert. Könnte sich das Blatt in Zukunft aber zu seinen Gunsten wenden, so möchte er sich die bisherigen „Früchte“ des Prozesses sichern.
Zwei relevante Tatsachen können sich im Laufe der Zeit ändern, die innerhalb der Billigkeitsabwägung eine Rolle spielen. Stellt sich die Verletzung zunächst nicht als besonders schwer dar und zeichnet sich zum Zeitpunkt der letzten mündlichen Verhandlung noch kein Dauerschaden ab, so spricht dies gegen eine Schadloshaltung aus § 829 BGB. Ein schwerer Dauerschaden kann aber unter Umständen erst nach einiger Zeit zu Tage treten. Nun mag unter Umständen die Billigkeit zu Gunsten des Klägers sprechen.
Eine besondere Bedeutung nimmt bekanntermaßen das Vermögensgefälle innerhalb von § 829 BGB ein. Ein Unzurechnungsfähiger, im Speziellen ein Kind, ist in aller Regel vermögenslos. Es besteht aber die Möglichkeit, dass es durch Erbschaft, Lotteriegewinn und Ähnlichem zu Vermögen kommt. Scheiterte eine Schadloshaltung aus Billigkeit bisher nur an einem entsprechenden Vermögensgefälle, so könnte dieses in der Zukunft aber bestehen. Um einem möglichen Zugriff auf den Schädiger in der Zukunft nicht verlustig zu gehen, wird daher ein Kläger einen Feststellungsantrag erwägen.

Einem neuerlichen Leistungsbegehren könnte die Verjährung, genau genommen nur die Höchstverjährungsfristen des § 199 Abs. 2, 3 BGB, entgegenstehen. Ferner hat der Kläger ein Interesse an der Sicherung der bis dahin aufgenommenen Beweise. Zu dem will er natürlich vermeiden, die Prozesskosten tragen zu müssen, die ihm vollständig im Fall eines klageabweisenden Urteils hinsichtlich seines ursprünglichen Leistungsantrages drohen würden.
Problematisch ist, ob mit einer Feststellungsklage nach § 256 Abs. 1 ZPO dieses Ziel verfolgt werden darf. Denn letztlich soll ein derzeit nicht bestehender Anspruch für die Zukunft festgestellt werden.

1. Allgemeines

Die Feststellungsklage dient nicht der Befriedigung des Klägers, sondern der Feststellung, dass zwischen den Parteien ein Rechtsverhältnis besteht, beziehungsweise nicht besteht, ferner dass eine Urkunde echt, beziehungsweise unecht ist.[1112] Einen Leistungsbefehl, der vollstreckbar wäre, enthält ein Feststellungsurteil nicht.[1113]
Als feststellungsfähiges Rechtverhältnis kommen daher rechtliche Beziehungen von Personen untereinander oder gegenüber Gegenständen in Betracht. Dabei muss das Rechtsverhältnis, das festgestellt werden soll, ein gegenwärtiges sein.[1114] Schließlich muss der Kläger ein rechtliches Interesse an der alsbaldigen Feststellung des Rechtsverhältnisses haben.[1115]

2. Feststellungsfähiges Rechtsverhältnis

a. Unzurechnungsfähiger als Beklagter

In den Prozesssituationen, in denen die Leistungsklage gestützt auf § 829 BGB keine Aussicht auf Erfolg hat, fehlt es an den materiellen Voraussetzungen des § 829 BGB. Es besteht also kein Anspruch. Wenn aber kein materiellrechtlicher Anspruch besteht, mangelt es grundsätzlich auch an einem Rechtsverhältnis zwischen den Parteien.

[1112] Thomas/PutzoZPO/Reichold[27] Vorbem § 239 (Redaktionsversehen wohl Vorbem § 253, vgl. 26. Aufl.) Rn 4.
[1113] Rosenberg/Schwab/Gottwald, Zivilprozessrecht[16], § 90 Rn 1 (S. 599).
[1114] Rosenberg/Schwab/Gottwald, Zivilprozessrecht[16], § 90 Rn 15 (S. 602); Thomas/PutzoZPO/Reichold[27] § 256 Rn 8.
[1115] Thomas/PutzoZPO/Reichold[27] § 256 Rn 13 ff.

Es ist zwar seit langem anerkannt, dass für das Rechtsverhältnis im Sinne des § 256 Abs. 1 ZPO auch ein bedingtes oder betagtes Verhältnis in Betracht kommen kann, sofern die rechtserzeugenden Tatsachen, abgesehen von dem bedingenden Ereignis oder dem Zeitablauf, schon gegeben sind.[1116] Ein künftig entstehendes Rechtsverhältnis kann dagegen nicht Gegenstand einer Feststellungsklage sein.[1117]
Im Fall des § 829 BGB stellt sich daher die Frage, ob der Anspruch nur bedingt ist, oder ob es sich nicht vielmehr um ein theoretisch künftig entstehendes Rechtsverhältnis handelt.
Die Rechtsprechung hat recht bald nach Einführung des BGB hierzu Stellung bezogen und betont, dass es sich um eine *„schon gegenwärtig bedingt bestehende Verpflichtung"* handele.[1118] Aus diesem Grund könne auch das Begehren des Klägers Gegenstand einer Feststellungsklage sein. Dieser Linie ist die Rechtsprechung bis heute treu geblieben.[1119] Dabei muss man wohl die Bedingung nicht als Rechtsbedingung, sondern als tatsachenbezogene Bedingung verstehen. Problematisch ist an dieser Sichtweise aber, dass damit letztlich jedes Tatbestandsmerkmal unter einer Bedingung steht, nämlich dessen eigenem Vorliegen. Lässt man diese Bedingung genügen, so kann man immer ein künftig möglicherweise entstehendes Rechtsverhältnis zum Gegenstand einer Feststellungsklage machen. *Langenbach*[1120] und *Süß*[1121] hatten daher auch ihre Bedenken gegen die Auffassung des Reichsgerichts, befürworteten jedoch die Zulässigkeit eines Feststellungsantrags, was sie mit praktischen Bedürfnissen rechtfertigten. Auch *Pohle*[1122] und später *Knütel*[1123] teilten die Auffassung, dass es sich eigentlich um ein künftiges Rechtsverhältnis handele und nicht um ein bedingtes. Dennoch bejahten auch sie die Möglichkeit eines Feststellungsantrags und führten

---

1116 Rosenberg/Schwab/Gottwald, Zivilprozessrecht[16], § 90 Rn 15 (S. 602); Baumbach/LauterbachZPO/Hartmann[64] § 256 Rn 17; Stein/Jonas/Schumann[21] § 256 Rn 46; Thomas/PutzoZPO/Reichold[27] § 256 Rn 8; ZöllerZPO/Greger[25] § 256 Rn 30.

1117 Rosenberg/Schwab/Gottwald, Zivilprozessrecht[16], § 90 Rn 16 (S. 602); MusielakZPO/Foerste[4] § 265 Rn 4; Stein/JonasZPO/Schumann[21] § 256 Rn 45; für eine extensivere Anwendung: Trzaskalik, Die Rechtsschutzzone der Feststellungsklage im Zivil- und Verwaltungsprozeß, S. 59 ff., 80.

1118 RG JW 1910, 824 Nr. 48.

1119 Vgl. RG Recht 1923, 251 Nr. 881; RGZ 169, 394, 395 = ZAkDR 1943, 118, 119; BGH NJW 1958, 1630, 1633 = MDR 1958, 679 = VersR 1958, 485 = FamRZ 1958, 308; BGH NJW 1962, 2201, 2202 = MDR 1962, 811; BGH NJW 1979, 2096, 2097 = VersR 1979, 645, 646 = FamRZ 1979, 567, 569.

1120 Langenbach, LZ 1923, 165, 166.

1121 Süß, ZAkDR 1943, 119.

1122 Pohle, MDR 1958, 838, 839.

1123 Knütel, JR 1980, 20, 21.

hierzu ebenfalls ins Feld, dass diese vorsichtige Ausdehnung aus praktischen Bedürfnissen zu rechtfertigen sei, vornehmlich zur Beweissicherung.[1124] Dementsprechend ergänzte später auch die Rechtsprechung ihre Argumentation, wonach ein Feststellungsantrag auch aus praktischen Gründen zulässig sein sollte.[1125]

Es ist grundsätzlich daran festzuhalten, dass ein künftiges Rechtsverhältnis nicht Gegenstand einer Feststellungsklage sein darf. Andernfalls müssten Gerichte sich mit abwegigen Konstellationen beschäftigen, in denen rein theoretisch die Möglichkeit der Entstehung eines Rechtsverhältnisses besteht. Soll ein Flugpassagier, der regelmäßig mit ein und derselben Fluglinie fliegt, bereits vor Schadenseintritt auf Feststellung klagen dürfen, dass, wenn er mit dem Flugzeug abstürzen sollte, die Fluglinie für den Schaden aufzukommen hat? Faktisch würde nur der Wortlaut des Gesetzes durch ein Urteil wiedergegeben, wozu es aber keiner Feststellung bedarf.

In den hier einschlägigen Fallkonstellationen ist ein konkreter Schaden bereits eingetreten, der kausal durch einen Unzurechnungsfähigen verursacht wurde, wobei die aufsichtspflichtigen Personen nicht haften, beziehungsweise den Schaden nicht liquidieren können. Ein Verletzungserfolg kann einem bestimmten Subjekt objektiv zugeordnet werden. Lediglich die Billigkeit erfordert derzeit keine Schadloshaltung. Anders, als in dem oben dargestelltem Fall fehlt nur ein Element, welches einen Anspruch begründen würde. Es kann also durch das Feststellungsurteil ein konkreter Haftungsfall bezeichnet werden, wodurch bereits ausgeschlossen ist, dass Kläger mit aberwitzigen Konstellationen die Gerichte belagern könnten. Ferner lässt sich das noch ausstehende Tatbestandsmerkmal auch klar benennen – die Billigkeit. Wenn und soweit diese eines Tages die Schadloshaltung erfordern sollte, kann dann der Unzurechnungsfähige in Anspruch genommen werden. Der Haftungsfall als mögliches zukünftiges Rechtsverhältnis ist daher sehr genau schon jetzt benennbar. Daher ist *Egon Lorenz* in der Formulierung zuzustimmen, der diese Situation als *„bedingt-künftiges Anspruchsverhältnis“* bezeichnet hat.[1126]

Zu Recht ist daher auch der Auffassung beizutreten, wonach es ein praktisches Bedürfnis ist, auch bedingt-künftige Anspruchsverhältnisse als Rechtsverhältnisse im Sinne des § 256 Abs. 1 ZPO zu qualifizieren, soweit es bereits eine gegenwärtige Grundlage hierfür gibt.

Die gegenwärtige Grundlage ist die objektive Zurechenbarkeit eines Verletzungserfolges in einer von § 829 BGB vorgegebenen Weise, wobei sich

---

[1124] Pohle, MDR 1958, 838, 839; ebenso E. Lorenz, VersR 1980, 697, 698.

[1125] BGH NJW 1962, 2201, 2202 = MDR 1962, 811.

[1126] E. Lorenz, VersR 1980, 697, 698.

der Geschädigte nicht mit Erfolg an eine aufsichtspflichtige Person halten kann. Das praktische Bedürfnis besteht darin, dem Kläger die bis Klageänderung (von Leistungs- auf Feststellungsklage), beziehungsweise bis zum Zeitpunkt, in welchem nun über den Hilfsantrag zu entscheiden ist, die bis dahin festgestellten Tatsachen auch zukünftig fruchtbar zu machen. Letztlich geht es also um eine Beweissicherung für den Kläger.[1127]
Vielfach wurde betont, dass die Feststellungsklage auch möglich sein muss, um dem Kläger die Möglichkeit der Verhinderung der Verjährung zu geben.[1128] Dies erscheint aber sehr zweifelhaft. Denn seit der Schuldrechtsmodernisierung kann der Geschädigte, obwohl noch kein Anspruch nach § 829 BGB entstanden ist, die Verjährung nur innerhalb der Höchstfristen des § 199 Abs. 2, 3 BGB durch Klageerhebung hemmen, § 204 Abs. 1 Nr. 1 BGB. Hierdurch gewinnt er aber nur relativ wenig Zeit, §§ 204 Abs. 2, 209 BGB. Auch schon vor der Schuldrechtsreform entstand ein Anspruch nicht, ohne dass die Billigkeit als Tatbestandsmerkmal vorlag. Damit verjährte die Tat des Unzurechnungsfähigen auch nur nach der Maximalfrist des § 852 Abs. 1 BGB a.F. Das praktische Bedürfnis dürfte sich also in diesen Fällen in engen Grenzen bewegen und damit auch nicht eine Aufweichung des Grundsatzes rechtfertigen, dass die Feststellungsklage grundsätzlich zukünftigen Rechtsverhältnissen nicht zugänglich ist.
Auch aus ökonomischer Sicht besteht für den Kläger ein praktisches Bedürfnis, auf Feststellung der möglichen zukünftigen Haftpflicht des Unzurechnungsfähigen zu klagen. Denn hat der Leistungsantrag keine Aussicht auf Erfolg, möchte der Kläger zumindest auf eine obsiegende Feststellungsklage umstellen können, um Gerichtskosten zu vermeiden, §§ 263, 91 ZPO.[1129] Nur um die Kosten des Unterliegens in einem Rechtsstreit vermeiden zu können, den Begriff des Rechtsverhältnisses im Sinne des § 256 ZPO aufzuweichen, erscheint für sich alleine nicht die vorsichtige Erweiterung des feststellungsfähigen Verhältnisses zu rechtfertigen. Zusammen mit

---

1127 So auch: RG JW 1910, 824 Nr. 48; RG Recht 1923, 251 Nr. 881; RGZ 169, 394, 395 = ZAkDR 1943, 118, 119; BGH NJW 1958, 1630, 1633 = MDR 1958, 679 = VersR 1958, 485 = FamRZ 1958, 308; BGH NJW 1962, 2201, 2202 = MDR 1962, 811; BGH NJW 1979, 2096, 2097 = VersR 1979, 645, 646 = FamRZ 1979, 567, 569; Süß, ZAkDR 1943, 119; Pohle, MDR 1958, 838, 839; Knütel, JR 1980, 20, 21, E. Lorenz, VersR 1980, 697, 698; zweifelnd: Langenbach, LZ 1923, 165, 166.

1128 RG JW 1910, 824 Nr. 48; RG Recht 1923, 251 Nr. 881; RGZ 169, 394, 395 = ZAkDR 1943, 118, 119; BGH NJW 1958, 1630, 1633 = MDR 1958, 679 = VersR 1958, 485 = FamRZ 1958, 308; Süß, ZAkDR 1943, 119; MüKoBGB/Wagner[4] § 829 Rn 26; Soergel/Spickhoff[13] § 829 Rn 24; a. A. Knütel, JR 1980, 20, 21; , E. Lorenz, VersR 1980, 697, 698.

1129 Stein/JonasZPO/Schumann[21] § 264 Rn 38.

dem Argument der Beweissicherung ist aber der Rechtsprechung und der Literatur[1130] beizupflichten und die Möglichkeit der Klage auf Feststellung, dass der Schädiger den Schaden ganz oder teilweise zu ersetzen hat, wenn und soweit die Billigkeit es erfordert und ihm nicht die Mittel zum eigenen angemessenen Unterhalt und zur Erfüllung seiner gesetzlichen Unterhaltspflichten entzogen werden, zuzulassen.

Soweit ersichtlich, ist in der Rechtsprechung bis heute noch kein Fall entschieden worden, in dem der Kläger zunächst einen entsprechenden Feststellungsantrag gestellt hatte und später, nachdem der Unzurechnungsfähige zu Vermögen gekommen war, diesen in einem neuen Verfahren auf Leistung von Schadensersatz erfolgreich verklagte. Der tatsächliche praktische Nutzen eines Feststellungsantrags zur Beweissicherung mag daher bezweifelt werden. Die Möglichkeit, dass sich die Situation zu Gunsten des Geschädigten wendet, besteht jedoch immer. Daher und weil nicht zu befürchten ist, dass die Gerichte mit einer Vielzahl von entsprechenden Anträgen überflutet werden, da es sehr häufig schon an den übrigen Voraussetzungen des § 829 BGB fehlt, kann auch dies nicht gegen die Möglichkeit der Erhebung eines Feststellungsantrages ins Feld geführt werden. Zuzustimmen ist aber *Deutsch*, dass es sich speziell hinsichtlich der Prozesskosten letztlich nur um ein „Trostpflaster" für den Geschädigten handelt.[1131]

b. Unzurechnungsfähiger als Kläger – spiegelbildliche Anwendung von § 829 BGB

Auch im umgekehrten Fall – bei der spiegelbildlichen Anwendung von § 829 BGB – hat die Rechtsprechung[1132] eine Feststellung dahingehend für möglich erachtet, auch zukünftige Leistungsbegehren des unzurechnungsfähigen Klägers entsprechend § 829 BGB zu kürzen, wenn und soweit die

---

1130 Deutsch, AllgHaftR², Rn 492; Deutsch/Ahrens, DeliktsR⁴, Rn 143; Rosenberg/Schwab/Gottwald, Zivilprozessrecht¹⁶, § 90 Rn 15; Langenbach, LZ 1923, 165, 166; Süß, ZAkDR 1943, 119; Pohle, MDR 1958, 838, 839; Knütel, JR 1980, 20, 21, E. Lorenz, VersR 1980, 697, 698; Bamberger/Roth/Spindler § 829 Rn 12; Baumbach/LauterbachZPO/Hartmann⁶⁴ § 256 Rn 17; Erman/Schiemann¹¹ § 829 Rn 4; MüKoBGB/Wagner⁴ § 829 Rn 26; MüKoZPO/Lüke² § 256 Rn 31; RGRK/Steffen¹² § 829 Rn 19; Staud/Oechsler (2002) § 829 Rn 72; Stein/JonasZPO/Schumann²¹ § 256 Rn 45.

1131 Deutsch, AllgHaftR², Rn 492.

1132 BGHZ 37, 102, 107; BGH VersR 1967, 1001, 1002.

Billigkeit dies in Zukunft erfordern sollte.[1133] Dabei wurde neben dem Leistungsantrag der Feststellungsantrag des unzurechnungsfähigen Klägers, der darauf abzielte, dass der Beklagte auch für alle zukünftigen Unfallfolgen aufzukommen hat, die Einschränkung hinzugefügt, dass für diese Kosten eine Anspruchskürzung möglich sein soll, wenn und soweit die Billigkeit dies erfordern sollte. Damit kann also nicht, falls die Voraussetzungen der spiegelbildlichen Anwendung von § 829 BGB eintreten, der durch das erste Leistungsurteil gewährte Schadensersatz ganz oder teilweise zurückgefordert werden. Die einschränkende Feststellung bezieht sich nur auf in der Zukunft geltend zu machende Forderungen. Dagegen nahm *Schwartz* an, dass die Rechtskraft nicht einer erneuten Klage auf Leistung oder auf Rückgewähr des Geleisteten nach § 812 Abs. 1 S. 2 BGB entgegenstünde.[1134] Diese Ansicht ist aber nach heutigem Verständnis unhaltbar. Vielmehr hat der BGH zu Recht darauf verwiesen, dass, wenn einem Feststellungsantrag, gerichtet auf volle Ersatzpflicht für künftige Schäden des Klägers ohne Einschränkung stattgegeben wird, die Rechtskraft desselben einer späteren Anspruchskürzung entgegenstehen würde.[1135] Daher sei letztlich aus denselben Gründen wie im Fall der unmittelbaren Anwendung des § 829 BGB eine entsprechende Einschränkung des Feststellungsantrags des Klägers zulässig.

Es ist nur richtig und konsequent, dem Beklagten diese Möglichkeit zuzugestehen, da es nie ganz auszuschließen ist, dass der klagende Unzurechnungsfähige einmal zu Vermögen kommt und es daher die Billigkeit erfordern könnte, ein zukünftiges Leistungsbegehren zu kürzen. Denn es darf nicht übersehen werden, dass die Möglichkeit einer Abänderungsklage nach § 323 ZPO nur für wiederkehrende Leistungen, nicht für Kapitalabfindungen in Betracht kommt.

Faktisch handelt es sich aber auch hierbei nur um ein Trostpflaster, das dem Beklagten ökonomisch auch in Zukunft nichts bringen wird. Eine hierzu ergangene Entscheidung ist nicht bekannt geworden. Auch hinsichtlich der Prozesskosten erwächst ihm aus der beschriebenen Einschränkung kein Vorteil.

1133 So auch Bamberger/Roth/Spindler § 829 Rn 12; MüKoBGB/Wagner[4] § 829 Rn 26; RGRK/Steffen[12] § 829 Rn 19; Soergel/Spickhoff[13] § 829 Rn 24; Staud/Oechsler (2002) § 829 Rn 73.

1134 Schwartz, Das Billigkeitsurtheil des § 829 BGB, S. 58, 62.

1135 BGHZ 37, 102, 106, 107.

3. Feststellungsinteresse

Der Kläger muss ein berechtigtes Interesse an der begehrten Feststellung haben. Es liegt vor, „... *wenn dem Recht oder der Rechtslage des Klägers eine gegenwärtige Gefahr der Unsicherheit droht und ein Feststellungsurteil geeignet ist, diese Gefahr zu beseitigen ...*“.[1136]
Hierzu wurden immer wieder folgende Interessen in den Raum geführt. Einerseits sollte dem Kläger durch den Feststellungsantrag die Möglichkeit gegeben werden, die Verjährung zu verhindern. Andererseits wurde das Feststellungsinteresse damit begründet, dass in einem unter Umständen sehr viel späteren Prozess der Sachverhalt nicht mehr zweifelsfrei ermittelt werden könne, weil etwa Zeugen bereits verstorben sind oder sich nicht mehr genau erinnern können. Das Feststellungsinteresse sollte sich aus dem Bedürfnis der frühest möglichen Beweissicherung ergeben. Schließlich solle es dem Kläger auch möglich sein, Prozesskosten zu vermeiden, wenn er sein Leistungsbegehren auf einen Feststellungsantrag umstellt.
Besonders das Argument, die drohende Verjährung zu vermeiden, war und ist in Literatur und Rechtsprechung umstritten.

a. Verhinderung der Verjährung

In ihren ersten Entscheidungen hat die Rechtsprechung das Feststellungsinteresse des Klägers immer auch dann für begründet erachtet, wenn der Kläger damit argumentierte, dass er die ansonsten drohende Verjährung vermeiden wolle.[1137] Dabei ist die drohende ablaufende Verjährung auch allgemein als Feststellungsinteresse anerkannt.[1138]
Betrachtet man die Verjährung in den hier einschlägigen Fällen, so muss man zunächst feststellen, dass ein Anspruch zum Zeitpunkt der letzten mündlichen Verhandlung noch nicht besteht. Folglich kann die Verjährung weder nach § 199 Abs. 1 BGB n.F., noch nach § 852 Abs. 1 1. Halbsatz

---

[1136] MüKoZPO/Lüke[2] § 256 Rn 37; so auch: Rosenberg/Schwab/Gottwald, Zivilprozessrecht[16], § 90 Rn 20 (S. 603); Schilken, Zivilprozessrecht[4], Rn 186; Stein/JonasZPO/Schumann[21] § 256 Rn 63; ZöllerZPO/Greger[25] § 256 Rn 7 mit jeweils weiteren Nachweisen der Rspr.

[1137] RG JW 1910, 824 Nr. 48; RG Recht 1923, 251 Nr. 881; RGZ 169, 394, 395 = ZAkDR 1943, 118, 119; ebenso: Süß, ZAkDR 1943, 119; MüKoBGB/Wagner[4] § 829 Rn 26; Soergel/Spickhoff[13] § 829 Rn 24; a.A. Knütel, JR 1980, 20, 21; E. Lorenz, VersR 1980, 697, 698.

[1138] BGH NJW 1952, 741; 1961, 1165; 1991, 2707, 2708; Rosenberg/Schwab/Gottwald, Zivilprozessrecht[16], § 90 Rn 22 (S. 603); MüKoZPO/Lüke[2] § 256 Rn 40; Stein/JonasZPO/Schumann[21] § 256 Rn 77.

BGB a.F. zu laufen begonnen haben. Es kommen in diesen Fällen heute, wie auch schon vor der Schuldrechtsmodernisierung, nur die Maximalfristen in Betracht. Nach § 852 Abs. 1 BGB a.F. betrug die Frist 30 Jahre, heute wird je nach Rechtsgutsverletzung unterschieden. Aber auch heute kommt nur die 30-Jahre-Frist in Betracht, da § 199 S. 1 Nr. 1 BGB nur die Zehnjahresfrist zu tragen kommen lässt, wenn der Anspruch entsteht. Die Maximalfrist kann aber der Kläger nicht vermeiden. Durch ein gerichtliches Verfahren kann er nur diese um die Zeit des Verfahrens plus sechs Monate verlängern, §§ 204 Abs. 1 Nr. 1, 209 BGB. Lediglich ein gewisser Zeitgewinn, der maßgeblich von der Verfahrenslänge abhängt, würde eine Feststellungsklage dem Kläger zuteil werden lassen. Dieser Zeitgewinn rechtfertigt aber keine alsbaldige Feststellung, da das Rechtsschutzinteresse jetzt vorliegen muss und nicht als ein bloß für die Zukunft mögliches Interesse bestehen darf. Denn ob innerhalb der gewonnenen Zeit die Billigkeit eine Schadloshaltung tatsächlich erfordern sollte, ist völlig ungewiss. Der Zeitgewinn stellt keine schützenswerte Position des Klägers dar, da zum Zeitpunkt der letzten mündlichen Verhandlung nicht feststeht, dass gerade in dem gewonnenem Zeitfenster sich das Blatt zu Gunsten des Klägers wenden wird.[1139]

Bei dieser Sichtweise darf nicht vernachlässigt werden, dass mittelbar auch festgestellt wird, dass zumindest zum Zeitpunkt der letzten mündlichen Verhandlung die Billigkeit keine Schadloshaltung erforderte. Man könnte folglich argumentieren, dass der Kläger damit insoweit eine Feststellung erlangt, dass die kurze Verjährungsfrist des § 199 Abs. 1 BGB noch nicht angelaufen ist.[1140] Dieser Ansatz verkennt aber, dass die Billigkeit unter Umständen bereits vor Klageerhebung für einen gewissen Zeitraum die Schadloshaltung erfordert haben könnte, also der Anspruch bereits bestanden hatte und die Verjährungsfrist zum Ende dieses Jahres anlief. Wollte also ein Kläger auch sicherstellen, dass die Zeit, währenddessen der Anspruch bestanden hatte, nicht in die kurze Verjährungsfrist eingerechnet wird, so müsste er dieses durch die Ergänzung seines Antrages zum Ausdruck bringen. Allein für den Antrag auf Feststellung einer Haftpflicht, wenn und soweit die Billigkeit es erfordern sollte und dem Beklagten hierdurch nicht die Mittel zum angemessenem eigenen Unterhalt, sowie zur Erfüllung seiner gesetzlichen Unterhaltspflichten entzogen werden, stellt dies kein beachtliches Feststellungsinteresse dar, da es nicht vom Feststellungsurteil in der begehrten Formulierung umfasst wird.

1139 Anders, wenn der Anspruch bereits bestand und bestehen blieb: vgl. BGH NJW 2000, 3287, 3289.

1140 So z. B. RGZ 41, 372, jedoch für eine nicht „schwankende“ Anspruchsgrundlage.

b. Frühest mögliche Beweissicherung

Schon immer hat die Rechtsprechung betont, dass sich das Feststellungsinteresse des Klägers daraus ergeben kann, dass, wenn der Kläger sein ursprüngliches Leistungsbegehren zurückzieht, sei es, dass er keine Leistungsklage erhebt wegen mangelnder Erfolgsaussicht, oder den Leistungsantrag nicht weiter verfolgt, um später nicht mit entgegenstehender Rechtskraft konfrontiert zu werden, die Sachverhaltsaufklärung in ferner Zukunft erschwert sein könnte.[1141]
Würde etwa ein Kind 25 Jahre, nachdem es von einem anderen Kind am Auge schwer verletzt wurde, dieses nun in Anspruch nehmen, so würde sich die Sachverhaltsaufklärung als äußerst schwierig darstellen. Zeugen könnten bereits verstorben sein, oder sich nicht mehr erinnern können. Um dem Geschädigten zumindest eine tatnahe Beweissicherung zu ermöglichen, besonders was den objektiven Tathergang angeht, ist die Feststellungsklage ein durchaus taugliches Mittel. Nicht ganz unproblematisch hieran ist, dass drohende prozessuale Nachteile alleine noch nicht als Feststellungsinteresse genügen.[1142] Für den Kläger besteht etwa die Möglichkeit eines selbstständigen Beweisverfahrens nach §§ 485 ff. ZPO. Dennoch lässt die Rechtsprechung den drohenden Beweisverlust zumindest als unterstützendes Argument allgemein zu.[1143] Ein selbstständiges Beweisverfahren hilft hier dem Kläger auch kaum, da es nicht aussprechen kann, dass der Kläger sich schadlos halten kann, wenn und soweit die Billigkeit in Zukunft dies erfordern sollte. Gerade, dass der Tatbestand einer Anspruchsgrundlage bis auf eine spezielle Voraussetzung gegeben ist und nicht nur der Zustand einer Person, die Ursache einer Schädigung und der daraus resultierende Schaden (§ 485 Abs. 2 ZPO) festgestellt wird, zeigt das besondere Feststellungsinteresse in solch einem Fall. Der innere Zusammenhang zwischen dem Begehren und der prozessualen Umsetzung würde beim selbstständigen Beweisverfahren auf der Strecke bleiben.

[1141] RG JW 1910, 824 Nr. 48; RG Recht 1923, 251 Nr. 881; RGZ 169, 394, 395 = ZAkDR 1943, 118, 119; BGH NJW 1958, 1630, 1633 = MDR 1958, 679 = VersR 1958, 485 = FamRZ 1958, 308; BGH NJW 1962, 2201, 2202 = MDR 1962, 811; BGH NJW 1979, 2096, 2097 = VersR 1979, 645, 646 = FamRZ 1979, 567, 569; ebenso in der Literatur: Süß, ZAkDR 1943, 119; Pohle, MDR 1958, 838, 839; Knütel, JR 1980, 20, 21, E. Lorenz, VersR 1980, 697, 698.

[1142] MüKoZPO/Lüke[2] § 256 Rn 42.

[1143] RGZ 127, 184; BGHZ 18, 22, 41 = NJW 1955, 1437 = LM § 256 ZPO Nr. 30; BGH NJW 1986, 2507; Rosenberg/Schwab/Gottwald, Zivilprozessrecht[16], § 90 Rn 22 (S. 604).

Im Umkehrschluss bedeutet dies aber auch, dass das rechtliche Interesse an einer Feststellung fehlt, wenn der Kläger von vorneherein nur eine Feststellungsklage verfolgt. Denn anders, als wenn der Antrag hilfsweise oder nach Klageänderung in das Verfahren eingeführt wird, gibt es in dieser Situation keinen Prozessstoff, den es für den Kläger zu sichern gilt. Möchte er dennoch die Beweise sichern, ohne sich der Gefahr der entgegenstehenden Rechtskraft auszusetzen, muss er das selbstständige Beweisverfahren wählen, §§ 485 ff. ZPO. Dies bedeutet, dass für eine Feststellungsklage, die weder hilfsweise, noch nach Klageänderung in einen Prozess eingeführt wird, das Feststellungsinteresse fehlt.
Der Rechtsprechung[1144] ist daher beizupflichten und die Beweissicherung als rechtliches Interesse im Sinne des § 256 Abs. 1 ZPO anzuerkennen, wenn der Feststellungsantrag hilfsweise zum Leistungsantrag oder nach Klageänderung in den Prozess eingeführt wurde.

c. Verhinderung von Prozesskosten

Der Kläger will, wenn er erkennt, dass sein Leistungsantrag keine Aussicht auf Erfolg hat, die drohenden Prozesskosten abwenden, indem er die Klage in eine Klage auf Feststellung ändert, § 263 ZPO. Die Verhinderung von Prozesskosten wird damit häufig die tatsächliche Motivation des Klägers sein, einen Feststellungsantrag zu verfolgen.
Ein Feststellungsinteresse muss aber immer in der Sache selbst begründet sein.[1145] Ein prozessualer Vorteil rechtfertigt allein kein rechtliches Interesse an der alsbaldigen Feststellung.[1146]
Dies ist hinsichtlich der Prozesskosten nicht unproblematisch. Denn in der Sache stellt der Kläger den Feststellungsantrag, um sich die Möglichkeit zu erhalten, zu einem späteren Zeitpunkt gegen den Beklagten vorgehen zu können. Dies hat an sich nichts mit den Prozesskosten des laufenden Verfahrens zu tun. Wenn ein Geschädigter klagt, muss er auch damit rechnen, kostenpflichtig abgewiesen zu werden. Dem Beklagten dagegen, der auf Grund materiellen Rechts nicht in Anspruch genommen werden kann, ist nicht der Vorwurf zu machen, er habe den Prozess provoziert. Erklärt man aber ein bedingt-künftiges Anspruchsverhältnis zum tauglichen Gegenstand einer Feststellungsklage, so ist es auch nur logisch, dem Kläger die Möglichkeit zu geben, die Folgen, die durch eine drohende Abweisung des Leistungsantrages entstehen würden, prozessual verhindern zu können. Eine

---

1144 So ausdrücklich: BGH NJW 1962, 2201, 2202.
1145 Rosenberg/Schwab/Gottwald, Zivilprozessrecht[16], § 90 Rn 21 (S. 603).
1146 MüKoZPO/Lüke[2] § 256 Rn 42.

bekannte Parallele zu dem hier Dargestellten ist die Klageänderung bei der einseitigen Erledigterklärung. Nach der herrschenden Klageänderungstheorie ändert der Kläger seinen ursprünglichen Leistungsantrag auch in einen Feststellungsantrag um, weil sich die Hauptsache erledigt hat und er mit dieser kostenpflichtig abgewiesen werden würde.[1147] Das Feststellungsinteresse ergibt sich hier daraus, dass der Kläger die sonst anfallenden Prozesskosten vermeiden will, § 91 ZPO. Auch hier kann man sich fragen, inwieweit das Interesse an der Vermeidung der Prozesskosten in der Sache selbst begründet ist.[1148] Letztendlich handelt es sich in beiden Fällen um die Frage, wem das Prozesskostenrisiko zuzuweisen ist.

Im Grundsatz hat jede Partei die Kosten zu tragen, die sie veranlasst hat.[1149] Im Fall einer Entscheidung wird das Gericht die Kosten entsprechend §§ 91 bis 101 ZPO zwischen den Parteien verteilen. In der Regel hat die unterlegene Partei die Kosten zu tragen.[1150] Auf eine Zuweisung der Last durch ein Verschulden im technischen Sinne kommt es nicht an. Mittelbar bestimmt aber das materielle Recht, ob und inwieweit der Kläger den Prozess und damit die Kosten veranlassen durfte.

Betrachtet man nun die Situation bei der einseitigen Erledigterklärung und bei § 829 BGB, so ergibt sich folgendes Bild. Bei der einseitigen Erledigung ist keiner der Parteien zwingend ein Vorwurf im Sinne eines technischen Verschuldens zu machen. Von einem Verschulden kann bei § 829 BGB offensichtlich auch nie die Rede sein. Kausal für den Prozess wurde in beiden Fällen der Kläger, da er Klage erhob. Ursächlich für die Klageerhebung war dagegen das Verhalten des Beklagten, der im Fall des § 829 BGB den Kläger schädigte, beziehungsweise im Fall der einseitigen Erledigterklärung in sonstiger Weise Anlass zur Klage gab.

Obsiegt nun der Kläger, so muss grundsätzlich der Beklagte die Kosten des Verfahrens tragen. Bedient sich der Kläger der vom Gesetz zur Verfügung gestellten Mittel, so kann ihm dies nicht als „Vorwurf" angelastet werden. Der Beklagte kann sich nicht darauf berufen, dass der Kläger seinen ursprünglichen Antrag sehenden Auges verfolgen muss, wenn ihm die ZPO eine Möglichkeit an die Hand gibt, die Folgen einer Klageabweisung zu vermeiden. Den Interessen des Beklagten wird insoweit bei der einseitigen Erledigterklärung Rechnung getragen, als er nur die Kosten tragen muss, wenn der ursprüngliche Antrag zulässig und begründet war.

1147 Rosenberg/Schwab/Gottwald, Zivilprozessrecht[16], § 130 Rn 21 ff. (S. 909) mwN.

1148 Vgl. Musielak, Grundkurs ZPO[7], Rn 273.

1149 Rosenberg/Schwab/Gottwald, Zivilprozessrecht[16], § 84 Rn 1 (S. 535).

1150 Rosenberg/Schwab/Gottwald, Zivilprozessrecht[16], § 84 Rn 11 (S. 537).

Ein entsprechendes Äquivalent findet sich für den Feststellungsantrag bei § 829 BGB nicht. Es besteht zum Zeitpunkt der letzten mündlichen Verhandlung kein Anspruch gegen den Beklagten, folglich hat er nach allgemeinen Grundsätzen auch nicht die Prozesskosten zu tragen. Man kann daher nur konstatieren, dass es eine zwingende Folge ist, dass sich der Kläger auch auf die drohenden Prozesskosten berufen kann, wenn man die Möglichkeit einer Feststellung eines bedingt-künftigen Anspruchs zulässt. Es wäre anderenfalls inkonsequent, dem Kläger die Möglichkeit einer Klage zu geben, ihm aber zu verbieten, sie prozesstaktisch einzusetzen.

d. Einschränkung des Feststellungsinteresses

Aus den bisherigen Ausführungen wird deutlich, dass faktisch immer ein Feststellungsinteresse zu bejahen wäre, wenn lediglich die Billigkeit „noch" keine Schadloshaltung erfordert. Wurde bei dem Schadensfall etwa ein schadensstiftendes Kind selbst schwer geschädigt, zum Beispiel am Gehirn, sodass seine Erwerbsaussichten sich in bescheidenen Grenzen bewegen, so wird vielfach das Feststellungsinteresse verneint. Es sollen bereits Änderungen der wirtschaftlichen Verhältnisse zum Zeitpunkt der letzten mündlichen Verhandlung absehbar sein.[1151]
Dabei hat die Rechtsprechung für den Fall der unmittelbaren Anwendung eine solche Einschränkung bis heute nie vorgenommen. So wurden vielfach Feststellungsanträge gegen Kinder gebilligt, bei denen keine substanziierte Hoffnung auf Vermögenszuwachs in unmittelbarer Zukunft (Eheschließung, Erbschaft, Lottogewinn) erkennbar war.[1152]
Nur im Fall der spiegelbildlichen Anwendung wurde diese Erwägung auch von der Rechtsprechung vereinzelt fruchtbar gemacht.[1153] Wenn man dabei die entschiedenen Fälle betrachtet, so wird eines deutlich: Wird ein Kind im Straßenverkehr von einem Kfz geschädigt, so sprechen die gesetzliche Risikoverteilung und die Pflichthaftpflichtversicherung gegen eine Anspruchskürzung. Genauso sprechen diese Billigkeitsmomente für eine Haftung, wenn der Unzurechnungsfähige in Anspruch genommen wird. Diese „Re-

[1151] Bamberger/Roth/Spindler § 829 Rn 12; Staud/Oechsler (2002) § 829 Rn 72 jeweils mit Verweis auf OLG Karlsruhe DAR 1990, 137, 138. Bei dieser Entscheidung geht es aber nicht um die Einschränkung des Feststellungsantrages für die Zukunft, sondern ob überhaupt der Anspruch entsprechend § 829 BGB gekürzt werden kann.

[1152] BGH NJW 1958, 1630, 1633 = MDR 1958, 679 = VersR 1958, 485 = FamRZ 1958, 308; BGH NJW 1962, 2201, 2202 = MDR 1962, 811; BGH NJW 1979, 2096, 2097 = VersR 1979, 645, 646 = FamRZ 1979, 567, 569; OLG Oldenburg ZfS 1986, 129.

[1153] OLG Karlsruhe NZV 1989, 188, 189; anders BGHZ 37, 102, 108; BGH VersR 1967, 1001, 1002.

gel" sollte daher auch ihren Niederschlag bei Feststellungsanträgen finden. Solange also nicht zu erwarten ist, dass die Deckungssumme der Pflichthaftpflichtversicherung nicht ausreichen werde, den Schaden des geschädigten Unzurechnungsfähigen zu decken, bestehe auch kein Feststellungsinteresse für den Beklagten.[1154] Wird dagegen ein Kind geschädigt, ohne dass für diesen Bereich eine Pflichthaftpflichtversicherung vom Beklagten abgeschlossen werden musste, soll dagegen ein Feststellungsantrag zulässig sein.[1155]

Im Ergebnis ist den jeweiligen Entscheidungen beizupflichten. Meines Erachtens ist aber die pauschale Forderung, wonach sich ein Wandel des noch fehlenden Billigkeitsmoments bereits zum Zeitpunkt der letzten mündlichen Verhandlung abzeichnen muss, zu weitreichend. Es ist hier doch gerade die *crux*, dass sich eine konkrete Entwicklung der Vermögensverhältnisse der Beteiligten nicht abzeichnet. Wäre eine entsprechende Entwicklung vorhersehbar, könnte der Kläger schlicht bis zu diesem Zeitpunkt warten und dann mit konkreter Aussicht auf Erfolg sein Leistungsbegehren verfolgen. Überdies müsste man praktisch immer das rechtliche Interesse verneinen, denn die Wahrscheinlichkeit eines Lottogewinns, einer vorteilhaften Eheschließung oder einer umfangreichen Erbschaft, wie sie beispielhaft von der Rechtsprechung aufgezählt werden, hält sich bei realistischer Betrachtung doch in engen Grenzen.

Man kann daher nicht darauf abstellen, wie groß die Wahrscheinlichkeit eines zukünftigen Vermögensgefälles ist, oder wie weit sich bereits ein Wandel der Vermögensverhältnisse derzeit abzeichnet, sondern muss vielmehr fragen, ob die Billigkeit derzeit so stark gegen eine Haftung, beziehungsweise gegen eine Anspruchskürzung spricht, dass es unter fast keinen Umständen möglich erscheint, dass sich hieran etwas ändern wird. Gelangt man im konkreten Fall dazu, dass selbst bei äußerst günstiger Prognose zu Gunsten des Klägers nicht mit einer Haftung, beziehungsweise Anspruchskürzung zu Lasten des Unzurechnungsfähigen zu rechnen sein wird, ist ein Feststellungsinteresse zu verneinen. Weist das Gesetz etwa einer Partei das Risiko des Haftungsfalls zu, oder besteht eine Pflichthaftpflichtversicherung, so fehlt es in der Regel am Feststellungsinteresse. Dennoch kann die Situation im Einzelfall so gelagert sein, dass dem Kläger ein rechtliches Interesse an der Feststellung zugestanden werden muss. Steht etwa zu befürchten, dass die Deckungssumme der Pflichthaftpflichtversicherung des Beklagten nicht reichen wird, um auch für alle Folgeschäden aufzukommen,

---

1154 OLG Karlsruhe NZV 1989, 188, 189.

1155 BGHZ 37, 102, 108 (nicht motorisierter Straßenverkehr); BGH VersR 1967, 1001, 1002 (Hundebiss).

so kann es angebracht sein, den Feststellungsantrag des Klägers unter die Einschränkung zu stellen, dass der Beklagte für alle zukünftigen Schäden ganz oder teilweise aufkommen muss, wenn und soweit die Billigkeit dies erfordert und ihm hierdurch nicht die Mittel zum eigenen angemessenem Unterhalt, sowie zur Erfüllung seiner gesetzlichen Unterhaltspflichten entzogen werden.

4. Umfang und Folge des Feststellungsantrags

Der Feststellungsantrag kann so formuliert werden, dass ein Gericht im Fall eines späteren Leistungsbegehrens sowohl hinsichtlich der Frage, ob die Billigkeit nun eine Schadloshaltung erfordert, wie auch, in welchem Umfang diese gewährt werden soll, völlig ungebunden ist. Selten hat die Rechtsprechung dagegen einen Feststellungsantrag zugelassen, der den Umfang eines späteren Schadensersatzbegehrens bereits begrenzt. So war der BGH der Auffassung, dass es unter gar keinen Umständen möglich sei, dass der Beklagte mehr als die Hälfte des Schadens zu begleichen haben werde, da die Billigkeit mehr nie erfordern werden würde.[1156] Dies würde sich daraus ergeben, dass auch ein Zurechnungsfähiger, der einen solchen Schaden verursacht hätte, nie mehr als die Hälfte des Schadens zu tragen hätte, da dem Kläger ein Mitverschulden anzurechnen sei.

Diese Rechtsprechung ist sehr bedenklich. Mag sie zwar im Ergebnis häufig zutreffen, so wird dabei aber verkannt, dass eine umfängliche Abwägung der Billigkeitsmomente immer eine konkrete Entscheidung über die gegenwärtige Situation zur Folge haben muss. Wie sich die Dinge in der Zukunft entwickeln, kann ein Gericht nicht so konkret vorhersagen, um jetzt schon genaue Vorgaben für den Umfang der Schadloshaltung bereitstellen zu können. Ferner bringt der BGH mit dieser Auffassung zum Ausdruck, dass eine „Verrechnung" der Billigkeitsmomente nicht uneingeschränkt möglich sein soll. Ist das Mitverschulden des Geschädigten zwar hoch (objektiv betrachtet die Hälfte), die Folgen der Verletzung aber schwer, das Vermögensgefälle riesig, so wird deutlich, dass die pauschale Begrenzung des Feststellungsantrages für die Zukunft auf die Hälfte nicht überzeugend ist. Daher leidet das Argument der Rechtsprechung, dass selbst unter größtmöglich denkbarem Vermögensgefälle eine Haftung nicht über die Hälfte hinaus gehen darf, daran, dass anderen Billigkeitsmomenten, die auch einer Schwankung, beziehungsweise einer Entwicklung unterliegen können, ihre Bedeutung aberkannt werden würde. Außerdem sollte ein Gericht im Fall

---

[1156] BGH NJW 1962, 2201, 2202.

eines späteren Leitungsbegehrens nicht nur hinsichtlich des Ob, sondern auch des Umfangs eine freie Entscheidung treffen.
Daher meine ich, ein Feststellungsantrag muss so formuliert sein, dass ein Gericht im Fall eines späteren Leistungsbegehrens eine ergebnisoffene Billigkeitsabwägung treffen kann.

Somit ergibt sich auch bereits die Folge eines begründeten Feststellungsantrags. Eine spätere Entscheidung ist – bis auf die Billigkeitsentscheidung – hinsichtlich aller übrigen materiellen Voraussetzungen des § 829 BGB gebunden, soweit der Beklagte hiergegen nicht in zulässiger Weise Einwendungen (§ 322 ZPO) erheben darf.[1157]
Wird nun dem Kläger in einem späteren Prozess Schadensersatz gewährt, kann er nicht nur Schadensposten, die nach tatsächlichem Entstehen der Billigkeitsvoraussetzungen zu seinen Gunsten entstanden sind, geltend machen, sondern alle seit der Verletzung durch den Schädiger.[1158]

5. Zusammenfassung

Der Feststellungsantrag ist aus praktischen Gründen auch für den Fall möglich, dass der Anspruch aus § 829 BGB noch nicht besteht, weil die Billigkeit derzeit keine Schadloshaltung erfordert. Das praktische Bedürfnis folgt daraus, dass anders dem Spannungsfeld zwischen entgegenstehender Rechtskraft und der Möglichkeit, einer zukünftigen Änderung der Lebensverhältnisse Rechnung tragen zu können, nicht beigekommen werden kann. Grund dieser ungewöhnlichen Lage ist der Tatbestand des § 829 BGB, welcher Umstände zur Voraussetzung einer Haftung erklärt, die sich im Laufe der Zeit ändern können. Dem Zivilprozessrecht fehlt aber ein entsprechendes Institut, das dieser Norm gerecht werden würde.
Gegenstand des Feststellungsantrags ist ein bedingt-künftiges Anspruchsverhältnis. Das Feststellungsinteresse kann sich dabei primär nur aus Gründen der Beweissicherung ergeben. Sekundär lässt sich auch noch auf die Möglichkeit der Verhinderung von Prozesskosten abstellen. Um eine spätere Entscheidung nicht einer umfassenden Billigkeitsabwägung zu entziehen, darf der Umfang, beziehungsweise die Haftungsquote nicht bereits durch ein Feststellungsurteil vorgegeben werden.
Auch bei der spiegelbildlichen Anwendung ist ein Feststellungsantrag in der Gestalt möglich, dass dem Beklagten bei der zukünftigen Geltendma-

---

[1157] Stein/JonasZPO/Schumann[21] § 256 Rn 171.
[1158] RGZ 169, 394, 395; Erman/Schiemann[11] § 829 Rn 4; Staud/Oechsler (2002) § 829 Rn 72.

chung von weiteren Kosten nicht die Möglichkeit beschnitten wird, sich nun auf eine entsprechende Anwendung von § 829 BGB bei § 254 Abs. 1 BGB zu berufen.

II. Abänderungsklage

Wurde ein Unzurechnungsfähiger zur Haftung verpflichtet und ändert sich seine finanzielle Lage nach Urteilsfällung dramatisch, so kommt eine Abänderungsklage nach § 323 ZPO in Betracht,[1159] wenn er zur Zahlung künftiger wiederkehrender Leistungen gemäß § 258 ZPO verurteilt wurde.[1160] Entsprechend dem klaren Wortlaut des § 323 Abs. 1 ZPO hat sich der BGH dagegen verwehrt, den Anwendungsbereich des § 323 ZPO auch auf Kapitalabfindungen auszudehnen.[1161] Es sei Sache des Klägers, ob er eine Kapitalabfindung oder eine Rente fordert. Außerdem liege es in der Natur der Sache, dass eine Kapitalabfindung sich primär am hier und jetzt, eine Rente dagegen an der Zukunft orientiert. Dem ist zuzustimmen und darüber hinaus darauf hinzuweisen, dass es dem Rechtsfrieden nicht zuträglich wäre, wenn über einmal rechtskräftig entschiedene Kapitalabfindungen wieder Streit entstehen würde.[1162]
Die Abänderungsklage hat also ihren Anwendungsbereich bei § 829 BGB, jedoch nur insoweit, wie dem Geschädigten eine Rente zugestanden wurde.

B. Streitgegenstandsbezogene Probleme

Die Frage, was der Streitgegenstand eines Verfahrens ist, wirkt sich in vielfältiger Hinsicht prozessual aus.[1163] Im Rahmen der Haftung Unzurechnungsfähiger wird die Frage nach dem Streitgegenstand etwa leidig, wenn der Kläger ursprünglich von einem Verschulden des Beklagten und damit

---

[1159] Bamberger/Roth/Spindler § 829 Rn 12; MüKoBGB/Wagner[4] § 829 Rn 26; RGRK/Steffen[12] § 829 Rn 19; Soergel/Spickhoff[13] § 829 Rn 24; Staud/Oechsler (2002) § 829 Rn 74.

[1160] MusielakZPO/Musielak[4] § 323 Rn 4.

[1161] BGHZ 79, 187, 192 = BGH NJW 1981, 818.

[1162] So auch Rosenberg/Schwab/Gottwald, Zivilprozessrecht[16], § 157 Rn 10 (S. 1100); MüKoZPO/Gottwald[2] § 323 Rn 14; MusielakZPO/Musielak[4] § 323 Rn 6; Stein/JonasZPO/Leipold[22] § 323 Rn 7; Thomas/PutzoZPO/Reichold[27] § 323 Rn 18; a.A. Baumbach/LauterbachZPO/Hartmann[64] § 323 Rn 79; ZöllerZPO/Vollkommer[25] § 323 Rn 28.

[1163] Rosenberg/Schwab/Gottwald, Zivilprozessrecht[16], § 93 Rn 15 ff (S. 620).

von seiner Verschuldensfähigkeit ausging und dann während des Verfahrens materiellrechtlich auf § 829 BGB umstellen will. Auch etwa für das Prozesshindernis der entgegenstehenden Rechtskraft bedarf es einer Klärung, was der Streitgegenstand eines Verfahrens war und nun ist.

I. Allgemeines

Die vorliegende Arbeit setzt sich bewusst nicht mit dem Wesen des Streitgegenstandsbegriffs und dessen Auffüllung auseinander. Ausgangspunkt ist hier der herrschende sogenannte zweigliedrige Streitgegenstand.[1164] Dieser wird durch das Begehren des Klägers und den Lebenssachverhalt bestimmt.[1165]

II. Streitgegenstand bei § 829 BGB

Der Antrag des Klägers lautet, ob er nun von einem Verschulden (z.B. § 823 Abs. 1 BGB) oder der Unzurechnungsfähigkeit des Beklagten (§ 829 BGB) ausgeht, auf Verurteilung zum Schadensersatz. Inwieweit der Antrag dabei auf demselben Lebenssachverhalt beruht, ist dagegen umstritten.[1166] Was unter dem Lebenssachverhalt zu verstehen ist, lässt sich nicht in einer für jeden Einzelfall praktikablen Begriffsbestimmung festlegen.[1167] Einerseits wird versucht, auf eine natürliche, vom Standpunkt der Parteien ausgehende Betrachtungsweise abzustellen,[1168] andererseits wird die allgemeine Verkehrsauffassung in den Vordergrund gerückt.[1169] Einig ist man sich aber, dass nicht allein die Tatsachen, die die Tatbestandsmerkmale einer Anspruchsgrundlage ausfüllen, den Lebenssachverhalt bilden.[1170] Dennoch

---

1164 Vgl. hierzu in übersichtlicher Darstellung: Musielak, Grundkurs ZPO[7], Rn 139 ff; Rosenberg/Schwab/Gottwald, Zivilprozessrecht[16], § 92 Rn 1 ff (S. 612 ff).

1165 BGH NJW 1995, 1757.

1166 Für ein und denselben Streitgegenstand: Bamberger/Roth/Spindler § 829 Rn 13; Soergel/Spickhoff[13] § 829 Rn 25; Staud/Oechsler (2002) § 829 Rn 71; für unterschiedliche Streitgegenstände: RGRK/Steffen[12] § 829 Rn 19; unklar: MüKoBGB/Wagner[4] § 829 Rn 25.

1167 Schilken, Zivilprozessrecht[4], Rn 227; MusielakZPO/Musielak[4] Einl. Rn 75; Thomas/PutzoZPO/Reichold[27] Einl II Rn 26.

1168 Thomas/PutzoZPO/Reichold[27] Einl II Rn 30.

1169 BGH NJW 1995, 967, 968; NJW-RR 1996, 826, 827, wobei jeweils im darauffolgenden Satz wieder auf die Parteien abgestellt wird.

1170 Thomas/PutzoZPO/Reichold[27] Einl II Rn 28.

sind als Anknüpfungspunkt in gewissen Maßen rechtliche Gesichtspunkte maßgeblich.
Entscheidend ist hier, ob der Umstand, dass die subjektive Zurechnung einer Verletzung durch Verschulden einen anderen Streitgegenstand begründet, als wenn die Verletzung dem Schädiger nur objektiv zugerechnet werden kann, wobei die Rechtsfolge von der Billigkeit erfordert wird, eine aufsichtspflichtige Person nicht haftet und dem Verursacher dadurch nicht die Mittel zum eigenen angemessenem Unterhalt, sowie zur Erfüllung der ihm obliegenden Unterhaltspflichten entzogen werden.
Das objektive Geschehen ist unabhängig von der subjektiven Zurechnung. Ob der Schaden nun durch einen Bewusstlosen oder durch einen vorsätzlich Handelnden verursacht wird, ändert nichts am eingetretenen Erfolg. Auch der Vorgang ist derselbe. Materiellrechtlich besteht dagegen die Frage, ob dies dem Verursacher vorgeworfen werden kann.
Einig ist man sich innerhalb der Ansicht, die den zweigliedrigen Streitgegenstand befürwortet, dass es keinen Unterschied macht, ob der Beklagte aus Vertrag, Delikt oder Gefährdung haftet, wenn ein und dieselbe Handlung kausal für den eingetretenen Erfolg wurde.[1171] Auf den materiellrechtlichen Grund der Vorwerfbarkeit, und damit auch, ob bestimmten Personenkreisen überhaupt etwas vorgeworfen werden kann, darf es also zur Bestimmung des Streitgegenstandes nicht ankommen. Entscheidend ist damit grundsätzlich das Geschehen, so wie es sich zugetragen hat. Da § 829 BGB Bezug auf die objektive Begehensweise der §§ 823 bis 826 BGB nimmt, kann, selbst wenn man dem materiellen Recht mehr Bedeutung bei der Bestimmung des Streitgegenstandes beimessen will, der Lebenssachverhalt kein anderer sein.
Letztlich bleibt damit zu klären, ob die „zusätzlichen" Voraussetzungen des § 829 BGB, die in gewisser Weise die fehlende subjektive Zurechenbarkeit substituieren, es rechtfertigen, prozessual von einem anderen Streitgegenstand auszugehen.
Betrachtet man zunächst die Subsidiaritätsklausel des § 829 BGB, so fällt Folgendes auf. Sie ist ein Tatbestandsmerkmal, für das den Kläger die Beweislast trifft. Es dient dem Schutz des Unzurechnungsfähigen. Zweifellos würde ein anderer Streitgegenstand vorliegen, wenn der Kläger sich auf eine Aufsichtspflichtverletzung einer aufsichtspflichtigen Person berufen und diese verklagen würde. Hier ist die haftungsbegründende Handlung eine andere und erkenntlich auch ein anderer Lebenssachverhalt. Daneben richtet sich der Klageantrag ebenfalls gegen eine andere Person. Da es aber bei § 829 BGB gerade darauf ankommt, dass keine aufsichtspflichtige Person

---

[1171] MusielakZPO/Musielak[4] Einl. Rn 76, § 322 Rn 18 mwN.

haftet, sprich sich auch kein entsprechender Lebenssachverhalt zugetragen hat, ändert sich die prozessuale Bewertung gegenüber einer Haftung aus Verschulden nicht.
Die Billigkeit, die eine Schadloshaltung erfordern muss, nimmt, wie oben dargestellt wurde, Bezug auf tat- und beteiligtenbezogene Momente.[1172] Die tatbezogenen Umstände, die ein Billigkeitsmoment begründen können, sind die Einzelheiten des objektiven Geschehens, wie sie auch im Fall der Verschuldenshaftung vorgetragen werden müssen. Der Verletzungserfolg etwa wird bei § 829 BGB lediglich in seiner Qualität zusätzlich materiellrechtlich bewertet. Die beteiligtenbezogenen Umstände fließen in ein Verfahren, das sich materiellrechtlich auf Verschulden stützt, ebenfalls ein. Diese Eigenschaften, beziehungsweise Zustände haften den Personen als Parteien des Rechtsstreits an. Auch die finanziellen Verhältnisse der Beteiligten sind Bestandteil ihrer Person, ohne dass sie in einer Klage, die auf Verschulden gestützt ist, leidig werden würden. Man kann also sagen, dass die Billigkeitsmomente letztlich nur genaue Beschreibungen, oder anders formuliert, punktuell besonders relevante Umstände eines einheitlichen Geschehens sind. Inwieweit diese materiellrechtlich zum Tragen kommen, hängt davon ab, ob der Beklagte unzurechnungsfähig war oder nicht.
Auch das Schonvermögen knüpft an die finanziellen Verhältnisse des Beklagten an. Sie sind Teil seines Lebens und damit auch Teil des Lebenssachverhalts.
Vergleicht man die Situation, dass ein Kläger sich materiell auf § 823 Abs. 1 BGB stützt, darüber hinaus das tatsächliche Verhalten des Beklagten auch einen Anspruch aus § 826 BGB rechtfertigen würde, mit der hier aufgeworfenen Problematik, so würde auch niemand auf die Idee kommen, zwei unterschiedliche Streitgegenstände anzunehmen, sofern man der Auffassung vom zweigliedrigen Streitgegenstand folgt.
Schlussendlich muss man in prozessualer Hinsicht konstatieren, dass § 829 BGB wie ein Deliktstatbestand zu behandeln ist, auch wenn er bei genauer Betrachtung keiner im engeren Sinn ist.[1173] Es bleibt damit ein und derselbe Lebenssachverhalt, der nur eine unterschiedliche materielle Bewertung nach sich zieht.

[1172] Vgl. Kap. 2 A. V. (S. 119 ff.).
[1173] Vgl. Kap. 1 B. III. (S. 62 ff.).

III. Prozessuale Folgen

Folge der hier vertreten Auffassung ist, dass es sich um keine Klageänderung nach § 263 ZPO handelt, wenn der Kläger sein Schadensersatzbegehren ursprünglich mit einem Verschulden des Beklagten begründet und nun materiell auf § 829 BGB abstellt.[1174] Vielmehr handelt es sich um eine zulässige Ergänzung der tatsächlichen oder rechtlichen Ausführungen im Sinne des § 264 Nr. 1 ZPO.[1175]
Eine weitere zwingende Folge ist, dass der Kläger, der mit seinem Leistungsantrag rechtskräftig abgewiesen wurde, nicht erneut Leistungsklage mit dem Ziel einer Verurteilung des Unzurechnungsfähigen verfolgen kann, da die Rechtskraft des ersten Urteils einem erneuten Prozess entgegen steht, § 322 Abs. 1 ZPO.[1176] Denn alle materiellrechtlichen Anspruchsgrundlagen, die nach dem Vorbringen der Parteien im Raum standen, sind durch die rechtskräftige Entscheidung über den prozessualen Anspruch erledigt.[1177] Dies gilt auch dann, wenn das Gericht die Normen in tatsächlicher oder rechtlicher Hinsicht unrichtig zur Anwendung brachte.[1178]

IV. Hinweispflicht nach § 139 ZPO

Damit schließt sich unmittelbar die Frage an, ob ein Gericht verpflichtet ist, einen Kläger darauf hinzuweisen, in materieller Hinsicht etwas zu § 829 BGB vorzubringen, wenn er bisher von einem Verschulden und damit von der Zurechnungsfähigkeit des Beklagten ausging und darauf seine Klage stützte. Im Kern lautet somit allgemein die Frage, ob ein Gericht verpflichtet ist, einen Kläger auf eine neue Anspruchsgrundlage hinzuweisen. Ein entsprechender Hinweis steht immer im Spannungsfeld zwischen Prozessleitungs- und Neutralitätspflicht gegenüber den Parteien. § 139 ZPO soll einen Ausgleich zwischen diesen widerstrebenden Interessen herstellen. Vor der Reform der ZPO im Jahre 2001 war es Auffassung der Rechtsprechung, dass ein Richter seine Neutralitätspflicht verletzt, wenn er den Klä-

1174 Bamberger/Roth/Spindler § 829 Rn 13; Soergel/Spickhoff[13] § 829 Rn 25; Staud/Oechsler (2002) § 829 Rn 71; a.A. RGRK/Steffen[12] § 829 Rn 19; unklar insoweit MüKoBGB/Wagner[4] § 829 Rn 25.

1175 Soergel/Spickhoff[13] § 829 Rn 25.

1176 A.A. wohl MüKoBGB/Wagner[4] § 829 Rn 26.

1177 Vgl. z.B. MüKoZPO/Gottwald[2] § 322 Rn 36; BGH NJW 2000, 3492, 3494.

1178 BGH NJW 1990, 1795, 1796; 1995, 1757, 1758; 2000, 3492, 3494.

ger auf eine neue Anspruchsgrundlage hinweist.[1179] Daher durfte ein Richter nicht auf eine neue Anspruchsgrundlage hinweisen, um sich nicht der Gefahr eines Befangenheitsantrages auszusetzen.

Im Zuge der ZPO-Reform wollte man die Rechtsmittelmöglichkeiten erheblich beschneiden und im Ausgleich dafür die erste Instanz stärken. Wesentlich sollte dazu beitragen, dass bereits in der ersten Instanz mit Hilfe der richterlichen Hinweispflicht eine gesteigerte Sachverhaltsaufklärung stattfinden sollte.[1180] Von diesem Bestreben ist hinsichtlich der Ausweitung der richterlichen Hinweispflicht nach allgemeiner Meinung nichts in Gesetzesform gegossen worden. Einerseits wird dies dadurch belegt, dass der Wortlaut des § 139 Abs. 1 ZPO praktisch unverändert blieb.[1181] Andererseits stellt auch die Begründung des Regierungsentwurfs klar, dass § 139 Abs. 1 ZPO n.F. dem Richter keine inhaltlich engeren oder detaillierteren Vorgaben machen will.[1182] Damit sollte also alles beim Alten bleiben. Ausdrücklich sprach sich der Regierungsentwurf dafür aus, dass es nicht Aufgabe des Gerichts sei, neue Anspruchsgrundlagen in das Verfahren einzuführen, die nicht bereits im streitigen Vorbringen der Parteien zumindest andeutungsweise eine Grundlage haben.[1183] Zwar ist *Rensen* der Ansicht, dass der Gesetzgeber mit der Bezeichnung „Anspruchsgrundlage" nicht einen materiellen Anspruch, sondern einen prozessualen Anspruch, sprich einen neuen Streitgegenstand gemeint habe und folglich ein Richter auf eine neue Anspruchsgrundlage hinweisen darf, soweit der Sachverhalt deren Anwendung ermöglicht.[1184] Der klare Wortlaut der Gesetzesmaterialien spricht aber eindeutig gegen diese Sichtweise.[1185]

Trotzdem gab es vereinzelt Entscheidungen, die dem ursprünglichen Gedanken der ZPO-Reform folgend die Hinweispflicht des Richters ausdehnten.[1186] Der BGH trat 2003 einer solchen Auffassung mit Bezugnahme auf die Gesetzesmaterialien entschieden entgegen. Er führte dazu aus, dass es nicht Aufgabe des Gerichts sei, durch Fragen oder Hinweise neue Anspruchsgrundlagen, Einreden oder Anträge einzuführen, die in dem streiti-

---

1179 BGHZ 7, 211, 212 = NJW 1952, 2410; BGH FamRZ 1958, 275; a.A. BGH NJW 1998, 612.

1180 Hierzu ausführlich: Prütting, FS Musielak, 397, 401 ff.; Rensen, Die richterliche Hinweispflicht, S. 317 ff.; Musielak, NJW 2000, 2769 ff.

1181 Vgl. Prütting, FS Musielak, 397, 404; Rensen, Die richterliche Hinweispflicht, S. 342; Musielak, NJW 2000, 2769, 2772.

1182 BT-Drucks 14/4722, S. 77.

1183 BT-Drucks 14/4722, S. 77.

1184 Rensen, Die richterliche Hinweispflicht, S. 343.

1185 So auch Prütting, FS Musielak, 397, 407.

1186 KG NJW 2002, 1732; LG Köln ZAP 2002, 672.

gen Vortrag der Parteien nicht zumindest andeutungsweise bereits eine Grundlage haben.[1187] Auch ein Großteil der Lehre ist weithin der Auffassung, dass ein Hinweis auf eine neue Anspruchsgrundlage nicht zulässig sei, wenn nicht das Vorbringen der Parteien in Umrissen dies zu erkennen gebe.[1188]
Aus Sicht der Rechtsprechung besteht daher folglich auch kein Bedürfnis, von dem Standpunkt abzurücken, dass ein Gericht einen Kläger nicht auf § 829 BGB hinweisen muss, wenn dieser nur zur Verschuldens-,[1189] oder Gefährdungshaftung[1190] etwas vorträgt.[1191] Dies gelte entsprechend für den Fall der spiegelbildlichen Anwendung des § 829 BGB.[1192]

Es stellt sich aber die Frage, ob nicht durch diese pauschale Ablehnung der Hinweispflicht der Satz *„iura novit curia“* entwertet oder gar verkannt wird.[1193] Denn folgt man der Auffassung vom zweigliedrigen Streitgegenstand, welcher sich bekanntermaßen aus dem Antrag und dem dazugehörigen Lebenssachverhalt zusammensetzt, so drängt sich die Frage auf, weshalb ein Gericht nicht ein und denselben Streitgegenstand unter allen in Betracht kommenden Anspruchsgrundlagen bewerten darf, wenn es doch von Amts wegen verpflichtet ist, alle einschlägigen Anspruchsgrundlagen zu prüfen.[1194] Nur wenn ein neuer Tatsachenkomplex, der eine Änderung des Streitgegenstandes, also des Lebenssachverhaltes, mit sich bringen würde, wäre ein solcher Hinweis unzulässig, soweit das Vorbringen der Parteien nicht ein entsprechendes Begehren angedeutet hat.[1195] Innerhalb desselben Streitgegenstandes sollte daher ein Gericht zu Recht einen Hinweis auf eine weitere, beziehungsweise andere Anspruchsgrundlage geben dürfen, solange hierdurch kein neuer Streitgegenstand eingeführt wird. Unterlässt man

---

1187 BGHZ 156, 269, 270 = NJW 2004, 164, 165.

1188 Rosenberg/Schab/Gottwald, Zivilprozessrecht[16], § 77 Rn 22 (S. 488); Stein/Jonas-ZPO/Leipold[22] § 139 Rn 52; ZöllerZPO/Greger[25] § 139 Rn 15.

1189 BGH VersR 1964, 1023, 1024; 1965, 385, 386.

1190 OLG Hamm FamRZ 1973, 318, 319.

1191 So auch MüKoBGB/Wagner[4] § 829 Rn 25; Staud/Oechsler (2002) § 829 Rn 71, jeweils mit Verweis auf BGH VersR 1965, 385, 386.

1192 BGH VersR 1967, 1001, 1002; LG Verden 1966, 838, 839.

1193 Grundlegend Peters, Richterliche Hinweispflichten und Beweisinitiativen, S. 85 ff.; MüKoZPO/Peters[2] § 139 Rn 35 ff.; ähnlich folgend: Rensen, Die Richterliche Hinweispflicht, S. 185 f.; Spickhoff, Richterliche Aufklärungspflicht und materielles Recht, S. 38; MusielakZPO/Stadler[4] § 139 Rn 8.

1194 MüKoZPO/Peters[2] § 139 Rn 35.

1195 MüKoZPO/Peters[2] § 139 Rn 36; Spickhoff, Richterliche Aufklärungspflicht und materielles Recht, S. 38.

diese Differenzierung, so zwingt man das Gericht dazu, das Gesetz nicht zu kennen („*iura non novit curia*").
Überträgt man diese Ansicht nun auf den Fall, dass ein Kläger zwar den Antrag auf Leistung von Schadensersatz gestellt und dabei das verletzende Geschehen ausführlich dargestellt hat, ohne etwas zur Billigkeit vorzutragen, da er von der Zurechnungsfähigkeit des Beklagten ausging, so muss ein Hinweis des Gerichts auf § 829 BGB, im Speziellen auf die Billigkeit zulässig sein.[1196] Denn wie bereits dargestellt, handelt es sich um ein und denselben Streitgegenstand, ob der Kläger nun den Anspruch materiell auf Verschulden, Gefährdung oder Billigkeit stützt.[1197] Das Gericht sollte daher in diesen Situationen den Kläger auf § 829 BGB hinweisen.
Im Ergebnis aber ist auch, wie *Spickhoff* zu Recht anmerkt,[1198] der Entscheidung OLG Hamm FamRZ 1977, 318, 319 zuzustimmen, wo eine Hinweispflicht des Gerichts für den Fall abgelehnt wurde, dass schon das angefochtene Urteil ausführt, dass es an einer hinreichenden Darlegung zur Billigkeit fehlt, und der Kläger im Berufungsverfahren dennoch nichts dazu vorträgt.
Auch in der umgekehrten Konstellation, also bei spiegelbildlicher Anwendung von § 829 BGB, sollte das Gericht konsequenterweise auf diese Möglichkeit hinweisen, wenn der Beklagte zwar zum Mitverschulden des Klägers etwas vorgetragen hat, dieser aber nicht verschuldensfähig war. In dieser Situation sollte ein Hinweis an den Beklagten ergehen, nun etwas zur spiegelbildlichen Anwendung vorzutragen.

C. Beweislast

Abschließend soll der Vollständigkeit halber noch eine kurze Darstellung der Beweislastverteilung stattfinden, wobei sich hier keine Besonderheiten ergeben.

1196 Soergel/Spickhoff[13] § 829 BGB Rn 26; a.A. MüKoBGB/Wagner[4] § 829 Rn 25; Staud/Oechsler (2002) § 829 Rn 71.

1197 MüKoZPO/Peters[2] § 139 Rn 36 mit Verweis auf OLG Hamm FamRZ 1977, 318, 319, verneint aber eine Hinweispflicht auf § 829 BGB und geht wohl davon aus, dass es sich um zwei verschiedene Streitgegenstände handele.

1198 Soergel/Spickhoff[13] § 829 Rn 26.

I. Beweislast bei der unmittelbaren Anwendung von § 829 BGB

Im Fall der unmittelbaren Anwendung des § 829 BGB trifft den Kläger als Geschädigten die Beweislast für die Voraussetzungen einer haftungsbegründenden unerlaubten Handlung und den Schadenstatbestand.[1199] Auch trifft ihn die Beweislast dafür, dass er von einem Aufsichtspflichtigen nichts erlangen kann. Ferner hat er grundsätzlich die Umstände darzutun, die eine Schadloshaltung aus Gründen der Billigkeit erfordern.[1200] Hinsichtlich von Umständen, die in seiner Person begründet sind, ist dies unproblematisch. Bezüglich der Verhältnisse des Schädigers, insbesondere der Vermögensverhältnisse, ist dieser als Beklagter im Sinne einer sekundären Behauptungslast[1201] darlegungspflichtig, da es sich um Umstände handelt, die dem Geschädigten regelmäßig unbekannt und auch nicht zugänglich sind.[1202]
Den Schädiger als Beklagten trifft dagegen die Beweislast für die anspruchshindernden Tatsachen. Dieser hat folglich seine Unzurechnungsfähigkeit darzulegen und zu beweisen,[1203] genauso wie den Umstand, dass ihm nicht die Mittel zum eigenen angemessenem Unterhalt, sowie zur Erfüllung seiner gesetzlichen Unterhaltspflichten entzogen werden.[1204] Im Fall eines *non liquet*, bezüglich der Unzurechnungsfähigkeit nach §§ 827, 828 BGB, haftet der Schädiger daher nicht aus Billigkeit, sondern aus Verschulden, soweit hierfür die Voraussetzungen gegeben sind.[1205]

1199 Baumgärtel/Strieder, Handbuch der Beweislast im Privatrecht I², § 829 Rn 1.

1200 Bamberger/Roth/Spindler § 829 Rn. 13; Erman/Schiemann¹¹ § 829 Rn 6; MüKo-BGB/Wagner⁴ § 829 Rn 25; RGRK/Steffen¹² § 829 Rn 21; Soergel/Spickhoff¹³ § 829 Rn 23; Staud/Oechsler (2002) § 829 Rn 75.

1201 BGH NJW 2005, 2395, 2397; BAG NJW 2004, 2848, 2851; BGHZ 145, 170, 184 f.

1202 Baumgärtel/Strieder, Handbuch der Beweislast im Privatrecht I², § 829 Rn 2; MüKoBGB/Wagner⁴ § 829 Rn 25; Soergel/Spickhoff¹³ § 829 Rn 23.

1203 BGHZ 98, 15, 138 = BGH VersR 1982, 849; Baumgärtel/Strieder, Handbuch der Beweislast im Privatrecht I², § 829 Rn 4; Bamberger/Roth/Spindler § 829 Rn. 13; MüKoBGB/Wagner⁴ § 829 Rn 25; RGRK/Steffen¹² § 829 Rn 21; Soergel/Spickhoff¹³ § 829 Rn 23; Staud/Oechsler (2002) § 829 Rn 75; a.A. wohl Enneccerus/Lehmann, Schuldrecht¹⁵, § 260 IV (S. 1045).

1204 Baumgärtel/Strieder, Handbuch der Beweislast im Privatrecht I², § 829 Rn 3; Enneccerus/Lehmann, Schuldrecht¹⁵, § 260 IV (S. 1045); a.A. Leonhard, Die Beweislast, S. 409.

1205 Baumgärtel/Strieder, Handbuch der Beweislast im Privatrecht I², § 829 Rn 4; RGRK/Steffen¹² § 829 Rn 21; Soergel/Spickhoff¹³ § 829 Rn 23.

II. Beweislast bei der spiegelbildlichen Anwendung von § 829 BGB

Auch im Fall der spiegelbildlichen Anwendung von § 829 BGB ergeben sich keine Besonderheiten. Es kehrt sich gegenüber der unmittelbaren Anwendung nur jeweils die Beweislast um. So hat der unzurechnungsfähige Kläger die Voraussetzungen eines haftungsbegründenden Geschehens und den Schadenstatbestand darzutun und zu beweisen.

Der zurechnungsfähige Beklagte hat dagegen die anspruchsbegründenden Umstände des § 829 BGB in seiner spiegelbildlichen Anwendung darzutun und zu beweisen; der Kläger dagegen die anspruchsmindernden Voraussetzungen des § 829 BGB, also die Verhältnisse der Beteiligten, insbesondere das Vermögensgefälle, wie auch die Unterhaltslasten.[1206]

[1206] MüKoBGB/Wagner[4] § 829 Rn 25; Soergel/Spickhoff[13] § 829 Rn 23; Staud/Oechsler (2002) § 829 Rn 76.

Zusammenfassung und Wertung

I. Zusammenfassung der Billigkeitshaftung

Sowohl die Entstehungsgeschichte wie auch die Analyse des Haftungsgrundes haben gezeigt, dass § 829 BGB nur schwer in systematischer und dogmatischer Hinsicht Bekanntem zugeordnet werden kann. Auch die einzelnen Tatbestandsvoraussetzungen erfordern mehr als nur die Anwendung von allgemein Bekanntem. Dass dies nicht ohne Auswirkung auf die prozessuale Anwendung von § 829 BGB sein kann, liegt auf der Hand. Dennoch fügt sich ein in sich stimmiges Gesamtbild der Norm zusammen, wenn man die Vorschrift und ihr gesamtes Umfeld mit offenen Augen betrachtet und nicht ergebnisorientiert bestimmte Wertungen zu einzelnen Punkten § 829 BGB unterschiebt.

1. Kapitel: Entstehungsgeschichte, Haftungsgrund und dogmatische Einordnung

Aus der Entstehungsgeschichte der Norm, die geprägt war von der Frage, ob man die Haftung ohne Verschulden zum Prinzip, zur Ausnahme, oder weder zu dem einen noch dem anderen erheben soll, lässt sich folgern, dass § 829 BGB mit Sicherheit als Ausnahme zum Prinzip der Verschuldenshaftung konzipiert wurde. Der Umstand, wonach auch nur Unzurechnungsfähige in den Anwendungsbereich dieser Norm fallen sollten, untermauert, dass die Billigkeitshaftung kein allgemeines Prinzip, sondern ein Annex zur Verschuldenshaftung in einem eng begrenzten Anwendungsbereich ist.[1207] Unterzieht man die Norm vor diesem Hintergrund einer genaueren Betrachtung hinsichtlich des Haftungsgrundes, so wird klar, dass nur der Ausgleichsgedanke im Sinne einer ausgleichenden, wie einer verteilenden Gerechtigkeit der wahre Grund der Haftung nach § 829 BGB sein kann. Alle anderen ins Feld geführten Gesichtspunkte betonen immer nur einseitig einen bestimmten Umstand, der für sich genommen zum Teil zwar Bestandteil der *ratio* der Norm ist, sich aber nicht in ein stimmiges Gesamtkonzept einfügen lässt.[1208] So ist etwa die Verteilung der Lasten nach der ökonomischen Tragfähigkeit der Beteiligten mit Sicherheit ein Aspekt der Haftung

---

1207 Vgl. Kap. 1 A. VI. (S. 35 ff.).
1208 Vgl. Kap. 1 B. II. 7. a. und b. (S. 52 ff. und 59 ff.).

nach § 829 BGB.[1209] Stellt man dagegen ausschließlich auf diesen ab, so lässt man die von § 829 BGB geforderte umfängliche Abwägung aller Umstände des Einzelfalls unter den Tisch fallen. Auch die Überlegung, den Grund der Haftung in der Individualität, also in dem unverschuldeten Zustand der eigenen Person zu sehen, kann nicht überzeugen.[1210] Am Rande sei noch darauf hingewiesen, dass in der Gefährlichkeit der Person, beziehungsweise in der Gefahr für die Umwelt, nach modernem Menschenverständnis kaum der Grund der Haftung Unzurechnungsfähiger zu suchen ist.[1211] Es bleibt daher nur der Rückgriff auf die allgemeinen Zwecke des Haftungsrechts. Da der Schädiger jedoch unzurechnungsfähig ist, kommen weder der Vergeltungs-, noch der Präventionsgedanke in Betracht, denn beide knüpfen an den Intellekt des Täters an. Aus diesem Grunde wird lediglich der Ausgleichsgedanke § 829 BGB als Haftungsgrund gerecht. Dabei sollte dieser sowohl im Sinne einer verteilenden (*iustitia distributiva*), wie einer ausgleichenden Gerechtigkeit (*iustitia commutativa*) verstanden werden. Den Ausgleichsgedanken zum Haftungsgrund zu erheben, ist dabei nicht trivial, sondern eine konsequente Rückführung auf die Grundstrukturen des Haftungsrechts, die es hiervon ausgehend gilt, bei der konkreten Anwendung der Voraussetzungen des § 829 BGB, mit Leben zu erfüllen. Umgekehrt sind aber die Aspekte, die an ein wie auch immer geartetes subjektiv vorwerfbares Verhalten anknüpfen, gerade nicht Gegenstand des Grundes der Haftung Unzurechnungsfähiger.

Auch eine klare dogmatische Einordnung der Norm ist nicht möglich, da sie auf der einen Seite keines Verschuldens bedarf, auf der anderen Seite aber nicht völlig auf eine Subjektivierung zur Eingrenzung der objektiven Zurechenbarkeit verzichtet werden kann.[1212] Klar ist aber, dass § 829 BGB als Ausfallshaftung konzipiert ist. Daher wird meines Erachtens die Umschreibung subsidiäre eingeschränkt-subjektivierte Verursacherhaftung § 829 BGB am ehesten gerecht. Mit der Formulierung eingeschränkt-subjektiviert soll dabei zum Ausdruck gebracht werden, dass es nicht auf ein tatsächliches, wie auch immer zu bestimmendes Verschulden des Unzurechnungsfähigen ankommt, sondern dass die weite objektive Zurechnung durch den Vergleich mit einem hypothetisch anwesenden Zurechnungsfähigen in derselben Situation eingeschränkt wird.

[1209] Hierzu Kap. 1 B. II. 5. (S. 46).

[1210] Hierzu Kap. 1 B. II. 2. (S. 41).

[1211] Hierzu Kap. 1 B. II. 3. (S. 43).

[1212] Vgl. Kap. 1 B. III. 5. und ausführlich Kap. 2 A II. 2. d. (S. 64 ff. und 96 ff.).

2. Kapitel: Unmittelbare und spiegelbildliche Anwendung von § 829 BGB

Wendet man den Ausgleichsgedanken bei den von § 829 BGB vorgegebenen Tatbestandsvoraussetzungen an und ist man sich des Weiteren eingedenk, dass die Norm eingebettet ist in ein vom Verschuldensprinzip beherrschtes Haftungsrecht, so ergibt sich für den Fall der unmittelbaren Anwendung von § 829 BGB folgendes Bild:

§ 829 BGB hat fünf Voraussetzungen. (1) Nach § 829 BGB kann nur haftpflichtig werden, wer auf Grund der §§ 827 S. 1, 828 BGB nicht verantwortlich ist. (2) Ein solcher muss die Tatbestandsvoraussetzungen eines Delikts (§§ 823 bis 826 BGB) verwirklicht haben. (3) Der Geschädigte darf keinen Ersatz von einem aufsichtspflichtigen Dritten gemäß § 832 BGB erlangen können. (4) Die Billigkeit muss eine Schadloshaltung erfordern und bestimmt dabei auch den Umfang derselben. (5) Durch die Schadensersatzverpflichtung dürfen schließlich dem Unzurechnungsfähigen nicht die Mittel entzogen werden, derer er zum angemessenen Unterhalt, sowie zur Erfüllung seiner Unterhaltspflichten bedarf.

Ohne an dieser Stelle auf die Details zu den einzelnen Voraussetzungen eingehen zu wollen, werden hier die wesentlichen Aussagen zu den Voraussetzungen zusammenfassend dargestellt, die sich nicht ohne Weiteres aus dem Wortlaut der Norm ergeben.

Zur ersten Voraussetzung ist anzumerken, dass nicht nur Unzurechnungsfähige im Sinne der §§ 827, 828 BGB in den Anwendungsbereich des § 829 BGB fallen, sondern dass die Vorschrift auch analog auf Jugendliche anzuwenden ist, denen auf Grund des objektiv-typisierenden Sorgfaltsmaßstabs kein Verschulden zur Last gelegt werden kann.[1213]

Bei der Verwirklichung eines Deliktstatbestands, wie es die zweite Voraussetzung verlangt, kommt es nur darauf an, dass der Tatbestand objektiv und rechtswidrig verwirklicht wurde. Auf den subjektiven Tatbestand kommt es dagegen gerade nicht an.[1214] Auf Grund des von § 829 BGB erfassten § 827 S. 1 BGB muss im Fall der Handlungsunfähigkeit des Schädigers auf die Rechtswidrigkeit verzichtet werden.[1215] Um jedoch den Unzurechnungsfähigen in der (fiktiven) selben Situation nicht strenger haften zu lassen als einen Zurechnungsfähigen, ist die objektive Zurechnung durch eine Subjektivierung einzuschränken. Diese ist durch einen hypothetischen Vergleich mit einem Zurechnungsfähigen anzustellen. Dabei ergibt sich folgendes Bild. Es müssen grundsätzlich zwei Gruppen getrennt behandelt werden

1213 Vgl. Kap. 2 A. I. 2. (S. 75 ff.).

1214 Vgl. Kap. 2 A. II. 2. d. (S. 96 ff.).

1215 Vgl. Kap. 2 A. II. 3. (S. 103 ff.).

– die Handlungsunfähigen und die handlungsfähigen Unzurechnungsfähigen. Bei handlungsfähigen Unzurechnungsfähigen muss darüber hinaus zwischen Delikten unterschieden werden, für die Fahrlässigkeit genügt, und denen, die zwingend Vorsatz verlangen. Bei Fahrlässigkeitsdelikten genügt die objektive Tatbestandsverwirklichung. Der Schädiger haftet dann nicht, wenn einem Zurechnungsfähigen in der konkreten Situation weder Vorsatz noch Fahrlässigkeit vorgeworfen werden könnte und der tatbestandliche Erfolg in keinem Zusammenhang mit der Unzurechnungsfähigkeit steht. Bei Vorsatzdelikten genügt ebenfalls die Verwirklichung des objektiven Tatbestands. Eingeschränkt wird die Haftung dadurch, dass ein Unzurechnungsfähiger dann nicht haftet, wenn auch einem vernünftigen Durchschnittsmensch in der konkreten Handlungssituation kein Vorsatz angelastet werden könnte. Bei handlungsunfähigen Unzurechnungsfähigen ist eine Unterscheidung zwischen Vorsatz- und Fahrlässigkeitsdelikten nicht erforderlich. Ein Handlungsunfähiger haftet nur, wenn das Geschehen den objektiven Tatbestand einer unerlaubten Handlung darstellt, wobei auf eine Handlung und die Rechtswidrigkeit im rechtstechnischen Sinn verzichtet werden muss und der Erfolg gerade auf der Handlungsunfähigkeit beruht.

Zu der Dritten Voraussetzung, der sogenannten Subsidiaritätsklausel, bedarf es hier nur der Anmerkung, dass es neben der rechtlichen auch auf die tatsächliche Realisierbarkeit des Anspruchs gegen eine aufsichtspflichtige Person ankommt.[1216]

Die Billigkeit stand als wesentliche Voraussetzung im Zentrum der Arbeit.[1217] Dabei stellte sich primär die Frage, welche Umstände sind zu berücksichtigen? Bei dieser Frage ist prinzipiell zwischen Schädiger und Geschädigten zu unterscheiden.

Auf Seiten des Schädigers untergliedern sich die zu berücksichtigenden Umstände grundsätzlich in tat- und beteiligtenbezogene Umstände.

Zu den beteiligtenbezogenen Umständen gehören einerseits die Vermögensverhältnisse[1218] und andererseits der Grad der Unzurechnungsfähigkeit[1219]. Zum Vermögen sind folgende Umstände zu rechnen: das laufende Einkommen, das mobiliare und immobiliare Vermögen, Kapitalguthaben und deren Erträge, gesetzlich und standesrechtlich vorgeschriebene Pflichthaftpflichtversicherungen[1220] und arbeitsrechtliche Freistellungsansprü-

1216 Vgl. Kap. 2 A. IV. 3. (S. 113).

1217 Vgl. Kap. 2. A. V. (S. 119 ff.).

1218 Vgl. Kap. 2 A. V. 2. (S. 122 ff.).

1219 Vgl. Kap. 2 A. V. 3. b. aa. (S. 214 ff.).

1220 Sie sind von ihrer Konzeption auf Opferschutz ausgerichtet und können daher in die Billigkeitsabwägung als Vermögen uneingeschränkt eingestellt werden. Es findet

che[1221]. Explizit nicht zu berücksichtigen sind freiwillige Haftpflichtversicherungen[1222] und das Vermögen der Unterhaltsverpflichteten[1223]. Ebenfalls nicht zu berücksichtigen ist ein subjektives („natürliches")[1224], oder ein objektives (hypothetischer Vergleich mit Zurechnungsfähigen in derselben Situation) Verschulden[1225].
Die tatbezogenen Umstände lassen sich danach untergliedern, ob sie schadensstiftend waren oder besondere Folgen der Schadensverursachung sind. Innerhalb der schadensstiftenden Elemente kann zwischen Verursachungsbeitrag und Risikozuweisung unterschieden werden. Das Risiko wird dabei einerseits durch Gesetz und andererseits durch die von der Gesellschaft getroffenen Wertentscheidungen zugewiesen.[1226] Auf der Schadensfolgeseite sind einerseits die Schwere der Verletzung und andererseits die Dauerhaftigkeit derselben zu beachten.[1227] Grundsätzlich nicht zu beachten sind reine Bagatellschäden.[1228]

Auf Seiten des Geschädigten untergliedern sich die zu berücksichtigenden Umstände auch in tat- und beteiligtenbezogene Umstände.
Zu den beteiligtenbezogenen Umständen gehören einerseits die Vermögensverhältnisse und andererseits der Grad der Unzurechnungsfähigkeit, falls der Geschädigte auch unzurechnungsfähig ist. Zum Vermögen sind folgende Umstände zu rechnen: das laufende Einkommen, das mobiliare und immobiliare Vermögen, Kapitalguthaben und deren Erträge, alle für

---

keine Unterscheidung zwischen dem „Ob" und dem „Wie" bei der Berücksichtigung statt. Der bestehende obligatorische Haftpflichtversicherungsschutz trägt aber nie alleine die haftungsbegründende Billigkeitsabwägung. Als Vermögensposition ist dabei der konkrete Deckungsanspruch einzustellen. Die Höhe des Schadens begrenzt einerseits die Höhe des Deckungsanspruchs, andererseits stellt die maximale Deckungssumme die absolute Grenze des Wertes des Deckungsanspruchs dar.

1221 Vgl. Kap. 2 A. V. 2. e. bb. (S. 202 f.).

1222 Freiwillige Haftpflichtversicherungen dienen nicht der Sozialisierung von Unfallfolgen, sondern dem Schutz des Vermögens des Versicherungsnehmers. Sie können daher nicht als gebundenes Sondervermögen zu Gunsten Geschädigter angesehen werden. Folglich kann auch unterlassener freiwilliger Versicherungsschutz nicht haftungsbegründend berücksichtigt werden. Vgl. Kap. 2. A. V. 2. b. ee. b) cc) bbb. (S. 171).

1223 Vgl. Kap. 2 A. V. 2. d. aa.(S. 196).

1224 Vgl. Kap. 2 A. V. 3. b. bb. (S. 216).

1225 Vgl. Kap. 2 A. V. 3. b. bb.(S. 216).

1226 Vgl. Kap. 2 A. V. 3. a. aa. a) (S. 206 ff.).

1227 Vgl. Kap. 2 A. V. 3. a. bb. b), c) (S. 212 und 213).

1228 Vgl. Kap. 2 A. V. 3. a. bb. a) (S. 212).

den Schaden eintretenden Versicherungen[1229], das Vermögen der Unterhaltsverpflichteten[1230] und Ansprüche auf Lohnfortzahlung[1231]. Ist der Geschädigte unzurechnungsfähig, so ist weder ein subjektives, noch ein objektives Mitverschulden zu berücksichtigen. Ist der Geschädigte dagegen zurechnungsfähig, so ist ein Mitverschulden bereits im Rahmen der Billigkeitsabwägungen einzustellen.[1232]
Bei den tatbezogenen Umständen wird ebenfalls zwischen schadensstiftenden Umständen und besonderen Schadensfolgen unterschieden. Innerhalb der schadensstiftenden Elemente kann zwischen Verursachungsbeitrag[1233] und Risikozuweisung[1234] unterschieden werden. Hierbei ergeben sich, wie auch bei der Schadensfolge, keine Unterschiede im Vergleich zu den zu berücksichtigenden Elementen auf Seiten des Schädigers.
Die fünfte Voraussetzung dagegen, das sogenannte Schonvermögen, bedarf hier keiner weiteren Erläuterung,[1235] da es aus sich heraus verständlich ist.
Auch die Rechtsfolge, also die Frage in welcher Höhe materieller, beziehungsweise immaterieller Schadensersatz zu leisten ist, hängt ebenfalls davon ab, inwieweit die Billigkeit dies erfordert, womit auf die obigen Ausführungen zu verweisen ist.[1236]
Am Rande ist hier noch kurz hervorzuheben, dass auch die Verjährung eines Anspruchs nach § 829 BGB mit Problemen verbunden ist.[1237]

Eine besondere Form der Anwendung von § 829 BGB stellt dessen Berücksichtigung innerhalb § 254 Abs. 1 BGB dar.[1238] Üblicherweise spricht man hierbei von der spiegelbildlichen Anwendung von § 829 BGB. Diese ist zulässig,[1239] sollte jedoch nur mit großer Zurückhaltung zur Anwendung gebracht werden. Versucht man die spiegelbildliche Anwendung von § 829 BGB in eine (fiktive) Norm zu gießen, könnte sich eine entsprechende Norm etwa wie folgt lesen: Hat bei der Entstehung des Schadens ein auf Grund der §§ 827, 828 BGB nicht Verantwortlicher den Schaden in einer den §§ 823 bis 826 BGB entsprechenden Weise mitverursacht, kann ihm

1229 Vgl. Kap. 2 A. V. 2. a. (S. 122).
1230 Vgl. Kap. 2 A. V. 2. d. bb. (S. 199).
1231 Vgl. Kap. 2 A. V. 2. e. aa. (S. 201).
1232 Vgl. Kap. 2 A. V. 4. (S. 219).
1233 Vgl. Kap. 2 A. V. 3. a. aa. b) (S. 210).
1234 Vgl. Kap. 2 A. V. 3. a. aa. a) (S. 206).
1235 Vgl. ausführlich Kap. 2 A. VI. (S. 227 ff.).
1236 Vgl. ausführlich Kap. 2 A. VII. (S. 229 ff.).
1237 Vgl. ausführlich Kap. 2 A. VIII. (S. 238 ff.).
1238 Hierzu Kap. 2 B. (S. 246 ff.).
1239 Vgl. Kap. 2 B. II. 4. (S. 258 ff.).

gleichwohl, sofern er einen tatsächlich und rechtlich realisierbaren Anspruch gegen seine aufsichtspflichtige Person hat, sein Anspruch insoweit gekürzt werden, als die Billigkeit nach den Umständen, insbesondere nach den Verhältnissen der Beteiligten, eine Anspruchskürzung erfordert und wenn ihm weiterhin die Mittel zum angemessenen Unterhalt, sowie zur Erfüllung seiner gesetzlichen Unterhaltspflichten zur Verfügung bleiben.

3. Kapitel: Klage- und streitgegenstandsbezogene Probleme und Beweislast

Durch die Abhängigkeit der Haftung nach § 829 BGB von der Billigkeit als „unstetes“ Tatbestandsmerkmal ergeben sich verschiedene prozessuale Probleme. Um dem Kläger, der sein Begehren ursprünglich auf ein Verschulden des Schädigers stützte, die Möglichkeit zu geben, ein klageabweisendes Urteil durch eine Umstellung auf einen Feststellungsantrag zu vermeiden, wird zu Recht ausnahmsweise ein noch nicht bestehendes Anspruchsverhältnis als zulässiger Gegenstand einer Feststellungsklage erachtet.[1240] Ein solches sogenanntes bedingt-künftiges Anspruchsverhältnis wird immer dann relevant, wenn der Schädiger zum Zeitpunkt der letzten mündlichen Verhandlung über kein eigenes nennenswertes Vermögen verfügt, also ein Anspruch des Klägers zurzeit nicht besteht. Auch bei der spiegelbildlichen Anwendung ist ein Feststellungsantrag in der Gestalt möglich, dass dem Beklagten bei der zukünftigen Geltendmachung von weiteren Kosten nicht die Möglichkeit entzogen wird, sich nun auf eine entsprechende Anwendung von § 829 BGB bei § 254 Abs. 1 BGB zu berufen.[1241]
Versteht man den Streitgegenstand zweigliedrig, so stellt nach der hier vertretenen Ansicht die Umstellung von einer Leistungsklage, gestützt auf ein Verschulden, hin zu einer Leistungsklage, gestützt auf § 829 BGB, keine Klageänderung, sondern eine zulässige Ergänzung der tatsächlichen oder rechtlichen Ausführungen im Sinn des § 264 Nr. 1 ZPO dar. Es ist also ein und derselbe Streitgegenstand.[1242] Hieraus folgt auch, dass der Kläger, der mit seinem Leistungsantrag gestützt auf ein Verschulden rechtskräftig abgewiesen wurde, nicht erneut Leistungsklage mit dem Ziel einer Verurteilung des Unzurechnungsfähigen nach § 829 BGB verfolgen kann, da die Rechtskraft des ersten Urteils einem erneuten Prozess entgegen steht, § 322 Abs. 1 ZPO.[1243]

1240 Vgl. Kap. 3 A. I. 2. a. (S. 293).
1241 Vgl. Kap. 3 A. I. 2. b. (S. 297).
1242 Vgl. Kap. 3 B. II. (S. 309 ff.).
1243 Vgl. Kap. 3 B. III. (S. 312 ff.).

Auch sehr praxisrelevant ist die Frage, ob ein Gericht auf § 829 BGB hinweisen muss, § 139 ZPO.[1244] Entgegen der Rechtsprechung darf dies nicht pauschal abgelehnt werden. Nur wenn ein neuer Tatsachenkomplex, der eine Änderung des Streitgegenstandes, also des Lebenssachverhaltes, mit sich bringen würde, wäre ein solcher Hinweis unzulässig, soweit nicht das Vorbringen der Parteien ein entsprechendes Begehren angedeutet hat. Innerhalb desselben Streitgegenstandes sollte daher ein Gericht einen Hinweis auf eine weitere, beziehungsweise andere Anspruchsgrundlage geben dürfen, solange hierdurch kein neuer Streitgegenstand eingeführt wird. Unterlässt man diese Differenzierung, so zwingt man das Gericht dazu, das Gesetz nicht zu kennen („*iura non novit curia*"). Beachtet man diese Differenzierung, so ist innerhalb gewisser Grenzen ein Hinweis des Gerichts auf § 829 BGB zulässig.

Hinsichtlich der Beweislastverteilung ergeben sich dagegen keine Besonderheiten.[1245]

II. Wertende Betrachtung der Billigkeitshaftung

Wie durchgehend deutlich wurde, ist § 829 BGB eine Norm, die im Brennpunkt vieler sich diametral gegenüberstehender Prinzipien steht. Dabei ist nicht nur an die primär rechtsdogmatischen Streitpunkte hinsichtlich des Tatbestandes, sondern auch an die rechtspolitischen bezüglich der Haftungsfolge zu denken.

Bei der Auswertung der Literatur und Rechtsprechung stellte sich die Begründung für eine bestimmte Voraussetzung innerhalb von § 829 BGB häufig als Folge eines rechtspolitisch gewollten Ergebnisses dar.

Teilweise fußte dieses auf den dem BGB immanenten Anschauungen, wie etwa einem Haftungsgefälle zwischen Unzurechnungsfähigen und Zurechnungsfähigen, teilweise sah man das Verlangen der „Strömungen moderner Zeiten" in § 829 BGB verwirklicht, wenn etwa statt der Schadensverteilung die Schadensstreuung als *ratio* der Norm beigemessen wurde.

Gerade letzteres, also im Speziellen die Frage, ob eine Haftpflichtversicherung bei § 829 BGB zu berücksichtigen sei, ist von dieser Wertung maßgebend beeinflusst. Ohne die Diskussion an dieser Stelle zu vertiefen, sei hier abermals die Frage erlaubt, warum allgemein einer Haftpflichtversicherung *qua* Haftungsrecht eine Aufgabe zugewiesen werden soll, die originär einer Unfallversicherung obliegt. Dem Geschädigten einen Anspruch gegen einen

---

[1244] Vgl. Kap. 3 B. IV. (S. 312 ff.).

[1245] Vgl. Kap. 3 C. (S. 315 ff.).

Schädiger unter Einhaltung bestimmter Voraussetzungen zu verschaffen, ist Aufgabe des Haftungsrechts, die wirtschaftliche Potenz desselben herzustellen dagegen nicht. Wird aus praktischen Erwägungen argumentiert, es sei vorzugswürdig eine Haftpflichtversicherung bei § 829 BGB zu berücksichtigen, als an die Eltern einen überzogenen Maßstab von Aufsichtspflichten zu stellen,[1246] so muss man sich fragen, weshalb dann nicht zunächst der „überzogene" Maßstab reduziert wird. Folge einer entsprechenden Reduktion wäre, dass ein Geschädigter, im Fall des § 829 BGB häufig selbst ein unzurechnungsfähiges Kind, seinen Schaden selbst tragen muss – außer er ist dagegen wiederum selbst versichert. Weshalb eine private Unfallversicherung, regelmäßig aber wohl die Sozialversicherungsmechanismen vor „Inanspruchnahme durch das Haftungsrecht" geschützt werden sollten, ist nicht nachvollziehbar. Ist man mit dem Ergebnis unzufrieden, wonach Kinder, die von Kindern geschädigt wurden, in der Regel von diesen keinen Ersatz verlangen können, so gäbe es mehrere Möglichkeiten diesem zu begegnen. Warum keine Pflichthaftpflichtversicherung der Aufsichtspflichtigen für ihre Kinder bei gleichzeitiger Einführung eines Gefährdungshaftungstatbestandes[1247] für Aufsichtspflichtige für Schäden, die durch ihre Kinder verursacht wurden.[1248]

Eine andere Möglichkeit wäre, eine Pflichtunfallversicherung einzuführen, die Eltern für ihre Kinder abschließen müssen und gleichzeitig Unzurechnungsfähige gänzlich von der Haftung befreien. Auch könnte man sich am französischen Modell orientieren, das heißt faktisch eine Kausalhaftung für objektiv sorgfaltswidriges Verhalten Unzurechnungsfähiger einführen.[1249] Ergebnis wäre regelmäßig, dass der Geschädigte leichter, beziehungsweise zwangsläufig seinen Schaden ersetzt bekäme. Hieran ist aus Opfersicht auch nichts auszusetzen. Jedoch wäre zwangsläufig ebenso Folge, dass die

---

1246 So etwa Wolf, VersR 1998, 812 ff.

1247 In den Niederlanden wurde z.B. mit Art. 6:169 Abs. 1 BW eine Gefährdungshaftung der Eltern für ihre unter 14 Jahren alten Kinder eingeführt, vgl. hierzu v. Bar, Gemeineuropäisches Deliktsrecht I, Rn 132, 133.

1248 So etwa v. Hippel, FamRZ 1968, 574, 575 im Anschluß an Tunc, J.C.P. éd G. 1966 I. 1983; später auch Deerber, § 832 BGB und Versicherungsgedanke, S. 149 ff.; Bernig, JA 1986, 12, 20 und Niboyet, Die Haftung Minderjähriger und ihrer Eltern nach deutschem und französischem Deliktsrecht zwischen Dogmatik und Rechtspolitik, S. 192 mit abl. Anm. hierzu Magnus, ZEuP 2005, 962, 963; Nießen, „Eltern haften für ihre Kinder", S. 202.

1249 Vgl. hierzu S. 44 Fn 170; v. Bar, FS E. Lorenz, S. 73, 78; Oftinger/Stark, Schweizerisches Haftpflichtrecht II/1^{4}, § 18 Rn 11 (S. 136); Niboyet, Die Haftung Minderjähriger und ihrer Eltern nach deutschem und französischem Deliktsrecht zwischen Dogmatik und Rechtspolitik, S. 78 f.

Eltern für sich, beziehungsweise der Unzurechnungsfähige für sich selbst die Mittel für den erforderlichen, teilweise auch den zwingend erforderlichen Versicherungsschutz aufzubringen hätte. Letztendlich würde damit das Risiko der mit der „Existenz von Unzurechnungsfähigen verbundenen Gefahr" von Schäden ausschließlich den aufsichtspflichtigen Personen wirtschaftlich aufgelastet. Wenn man die mit „der Existenz von Unzurechnungsfähigen verbundene Gefahr" der Umwelt nicht zumuten will, so sollte man wohl eine Gefährdungshaftung aufsichtspflichtiger Personen bei gleichzeitigem Abschlusszwang einer Haftpflichtversicherung einführen. Dies wäre auch im Sinne derer, die verlangen, dass diejenigen die Kosten des Versicherungsschutzes tragen sollen, die diese auch am leichtesten tragen können („*cheapest cost insurer*").[1250]
Gerade Kinder sind aber nicht ein Gut, das sich die Gesellschaft zu Eigen machen darf, wenn es um die Ressource Mensch geht, sondern sie hat auch insgesamt die damit verbundenen Lasten zu tragen und nicht bloß die Eltern. Will man wirklich Opfer, die von durch Unzurechnungsfähigen – auch nur vorübergehend unzurechnungsfähigen Erwachsenen geschädigt wurden – effektiv schützen und dabei den Unzurechnungsfähigen den nötigen Freiraum lassen und gleichzeitig die Lasten von der gesamten Gesellschaft getragen sehen, so bleibt meines Erachtens nichts anderes übrig, als bürokratisch einen durch Steuermittel finanzierten Entschädigungsfonds zu gründen, an den sich die Geschädigten auf Grund objektiver Sorgfaltsverstöße Unzurechnungsfähiger halten können.[1251] Vorrangig müssten sie sich jedoch an die Aufsichtspflichtigen halten. Auch müsste ein Rückgriff auf den Fonds ausgeschlossen sein, wenn für den Geschädigten gerade für diesen Fall Versicherungsschutz besteht (z.B. Sachversicherungen, wie Brandschutzversicherungen und Ähnliche).
Solange aber etwas Vergleichbares nicht existiert, ist es meines Erachtens nicht gerechtfertigt, ein in Ansätzen ähnliches Ergebnis durch § 829 BGB zu erzielen, indem man freiwilligen Haftpflichtversicherungsschutz berücksichtigt.[1252] Daher ist es für mich nicht nachvollziehbar, warum auf dem Rücken der freiwillig Versicherten eine Sozialisierung von Schäden stattfinden soll, statt einer gesamten Gesellschaft die Lasten besagter Schäden solidarisch aufzuschultern.
Deshalb gibt es nach meiner Auffassung letztendlich allgemein nur zwei Möglichkeiten, mit Schäden, die durch Unzurechnungsfähige verursacht

---

[1250] Vgl. hierzu Schwintowski, ZRP 2003, 391, 395.

[1251] Schwintowski, ZRP 2003, 391, 395 sieht diese Möglichkeit auch, hält sie aber ohne Gründe für nicht überzeugend.

[1252] Vgl. Kap. 2 A. V. 2. b. ee.(S. 158 ff.).

wurden, zu verfahren. Entweder man sozialisiert sie, indem man sie der gesamten Gesellschaft auflastet, oder man bleibt dem Grundsatz *dominus sentit casum* treu, erkennt aber gleichzeitig an, dass dieser auch ausnahmsweise durchbrochen werden kann – nämlich wenn die Billigkeit es erfordert.

Da § 829 BGB es weder als Aufgabe hat, noch der Norm die entsprechende „Kapazität“ zur Verfügung steht, Schäden Unzurechnungsfähiger unter der gesamten Gesellschaft zu sozialisieren, bleibt es dabei, dass Schäden nach § 829 BGB grundsätzlich nur zwischen den Beteiligten ausgeglichen und verteilt werden sollen, nicht aber über den Kreis derer hinaus. Außer Dritte haben sich, beziehungsweise wurden zum Schutz Geschädigter gerade hierzu zusammengeschlossen.

Auch zum generellen Umfang des Anwendungsbereichs gilt es noch Folgendes anzumerken: Ergebnis dieser Arbeit ist nicht die Feststellung, § 829 BGB sei in seinem Anwendungsbereich in grundsätzlicher Weise zurückzudrängen. Folgen, die sich aus anderen Teilen des Haftungsrechts ergeben, bedürfen einer Berücksichtigung bei § 829 BGB, womit teilweise eine Ausdehnung des Anwendungsbereichs einhergeht.[1253] Auch spezielle versicherungsrechtliche Aspekte nehmen bei der Haftung nach § 829 BGB eine maßgebende Rolle ein.[1254] Dennoch ist § 829 BGB kein probates Mittel, um von den Grundsätzen der Verschuldenshaftung, und sei es auch nur für bestimmte Personenkreise, generell abzuweichen, um eine Schadensstreuung allgemein ins Haftungsrecht einführen zu können. Im Ergebnis wird aber, wenn man den Thesen und Argumenten dieser Arbeit folgt, die ohnehin geringe Zahl der Entscheidungen, die auf Grund von § 829 BGB Schadensersatz gewähren, eher weiter abnehmen.

Abschließend sei noch Folgendes bemerkt: Es ist wohl eine Strömung unserer Zeit, vielleicht sogar eine besonders deutsche, immer und für alles eines Schuldigen habhaft werden zu wollen. Die Akzeptanz, Schäden selbst tragen zu müssen, obwohl ein anderes Individuum dafür im weitesten Sinne kausal wurde, schwindet im besonderen Maße. Mag sein, dass unser modernes Wirtschaftsleben uns heute mehr abverlangt als zur Zeit der Schaffung des BGB. Nichtsdestoweniger ist die Entscheidung, Personen mit intellektuellen Defiziten zu schützen, zeitlos. Hiervon abzuweichen bedarf einer wohl überlegten Entscheidung, wie sie anhand von § 829 BGB getroffen werden kann. Einen Wandel, die Haftung Unzurechnungsfähiger von der absoluten Ausnahme hin zu Regel werden zu lassen, trägt § 829 BGB nicht.

[1253] Vgl. z.B. Kap. 2 A. I. 2. (S. 75 ff.) (objektiv-typisierter Sorgfaltsmaßstab).

[1254] Vgl. Kap. 2. A. V. 2. b. ee. b) cc) bbb. (S. 171) (Pflichthaftpflichtversicherungen).

Um mit den Gedanken der Einleitung zu schließen, gilt es insgesamt für die Billigkeitshaftung daher die Aussagen *v. Jherings* und *Bindings* zu vereinen und um die Billigkeit zu erweitern:

> *Was der Mensch Schlimmes verursacht,*
> *auch wenn er nicht weiß was er tut,*
> *muss er bessern,*
> *wenn und soweit es die Billigkeit erfordert.*

Literaturverzeichnis

Akademie für Deutsches Recht 1933-1945, Protokolle der Ausschüsse, Bd. III, 4, Ausschuß für Personen-, Vereins- und Schuldrecht, Hrsg. *Schubert*, Werner, Berlin New York 1992

Apathy, Peter, *Riedler*, Andreas, Bürgerliches Recht III, Schuldrecht Besonderer Teil, Wien New York 2000

Arbeitsrechts-Handbuch, Hrsg. *Schaub*, Günter, *Koch*, Ulrich, *Linck*, Rüdiger, 11. Aufl., München 2005

Aristoteles, Aristotelis Opera, accedunt fragmenta, scholia, index Aristotelicus, Bd. II, Fotomechanischer Nachdr. der Ausg. Berlin 1831 von *Bekkeri*, Immanuel, Hrsg. *Gigon*, Olof, *Usener*, Hermann, Berlin 1960

Aristoteles, Nikomachische Ethik, Hrsg. *Dirlmeier*, Franz, Stuttgart 1969

Aristoteles, Nikomachische Ethik, Hrsg. *Gigon*, Olof, München 1972

Bamberger, Heinz Georg, *Roth*, Herbert, Kommentar zum Bürgerlichen Gesetzbuch, Bd. I, München 2003

Bamberger, Heinz Georg, *Roth*, Herbert, Kommentar zum Bürgerlichen Gesetzbuch, Bd. II, München 2003

Bauder, Wilhelm, Das Beneficium Competentiae, seine Geschichte und heutige Geltung, (Diss.) Leipzig 1905

Baumbach, Adolf, *Lauterbach*, Wolfgang, *Albers*, Jan, *Hartmann*, Peter, Zivilprozessordnung, 64. Aufl., München 2006

Baumgärtel, Gottfried, Handbuch der Beweislast im Privatrecht, Bd. I, 2. Aufl., Köln Berlin Bonn München 1991

Bar, Christian von, Das „Trennungsprinzip“ und die Geschichte des Wandels der Haftpflichtversicherung,
in: AcP 181 (1981) 289 ff.

Bar, Christian von, Deliktsrecht,
in: Gutachten und Vorschläge zur Überarbeitung des Schuldrechts, Bd. II, Köln 1981, S. 1681 ff.

Bar, Christian von, Die Billigkeitshaftung im kontinentalen Rechten der Europäischen Union,
in: Festschrift für Egon Lorenz zum 60. Geburtstag, S. 73 ff., Hrsg. *Hübner*, Ulrich, Karlsruhe 1994

Bar, Christian von, Gemeineuropäisches Deliktsrecht, Bd. I, München 1996

Barta, Heinz, Zivilrecht, Grundriss und Einführung in das Rechtsdenken, Teil 1, Wien 2004

Baseler Kommentar zum Schweizerischen Privatrecht, Obligationenrecht I, Hrsg. *Honsell*, Heinrich, 3. Aufl., Basel Genf München 2003

Becker, Hans-Jürgen, Recht, Billigkeit und Gnade in der europäischen Rechtsgeschichte,
in: Humanistische Bildung, Heft 13 (1989) S. 45 ff.

Bericht der Reichstagskommission über den Entwurf eines Bürgerlichen Gesetzbuches nebst einer Zusammenstellung der Kommissionsbeschlüsse, Berlin 1896

Berliner Kommentar zum Versicherungsvertragsgesetz, Hrsg. *Honsell*, Heinrich, *Baumann*, Horst, Berlin Heidelberg New York 1999

Berner Kommentar, Kommentar zum schweizerischen Privatrecht, Das Obligationenrecht, Bd. VI, 1. Abteilung Allgemeine Bestimmungen 3. Teilband, 1. Unterteilband, Die Entstehung durch unerlaubte Handlungen, Artikel 41 – 61 OR, erläutert von *Brehm*, Roland, Hrsg. *Hausheer*, Heinz, *Walter*, Hans Peter, 3. Aufl., Bern 2006

Bernig, Detlev, Haftungsfragen bei von Kindern und Jugendlichen verursachten Schäden unter besonderer Berücksichtigung der Brandstiftung,
in: JA 1986, 12 ff.

Bielitz, Gustav Alexander, Praktischer Kommentar zum allgemeinen Landrecht für die preußischen Staaten, Bd. II, Erfurt 1824

Bienenfeld, Rudolf, Die Haftung ohne Verschulden, Berlin Wien 1933

Binding, Karl, Die Normen und ihre Übertretung, Normen und Strafgesetze, Bd. I, 2. Aufl., Leipzig 1890

Birr, Christiane, Die Haftung Minderjähriger im Zivilrecht, Berlin 2005

Böckli, Alfred, Die Billigkeitshaftung des Art. 58 des schweizerischen Obligationenrechts, (Diss.) Zofingen 1918

Böhmer, Emil, Kann § 829 BGB auch im Fall des § 254 BGB analog angewandt werden?,
in: MDR 1962, 778 ff.

Böhmer, Emil, Ist § 829 BGB auf Fälle des § 254 BGB anzuwenden?,
in: VersR 1962, 215 ff.

Böhmer, Emil, Ist eine Haftpflichtversicherung des gemäß § 828 BGB Nichtverantwortlichen bei der Anwendung des § 829 BGB zu berücksichtigen,
in: MDR 1963, 21 ff.

Böhmer, Emil, Kann § 829 BGB auch bei einem einsichtsfähigen, aber schuldlosen Jugendlichen angewendet werden?,
in: MDR 1964, 278 ff.

Böhmer, Emil, Eine unzulässige Ausnahme vom Verschuldensgrundsatz,
in: JR 1967, 256 ff.

Böhmer, Emil, Anwendung von § 829 BGB bei außerdeliktischen Schadensersatzfällen,
in: NJW 1967, 865 f.

Böhmer, Emil, Zur Frage der Billigkeitshaftung des geschädigten Unzurechnungsfähigen nach §§ 254, 829 BGB,
in: JR 1970, 339 ff.

Borgelt, Rainer, Das Kind im Deliktsrecht, Regensburg 1995

Bornemann, Wilhelm, Systematische Darstellung des Preussischen Civilrechts mit Benutzung der Materialien, Bd. I und II, Berlin 1834

Boscher, Walter, Haftung Minderjähriger und ihrer aufsichtspflichtigen Eltern,
in: VersR 1964, 888 ff.

Burckhardt, Chr., Die Revision des Schweizerischen Obligationenrechtes in Hinsicht auf das Schadensersatzrecht,
in: ZSchwR 44 (1903) 469 ff.

Brox, Hans, *Walker*, Wolf-Dietrich, Allgemeines Schuldrecht, 30. Aufl., München 2004

Brunner, Hans-Ulrich, Die Anwendung deliktsrechtlicher Regeln auf die Vertragshaftung, Freiburg (Schweiz) 1991

Bruck, Ernst, *Möller*, Hans, Kommentar zum Versicherungsvertragsgesetz und zu den allgemeinen Versicherungsbedingungen unter Einschluss des Versicherungsvermittlerrechtes, Bd. IV, 8. Aufl., Berlin 1970

Bydlinski, Franz, Juristische Methodenlehre und Rechtsbegriff, 2. Aufl., Wien New York 1991

Canaris, Claus-Wilhelm, Notstand und Selbstaufopferung im Straßenverkehr,
in: JZ 1963, 655 ff.

Clauss-Hasper, Margarete, Minderung von Schadensersatzansprüchen Deliktsunfähiger, (Diss.) Freiburg i. B. 1980

Crome, Carl, System des Deutschen Bürgerlichen Rechts, Bd. I, Tübingen Leipzig 1900

Crome, Carl, System des Deutschen Bürgerlichen Rechts, Bd. II, Tübingen Leipzig 1902

Das Bayerische Landrecht (*Codex Maximilianeus Bavaricus Civilis*), Hrsg. *Danzer*, Max, München 1894

Deerberg, Rolf, § 832 BGB und Versicherungsgedanke, (Diss.) Münster 1978

Deutsch, Erwin, Allgemeines Haftungsrecht, 2. Aufl., Köln Berlin Bonn München 1996

Deutsch, Erwin, *Ahrens*, Hans-Jürgen, Deliktsrecht, 4. Aufl. Köln Berlin Bonn München 2002

Deutsch, Erwin, Fahrlässigkeit und erforderliche Sorgfalt, Köln Berlin Bonn München 1963

Deutsch, Erwin, Haftungsrecht, Erster Band, Allgemeine Lehren, Köln Berlin Bonn München 1976

Deutsch, Erwin, Versicherungsvertragsrecht, 5. Aufl., Karlsruhe 2005

Deutsch, Erwin, Haftung und Versicherung,
in: JBl. 1980, 298 ff.

Deutsch, Erwin, Zurechnungsfähigkeit und Verschulden,
in: JZ 1964, 86 ff.

Dernburg, Heinrich, Pandekten, Bd. I, 7. Aufl., Berlin 1902

Die Vorlagen der Redaktoren für die erste Kommission zur Ausarbeitung des Entwurfs eines Bürgerlichen Gesetzbuches, Anlagen: Entwürfe eines Bürgerlichen Gesetzbuches (Kommissions-Entwurf von 1885-1887 und erster BGB-Entwurf von 1887), Entwurf eines Einführungsgesetzes zum Bürgerlichen Gesetzbuch von 1888, Hrsg. *Schubert*, Werner, Berlin New York 1986

Dölle, Hans, Gemeinsame Grundsätze im geltenden Schuldrecht Deutschlands und Italiens, Korreferat anlässlich einer Tagung vom 6-11.3.1939 in Wien der Arbeitgemeinschaft für Deutsch-Italienische Rechtsbeziehungen, in: *Schubert*, Werner, Protokolle der Ausschüsse, Ausschuß für Personen-, Vereins- und Schuldrecht 1937- 1939, S. 744 ff., Berlin New York 1992

Donath, Roland, Zum formularmäßigen Haftungsausschluß bei Geschäftsunfähigkeit in den Allgemeinen Geschäftsbedingungen der Kreditinstitute, Anmerkung zum Urteil des BGH v. 25.5.1991 – XI ZR 257/90
in: BB 1991, 1881 ff.

Drewitz, Hans-Dieter, Die Versicherung folgt der Haftung, (Diss.) Mannheim 1977

Eberl-Borges, Christina, Die Tierhalterhaftung des Diebes, des Erben und des Minderjährigen,
in: VersR 1996, 1070 ff.

Endemann, Friedrich, Lehrbuch des Bürgerlichen Rechts, Bd. I, 8. Aufl., Berlin 1903

Engisch, Karl, *Würtenberger*, Thomas, Einführung in das Juristische Denken, 10. Aufl., Stuttgart 2005

Enneccerus, Ludwig, *Lehmann,* Heinrich, Recht der Schuldverhältnisse, 15. Aufl., Tübingen 1958

Enneccerus, Ludwig, *Nipperdey*, Hans Carl, Allgemeiner Teil, Teilband 2, 15. Aufl., Tübingen 1960

Esser, Josef, *Schmidt*, Eike, Schuldrecht, Allgemeiner Teil, Bd. I/2, 8. Aufl., Heidelberg 2000

Esser, Josef, *Weyers*, Hans-Leo, Schuldrecht, Besonderer Teil, Bd. II/2, 8. Aufl., Heidelberg 2000

Erfurter Kommentar zum Arbeitsrecht, Hrsg. *Dieterich*, Thomas, *Müller-Glöge*, Rudi, *Preis*, Ulrich, *Schaub*, Günter, 6. Aufl., München 2006

Erman, Walter, Bürgerliches Gesetzbuch, Kommentar, Hrsg. *Westermann*, Harm Peter, Bd. I, 11. Aufl., Münster 2004

Fasterling, Björn, Versicherungsverhältnisse in der Haftpflichtprüfung – Ein Blick nach Schweden zum außervertraglichen Haftungsrecht,
in: ZEuP 2000, 229 ff.

Fikentscher, Wolfgang, Heinemann, Andreas, Schuldrecht, 10. Auflage, Berlin 2006

Entwurf eines allgemeinen deutschen Gesetzes über Schuldverhältnisse, Hrsg. *Franke*, Bernhard, Dresden 1866
in: Neudrucke privatrechtlicher Kodifikationen und Entwürfe des 19. Jahrhunderts, Bd. II, Dresdener Entwurf eines allgemeinen deutschen Gesetzes über Schuldverhältnisse von 1866, Aalen 1973

Fuchs, Maximilian, Deliktsrecht, 4. Aufl., Berlin Heidelberg New York 2003

Fuchs, Maximilian, Versicherungsschutz und Versicherbarkeit als Argumente bei der Schadensverteilung,
in: AcP 191 (1991) 318 ff.

Gauch, Peter, Die Vereinheitlichung der Delikts- und Vertragshaftung,
in: ZSchwR 116 (1997) 315 ff.

Geilen, Gerd, Beschränkte Deliktsfähigkeit, Verschulden und Billigkeitshaftung (§ 829 BGB),
in: FamRZ 1965, 401 ff.

Geiser, Eduard, Über ausserkontraktliche Haftung Geisteskranker, (Diss.) Affoltern a. A. 1906

Gierke, Otto von, Der Entwurf eines Bürgerlichen Gesetzbuchs und das deutsche Recht, Leipzig 1889

Gierke, Otto von, Deutsches Privatrecht, Bd. III, München Leipzig 1917

Gmür, Rudolf, *Roth*, Andreas, Grundriß der deutschen Rechtsgeschichte, 10. Aufl., München 2003

Goecke, Klaus, Die unbegrenzte Haftung Minderjähriger im Deliktsrecht, (Diss.) Berlin 1997

Gottschalk, Alfred, Das mitwirkende Verschulden des Beschädigtem bei Schadensersatzansprüchen nach dem Bürgerlichem Gesetzbuch, (Diss.) Berlin 1903

Guhl, Theo, Das Schweizerische Obligationenrecht, 8. Aufl., Zürich 1991

Güllemann, Dirk, Ausgleich von Verkehrsunfallschäden im Licht internationaler Reformprojekte, Untersuchungen zur Einführung einer obligatorischen Unfall- und Sachversicherung, München 1969

Graske, Ernst, Die Haftung Unzurechnungsfähiger gemäß § 829 BGB, (Diss.) Greifswald 1913

Haberkorn, Kurt, Anrechenbarkeit des Verhaltens nicht deliktsfähiger Personen nach § 254 BGB bei Verkehrsunfällen,
in: MDR 1960, 554 ff.

Hanau, Peter, Rückwirkung der Haftpflichtversicherung auf die Haftung,
in: VersR 1969, 291 ff.

Hausheer, Heinz, Neuerungen bei den Haftungsgründen,
in: SVZ 65 (1997) 22 ff.

Hausmaninger, Herbert, Das Schadensersatzrecht nach der lex Aquilia, 3. Aufl., Wien 1987

Hausmaninger, Herbert, *Selb*, Walter, Römisches Privatrecht, 9. Auflage, Wien Köln Weimar 2001

Hebeis, Michael, Karl Anton von Martini (1726-1800), (Diss.) Frankfurt am Main 1996

Heinsheimer, Karl, Die Haftung Unzurechnungsfähiger nach § 829 des Bürgerlichen Gesetzbuchs,
in: AcP 95 (1904) 234 ff.

Hedemann, Justus Wilhelm, Die Fortschritte des Zivilrechts im XIX. Jahrhundert, Erster Teil, Die Neuordnung des Verkehrslebens, Berlin 1910

Hertel, Fritz, Die Billigkeitshaftung Unzurechnungsfähiger nach § 829 BGB, (Diss.) Leipzig 1912

Heß, Rainer, *Buller*, Dirk, Der Kinderunfall und das Schmerzensgeld nach der Änderung des Schadensrechts,
in: ZfS 2003, 218 ff.

Heß, Rainer, *Burmann*, Michael, Deckungsprobleme in der KH-Versicherung bei Unfall durch fahruntüchtige Fahrer,
in: NJW-Spezial, 2006, 15 f.

Hippel, Eike von, Schadensausgleich bei Verkehrsunfällen, Haftungsersetzung durch Versicherungsschutz, eine rechtsvergleichende Untersuchung, Berlin 1968

Hippel, Eike von, Zur Haftung Aufsichtspflichtiger für durch Kinder verursachte Schäden – Ein Ruf nach Reform,
in: FamRZ 1968, 574 f.

Höchster, E., Grenze der Haftung Unzurechnungsfähiger,
in: AcP 104 (1909) 427 ff.

Honsell, Heinrich, Schweizerisches Haftpflichtrecht, 4. Aufl., Zürich Basel Genf 2005

Hübner, Ulrich, Zur Reform von Deliktsrecht und Gefährdungshaftung,
in: NJW 1982, 2041 ff.

Igney, Gunnar Hans Axel, Die deliktsrechtliche Haftung Minderjähriger und der zu ihrer Beaufsichtigung verpflichteten Personen nach deutschem und schwedischem Recht, (Diss.) Freiburg 1981

Jahrbuch 2004, Die deutsche Versicherungswirtschaft, Hrsg. Gesamtverband der Deutschen Versicherungswirtschaft e.V. (GDV), Berlin 2004

Jahrbuch 2005, Die deutsche Versicherungswirtschaft, Hrsg. Gesamtverband der Deutschen Versicherungswirtschaft e.V. (GDV), Berlin 2005

Jansen, Nils, Die Struktur des Haftungsrechts, Tübingen 2003

Jakobs, Horst Heinrich, *Schubert*, Werner, Die Beratungen des Bürgerlichen Gesetzbuchs, Bd. III, Berlin New York 1983

Jardorf, Gerhard, Die Anwendung von § 829 und § 278 B. G. B. bei der Mitverursachung eines Schadens durch den verschuldensunfähigen Geschädigten und seinen gesetzlichen Vertreter, (Diss.) Würzburg 1939

Jauernig, Othmar, *Berger*, Christian, Bürgerliches Gesetzbuch, Kommentar, 11. Aufl., München 2004

Jhering, Rudolf von, Das Schuldmoment im römischen Privatrecht, Giessen 1867

Kaser, Max, *Knütel*, Rolf, Römisches Privatrecht, 18. Aufl., München 2005

Keller, Alfred, Haftpflicht im Privatrecht, 4.Aufl., Bern 1979

Keller, Alfred, Landesbericht Schweiz,
in: Deliktsrecht in Europa, Hrsg. *v. Bar*, Christian, u.a., Köln Berlin Bonn München 1993

Keller, Max, *Gabi-Bollinger*, Sonja, Das Schweizerische Schuldrecht, Bd. II, Haftpflichtrecht, 2. Aufl., Basel Frankfurt a.M. 1988

Kilian, Matthias, Die deliktische Verantwortlichkeit Minderjähriger nach § 828 BGB n.F.,
in: ZGS 2003, 168 ff.

Kirchner, Friedrich, Wörterbuch der philosophischen Grundbegriffe, Darmstadt 1998

Knippel, Siegmund, Mitwirkende Verursachung eines Schadens durch ein nichtverantwortliches Kind,
in: NJW 1969, 2016

Knütel, Rolf, Anmerkung zum Urteil des BGH v. 24.4.1979 – VI ZR 8/78
in: JR 1980, 18 ff.

Knütel, Rolf, Anmerkung zum Urteil des BGH v. 18.12.1979 – VI ZR 27/78
in: JR 1980, 459 ff.

Koch, Christian Friedrich, Lehrbuch des Preußischen gemeinen Privatrechts, Bd. I, 3. Aufl., Berlin 1857

Koch, Christian Friedrich, Allgemeines Landrecht für die Preußischen Staaten, Kommentar in Anmerkungen, Bd. I, 3. Aufl., Berlin 1856

Koch, Christian Friedrich, Allgemeines Landrecht für die Preußischen Staaten, Kommentar in Anmerkungen, Bd. I, 6. Aufl., Berlin 1874

Koch, Christian Friedrich, Allgemeines Landrecht für die Preußischen Staaten, Kommentar in Anmerkungen, Bd. I, 7. Aufl., Berlin 1878

Köbler, Gerhard, Juristisches Wörterbuch, 12. Aufl., München 2003

Köbler, Gerhard, Etymologisches Rechtswörterbuch, Tübingen 1995

Koebel, Billigkeitshaftung von Kindern und Jugendlichen,
in: NJW 1956, 969 ff.

Kötz, Hein, *Wagner*, Gerhard, Deliktsrecht, 10. Aufl., München 2006

Koziol, Helmut, Österreichisches Haftpflichtrecht, Bd. I, 2. Aufl., Wien 1980

Koziol, Helmut, Österreichisches Haftpflichtrecht, Bd. II, 3. Aufl., Wien 1997

Koziol, Helmut, Objektivierung des Fahrlässigkeitsmaßstabs im Schadensersatzrecht,
in: AcP 196 (1996) 593 ff.

Kerschner, Ferdinand, Freiwillig Haftpflicht als „Vermögen" iS. des § 1310 ABGB?
in: JBl. 1979, 282 ff.

Kurzkommentar zum ABGB, Hrsg. *Koziol*, Helmut, *Bydlinski*, Peter, *Bollenberger*, Raimund, Wien New York 2005

Lange, Hermann, *Schiemann*, Gottfried, Schadensersatz, 3. Aufl., Tübingen 2003

Langenbach, Zur Auslegung des § 829 BGB,
in: LZ 1923, 165 ff.

Larenz, Karl, Methodenlehre der Rechtswissenschaft, 6. Aufl., Berlin Heidelberg New York 1991

Larenz, Karl, Lehrbuch des Schuldrechts, Bd. I, 14. Aufl., München 1987

Larenz, Karl, Lehrbuch des Schuldrechts, Bd. II, 12. Aufl., München 1981

Larenz, Karl, *Canaris*, Claus-Wilhelm, Lehrbuch des Schuldrechts, Bd. II/2, 13. Aufl., München 1994

Larenz, Karl, *Canaris*, Claus-Wilhelm, Methodenlehre der Rechtswissenschaft, Studienausgabe, 3. Aufl., Berlin 1995

Lehnertz, Friedericke, Zur Problematik des § 829 BGB, (Diss.) Köln 1968

Lehnertz, Friedericke, Die Bedeutung des Bestehens einer Haftpflichtversicherung für den Billigkeitsanspruch gemäß § 829 BGB,
in: VersR 1974, 940 ff.

Lemcke, Hermann, Gefährdungshaftung im Straßenverkehr unter Berücksichtigung der Änderung durch das 2. SchadÄndG,
in: ZfS 2002, 318 ff.

Leonhard, Franz, Besonderes Schuldrecht des BGB, Bd. II, München Leipzig 1931

Leonhard, Franz, Die Beweislast, Berlin 1904

Lepenies, Wolfgang, Der Einwand mitwirkenden Verschuldens bzw. mitwirkender Verursachung gegenüber Haftpflichtansprüchen von Kindern,
in: VersR 1951, 143 ff.

Lieb, Manfred, Schadensersatz für Unfallopfer allein wegen Versicherungsschutzes des schuldlosen Schädigers, Besprechung des Urteils des BGH v. 11.10.1994 - VI ZR 303/93,
in: MDR 1995, 992 f.

Liebs, Detlef, Römisches Recht, 5. Aufl., Göttingen 1999

Liszt, Franz v., Die Deliktsobligationen im System des Bürgerlichen Gesetzbuchs, Berlin 1898

Littbarski, Sigurd, Allgemeine Versicherungsbedingungen für die Haftpflichtversicherung AHB, München 2001

Looschelders, Dirk, Die Mitverantwortlichkeit des Geschädigten im Privatrecht, Tübingen 1999

Looschelders, Dirk, *Roth*, Wolfgang, Juristische Methodik im Prozess der Rechtsanwendung, Berlin 1996

Lorenz, Egon, Billigkeitshaftung und Haftpflichtversicherung – Ein Harmonisierungsvorschlag –,
in: VersR 1980, 697 ff.

Lorenz, Egon, Einfluß der Haftpflichtversicherung auf die Billigkeitshaftung nach § 829 BGB,
in: Festschrift für Dieter Medicus zum 70. Geburtstag, S. 353 ff., Hrsg. *Beuthien*, Volker, u.a. Köln München 1999

Magnus, Ulrich, Einheitliches Schadensersatzrecht – Reformüberlegungen für das österreichische Haftpflichtrecht,
in: Verhandlungen des zwölften österreichischen Juristentages Wien 1994, Bd. II/1, Wien 1994

Marschall von Bieberstein, Wolfgang Freiherr, Zum Einfluß von Versicherungsschutz auf die Haftpflicht,
in: BB 1983, 467 ff.

Mataja, Victor, Das Recht des Schadensersatzes vom Standpunkte der Nationalökonomie, Leipzig 1888.

Mauczka, Josef, Der Rechtsgrund des Schadensersatzes außerhalb bestehender Schuldverhältnisse, Leipzig Wien 1904

Medicus, Dieter, Bürgerliches Recht, 20. Aufl., Köln Berlin Bonn München 2004

Medicus, Dieter, Schuldrecht, Besonderer Teil, Bd. II, 13. Aufl., München 2006

Merkel, Rudolf, Die Kollision rechtmäßiger Interessen und die Schadensersatzpflicht bei rechtmäßigen Handlungen – Im Hinblick auf den Entwurf eines bürgerlichen Gesetzbuches für das deutsche Reich in zweiter Lesung, Straßburg 1895

Mertens, Hans-Joachim, Der Begriff des Vermögensschadens im Bürgerlichen Recht, Stuttgart 1967

Meyers Konversations-Lexikon, 4. Aufl., Leipzig 1888-1889

Mezger, Haftet ein zurechnungsfähiger Jugendlicher nach § 829 BGB, wenn ihm wegen der typischen Eigenarten seiner Altersgruppe kein Verschulden trifft?,
in: MDR 1954, 597 f.

Motive zu dem Entwurfe eines Bürgerlichen Gesetzbuches für das Deutsche Reich, Bd. II, Recht der Schuldverhältnisse, Berlin Leipzig 1888
Müller, Friedrich, Juristische Methodenlehre, 6. Aufl., Berlin 1995

Münchener Handbuch zum Arbeitsrecht, Individualarbeitsrecht, Bd. I [§§ 1 – 113], Hrsg. *Richardi*, Reinhard, 2. Aufl., München 2000

Münchener Kommentar zum Bürgerlichen Gesetzbuch, Allgemeiner Teil (Auszug) [§§ 80, 81, 105a, 126 – 127, 194 – 218, ProstG], Bd. Ia, Hrsg. *Rebmann*, Kurt, u.a., 4. Aufl., München 2003

Münchener Kommentar zum Bürgerlichen Gesetzbuch, Schuldrecht, Allgemeiner Teil [§§ 241 – 432], Bd. II, Hrsg. *Rebmann*, Kurt, u.a., 3. Aufl., München 1994

Münchener Kommentar zum Bürgerlichen Gesetzbuch, Schuldrecht, Allgemeiner Teil [§§ 241 – 432], Bd. II, Hrsg. *Rebmann*, Kurt, u.a., 4. Aufl., München 2001

Münchener Kommentar zum Bürgerlichen Gesetzbuch, Schuldrecht Besonderer Teil III [§§ 705 – 853], Bd. V, Hrsg. *Rebmann*, Kurt, u.a., 3. Aufl., München 1995

Münchener Kommentar zum Bürgerlichen Gesetzbuch, Schuldrecht, Besonderer Teil III [§§ 705 – 853], Bd. V, Hrsg. *Rebmann*, Kurt, u.a., 4. Aufl., München 2004

Münchener Kommentar zum Bürgerlichen Gesetzbuch, Sachenrecht [§§ 854 – 1296], Bd. VI, Hrsg. *Rebmann*, Kurt, u.a., 4. Aufl., München 2004

Münchener Kommentar zur Zivilprozessordnung, Bd. I [§§ 1 – 354], Hrsg. *Lüke*, Gerhard, *Wax*, Peter, 2. Aufl., München 2000

Musielak, Hans-Joachim, Grundkurs ZPO, 7. Aufl., München 2004

Kommentar zur Zivilprozessordnung, Hrsg. *Musielak*, Hans-Joachim, 4. Aufl., München 2005

Musielak, Hans-Joachim, Reform des Zivilprozesses* - Zum Entwurf eines Gesetzes zur Reform des Zivilprozesses (Zivilprozessreformgesetz - ZPO-RG),
in: NJW 2000, 2769 ff.

Naturrecht und Privatrechtskodifikation, Tagungsband des Martini Colloquium 1998, Hrsg. *Barta*, Heiz, *Palme*, Rudolf, *Ingenhaeff*, Wolfgang, Wien 1999

Neudrucke privatrechtlicher Kodifikationen und Entwürfe des 19. Jahrhunderts, Bd III, Entwurf eines Bürgerlichen Gesetzbuchs für das Königreich Bayern 1861-1864 mit Motiven, Aalen 1973

Neudrucke privatrechtlicher Kodifikationen und Entwürfe des 19. Jahrhunderts, Bd IV, Bürgerliches Gesetzbuch für das Königreich Sachsen, Aalen 1973

Niboyet, Frédérique, Die Haftung Minderjähriger und ihrer Eltern nach deutschem und französischem Deliktsrecht zwischen Dogmatik und Rechtspolitik, (Diss.) Berlin 2001

Nießen, Tobias, „Eltern haften für ihre Kinder“ - Ein Reformvorschlag für die Haftung Minderjähriger und ihrer Eltern unter Berücksichtigung der europäischen Rechtsentwicklung, (Diss.) Bonn 2005

Nipperdey, Hans Carl, Grundfragen der Reform des Schadensersatzrechts, München Berlin 1940

Oertmann, Paul, Verschuldungsfähigkeit,
in: LZ 1924, 241.

Oftinger, Karl, Schweizerisches Haftpflichtrecht, Bd. I, 4. Aufl., Zürich 1975

Oftinger, Karl, *Stark*, Emil, Schweizerisches Haftpflichtrecht, Bd. I, 5. Aufl., Zürich 1995

Oftinger, Karl, *Stark*, Emil, Schweizerisches Haftpflichtrecht, Bd. II/1, 4. Aufl., Zürich 1987

Ossenbühl, Fritz, Staatshaftungsrecht, 5. Aufl., München 1998

Palandt, Otto, Bürgerliches Gesetzbuch, 65. Aufl., München 2006

Pernice, Alfred, Marcus Antistius Labeo, Bd. I, Halle 1873

Peters, Egbert, Richterliche Hinweispflichten und Beweisinitiativen im Zivilprozeß, Tübingen 1983

Pfersmann, Hans, Bemerkenswertes aus der SZ 45,
in: ÖJZ 1975, 253 ff.

Planck, Gottlieb, Planck's Kommentar zum Bürgerlichen Gesetzbuch, Bd. II, 4. Aufl., Berlin 1928

Pohle, Rudolf, Anmerkung zum Urteil des BGH v. 13.6.1958 – VI ZR 109/57
in: MDR 1958, 838

Prölss, Erich R., *Martin*, Anton, Versicherungsvertragsgesetz, 27. Aufl., München 2004

Protokolle der Kommission für die zweite Lesung des Entwurfs des Bürgerlichen Gesetzbuches, Bd. 2, Recht der Schuldverhältnisse, Hrsg. *Achilles*, Alexander, Berlin 1898

Prütting, Hanns, Die materielle Prozessleitung,
in: Festschrift für Hans-Joachim Musielak zum 70. Geburtstag, Hrsg. *Heinrich*, Christian, München 2004

Ratzel, Rudolf, *Lippert*, Hans-Dieter, Kommentar zur Musterberufsordnung der deutschen Ärzte (MBO), 3. Aufl., Berlin Heidelberg New York 2002

Reichsgerichtsräte-Kommentar, Bd. I [§§ 1 – 432], Hrsg. *Bessau*, Willy, 9. Aufl., Berlin 1939

Reichsgerichtsräte-Kommentar, Bd. II [§§ 433 – 853], Hrsg. *Bessau*, Willy, 9. Aufl., Berlin 1939

Reichsgerichtsräte-Kommentar, Bd. I [§§ 1 – 432], Hrsg. *Denecke*, Johannes, u.a., 10. Aufl., Berlin 1953

Reichsgerichtsräte-Kommentar, Bd. II [§§ 433 – 853], Hrsg. *Denecke*, Johannes, u.a., 10. Aufl., Berlin 1953

Reichsgerichtsräte-Kommentar, Bd. II/2 [§§ 705 - 853], Hrsg. *Denecke*, Johannes, u.a., 11. Aufl., Berlin 1960

Reichsgerichtsräte-Kommentar, Bd. II/5 [§§ 812 – 831], Hrsg. *Zöller*, Hannelore, u.a., 12. Aufl., Berlin 1989

Reinhardt, Rudolf, Die Billigkeitshaftung im künftigen Schadensersatzrecht,
in: *Nipperdey*, Grundfragen der Reform des Schadensrechts, S. 64 ff., München Berlin 1940

Reiff, Peter, Im Deckungsprozess nur begrenzte Bindungswirkung an die Feststellungen des Haftpflichtprozesses, Anmerkung zum Urteil des BGH v. 18.02.2004 - IV ZR 126/02
in: LMK 2004, 124 ff.

Rensen, Hartmut, Die richterliche Hinweispflicht, (Diss.) Bielefeld 2002

Rey, Heinz, Ausservertragliches Haftpflichtrecht, 3. Aufl., Zürich Basel Genf 2003

Riedhammer, Markus, Kenntnis, grobe Fahrlässigkeit und Verjährung, (Diss.) Frankfurt a. M. 2004

Roberto, Vito, Verschuldenshaftung und einfache Kausalhaftung: eine überholte Unterscheidung?
in: AJP 2005, 1323 ff.

Rodopoulos, Georges, Kritische Studie der Reflexwirkung der Haftpflichtversicherung auf die Haftung, (Diss.) Frankfurt a. M. 1981

Römer, Wolfgang, *Langheid*, Theo, Versicherungsvertragsgesetz, 2. Aufl., München 2003

Rosenberg, Leo, *Schwab*, Karl Heinz, *Gottwald*, Peter, Zivilprozessrecht, 16. Aufl., München 2004

Rother, Werner, Haftungsbeschränkung im Schadensrecht, München 1965

Rümelin, Max, Der Zufall im Recht, Freiburg i. B. Leipzig 1896

Rümelin, Max, Die Billigkeit im Recht, Tübingen 1921

Rümelin, Max, Die Gründe der Schadenszurechnung und die Stellung des deutschen bürgerlichen Gesetzbuchs zur objektiven Schadensersatzpflicht, Freiburg i. B. Leipzig 1896

Rümelin, Max, Die Verwendung der Causalbegriffe in Straf- und Zivilrecht, in: AcP 90 (1900), 171 ff.

Rümelin, Max, Schadensersatz ohne Verschulden, Tübingen 1910

Rummel, Peter, Kommentar zum Allgemeinen Bürgerlichen Gesetzbuch, Bd. II, 2. Aufl., Wien 1992

Sauer, Wilhelm, Juristische Methodenlehre, Stuttgart 1940

Scheffen, Erika, *Pardey,* Frank, Schadensersatz bei Unfällen mit Minderjährigen, 2. Aufl., München 2003

Schilken, Eberhard, Zivilprozessrecht, 4. Aufl., Köln Berlin Bonn München 2002

Schiemann, Gottfried, Anmerkung zum Urteil des BGH v. 11.10.1994 - VI ZR 303/93,
in: LM H.4/1995, § 829 BGB Nr. 10

Schiemann, Gottfried, Argumente und Prinzipien bei der Fortbildung des Schadensrechts, München 1981

Schimikowski, Peter, Innovation in der Haftpflichtversicherung, in: NVersZ 1999, 545 ff.

Schirmer, Bernhard, Der Anspruch aus § 829 BGB, (Diss.) Leipzig 1915

Schlicher, Bernd, *Kleewein*, Wolfgang, Landesbericht Österreich, in: Deliktsrecht in Europa, Hrsg. *v. Bar,* Christian, u.a., Köln Berlin Bonn München 1993

Schwartz, Johann Christoph, Das Billigkeitsurtheil des § 829 BGB, Halle a. S. 1904

Schwimann, Michael, Praxiskommentar zum Allgemeinen Bürgerlichen Gesetzbuch, Bd. V, Wien 1987

Schwintowski, Hans-Peter, Pflicht einer Privathaftpflichtversicherung für Schäden durch Kinder? in: ZRP 2003, 391 ff.

Seydel, Helmut, Zwischenbilanz der Schmerzensgelddebatte in: NJW 1954, 1017 ff.

Sieg, Karl, Überlagerung der bürgerlich-rechtlichen Haftung durch kollektive Ausgleichssysteme, in: VersR 1980, 1085 ff.

Sjögren, W., Zur Lehre von den Formen des Unrechts und den Thatbeständen der Schadenstiftung, in: JJ 35 (1896) 343 ff.

Spickhoff, Andreas, Gesetzesverstoß und Haftung, Köln Berlin Bonn München 1998

Spickhoff, Andreas, Richterliche Aufklärungspflicht und materielles Recht: ein Beitrag zum Verhältnis von Zivilprozessrecht, Sachrecht und internationalem Privatrecht, Jenaer Schriften zum Recht, Bd. 23, Stuttgart u.a. 1999

Späte, Bernd, Kommentar zu den Allgemeinen Versicherungsbedingungen für die Haftpflichtversicherung (AHB), München 1993

Bürgerliches Gesetzbuch mit Nebengesetzen, begründet von *Soergel*, Hans Theodor, Hrsg. *Siebert*, Wolfgang u.a., Bd. II, Schuldrecht I [§§ 242 – 432], 12. Aufl., Stuttgart Berlin Köln 1990

Bürgerliches Gesetzbuch mit Nebengesetzen, begründet von *Soergel*, Hans Theodor, Hrsg. *Siebert*, Wolfgang u.a., Bd. IV/2, Schuldrecht III/2 [§§ 651a – 704], 12. Aufl., Stuttgart Berlin Köln 2000

Bürgerliches Gesetzbuch mit Nebengesetzen, begründet von *Soergel*, Hans Theodor, Hrsg. *Siebert*, Wolfgang u.a., Bd. V/2, Schuldrecht IV/2 [§§ 823 – 853], Produkthaftungsgesetz, Umwelthaftungsgesetz, 12. Aufl., Stuttgart Berlin Köln 1999

Bürgerliches Gesetzbuch mit Nebengesetzen, begründet von *Soergel*, Hans Theodor, Hrsg. *Siebert*, Wolfgang u.a., Bd. XII, Schuldrecht 10 [§§ 823 – 853, ProdHG, UmweltHG], 13. Aufl., Stuttgart Berlin Köln 2005

Stammler, Rudolf, Die Lehre von dem richtigen Rechte, Berlin 1902

Statistische Berichte, Die Straßenverkehrsunfälle in Bayern 2003, Hrsg. Bayerisches Landesamt für Statistik und Datenverarbeitung, München 2004

Statistische Berichte, Die Straßenverkehrsunfälle in Bayern 2004, Hrsg. Bayerisches Landesamt für Statistik und Datenverarbeitung, München 2005

Steinbach, Emil, Die Grundsätze des heutigen Rechtes über den Ersatz von Vermögensschäden, Wien 1888

J. von Staudingers Kommentar zum Bürgerlichen Gesetzbuch mit Einführungsgesetz und Nebengesetzen, Buch 1, Allgemeiner Teil [§§ 164 – 240], Neubearbeitung 2004, Berlin 2004

J. von Staudingers Kommentar zum Bürgerlichen Gesetzbuch mit Einführungsgesetz und Nebengesetzen, Recht der Schuldverhältnisse, Bd. II Teil 1c [§§ 249 – 327], 10./11. Aufl., Berlin 1967

J. von Staudingers Kommentar zum Bürgerlichen Gesetzbuch mit Einführungsgesetz und Nebengesetzen, Buch 2, Recht der Schuldverhältnis [§§ 255 – 327], 12. Aufl., Berlin 1979

J. von Staudingers Kommentar zum Bürgerlichen Gesetzbuch mit Einführungsgesetz und Nebengesetzen, Buch 2, Recht der Schuldverhältnis [§§ 249 – 254], Neubearbeitung 2005, Berlin 2005

J. von Staudingers Kommentar zum Bürgerlichen Gesetzbuch mit Einführungsgesetz und Nebengesetzen, Buch 2, Recht der Schuldverhältnisse [§§ 611 – 615], 13. Aufl., Berlin 1999

J. von Staudingers Kommentar zum Bürgerlichen Gesetzbuch mit Einführungsgesetz und Nebengesetzen, Buch 2, Recht der Schuldverhältnisse [§§ 826 – 829], Produkthaftungsgesetz, Neubearbeitung 2003, Berlin 2003

J. von Staudingers Kommentar zum Bürgerlichen Gesetzbuch mit Einführungsgesetz und Nebengesetzen, Buch 2, Recht der Schuldverhältnisse [§§ 839, 839a], 13. Bearbeitung 2002, Berlin 2002

J. von Staudingers Kommentar zum Bürgerlichen Gesetzbuch mit Einführungsgesetz und Nebengesetzen, Buch 3, Sachenrecht [§§ 903 – 924], Neubearbeitung 2002, Berlin 2002

Stein, Friedrich, *Jonas*, Martin, Kommentar zur Zivilprozessordnung, Bd. III, [§§ 253 – 299a], 21. Aufl., Tübingen 1997

Stein, Friedrich, *Jonas*, Martin, Kommentar zur Zivilprozessordnung, Bd. III, [§§ 128 – 252], 22. Aufl., Tübingen 2005

Stoll, Hans, Rechtsfragen bei der Hilfeleistung in vermeintlicher Not, in: Privatautonomie, Eigentum und Verantwortung, Festgabe für Hermann Weitnauer zum 70. Geburtstag, S. 411 ff., Berlin 1980

Stürner, Rolf, Zur Gerechtigkeit richterlicher Schadenszuweisung, in: VersR 1984, 297 ff.

Süß, Theodor, Anmerkung zum Urteil des RG v. 8.9.1942 – VI 60/42 in: ZAkDR 1943, 118 f.

Tacke, Monika, Die Haftung für von Minderjährigen verursachte Schäden im französischen Zivilrecht – im Vergleich zum deutschen Recht, (Diss.) Bonn 2000

Taupitz, Jochen, Versicherungspflicht und Selbstversicherung der öffentlichen Hand,
in: VersR 1983, 100 ff.

Teichmann, Arndt, Zur Verantwortlichkeit eines Jugendlichen für einen von ihm angerichteten Schaden, Anmerkung zum Urteil des BGH v. 10.3.1970 – VI ZR 182/68
in: JZ 1970, 617 ff.

Thomas, Heinz, *Putzo*, Hans, Zivilprozessordnung, 27. Aufl., München 2005

Traeger, Ludwig, Der Kausalbegriff in Straf- und Zivilrecht, Marburg 1904

Trzaskalik, Christoph, Die Rechtsschutzzone der Feststellungsklage im Zivil- und Verwaltungsprozeß, Berlin 1978.

Tunc, André, L'enfant et la balle. Réflexions sur la résponsabilité civil et l'assurance,
in: J.C.P. éd. G. 1966. I. 1983 ff.

Unger, Joseph, Handeln auf eigene Gefahr, 3. Aufl., Jena 1904

Verhandlungen des 34. Deutschen Juristentags zu Köln vom 12. bis 15. September 1926, Bd. II, Berlin und Leipzig 1927

Wächter, Karl Georg von, Die Buße bei Beleidigung und Körperverletzung nach heutigen gemeinen Recht, Leipzig 1874

Wagner, Gerhard, Grundstrukturen des Europäischen Deliktsrechts,
in: Grundstrukturen des Europäischen Deliktsrechts, Hrsg. *Zimmermann*, Reinhard, S. 189 ff., Baden Baden 2003

Weidner, Ulrich, Die Mitverursachung als Entlastung des Haftpflichtigen, Karlsruhe 1970

Weimar, Wilhelm, Das Mitverschulden von Kindern unter sieben Jahren,
in: DR 1944, 608 ff.

Weimar, Wilhelm, Gilt die Billigkeitshaftung des § 829 BGB auch im Rahmen vertraglicher Beziehungen?,
in: MDR 1965, 263 ff.

Weinrich, Alfred von, Die Haftpflicht wegen Körperverletzung und Tödtung eines Menschen nach den im deutschem Reiche geltenden Rechten, Straßburg 1883

Wendt, Otto, Eigens Verschulden,
in: JJ 31 (1892) 137 ff.

Weyers, Hans-Leo, *Wandt*, Manfred, Versicherungsvertragsrecht, 3. Aufl., München 2003

Widmer, Pierre, Reform und Vereinheitlichung des Haftpflichtrechts auf schweizerischer und europäischer Ebene,
in: Grundstrukturen des Europäischen Deliktsrechts, Hrsg. *Zimmermann*, Reinhard, S. 147 ff., Baden Baden 2003

Widmer, Pierre, *Wessner*, Pierre, Revision und Vereinheitlichung des Haftpflichtrechts, Vorentwurf eines Bundesgesetzes,
in: http://www.ofj.admin.ch/themen/haftpflicht/vn-ve-d.pdf

Widmer, Pierre, *Wessner*, Pierre, Revision und Vereinheitlichung des Haftpflichtrechts, Erläuternder Bericht,
in: http://www.ofj.admin.ch/themen/haftpflicht/vn-ber-d.pdf

Wieacker, Franz, Römische Rechtsgeschichte, München 1988

Wilts, Walter, Analoge Anwendung des § 829 BGB?,
in: VersR 1963, 1098 ff.

Wilts, Walter, Die Zivilrechtliche Haftung bei strafrechtlichem Notstand,
in: NJW 1962, 1852 ff.

Windscheid, Bernhard, Lehrbuch des Pandektenrechts, Bd. II, 4. Aufl., Düsseldorf 1875

Witte, Henning, Landesbericht Schweden,
in: Deliktsrecht in Europa, Hrsg. *v. Bar*, Christian, u.a., Köln Berlin Bonn München 1993

Wolf, Joseph Georg, Der Normzweck im Deliktsrecht, Göttingen 1962

Wolf, Martin, Billigkeitshaftung statt überzogener elterlicher Aussichtspflichten – ein erneutes Plädoyer für die Anwendung des § 829 BGB aufgrund einer Haftpflichtversicherung,
in: VersR 1998, 812 ff.

Wussow, Werner, Das Unfallhaftpflichtrecht, 5. Aufl., Köln Berlin Bonn München 1954

Wussow, Werner, Das Unfallhaftpflichtrecht, 7. Aufl., Köln Berlin Bonn München 1961

Wussow, Werner, Die Billigkeitshaftung aus § 829 BGB,
in: WI 1958, 57 ff.

Wussow, Werner, Die Billigkeitshaftung aus § 829 BGB,
in: WI 1960, 205 f.

Zimmermann, Reinhard, The Law of Obligations, Cape Town 1990

Zöller, Richard, Zivilprozessordnung, Kommentar, 25. Aufl., Köln 2005

Zöllner, Wolfgang, *Loritz*, Karl-Georg, Arbeitsrecht, 5. Aufl., München 1998

Peter Lang · Internationaler Verlag der Wissenschaften

Ina Berg-Winters

Der Anscheinsbeweis im Arzthaftungsrecht

Frankfurt am Main, Berlin, Bern, Bruxelles, New York, Oxford, Wien, 2005.
265 S.
Europäische Hochschulschriften: Reihe 2, Rechtswissenschaft. Bd. 4132
ISBN 978-3-631-53410-6 · br. € 45.50*

Der Anscheinsbeweis ist eine „schillernde Figur" im Spannungsfeld von Wahrscheinlichkeit, Beweislast, Beweismaß und Billigkeit. In einem allgemeinen Teil analysiert die Autorin den Zusammenhang von Erfahrungssätzen und naturwissenschaftlichen Wahrscheinlichkeitsbegriffen und zeigt die Grenzen einer Beweisführung mithilfe objektiver Wahrscheinlichkeitsdaten. Im arztprozessualen Teil dieser Arbeit werden die Anwendungsfälle des Anscheinsbeweises untersucht und seine Voraussetzungen erklärt. Unter Einordnung des Anscheinsbeweises in das von der Rechtsprechung entwickelte arztprozessuale Beweissystem erläutert die Autorin die Berücksichtigung von Wahrscheinlichkeitsurteilen in Arzthaftungsprozessen. Schließlich werden Alternativen zu Beweiserleichterungen im Arzthaftungsrecht untersucht.

Aus dem Inhalt: Anscheinsbeweis und Erfahrungsgrundsätze · Wahrscheinlichkeitsbegriffe der Rechtswissenschaft · Beweisführung mithilfe von Wahrscheinlichkeitswerten · Bedeutung des Anscheinsbeweises im arztprozessualen Beweissystem · Unterschiede zwischen Anscheinsbeweis und Fällen grober Fehler · Mögliche Fortentwicklung und Alternativen